Loel Zwecker

DIE MACHT DER MACHTLOSEN

Eine Geschichte von unten

TROPEN

Diese Publikation wurde gefördert durch das Stipendienprogramm Neustart Kultur der VG Wort. Dafür möchte ich mich sehr bedanken.

MIX
Papier | Fördert gute Waldnutzung
FSC® C014496

Tropen
www.tropen.de

Cover: Zero-Media.net, München
unter Verwendung einer Abbildung von © Jess Rodríguez/ Alamy Stock Foto
Gesetzt von C.H.Beck.Media.Solutions, Nördlingen
Gedruckt und gebunden von GGP Media GmbH, Pößneck
ISBN 978-3-608-50193-3
E-Book ISBN 978-3-608-12324-1

Bibliografische Information der Deutschen Nationalbibliothek
Die Deutsche Nationalbibliothek verzeichnet diese Publikation in der Deutschen Nationalbibliografie; detaillierte bibliografische Daten sind im Internet über http://dnb.d-nb.de abrufbar.

Für Suzette

INHALT

Wie würde eine Geschichtsschreibung vom
Standpunkt der Schlechtweggekommenen die
historischen Überlieferungen ändern?

Theodor Lessing, *Geschichte als Sinngebung des Sinnlosen* (1921)

I wanna live like common people
I wanna do whatever common people do

Pulp, »Common People« (1995)

EINLEITUNG

Was tun ohne Macht? oder Die Hausfrau, die den Diktator stürzte

An einem Sonntag im September 1738 betritt ein kleinwüchsiger Mann den Veranstaltungssaal seiner Kirchengemeinde in Pennsylvania. Er trägt einen auffällig dicken grauen Mantel, unter dem er offenbar etwas versteckt hält. Nach einer Weile streift er ihn plötzlich ab, und die Anwesenden erschrecken. Der Mann steht da mit gezücktem Schwert. Für die Gemeindemitglieder, streng pazifistische Quäker, eine heftige Provokation. »So soll denn«, ruft er, »Gott das Blut jener vergießen, die ihre Mitgeschöpfe versklaven!« Daraufhin schlägt er mit der Waffe auf eine Bibel ein. Das Entsetzen ist groß, zumal als aus der Heiligen Schrift Blut spritzt und die Umstehenden besudelt.[1]

Vor seinem Auftritt hat Benjamin Lay seine Bibel mit einer mit Kermesbeerensaft gefüllten Blase präpariert. Doch nicht nur mit dieser Tat hinterlässt der aus England immigrierte gelernte Handschuhmacher, der in Amerika als Obstbauer und Ziegenhirte lebt, nachhaltig Eindruck. Immer wieder sorgt er mit Pamphleten und Aktionen für Aufsehen, über Jahre hinweg. Einmal hockt er sich mitten im Winter barfüßig und in kurzen Hosen vor das Gemeindehaus der Quäker auf den eisigen Boden. Als seine Glaubensbrüder und -schwestern eintreffen, bitten sie Lay, besorgt um seine Gesundheit, sich doch etwas anzuziehen. »Ihr schützt Mitleid mit mir vor«, entgegnet er. »Aber ihr empfindet nichts für die Sklaven, die im Winter halb bekleidet auf euren Feldern schuften.«

So hat Benjamin Lay, den heute kaum jemand kennt, Geschichte geschrieben. Er darf als erster Aktivist der Anti-Sklaverei-Bewegung gelten. Vielleicht war er sogar der erste Aktivist im heutigen Sinn überhaupt. Mit seinen Mitteln stemmte er sich gegen die – zumindest mit Blick auf die Opferzahlen sowie die geographische und zeitliche Ausdehnung – größte Alltagsbarbarei der Menschheitsgeschichte. Er und ein paar andere Abolitionisten begannen im Kleinen. Nachdem sie über Jahre und Jahrzehnte Netzwerke geknüpft hatten, ließen sich schließlich Politiker für ihre Sache gewinnen. 1780 sollte Pennsylvania, Lays Heimatstaat, als wohl erster der Welt die Sklaverei abschaffen.[2] 1834, ein Jahrhundert nach Lays Aktionen, folgte als erster großer Sklavereistaat Großbritannien.

Wie dieser epochale Erfolg genauer zustande kam und was sich daraus für die Gegenwart ziehen lässt, darauf werde ich in Teil I dieses Buches eingehen. Aktivisten wie Lay sind heute weitgehend unbekannt. Und es ist höchste Zeit, sie als zentrale historische Akteure anzuerkennen. Sie bewiesen Mut und Einfallsreichtum, waren im Denken ihrer Zeit voraus. Um ihre Botschaft zu verbreiten, entwickelten sie ein vielseitiges Arsenal an Methoden, von emotional anrührenden Inszenierungen bis hin zu gewieften Kommunikations- und Marketingstrategien. Ihre Errungenschaften umfassen überraschend viele Felder. Neben ihrem unersetzlichen Beitrag zur Abschaffung der Sklaverei gelang es ihnen, Empathie als wichtigen Bestandteil politischen und wirtschaftlichen Handelns zu etablieren. Sie definierten Luxus neu. Und sie konnten letztlich Menschen für ihr Anliegen gewinnen, von denen man es nicht gedacht hätte: Grundbesitzer, Politiker und sogar Sklavenhalter. In heutigen Worten konnten die Abolitionisten Leute aus ihrer »Blase« holen, um so die historisch breitesten Netzwerke und Koalitionen für ein progressives Projekt zu schmieden, über Kontinente, Ideologien, Schichten und Milieus hinweg.

Insgesamt steht der Abolitionismus beispielhaft für eine historische Tatsache, die gern übersehen oder nicht in ihrer ganzen Tragweite beleuchtet wird: Die meisten, ja fast alle positiven gesellschaftlichen Entwicklungen von übergreifender Bedeutung wurden nicht von Leuten mit Amtsgewalt oder Wirtschaftskraft wie Fürsten, Präsidenten, Militärs, Magnaten oder CEOs angeschoben; und es waren auch nicht Revolutionsführer oder »große Denker« – sondern scheinbar Machtlose, »die da unten«, einfache Leute.

Das ist besonders von Bedeutung mit Blick auf aktuelle Probleme wie die soziale Ungleichheit, den Vormarsch von Autokraten und Populisten, die Klimakatastrophe – und den zivilgesellschaftlichen Kampf dagegen. Die Bandbreite der historischen Beispiele reicht von Bauernrebellen des Mittelalters, die erstmals in der Geschichte mehr ökonomische Gleichheit und kulturelle Gleichberechtigung forderten, über den Abolitionismus bis zur Frauen- und Arbeiterbewegung. Diese Entwicklungen will ich auch deshalb genauer beleuchten, weil sich aus jeder von ihnen Ideen und Maßnahmen für Probleme der Gegenwart ergeben.

Die Beispiele betreffen eine Vielzahl an ökonomischen, politischen und kulturellen Feldern. Ich stelle Abolitionisten wie Benjamin Lay und Olaudah Equiano vor, die Gewerkschaftlerin Mary Harris Jones oder den religiösen Sozialisten Gerrard Winstanley. Um zu verstehen, wie Veränderung möglich wird, ist es unabdingbar, diese Menschen und ihre Geschichten besser kennenzulernen, ihren Errungenschaften einen angemessenen Platz in der Geschichte zu verschaffen.

Bessere Arbeitsbedingungen, genossenschaftliches Wirtschaften für ein nachhaltiges Wachstum, egalitäre Gemeinden oder die Schaffung von Stipendien, die mehr arme Menschen in Parlamente bringen – der Blick auf die Geschichte zeigt so viel Utopisches, schlau Konzipiertes und bereits einmal Praktiziertes, das sich ausbauen oder neu umsetzen ließe, in den unterschiedlichsten Bereichen. Wobei sich eine Gemeinsamkeit festhalten lässt: Oftmals war es ein Verzicht, ein Aufgeben und Loslassen von überschüssigen Ressourcen, von Privilegien und Macht, das am Ende einen Gewinn für alle brachte.

Wann begann sich die Macht der vermeintlich Machtlosen erstmals zu entfalten? Die Anfänge dessen, was ich im Folgenden schildere, liegen erstaunlicherweise weder in der Antike, der »Wiege unserer Zivilisation«, noch in der Aufklärung, sondern im Mittelalter. Das ist ein wichtiger Punkt, auch weil dadurch nebenbei klar wird, dass wir im Rückblick schriftliche Statements, etwa von berühmten Philosophen der Antike oder der Aufklärung, in ihrer Bedeutung gern überschätzen. Dabei legten sogenannte Bauernrebellen, allgemeiner gesprochen Unterprivilegierte, einfache Leute, im 14. Jahrhundert die Fundamente für eine modernere Auffassung von Recht und Gerechtigkeit. Sie, und nicht Sokrates, Aristoteles oder Thomas von Aquin, wehrten sich als Erste gegen die Einteilung der Menschheit in Adelige und Knechte, in Arm und Reich, in »kultiviert« und »unkultiviert«. Das geschah an mehreren Orten, unter anderem 1323 in Flandern und 1381 in England. »Als Adam grub und Eva spann, wer war da der Edelmann?«, lautete ihr Slogan. »Vom Anfang an wurden alle Menschen von Natur aus gleich geschaffen.« Darin steckt nichts weniger als die Erklärung der Bürger- und Menschenrechte vier Jahrhunderte vor jener der Französischen Revolution von 1789, die im Übrigen an der materiellen Ungleichheit wenig bis nichts änderte.[3] Und mehr als *sechs Jahrhunderte* bevor Ökonominnen und Anthropologen unserer Zeit in Studien empirisch belegen können, dass mehr soziale Gleichheit für die körperliche und seelische Gesundheit *aller Menschen*, auch der Privilegierten, Vorteile bringt.[4]

Vielleicht muss ich an dieser Stelle einem möglichen Missverständnis vorbeugen. Wenn ich von einfachen Leuten spreche, meine ich damit nicht so etwas wie »einfach gestrickt«, sondern die zwei Duden-Bedeutungen: erstens »nicht mit besonderen Privilegien ausgestattet«, zweitens »bescheiden, wenig Aufhebens um sich machend«. Das gilt etwa für die britischen Diggers, eine christlich-anarchistische Gruppe, die Mitte des 17. Jahrhunderts brachliegendes Land von Großgrundbesitzern besetzte und in basisdemokratischen Gemeinschaften bebaute. Sie erfanden nichts weniger als einen unternehmerischen, auf Privatinitiative aufbauenden Sozialismus und den gewaltfreien Aktivismus.

Stärker sichtbar werden die Erfolge ab dem 18. Jahrhundert. Das trifft besonders für das zu, was ich die »Big Three« der einfachen Leute nenne: den bereits erwähnten Abolitionismus sowie die Frauen- und die Gewerkschaftsbewegung. Letztere brachte der Mehrheit der Menschen ein besseres Leben. Zudem konnten Randständige erstmals offiziell die politische und kulturelle Bühne betreten. Gewerkschaften und ihre Vorläufer, die Friendly Societies, entwickelten sich zu Laboratorien für innovative, kreative Formen der Politik und des Aktivismus, etwa mit Mietstreiks oder Konsumboykotten, die heute wieder aktuell erscheinen. Auch an abgelegenen Orten wurden neue Strategien entwickelt. Wie im Fall von Domitila Chungara, die als Frau eines Minenarbeiters im bolivianischen Andenhochland schlimmste Armut und Unterdrückung erlitt. Mit ihrem »Hausfrauenkomitee« initiierte sie 1978 Hungerstreiks und trug maßgeblich zum Sturz des Diktators bei. Auf ihre Art tat sie auch einiges für den Feminismus. Die Frauenbewegung insgesamt darf als Sonderfall in Sachen einfache Leute gelten. Denn in ihr fanden sich auch Adelige, die »nicht mit besonderen Privilegien ausgestattet« waren, zumindest im Verhältnis zu ihren Männern. Auch deshalb betone ich hier den fundamentalen, letztlich nicht nur für den weiblichen Teil der Bevölkerung relevanten Aspekt, sich und seinen Lebensstil komplett neu zu erfinden – gegen extreme Widerstände, gegen alltägliche, oft sexualisierte Gewalt und über Jahrtausende eingeschliffene Mentalitäten und Gewohnheiten. Dies ist ein Wandel von Grund auf, bis ins Privatleben hinein, und das ohne ideologisch oder doktrinär zu sein. So sind die Feministinnen darin Vorbilder, radikale Transformationen auch für Menschen attraktiv zu gestalten, die sich damit generell schwerer tun. Das ist und bleibt inspirierend, bei der Suche nach zeitgemäßen Beziehungsformen genauso wie in der Politik und bei überlebenswichtigen Fragen wie jener der Nachhaltigkeit.

Ein Humanismus für alle

Einfache Leute ragten nicht nur im Kampf für soziale Gerechtigkeit heraus, sondern auch bei kulturellen und mentalitätsgeschichtlichen Innovationen. Das beginnt im Mittelalter mit dem, was ich die »Renaissance der Unterprivilegierten« nenne, mit Parodien, Balladen und der ersten wirklich sozialkritischen Kunst in Gestalt einer Moderebellion. Dabei stellten Mitglieder bestimmter Schichten, indem sie nicht standesgemäße Kleidung trugen, auf kreative und lustige Weise gesellschaftliche Hierarchien infrage. Damit einher ging etwas, das ich unter den Begriff »Robinhoodismus« fasse. Ihn verkörperten neben Bauernrebellen und realen Banditen auch Legenden wie der grüne Outlaw, damals ein *role model* für viele im Alltag. Seine Geschichte fand über Balladen und Chroniken, die damaligen Massenmedien, größere Verbreitung als alle anderen literarischen Werke des 14. Jahrhunderts, bis hin zur heute berühmten *Göttlichen Komödie* Dantes.

Robin Hood gründet eine egalitäre Waldgemeinschaft und luchst auf listige, charmante Weise faulen Klosterbrüdern und korrupten Vertretern der Obrigkeit Geld ab, um es umzuverteilen. Als populärer Actionheld steht er auf archetypische wie alltagsnahe Weise für die Idee »den Reichen nehmen, den Armen geben«. Er ist sozusagen ein vorbildlicher Verbrecher, dessen Umverteilung den Sozialstaat und Sozialunternehmen vorwegnimmt. Was am Ende auch den Wohlhabenden zugutekommt, denn wenn sie die Möglichkeiten erhalten, etwas zu geben – und sei es zunächst unfreiwillig –, fühlen sie sich besser und müssen vor allem weniger Unruhen fürchten. Philosophisch betrachtet, wägt der vorbildliche Verbrecher zwischen positivem Recht und Naturrecht ab, ein bis heute relevantes Thema, etwa bei Debatten um zivilen Ungehorsam oder Aktivistinnen und Aktivisten wie jene der sogenannten Letzten Generation. Der Robinhoodismus ist ein Humanismus für alle, nicht nur, wie bei Erasmus bis Luther der Fall, für diejenigen mit Status- und Bildungsprivilegien. Gerade weil der gute Outlaw so vielfältig ist und Widersprüche enthält, könnte er aus heutiger Sicht als Grundlage für eine neue politisch progressive »Erzählung« dienen.

Natürlich sollte man Machtlose nicht als »edle Wilde« romantisieren.[5] Ihr Engagement hatte meist auch damit zu tun, dass sie oder ihr Umfeld besonders unter den herrschenden Verhältnissen litten, was für die Mächtigen weniger zutraf. Mit welchen übergreifenden Qualitäten bestachen die einfachen Engagierten? Sie waren empathisch. Sie verstiegen sich nicht in Theorien und sahen konventionelle Bildung mit Skepsis, da diese oft alte Hierarchien und korrumpierte Institutionen stützte. Sie galten als Spinner, als naiv – und lagen im Rückblick fast immer richtig. Die Menschen, um die es in diesem Buch geht, zielten nicht auf persönlichen Ruhm, Profit oder »sozialen Aufstieg«, sondern wollten etwas Grundlegendes verändern. Sie wurden als Kriminelle verfolgt oder als Außenseiter verlacht – und zeigten kaum Angst. Sie überwanden ihre eigene Furcht und jene anderer, auch mit Humor. Sie sind Vorbilder.

Mein Ansatz basiert auf der Tradition der »Geschichte von unten«, deren bekanntester Vertreter der Historiker Howard Zinn ist. Sie ist eine Reaktion auf die Erkenntnis, dass Geschichte meist von Siegern geschrieben wird.[6] Die »Geschichte von unten« konzentriert sich auf die Schicksale und Kämpfe von Unterprivilegierten. Ich versuche allerdings stärker, die Strategien und Methoden der einfachen Leute herauszuarbeiten und für die Gegenwart nutzbar zu machen. Zugleich will ich tiefer liegende ökonomische und kulturelle Muster aufzeigen, auf dass wir bewusster mit ihnen umgehen oder sie verändern können. Dazu zählt, was ich das »Prinzip Pyramide« und das »Prinzip Erbe« nenne. Seit Gründung der sogenannten Hochkulturen, also ungefähr seit dem alten Ägypten, kommen sie darin zum Tragen, dass Positionen innerhalb spitz geformter Hierarchien vererbt werden. Spätestens ab da, teils schon seitdem die Menschheit vor rund 12 000 Jahren nach und nach sesshaft wurde, spielt die Vererbung eine zentrale Rolle in Politik, Wirtschaft, Kultur und Alltagsleben. Erbe meint hier also nicht nur Materielles, sondern auch Bildung und Habitus.

Dieses Buch lässt sich als »Weltgeschichte von unten« lesen oder als Handbuch historischer Transformationen. Eine Einschränkung muss ich allerdings machen: Die meisten ausführlichen Beispiele stammen aus der sogenannten westlichen Welt, aus Europa, den USA, Lateinamerika und der Karibik; ich musste Schwerpunkte wählen.[7] Immer wieder verweise ich aber auch auf Afrika und Asien. Und bei allen Vorbehalten gegenüber Verallgemeinerungen darf man sagen, dass die Macht der Machtlosen aus diversen Quellen schöpft und kulturübergreifend relevant ist.

Das Engagement der einfachen Leute zu beleuchten, ist hilfreich, zumal heute unter anderem Transformationsforscher diskutieren, wo man am besten ansetzt, um breitenwirksam Veränderungen einzuleiten.[8] Das scheint wichtig in Zeiten, in denen die sogenannte Veränderungsermüdung und Verlustängste bzw. Verlustaversion immer relevanter werden. Letzteres ist die psychologische Tendenz, dass Menschen (auch vermeintliche) Verluste in ihrer Bedeutung höher einschätzen als Gewinne und sich deshalb gegen manche Neuerungen sperren, die zunächst mit materiellen Abgaben in speziellen Bereichen einhergehen. Das ist menschlich verständlich, aber mit Blick auf die Klimakrise und die soziale Ungleichheit problematisch, in gewisser Weise sogar tragisch. Ein simples Beispiel für die Kluft zwischen Wissen und Aktion – ein herausragendes Merkmal unserer Zeit – ist, dass innovative Ansätze dafür, die Ungleichheit zu reduzieren, im ökonomischen Mainstream angekommen sind, aber nicht realisiert werden. Etwa das »Erbe für alle« (Thomas Piketty), auf das ich noch genauer eingehen werde.[9] Es hapert an der Umsetzung. Auch deshalb schildere ich historisch große Sprünge und Entwicklungsschübe, die zu ihrer Zeit unmöglich schienen und dennoch gelangen. Dabei möchte ich möglichst nah an die handelnden Personen herankommen und die Schritte ihres Engagements nachvollziehbar machen.

Grob umfasst das Buch drei Ebenen: Erstens umreiße ich wenig bekannte, auch heute relevante, hilfreiche Ideen, Strategien und Ansätze des Engagements; zweitens erkläre ich Visionen und vorbildliche Haltungen; drittens ergibt sich eine andere Perspektive auf Entwicklungen, Muster und Akteure der Geschichte. Sie zu kennen, ermöglicht es uns, Dinge, die historisch in Stein gemeißelt oder gar naturgegeben scheinen, zu hinterfragen, in ihrer Bedingtheit zu sehen und zu verändern. Denn oft ist es die Form der Überlieferung, die »von oben« erzählte Geschichte mit ihren immer wieder ähnlichen Hierarchien und Kategorien, die uns hemmt. Doch sobald wir uns anhand eingängiger Beispiele bewusst machen, dass sich auch diese nur jemand ausgedacht hat, können wir freier denken und handeln.

Das Buch ist praktisch ausgerichtet, es geht vor allem um Aktionen und aufrüttelnde Texte. Wo allerdings Theorien prägend waren oder sind, berücksichtige ich diese und ordne sie historisch ein.[10] Dasselbe gilt für aktuell diskutierte Ansätze wie Degrowth, die Postwachstumsökonomie, die Care-Revolution oder Buen Vivir. Was die Systemfrage Sozialismus versus Kapitalismus anbelangt, zeigt sich gerade mit Bezug auf einfache Leute, wie theoretisch der Streit oft ist.[11] In der Praxis bewähren sich Ansätze wie jener der Genossenschaften und neue Mischungen aus diversen Elementen und Traditionen. Auch für progressive Gesellschaftsmodelle und Wirtschaftssysteme kamen die Impulse erstaunlich oft von einfachen Leuten. Das gilt etwa für die bereits erwähnten Diggers, den Anarchosyndikalismus und Kooperativen, die unter anderem früh mit aktivistischen Boykotten und Fair Trade arbeiteten. Auch Letzteres wurde just im Umfeld von Benjamin Lay erfunden, dem eingangs vorgestellten Abolitionisten.

I. DIE MACHT DES VERZICHTS

Die Anti-Sklaverei-Bewegung macht
Empathie und das freiwillige Abgeben
von Privilegien zum Faktor in Politik
und Wirtschaft. Und sie schmiedet
die bis heute breiteste globale Koalition
für ein progressives Ziel

1.

Politische Ich-Botschaften, pazifistisches Kidnapping

Stellen wir uns vor, die Regierungschefin oder der Regierungschef eines mächtigen Landes, etwa der USA, würde im Rahmen einer groß angekündigten Pressekonferenz vor die Kameras treten und sich mit folgenden Worten an die Weltöffentlichkeit wenden:

»Liebe Mitbürgerinnen und Mitbürger, hier in Amerika und auf der ganzen Welt, ich sage es ganz direkt. Ich kann nicht mehr. Es hat keinen Sinn. Wir produzieren und produzieren, aber es macht uns nicht glücklicher. Im Gegenteil. Wir Wohlhabenden verwöhnen unsere Kinder mit teuren Produkten, Events und Reisen, die sie nicht einmal begeistern und die die Umwelt zerstören. Wir stressen oder ermüden sie mit Fast-Food-Bildung, die ihnen im Konkurrenzkampf um Jobs helfen soll, damit sie sich Dinge leisten können, die sie nicht wirklich wollen. Zugleich werden so viele Arme ausgebeutet, im globalen Süden und auch in reichen Ländern. Das ist unmoralisch, und es ergibt nicht einmal ökonomisch Sinn.«

»Wenn wir«, fährt das Staatsoberhaupt nach einer kurzen Pause fort, »statt uns gelegentlich zu empören, abgeben würden, was wir nicht für ein gutes Leben brauchen, wäre auf einen Schlag ein Großteil der Probleme für so viele ärmere Menschen gelöst. Deshalb möchte ich Sie heute bitten: Schaffen Sie unnötige Autos ab; geben Sie Wohnraum frei, den Sie nicht wirklich brauchen, andere aber umso dringender; lassen Sie überflüssige Urlaubsreisen bleiben und spenden Sie das gesparte Geld. Unterstützen Sie mich dabei, Konzerne und Spitzenverdiener deutlich progressiver zu besteuern. Würden wir aufhören, wirtschaftlich Schwächere auszubeuten, wären wir auch weniger von einem latent schlechten Gewissen und der kognitiven Dissonanz geplagt, die zu unseren ständigen Begleitern geworden sind. Es würde allen besser gehen, und wir hätten mehr Zeit für die Dinge, die uns wirklich Freude bereiten, für Treffen mit Freunden und für unsere Familien.«

Wie wäre die Reaktion auf eine solche einfache Rede? Manche fänden sie wohl »moralisierend« oder belehrend. Einige würden ihre Freiheit bedroht sehen oder das, wofür sie – oder ihre Eltern – gearbeitet haben. Andere würden das Ganze schlicht naiv nennen, auch weil so etwas doch nur funktioniert, wenn alle mitmachen, selbst die Menschen am anderen Ende der Welt. Wie lässt sich die Ansprache politisch einordnen? Keine Partei fordert, *alle*, die können, sollten so viel wie möglich abgeben; auch die Klimabewegung tut dies nicht, weder Occupy Wall Street noch die Gelbwesten.[1]

Vernünftigerweise, ethisch oder ökonomisch betrachtet, lässt sich nichts gegen die zitierten Forderungen einwenden. Dennoch scheint ihre Umsetzung unmöglich. An dem Punkt können wir uns fragen, ob es in der Geschichte schon einmal einen ähnlichen Fall gab, in dem ein großer Teil der Bevölkerung auf Privilegien, auf etwas scheinbar Selbstverständliches verzichtete, um anderen zu helfen. Wann ereignete sich zuletzt etwas Derartiges? Wann hatte eine Person oder eine große Bewegung Erfolg, die die Situation vor allem der sozial Schwächsten drastisch verbessern wollte? Wann ging das mit dem Aufruf einher, dass die Mehrheit der Privilegierten – nicht nur die Reichsten – zum Wohle aller auf Dinge verzichten sollte? Wann zogen so viele freiwillig mit, dass eine kritische Masse entstand?

Um ein Beispiel hierfür zu finden, müssen wir in der Geschichte etwas zurückgehen. Dort stoßen wir auf eine in vieler Hinsicht herausragende Entwicklung: die Anti-Sklaverei-Bewegung, den Abolitionismus (*to abolish* = abschaffen). Das mag erstaunen, weil er zum einen weit zurückliegt und zum anderen ein sehr spezielles Problem zu betreffen scheint. Insofern lässt sich davon auch nichts eins zu eins auf unsere Zeit übertragen. Aber wenn wir den Abolitionismus samt der Haltung, die dahinterstand, genauer betrachten, bündeln sich hier besonders viele Eigenschaften und Ideen, die von grundlegender Bedeutung und noch immer hochaktuell sind. Sie betreffen sogar Bereiche, die weit weg von jenem der Sklaverei zu sein scheinen.

Faszinierend ist der Abolitionismus schon allein deshalb, weil zumindest nicht die Mehrheit der Aktivistinnen und Aktivisten auf Probleme abhob, unter denen sie, oder ihr Milieu, selbst litten. Auch was die Vorgehensweise betrifft, schafften sie Außerordentliches. Sie bildeten, wie bereits in der Einleitung erwähnt, die bislang breiteste Koalition der Weltgeschichte für ein progressives Ziel, schichten-, länder- und ideologieübergreifend. Den Abolitionisten verdanken sich gleich mehrere historische Premieren. Grundsätzlich betonten sie, wie wichtig Empathie in der Politik und Wirtschaft ist, was damals spektakulär war und es teils noch heute ist. Darüber hinaus waren sie die Ersten, die ganz konkret den Luxus der einen und das Leid der anderen in ein Verhältnis zueinander setzten, ja, Luxus neu definierten. Und all dies taten sie, ohne irgendjemanden ausgrenzen, verdammen oder bestrafen zu wollen.

All das ist beeindruckend und noch immer sehr relevant. Und die Abolitionisten boten sogar etwas, das in der eingangs zitierten fiktiven Ansprache, so spektakulär sie wäre, fehlt. Sie setzten sich ein klar umrissenes positives Ziel. Sie wollten die Sklaverei, die damals als normaler Teil des Lebens galt, loswerden. Punkt. Darauf arbeiteten sie hin, dafür waren sie bereit, auch auf persönliche Privilegien zu verzichten. Und daraus ergaben sich positive Effekte auf anderen Feldern – für alle. Wie die Abolitionisten das vollbrachten und was wir daraus für heutige Ziele und Transformationen lernen können, darum geht es in diesem Kapitel.

Bei der Sklaverei handelt es sich vermeintlich um ein archaisches Verbrechen, und um ein überwundenes. Das täuscht. Sie prägt uns bis heute, und zwar umfassend. Das gilt für Arbeitsbedingungen, den Umgang mit Ressourcen und miteinander. Es geht um Grundwerte. Die Vielfalt und Relevanz des Abolitionismus als Wiege des modernen Aktivismus hängen damit zusammen, dass die Sklaverei nicht nur ein historischer Zombie ist, sondern auch ein Chamäleon. Im Altertum durchzog sie sämtliche Hochkulturen, zunächst in Gestalt der Schuldsklaverei und der Zwangsarbeit Kriegsgefangener, also noch ohne den Katalysator des Rassismus im heutigen Sinn. Sie war ein zentraler Wirtschaftsfaktor im antiken Griechenland und Rom, aber auch im Nahen Osten, in China und bei den Maya. Zum globalen Business wurde die Sklaverei in der Neuzeit, paradoxerweise während des Humanismus, der Reformation, dann der Aufklärung. Im 20. Jahrhundert boomte sie mit den Zwangsarbeitersystemen der Nazis, ihrer japanischen Verbündeten und den Sowjet-Gulags. Noch heute grassiert die Sklaverei in US-amerikanischen und chinesischen Gefängnissen und in »Umerziehungslagern« für Uiguren.[2] Weiterhin gibt es auch die inoffizielle Sklaverei mit indischen Kinderarbeiterinnen, afrikanischen Kindersoldaten, Zwangsarbeitern in Brasilien; mit über Facebook und WhatsApp vermittelten philippinischen und indonesischen Hausmädchen, deren Arbeitgeber ihnen im Nahen Osten oder in Hongkong die Pässe abnehmen, sie einsperren und misshandeln. Dazu kommt die Zwangsprostitution, mitten in Wohlstandsgesellschaften wie der deutschen. Insgesamt umfasst die inoffizielle Sklaverei Schätzungen zufolge weltweit aktuell *fünfzig Millionen* Menschen. Abgesehen von solch offensichtlichen Formen finden sich verdeckte Varianten der legalen Ausbeutung, eine sekundäre Sklaverei sozusagen. Sie reichen von Minenarbeitern in Lateinamerika und Afrika bis zu einigen Arbeitsverhältnissen im Billiglohnsektor der westlichen Welt.

So alt die größte der hochkulturellen Alltagsbarbareien ist, so lange ließ der Kampf dagegen auf sich warten: fünf Jahrtausende. Vom 3. Jahrtausend v. u. Z. bis ins 17. Jahrhundert passierte praktisch nichts. Und das, obwohl es unmittelbar um das Schicksal von zig Millionen Menschen ging. Die Schätzungen gehen auseinander, aber zwischen rund zehn und fünfzehn Millionen Afrikanerinnen und Afrikaner wurden nach Amerika verschleppt und mehr als zehn Millionen in den arabischen Raum.[3] Das System der Sklaverei ist verantwortlich für bis zu 200 Millionen Tote, wenn wir indirekte Auswirkungen berücksichtigen, also die Zerrüttung von Regionen in Afrika, aus denen die Zwangsarbeiterinnen und Zwangsarbeiter entführt wurden, Kriege und Überfälle, bedingt durch den Handel.[4] Umgekehrt wirkten im Lauf der Jahrhunderte, die der Kampf gegen die Sklaverei dauerte, zunächst nur eine Handvoll Machtloser mit, dann Hunderte, irgendwann Tausende. Selbst in fundierten Darstellungen werden die Anfänge des Abolitionismus aber oft nur gestreift.[5] Das ist schade, denn an ihnen lässt sich beispielhaft zeigen, wie kleine Initiativen zu großen Strömungen werden.

Zeitenwende 1657

Den Beginn des Abolitionismus genau zu datieren, ist nicht einfach. Aber wenn man ein bisschen sucht, findet sich eine Art Geburtsurkunde.[6] Ausgerechnet im Jahr 1657 publiziert in England ein gewisser George Fox die Schrift »To Friends Beyond the Sea That Have Black and Indian Slaves« (An Freunde jenseits des Atlantiks, die schwarze oder indianische Sklaven haben). Warum ich »ausgerechnet« schreibe, erkläre ich gleich, denn das Jahr 1657 – obzwar nicht als historischer Meilenstein bekannt – hat es in sich. Der Schuhmacher George Fox hatte bereits die Quäker gegründet, die protestantische Society of Friends, die in diesem Kapitel eine wichtige Rolle spielen wird. Kein Wunder also, dass sein Text in der Tradition biblischer Apostelbriefe steht. Als Laienprediger wandte sich Fox an seine Gemeinde in Amerika und bat sie, über ihre Sünde nachzudenken, Menschen wie Vieh zu halten. Höflich ersuchte er sie, die Sklavinnen und Sklaven »nach einer gewissen Anzahl von Jahren freizulassen«.[7] Fox plädierte nicht für eine sofortige, sondern eine schrittweise Abschaffung der Sklaverei und für eine bessere Behandlung der Zwangsarbeiter. Das klingt für uns merkwürdig zurückhaltend, zumal vor dem Hintergrund, dass Fox ansonsten vor extremen Aktionen nicht zurückschreckte. So lief er schon mal nackt herum, wie es manche Quäker taten, um Jesu Demut nachzuvollziehen; und wegen Kritik an der Kirche hatte er bereits im Gefängnis gesessen.[8]

Aber bei der Sklaverei musste Fox strategisch vorgehen, schrieb er doch gegen jahrtausendealte Gewohnheiten an. Gegen etwas, das normal war. Und hier kommt die Besonderheit des Jahres 1657 ins Spiel. Denn just in jenem Jahr wurde nicht nur Fox' Pamphlet publiziert, sondern auch das erste »Chocolate House« in London eröffnet. Das Lokal in bester Lage in der Queen's Head Alley neben der St Paul's Cathedral bot heiße Schokolade an, mit Kakao und Zucker, angebaut in den Kolonien unter tropischer Sonne. Es war ein Trendsetter, es folgte ein Boom solcher Läden. Auch insgesamt kamen Waren, die Sklaven produziert hatten, in Mode. Sie waren so beliebt, wie es Schokolade, Kaffee und anderes aus Billiglohnländern mit Kinderarbeit noch heute sind.

Auch weil Produkte der Sklaverei so gefragt waren, durfte Fox nicht mit der Tür ins Haus fallen. In seinem Text erinnert er zunächst daran, dass wir alle nicht wie Sklaven behandelt werden wollen. Doch dann fügt er etwas Überraschendes hinzu. So wie wir nicht stehlen oder hehlen dürfen, erklärt Fox, sollen wir keine Sklaven kaufen, die in ihrem Land *geraubt* wurden. Es reichte offenbar nicht, das aus heutiger Sicht Naheliegende zu tun und direkt das Leid der Zwangsarbeiter herauszustellen. Um die Sklaverei verurteilen zu können, brauchte Fox einen Bezug zum Diebstahl. Warum? Der Raub eignete sich, weil er ganz offiziell als Sünde galt: »Du sollst nicht stehlen«, heißt es im siebten Gebot des Alten Testaments. Nur drei Gebote weiter, im zehnten, steht allerdings, man soll nicht Frau, Haus, Feld oder *Sklaven* anderer haben wollen. Der Sklaverei an sich erteilt die Bibel also ihren Segen. Daher wohl Fox' Strategie, lieber den Diebstahl ins Feld zu führen und gleichsam ein Update der Zehn Gebote vorzunehmen. Das zeigt, wie geschickt Abolitionisten ihre Botschaften zuschneiden mussten, um den Mainstream zu erreichen. Und Letzteres waren in Nordamerika nun mal Puritaner, denen die Bestrafungsphantasien, aber eben auch die Gebote des Alten Testaments am Herzen lagen.

Wo er sich nur an seine Glaubensbrüder und -schwestern wandte, hatte es Fox einfacher. Die Quäker vertraten eine andere, freie, pazifistische Botschaft der Liebe. Schon deshalb rekrutierten sich so viele frühe Abolitionistinnen und Abolitionisten aus dieser Gruppe. Die Konfession unterschied sich in Ausrichtung und Umgangsformen radikal von allen anderen und tut es im Übrigen bis heute. Sie war demokratisch und menschenfreundlicher als der Rest. Auch bei den Quäkern (*to quake* = beben, erzittern) gab es Prediger, aber es waren Laien, keine Autoritäten auf der Kanzel. Bei Gottesdiensten horchten Gläubige schweigend in sich hinein und meditierten. Alle, auch Frauen, konnten sich, sofern inspiriert, in freier Rede an ihre Gemeinde wenden.

Passend dazu herrschten bei Quäkern große Unterschiede darin, wie sie den Abolitionismus angingen: manche pragmatisch, andere radikal. Letzteres gilt für den bereits in der Einleitung erwähnten ersten Anti-Sklaverei-Aktivisten, und damit den wohl ersten politischen Aktivisten im heutigen Verständnis überhaupt: Benjamin Lay. Der Handschuhmacher war von England über Barbados nach Pennsylvania immigriert, wo er als Hirte lebte, Obst und Flachs anbaute. Er fiel wegen seiner Kleinwüchsigkeit auf, zudem kleidete er sich betont einfach und wohnte in einer Höhle. 1737 brachte er das Pamphlet »All Slave Keepers that Keep the Innocent in Bondage, Apostates« heraus (Alle Sklavenhalter, die die Unschuldigen in Gefangenschaft halten, Apostaten). Für Lay waren Sklavenhalterinnen und Sklavenhalter also vom Glauben Abgefallene. »Ich wüsste«, schmetterte er, »keinen schlimmeren Stolperstein, den der Teufel den ehrlich Suchenden in den Weg legen könnte, als dass unsere Seelsorger und Ältesten Sklaven halten; die Heilige Schrift besudelnd und pervertierend, predigen sie eher zur Hölle, als dass sie jemals in die Nähe des Himmels gelangen werden mit ihrer geheuchelten Demut.«[9] Ein gänzlich anderer Ton als bei Fox. Und bei seinen Aktionen deckte Lay eine große Bandbreite ab. In der Einleitung habe ich geschildert, wie Lay bei einem Quäker-Treffen mit dem Schwert eine mit rotem Saft präparierte Bibel traktierte, um zu zeigen, welches Verbrechen Sklavenhalter gegen den Glauben begingen. Und wie er sich barfuß in die Kälte setzte, um auf das Leid der Sklaven, die keine Winterkleidung bekamen, aufmerksam zu machen. Als ihm diese Mahnungen und Aktionen nicht mehr stark genug erschienen, entschied er sich für noch drastischere Mittel. Eines Tages sorgten sich Bekannte von Lay, weil ihre sechsjährige Tochter nicht nach Hause gekommen war. Irgendwann klopften sie auf der Suche nach ihrem Mädchen auch bei Lay an. »Euer Kind«, antwortete er, »ist in Sicherheit, in meinem Heim. Aber jetzt könnt ihr hoffentlich begreifen, welches Leid ihr den Eltern zufügt, die ihr als Sklaven haltet. Denn sie wurden aus Habgier von ihrem Kind getrennt.« Verzweifelt über die Gleichgültigkeit der Leute, war Lay nicht einmal vor Kidnapping zurückgeschreckt. Er wurde angeklagt, kam am Ende aber mit einer Rüge davon.

Lay versuchte, das Leid anderer erfahrbar, ja, spürbar zu machen, und zwar auch das jener, die nicht zu seinem direkten Umfeld gehörten. Er wollte die Wahrnehmung und Überzeugungen der Menschen mithilfe eines Schock-Elements verändern. Heute wissen wir dank der Empathieforschung, welcher Tendenz er dabei Rechnung trug. Denn wir sind von schlimmen Schicksalen anderer am ehesten und nachhaltigsten gerührt, wenn wir oder uns nahestehende Personen Ähnliches durchlitten haben. Inzwischen fragt die Forschung, wo Einfühlungsvermögen, Mitgefühl und Mitleid herkommen, wo sie warum wie ausgeprägt sind. Neurologische, soziale und psychische Faktoren werden analysiert, von Spiegelneuronen bis zu frühkindlichen Erlebnissen. Empathie, so das Fazit, gehört zur evolutionären Grundausstattung des Menschen, doch unter Verwandten, sozialen Gruppen und Ethnien ist sie deutlich stärker ausgeprägt als gegenüber Fremden; bis zu einem gewissen Grad lässt sie sich allerdings erlernen und üben.

Doch bis diese Erkenntnis in den Mainstream vordrang, galt es eine lange Strecke zurückzulegen. Damals waren Lays schockierende Aktionen, um sein Umfeld empathisch zu stimmen, ein spektakulärer Ansatz. Erst im 20. Jahrhundert fand Empathie als Konzept und Begriff weitere Verbreitung, Wörter wie »Einfühlung« und »Einfühlungsvermögen« waren zu Lays Zeiten nicht geläufig, selbst »Mitleid« war weniger gebräuchlich.[10] Nur vorsichtig diskutierten fortschrittliche Theoretiker diese Konzepte. Als einer der ersten bekannteren tat es 1759 der Philosoph und Ökonom Adam Smith. Inzwischen ist er berühmt als Mitbegründer der klassischen Schule der Ökonomie, ja, der Wissenschaft als solcher. In seinem Buch *Theorie der ethischen Gefühle* ging er, unter dem Begriff »Sympathie«, auch auf Empathie und ihre gesellschaftliche Bedeutung ein.[11] Er setzte an dem an, woran die Sozialpsychologie und die Neurologie heute arbeiten. Dazu gehört es, zwischen Empathie und Mitgefühl zu unterscheiden, bei denen verschiedene Gehirnareale aktiviert und unterschiedliche und unterschiedlich starke Reaktionen begünstigt werden.[12] Beim Mitgefühl bleibt gemäß vorherrschender Definitionen mehr Distanz zur leidenden Person gewahrt, was konkrete, praktische Hilfe erleichtern kann. Natürlich lassen sich die Grenzen im Alltag nicht so exakt ziehen, das eine kann in das andere hineinspielen oder übergehen.

Jedenfalls waren es die Abolitionisten, die Empathie und Mitgefühl auf praktische Weise in die Politik einbrachten. Und damit etwas, worauf sich immer mehr Leute berufen konnten und wollten. Denn was aus heutiger Sicht erstaunt: Davor spielten Empathie oder Mitgefühl politisch so gut wie keine Rolle. Das Leid der Glücklosen galt schlicht als normal und gottgewollt. Noch erstaunlicher scheint allerdings, dass uns dieses Muster, auch wenn wir erkenntnismäßig weiter sind, bis heute prägt.

Kein Wunder also, dass unter diesen Umständen manche auf extreme Strategien setzten. Wie bereits angedeutet, nahm Benjamin Lay eine Erkenntnis, die inzwischen wissenschaftlich fundiert ist, vorweg: Ein Gesinnungswandel wird bei den meisten durch drastische Erlebnisse bewirkt. Wir lernen oft weniger durch Argumente als durch Erfahrung. Weiter gefasst, lassen wir uns von Leuten aufrütteln, die wir als kompetent ansehen und für die wir bereits etwas empfinden. Das funktioniert allemal besser, als mit den Aussagen von Fremden in (sozialen) Medien oder Büchern konfrontiert zu werden. Unwichtig sind Letztere deswegen natürlich noch lange nicht. Über sie informieren sich engagierte Leute, bilden sich ihre Meinung und verbreiten sie in ihrem Umfeld. Wissenschaftlich heißt das: Zweistufenfluss der Kommunikation.[13] Wenn uns etwa ein Buch überzeugt, vermitteln wir den Inhalt unter Freundinnen und Bekannten weiter, die emotional offen und empfänglich für unsere Botschaften sind.

Die Lay-Formel

Auch dafür bietet Benjamin Lay ein zugespitztes Beispiel. Denn redigiert und gedruckt hat seine Texte ausgerechnet sein Namensvetter Benjamin Franklin. Ja, der Franklin, der später als Erfinder und als einer der Gründungsväter der USA Geschichte schreiben sollte. Wie so viele Unterzeichner der Unabhängigkeitserklärung von 1776 hielt er selbst Sklaven und verdiente sogar an Verkaufsanzeigen, die er produzierte. Dennoch lagen die beiden Benjamine auf einer Wellenlänge. Franklin war zwar nicht ganz so extrem wie Lay, aber offen für Neues. Schon mit sechzehn spielte er Streiche, etwa als er unter dem Pseudonym Silence Dogood – angeblich eine Witwe in ihren besten Jahren – Artikel publizierte, in denen er sich über sexistische Vorurteile mokierte.[14] Diesen Franklin konnte Lay für seine Sache gewinnen und so einen der nachmalig mächtigsten Staatsmänner seiner Zeit. Ein eindrucksvolles Zeugnis der Freundschaft ist ein Porträt, das Franklins Frau Deborah, die wusste, wie sehr ihr Mann den Abolitionisten verehrte, in Auftrag gab und das den zierlichen Lay mit Gehrock und Hut vor seiner Höhle zeigt.[15]

Ein ermutigendes Beispiel für das Engagement im Kleinen. Wir können nie wissen, welche Person, die wir überzeugen, später Macht bekommt und womöglich die Welt verändert. Vielleicht wird sie Präsidentin oder Präsident oder kennt jemanden, die oder der jemanden kennt oder das Amt erhält und so weiter. Die Lay-Formel zur potenzierten Wirkung. Inzwischen zeigt die sogenannte Netzwerkforschung, dass die Lay-Formel greift und wie schnell vermeintlich kleine Impulse, eine nebenbei gemachte Bemerkung etwa, über mehrere Menschen weitergetragen werden und sich sozusagen fortpflanzen und verstärken können.[16]

Apropos Impulse: Woher bezog Lay seine Inspiration? Aus der Bibel, von Jesus natürlich, der als (vermeintlich) Machtloser für Arme und Aussätzige einstand. Aber Lays Lektüre war breit gefächert, sie reichte von Abhandlungen zum Vegetarismus, dem er anhing, bis zu Philosophen der griechischen Antike, Diogenes etwa, dem Kyniker, der das einfache Leben und den Verstoß gegen gesellschaftliche Normen propagierte.[17] Bekannt ist die Anekdote, wonach er keinen Geringeren als Alexander den Großen gebeten habe, ihm aus der Sonne zu gehen – ein starkes Bild für die Philosophie des symbolischen Aufbegehrens gegen Mächtige.[18] Allerdings ging das, anders als bei Lay, nicht mit einem politischen Projekt einher. Und am meisten beeinflusst haben Lay letztlich die Erfahrungen, die er machte, während er zwölf Jahre lang als Matrose zur See fuhr. In dieser Zeit erzählten ihm seine Kameraden aus aller Welt auch Geschichten über ihre Arbeit auf Sklavenschiffen und über die Misshandlungen der Schwarzen.[19] Insofern war Lays Selbstbezeichnung als »einfacher Seemann und Analphabet« keine reine Bescheidenheit und auch nur halb metaphorisch gemeint.[20]

Wenn wir uns die Offenheit Lays sowie seine Aktionen und seine Eigenständigkeit vor Augen führen, hat das etwas

Ermutigendes, ja Befreiendes. Das gilt auch für einen anderen Zeit- und Glaubensgenossen, der ähnlich zentral für die Anti-Sklaverei-Bewegung war, aber in vielem noch näher an unserem heutigen Befinden: John Woolman. Wenn Lay für die radikale Linie steht, verkörpert Woolman die pragmatische. In gewisser Weise lässt sich mit Blick auf die beiden durchspielen, worin sich zwei Grundhaltungen unterscheiden, die zu kennen bei jedem Engagement hilfreich ist: die Gesinnungsethik und die Verantwortungsethik. Woolman zählt eher zum Lager Letzterer. Dabei verband er seinen Aktivismus mit philosophischen Fragen zum glücklichen Leben, mit denen er zugleich radikaler und moderner erscheint als einige berühmte Denker seiner Zeit.

Woolman lebte ähnlich bescheiden wie Lay in Pennsylvania als Obstbauer, Schneider und Kaufmann. Sein Schlüsselerlebnis in Sachen Sklaverei fällt in das Jahr 1742. Damals musste er als *indentured servant* schuften, als Vertragsknecht.[21] Er hatte sich wie so viele (weiße) Menschen verschuldet und musste den Kredit in sklavenähnlicher Abhängigkeit bei einem Gläubiger abarbeiten. Einmal wurde Woolman beauftragt, eine Rechnung für den Verkauf einer Sklavin zu erstellen. Der Quäker nahm seinen Mut zusammen und erklärte seinem Arbeitgeber, das Ganze sei nicht mit dem christlichen Glauben vereinbar. Der Chef ignorierte ihn jedoch. In der Folge grübelte Woolman, wie er das Los von Sklaven verbessern könnte. Als er später selbst einen Laden eröffnete, bot er neben Werkzeug, Angeln und Porzellan eine besondere Dienstleistung an: den Service, Kunden beim Aufsetzen ihrer Testamente zu helfen. Dabei konnte er immer wieder Leute davon überzeugen, (wenigstens) mit ihrem letzten Willen ihren Sklaven die Freiheit zu schenken.

Zumindest dem Prinzip nach findet diese Praxis 250 Jahre später breitere Anwendung, wenn NGOs wie Oxfam und SOS-Kinderdorf Vermögende bitten, ihr Geld an wirklich Bedürftige zu vermachen. Ein Erfolg, aber auch ein Beispiel dafür, wie langsam sich fortschrittliche Ansätze breitenwirksam niederschlagen und wie viel schneller sie institutionalisiert werden sollten. Etwa mit einer gleichmäßigeren Verteilung des Erbes durch das Staatserbe, wie es der Ökonom Thomas Piketty in seinem Buch *Kapital und Ideologie* (2020) umreißt. Er schlägt vor, dass jede Bürgerin und jeder Bürger im Alter von 25 Jahren zum Beispiel 120 000 Euro erhalten sollten – finanziert über progressive Einkommens-, Vermögens- und Erbschaftssteuern.[22] Damit ließen sich wohl auch einige der vielen Erbschaftsstreitigkeiten unter Geschwistern, die alle stressen und mitunter Familien zerreißen, auf produktive, gemeinwohlförderliche Weise verhindern.

Passend zu seinem pragmatischen Ansatz formulierte Woolman 1753 in seinem Essay »Some Considerations on the Keeping of Negros« (Überlegungen zur Haltung von Negern), den er durch Crowdfunding finanziert hatte: Viele Sklavenhalter seien »zweifelsohne wohlgesinnte Menschen«; dennoch mache ihn das »Schicksal, das die armen Afrikaner in diesem aufgeklärten christlichen Land erleiden müssen«, traurig.[23] Just diese vorsichtige Formulierung war ein epochal drastisches Statement. Denn Woolman gelang, woran wir uns noch heute die Zähne ausbeißen. Mit dem Hinweis, dass ihn die Sklaverei traurig mache, sandte er eine »Ich-Botschaft« aus, und zwar zweihundert Jahre vor der Geburt des Konzepts in den 1960er-Jahren. Er kommunizierte offen und emotional, ohne direkten Vorwurf oder Befehl. Mit der Ich-Botschaft lässt sich, wie wir heute wissen, eher vermeiden, was in der Psychologie Reaktanz genannt wird: eine Trotz- oder Abwehrreaktion bei Vorwürfen, Verboten und Verhaltensregeln, vor allem solchen, die betont moralisch begründet werden bzw. von oben herab erfolgen.

Woolmans politische Ich-Botschaft war eine Revolution im Bereich der Kommunikation. Etwas Ähnliches sollte auf größerer Bühne erst zwei Jahrhunderte später wieder geschehen: 1963 mit Martin Luther Kings »I Have a Dream«-Rede, die er auf den Mainstream zuschnitt. So wie King – der auch viel schärfer formulieren konnte – die Mehrheit mit vorsichtigen Formulierungen »abholen« wollte, gilt dies auch für Woolman.[24] Er versuchte, sich in Sklavenhalterinnen und -halter einzufühlen und sie sogar bei ihrem Selbstbild zu packen, dem der Stärke und Leistungsfähigkeit. Wie tat er das? Von Sklavinnen und Sklaven umsorgt zu werden, so Woolman, mache Eigner und ihre Kinder zu faulen Schnöseln.[25] Damit wollte er andere Quäker, vor allem aber Puritaner erreichen und nachdenklich stimmen, die sich einiges auf ihren Fleiß einbildeten.

2.

Abolitionistische Unternehmen

Immer wieder bringt John Woolman die Sklaverei mit einer allgemeineren Haltung in Verbindung. Oft auf erstaunliche Weise. So heißt es einmal in seinem Text, wir sollten die »natürliche Zuneigung« für unsere Kinder »einer genaueren Untersuchung unterziehen«. Was ist damit gemeint? Was gibt es gegen die Zuneigung zu unseren Liebsten einzuwenden? Natürlich nichts. Aber Woolman, Vater einer Tochter, sah dabei die Gefahr, sich auf den eigenen Nachwuchs zu fixieren und das Schicksal von Sklavenkindern oder, weiter gefasst, von weniger gut Gestellten zu ignorieren. Diese Worte aus dem Amerika des 18. Jahrhunderts klingen wie für das 21. Jahrhundert verfasst, in dem Eltern in reichen Ländern ihre Privilegien, sei es in Form von Erbe oder Bildungschancen, in sehr geballter Form an ihre eigenen Kinder weitergeben – ein Katalysator für Ungleichheit. Woolman dagegen wollte die Zuneigung im Sinn christlicher Nächstenliebe ausweiten. Wofür, fragte er, hat uns Gott, der alle liebt, die Gnade geschenkt, in einem reichen Land zu leben? Wie gesagt, er schrieb das im 18. Jahrhundert. Dabei hat Woolman offenkundig Jesu provokative Worte darüber aktualisiert, dass man Vater und Mutter, Frau und Kinder, Brüder und Schwestern »gering achten« soll, um offen für größere Solidargemeinschaften zu sein (Lk 14, 26).

Woolmans Ansatz ist einerseits sanfter als jener von Lay, der mit seinen Aktionen größeres Aufsehen erregte. Andererseits greift er weiter aus. Insgesamt umriss er eine Art Philosophie des Abolitionismus, die über das Thema Sklaverei hinaus in andere Bereiche des Lebens reichte. Es war eine Philosophie des Abschaffens, Abgebens und Loslassens, von materiellen Privilegien, aber auch von Gewohnheiten und einem gewissen Anspruchsdenken, die sich daraus ergeben, einen bestimmten Status zu haben oder an einem bestimmten Ort zur Welt gekommen zu sein. Ganz konkret zielte Woolman auch auf das Verhältnis von Luxus und Verzicht ab, dessen Bedeutung für die Politik und ein erfülltes Dasein. Er reduzierte Luxusgüter in seinem Laden und richtete einen preiswerten Buchverleih ein.[1] Damit bezog er sich zunächst auf den alten christlichen Kampf gegen Gier und Materialismus, wobei er ziemlich weit zurückblickte: Adam und Eva, schrieb er, hätten im Paradies »kein Haus, keine Werkzeuge, keine Kleidung, keine Gefäße« gehabt. Er ging aber noch einen Schritt weiter, fragte, wie sich Luxus auf uns und unser Umfeld auswirkt, und hob auf die Verantwortung ab, die wir als Besitzer teuren Eigentums anderen gegenüber haben. Besäße er, so Woolman, zu viele Dinge, die sich arme Leute nicht leisten könnten, würde er diese »in Versuchung bringen zu stehlen«. Begingen sie sodann die Sünde, ihn zu bestehlen, wäre es auch seine. In diesem Sinn bedeutete die Abschaffung des Luxus, wozu auch Sklavinnen und Sklaven und deren Produkte zählten, eine Erleichterung für den Abolitionisten, einen Gewinn an Lebensqualität. Sie war eine eigene Art Luxus, ja dessen Neudefinition: der Luxus des Unbeschwerten, des Loslassens, auch des Sich-selbst-Befreiens.

Es ist einmal mehr beeindruckend zu sehen, wie Woolman vor drei Jahrhunderten etwas *strukturell* Ähnliches anspricht, das Ökonominnen und Glücksforscher inzwischen empirisch feststellen: dass der »Luxus der Reichen den anderen die Freude an dem, was sie haben, vergällt« und den »konsumtiven Konkurrenzdruck anheizt«, was zu Verschuldung und Stress führt und darüber hinaus zur Anfälligkeit für Krisen.[2] Auch vom »Luxusfieber« ist heute die Rede, wenn Superreiche immer mehr Geld für entsprechende Güter ausgeben und die unteren Einkommensschichten dann um keinen Preis den Anschluss verlieren wollen, was natürlich zu Problemen wie Überkonsum und Überschuldung führt. Um auf Verbesserungen hinzuwirken, schrieb Woolman nicht nur, sondern er und Gleichgesinnte verzichteten auch auf Luxus im konventionellen Sinn und auf von Sklaven hergestellte Waren. Sie betrieben zum historisch ersten Mal Fair Trade. Oft ging das auf Kosten eigener Gewinne, da fairer Handel noch kein etabliertes Marktsegment war und die Produkte nicht besonders teuer. Aus heutiger Sicht ist dieser frühe Fair Trade einerseits ermutigend; andererseits könnte es erstaunen, wie weit wir 250 Jahre nach Woolman noch immer von einem wirklich fairen Handel entfernt sind. Extrem unfair gehandelt werden bekanntlich weiterhin Rohstoffe aus dem armen globalen Süden, die meisten seiner Waren und Dienstleistungen. So bleibt der Blick auf die historisch ersten Fairtrader auch heute Mahnung und Motivation zugleich.

Ich denke, es lohnt sich, die erwähnten frühen Abolitionisten auch als Philosophen in ihrer Zeit zu sehen. Mit ihren Betrachtungen zu Handel, Psychologie, sozialer Gerechtigkeit – ohne dass es den Begriff so schon gegeben hätte –, Luxus, Empathie und Gelassenheit waren sie kurioserweise moderner und insgesamt weiter als zeitgenössische Aufklärungsdenker wie Kant oder Voltaire, in einigem sogar als die politisch progressiveren Olympe de Gouges oder Denis Diderot. Abolitionisten betonten stärker die Empathie, und sie reflektierten bereits, wie Menschen politische oder moralphilosophische Botschaften unterschiedlich *aufnehmen* und wie man auch solche mit ganz anderer Meinung am ehesten erreicht. So gelang es amerikanischen Abolitionisten und Quäkern wie Lay, Woolman und Anthony Benezet, der eine Schule für schwarze Kinder und Jugendliche gründete, Pennsylvania nach und nach zum Epizentrum des Abolitionismus zu machen.[3] In den 1750er-Jahren lehnten rund siebzig Prozent der Glaubensgemeinschaft der Society of Friends die Sklaverei ab; 1780 verbot die Regierung von Pennsylvania schließlich als vermutlich erste weltweit die Sklaverei.

Heute heißt es oft, globale Probleme brauchten globale Lösungen; Deutschland sei beispielsweise »nur« zu zwei Prozent am Klimawandel beteiligt, China und die USA seien schlimmer und so weiter. Das stimmt, und dennoch spielen Vorstöße Einzelner eine wichtige Rolle. Die Geschichte wie auch sozialpsychologische Studien lehren, dass es hilft, wenn Menschen den Eindruck haben, andere seien einfach schon vorangeschritten.[4] Dabei kann Herdenverhalten zum Tragen kommen oder der Wille, nicht schlechter oder rückständiger auszusehen als andere. Aktuell etwa müssten ja eigentlich alle Regierungen längst gemäß der Erkenntnis handeln, dass es beim Klimawandel und anderen globalen Problemen nicht mehr darum gehen kann, die eigenen nationalen Interessen voranzustellen, weil dadurch am Ende alle schlechter fahren, auch jene, die heute noch relativ gut dastehen. Wie man etwa überholte Haltungen ablehnt und andere voranbringt, lehrt der Blick auf die Abolitionisten.

Bis heute gehören sie zu den stärksten historischen Vorbildern. Zum Beispiel auch, was Networking betrifft. Von den USA aus stellten Leute wie Benezet und Woolman eine zivilgesellschaftliche Transatlantik-Verbindung nach Großbritannien her. Dort wurde dann nach jahrelangem Tauziehen 1807 zunächst der Sklaven*handel* untersagt, bevor das Parlament im Sommer 1833 den Slavery Abolition Act verabschiedete, der im August 1834 in Kraft trat: die Abschaffung der Sklaverei im British Empire.

Dieses Verbot war das erste in einer großen, mächtigen Sklaverei-Nation.[5] Ein Durchbruch, der sich den amerikanischen Pionieren und, wieder einmal, Quäkern verdankte. In diesem Fall war es eine Gruppe in London, die fünfzig Jahre zuvor, 1783, die erste Petition im Parlament eingereicht hatte.[6] Bei dieser zweiten, britischen Welle des Abolitionismus ragten Aktivisten wie Granville Sharpe und Thomas Clarkson, der Politiker William Wilberforce und der Ex-Sklave Olaudah Equiano heraus. Sie sind heute bekannter als die erste Generation in Amerika. Doch absurderweise sind selbst sie nicht einmal ansatzweise so berühmt wie etwa Militärs wie Admiral Nelson oder General Lafayette.

Ein schwarzer Kolumbus

Just 1789, während jenseits des Ärmelkanals in Frankreich die Revolution tobte, erregte in Großbritannien ein Buch mit einem aus heutiger Sicht eher zahmen Titel Aufsehen: *Merkwürdige Lebensgeschichte des Sklaven Olaudah Equiano von ihm selbst veröffentlicht im Jahr 1789*. Doch mit seinem Werk, auf das ähnliche Biographien folgten wie die von Frederick Douglass in Amerika, sorgte der Autor als Erster dafür, dass eine breitere Öffentlichkeit von den Zuständen, unter denen Sklaven litten, erfuhr. Das Buch wurde zum Bestseller, übersetzt in mehrere Sprachen.[7] Equiano präsentiert darin eine so erschütternde wie spannende Schilderung des Transatlantikhandels. Und zwar aus der Sicht eines Betroffenen. Seine unfreiwillige Reise in die vermeintliche Zivilisation beginnt, als ihn Sklavenhändler im heutigen Nigeria oder Guinea als Kind entführen. Unter furchtbarsten Bedingungen segelt er auf einem Schiff in die USA. Equiano muss mit ansehen, wie Matrosen zehnjährige afrikanische Mädchen vergewaltigen und viele Sklavinnen und Sklaven »versuchen, über Bord zu springen«, um sich im Tod dem Grauen zu entziehen.[8]

Equiano selbst hat Glück. Über die Jahre schafft er es, sich als Friseur und Navigationsassistent durchzuschlagen und ein wenig Geld zu sparen. Nach jahrelangen Fahrten auf den Weltmeeren kann er durch den Handel mit exotischen Produkten Gewinn machen und sich, dank eines für damalige Verhältnisse einigermaßen liberal eingestellten Eigentümers, freikaufen. Zwischen St. Eustaz, Montserrat und Santa Cruz handelt er mit »gläsernen Bechern«, Orangen und Limonen. Aber auch sein Erfolg schützt ihn nicht davor, Unrecht erdulden zu müssen. Mitunter behalten weiße Geschäftspartner Waren ein, ohne zu bezahlen. Als er sich bei den Behörden beschwert, droht ein Offizier, ihn auspeitschen zu lassen. So muss Equiano feststellen, dass in Westindien »in keinem Fall das Zeugnis eines Schwarzen gegen einen Weißen« gilt, unabhängig davon, ob er frei ist oder Sklave.

Immerhin, Equiano ist darin eine Ausnahme, dass er als erster Afrikaner die Chance bekommt, einer breiteren Öffentlichkeit von solchen Verbrechen zu berichten. Sein Buch bedeutet eine Premiere auch in der Geschichtsschreibung – es ist das wahrscheinlich erste Beispiel für »Geschichte von unten«, bei der Ereignisse aus der Perspektive einfacher Leute oder Unterprivilegierter geschildert werden. Eine solche Historie brachten weder Humanisten noch Reformatoren, weder die Renaissance noch die wissenschaftliche Revolution zustande, sondern erstmals wohl der Abolitionismus. Das ist wichtig, da die Jahrhunderte zuvor – und danach – prinzipiell »Sieger« die Überlieferung in der Hand hatten, wodurch sich ein verzerrtes Bild ergab und ergibt. Noch heute braucht es Bücher in dieser Tradition wie *Das Guantanamo-Tagebuch* von Mohamedou Ould Slahi (2015), einem Mauretanier, der vierzehn Jahre lang unschuldig in dem US-Lager auf Kuba unter unmenschlichen Bedingungen mit körperlicher und seelischer Folter und sexuellen Übergriffen und Demütigungen eingekerkert war. Seine Aufzeichnungen geben darüber Aufschluss und zeigen, wie scheinbar liberale Regierungen wie jene von Barack Obama trotz Lippenbekenntnissen derartige Missstände nicht wirklich beheben. All diese Zeugnisse, an deren Anfang wohl jenes von Olaudah Equiano steht, sind wichtig, weil die »Geschichte von unten« pathologische Muster – sogar innerhalb vermeintlich gerechter Systeme und Institutionen – aufzeigt und oft dazu motiviert, auf mehr soziale Gerechtigkeit und insgesamt auf mehr gesellschaftliche Innovationen hinzuwirken.

Nun darf Equiano mit seiner Erfolgsbiographie zu dem Zeitpunkt, da er sie publiziert, zwar auch als Sieger gelten. Schließlich konnte er sich freikaufen und als Kaufmann etablieren. Dennoch gewährt er Einblicke in ein gänzlich anderes Leben. Und er konnte als ursprünglich Macht- und Rechtloser Einfluss auf eine große politische Entwicklung nehmen. Mit seiner unfreiwilligen Entdeckung Amerikas und Europas wurde er, von Afrika aus, eine Art schwarzer Kolumbus. Einerseits kommt bei Equiano, wie bei Kolumbus, die Begeisterung für den Handel zum Ausdruck. Das Versprechen, dass dank ihm ein besseres Leben möglich ist, wird mit einer quasi-religiösen Begeisterung vorgetragen, wie es heute kaum nachvollziehbar ist. Andererseits rührt der schwarze Kolumbus auch an die schlimmsten Seiten des Kapitalismus. Es hat etwas Makabres: Er, der so leiden musste, weil man ihn als Ware verschiffte, konnte dank der Möglichkeiten, die seine Odyssee ihm als Händler bot, am Ende als Selfmademan ein gutes Leben führen. Theoretisch hätte Equianos Biographie eine unpolitische, ja politisch zweifelhafte Aufsteigergeschichte bleiben können. Vom Tellerwäscher zum Millionär sozusagen, der statistische Ausreißer. Eine Story also, mit der, indem man den glücklichen Ausnahmefall betont, oft von strukturellen Ungerechtigkeiten abgelenkt wurde und wird. Der Zusammenhang lässt im Übrigen an ein treffendes Bonmot zum schwierigen Stand des Sozialismus in Amerika denken, das dem politisch engagierten Literaten John Steinbeck zugeschrieben wird: »In den USA«, soll er gesagt haben, »konnte der Sozialismus deshalb nicht Fuß fassen, weil die Armen sich nicht als ausgebeutete Proletarier sehen, sondern als vorübergehend verhinderte Millionäre.«

Die Ideologie des temporär verhinderten Millionärs lähmt die USA bis heute. Sie steht kultur- und mentalitätsgeschichtlich auch für ein Grundprinzip, das in Hochzeiten der Sklaverei Form annahm. In der frühen Neuzeit wird der Kapitalismus zum scheinbar konkreten Jenseitsversprechen, dem der Selbstverschuldung und -entschuldung. Eine Mechanik, die angeblich irgendwann ins irdische Paradies führt. Es ist dies einer der Faktoren, der den Kapitalismus in jenem Sinn zur Religion macht, wie es der deutsche Philosoph Walter Benjamin 1921 grob skizziert hat.[9] Darüber hinaus lässt sich allerdings zeigen, dass der Kapitalismus sowohl die Religion der Freiheit als auch die der Versklavung ist. Und anders als andere Religionen bringt er nicht einmal einen spirituellen Mehrwert. In dieser Lesart ist der Kapitalismus eine Pseudo-Religion.

So unkritisch Equiano den kapitalistischen Handel betrachtete – was damals üblich war –, so groß bemisst sich sein Beitrag zum Abolitionismus. Als Mitglied der Sons of Africa-Organisation sollte er zum bekanntesten Schwarzen Großbritanniens werden. Auf Lesereisen verteilte er Flugblätter, und er unterstützte Anti-Sklaverei-Kampagnen, darunter einen Konsumboykott im Jahr 1791. Dabei mieden rund 400 000 Bürgerinnen und Bürger Zucker und Produkte mit Zucker von Sklavenplantagen.[10] Selbst Kinder verzichteten auf Süßigkeiten, um Unternehmen zuzusetzen, die ausbeuterisch Profite machten. Die geistigen Urheber waren Quäker wie Benezet und Woolman, auch wenn sie zu diesem Zeitpunkt nicht mehr lebten. Auf das Potenzial von Konsumboykotten gehe ich in Teil II über die Gewerkschaftsbewegung noch genauer ein.

Equianos Buch trug dazu bei, dass sich Politiker endlich engagierten. Bzw. erst mal einer: William Wilberforce. Für unseren Zusammenhang ist er nicht nur von Bedeutung, weil er beispielhaft den Übergang vom Aktivismus zur etablierten Politik markiert. Er ist auch deshalb zentral, weil er wie kaum ein anderer für die breite Koalition steht, die die Abolitionisten über Schichten, Milieus, Ideologien und Länder hinweg schmiedeten. Als parteiloses Mitglied des Unterhauses wusste Wilberforce mit Whigs wie Konservativen gleichermaßen zu verhandeln. Beim Tee musste er Mitglieder des House of Lords für seine Sache gewinnen, die zuvor mehrmals Eingaben zum Sklaverei-Verbot zum Scheitern gebracht hatten. Da er nicht als radikal gelten wollte, sorgte er sich sogar über die Ehrenbürgerschaft, die er von der Revolutionsregierung in Paris erhalten hatte. Zugleich zog er Glaubwürdigkeit daraus, dass Sklaven im fernen Jamaika über ihn sangen: »Oh me good friend Mr. Wilberforce make me free ... / Take force with force! / Take force with force!«[11]

Was das Image und den Einfluss betrifft, galt es, eine Balance zu halten. Selbst politisch moderat, brachte Wilberforce jahrelang Gesetzesentwürfe zur Abschaffung der Sklaverei ein. 1834 trat sie schließlich in Kraft, ein Jahr nach seinem Tod. Er ist in vielem ein Vorbild. Eine integrative Figur wie er war wichtig, denn damals sahen viele die Abschaffung der Sklaverei als Extremismus an, als Bedrohung ihres Besitzstandes, als Beschränkung *ihrer* Freiheit: der Freiheit, als Erbe, schlauer Investor oder Unternehmer des eigenen Glückes Schmied zu sein, komfortabel oder komplett arbeitsfrei zu leben. Sie sahen sich in ihren Vorteilen bedroht, obwohl Sklavenhalter nach 1834 für den »Verlust« ihres Eigentums vom Staat eine »Entschädigung« von insgesamt 20 Millionen Pfund erhielten, in heutiger Kaufkraft rund 17 Milliarden.[12] Die Sklaven bzw. Ex-Sklaven, die eigentlich Geschädigten, gingen dagegen finanziell leer aus. Das ist ein niederschmetternder Aspekt des Ganzen. Trotzdem war es ein großer Schritt, das Alltagsgrauen abzuschaffen – und die Empathie in verschiedenen Bereichen des Lebens zu stärken.

Als besonders resistent gegen das Vordringen des Einfühlungsvermögens erwies sich allerdings ein Feld, das zentral für die Sklaverei ist: das der Ökonomie, mit dem Homo oeconomicus als Typus, der ausschließlich nach wirtschaftlichen Gesichtspunkten handelt, nach größtmöglichem rechnerischen Nutzen und Gewinn. Doch im Kontext der Sklaverei tritt ein anderes Merkmal klar zutage: Der Homo oeconomicus entpuppt sich als historischer Spätentwickler. Im Jahr 1972 erklärt Phelps Brown, Vorsitzender der Royal Economic Society, also einer nicht gerade des Extremismus verdächtigen Organisation, in seiner Rede mit dem Titel »Die Unterentwicklung der Wirtschaftswissenschaft«, die Ökonomie sei »kaum in ihr 17. Jahrhundert eingetreten«.[13] Ihr Blick sei verengt, etwa auf mathematische Einzelmodelle, auch weil ihr, anders als der Physik, noch »mehrere Jahrtausende systematischer, wissenschaftlicher, astronomischer Beobachtung« fehlen. Die brauche es, um eine gewisse Reife zu erlangen und sozusagen über den Tellerrand schauen zu können. Nur so lassen sich zum Beispiel die adversen Effekte auf die Umwelt und die Lebensqualität analysieren, die bestimmte Arten zu wirtschaften mit sich bringen.

Die Unterentwicklung der Ökonomie ist ein interessanter Punkt. Vielleicht liegt sie schon an einem Geburtsfehler, der uns auch zu den Anfängen der Sklaverei zurückführt. Schließlich verdanken wir den Begriff Ökonomie den alten Griechen, die ihn aus *oikos* (Haus, Haushalt) und *nemein* (einteilen, zuteilen) zusammenfügten. Damals bildeten Sklaven einen selbstverständlichen Teil von Privat- wie Staatshaushalten. Vermutlich fiel und fällt es der Wirtschaft auch deshalb oft so schwer, sich von entsprechenden Mustern zu befreien. Als im 18. Jahrhundert immer mehr die Idee der sozialen Gerechtigkeit und der Menschenrechte Verbreitung fand, machten Ökonomen theoretische Spagate, um den »freien Handel« mit Sklaven und anderen Waren als positiv für alles Mögliche darzustellen. Es liefen breite Debatten darüber, wie er zu mehr Frieden zwischen den Menschen und Völkern führe und zur Verbesserung der Moral. Dabei argumentierten viele folgendermaßen: Wer fleißig Handel treibt, steht in produktiver Verbindung zu anderen Menschen, verhält sich rational, sachlich, statt sich gefährlichen Leidenschaften hinzugeben, den Auslösern von Kriegen, die den Handel behindern. So beschreibt es der Ökonom Albert Hirschman in seinem Buch *Leidenschaften und Interessen. Politische Begründungen des Kapitalismus vor seinem Sieg* (1977).[14] *Doux commerce*, »sanfter Handel«, lautete in Zeiten der Aufklärung das Schlagwort, heute wäre es eher »Wandel durch Handel«. Ganz unabhängig davon, wie man zu dieser These stand (die nicht aufgeht): Das Schicksal der Sklaven selbst interessierte nicht. Und dass die Wirtschaft als solche ein Hort der Empathie und Sanftmut sein sollte, behauptete oder forderte im 18. Jahrhundert auch kaum jemand.

Die *Doux-commerce*-Argumentation ist ein frühes Beispiel für die Schizophrenie, die der Idee des freien Handels bis heute zugrunde liegt. Die Freiheit gilt meist nur oder vor allem für den ökonomisch stärkeren Handelspartner. Diesem Denken stellten sich damals Abolitionistinnen und Abolitionisten wie John Woolman mit ihren Ideen und Ansätzen des fairen Handels entgegen. Dazu kam noch etwas anderes. Im Jahr 1763 sprach sich Adam Smith, Autor der erwähnten *Theorie der ethischen Gefühle*, mit dem Argument gegen die Sklaverei aus, sie ergebe *wirtschaftlich* keinen Sinn. In Vorlesungen an der University of Glasgow erklärte er, freie Menschen würden motivierter arbeiten. Er ging sogar auf das ein, was wir inzwischen Innovationsfähigkeit nennen würden. Über die Produktion schrieb er: Sie »kann unmöglich so gut durch Sklaven erledigt werden wie durch freie Menschen, weil die Sklaven keine andere Motivation zu arbeiten haben als die Angst vor Bestrafung. Und sie können auch nie eine Maschine erfinden, die die Aufgabe vereinfachen würde. Wenn ein Sklave einen solchen Vorschlag machte, würde man ihn einen faulen Lumpen schimpfen, und nichts wird unternommen, um seine Arbeit zu erleichtern.«[15] So waren Sklaven in doppelter Hinsicht gefangen.

Ausführungen wie jene von Smith konnten damals wenigstens ein paar Sklavenhalter nachdenklich stimmen. Dies umso mehr, als es zumindest in wirtschaftlich hoch entwickelten Ländern und Regionen mit der einsetzenden Industrialisierung zu einer Umorientierung kommen sollte. Man wollte schon deshalb keine Sklaven mehr, weil man – sei es bei Haushaltshilfen oder Arbeitern – flexibel sein wollte, Leute je nach Wirtschafts- und Auftragslage und Konjunktur heuern und feuern wollte. Außerdem sollten die Werktätigen, um den Umsatz zu steigern, konsumieren. Dafür brauchten sie ein Einkommen. Insofern gab es auch harte ökonomische Faktoren, die eine Abkehr von der Zwangsarbeit beförderten. Allerdings griffen diese erst nach und nach. Natürlich ist es sehr schwierig, die Sklaverei als Wirtschaftsfaktor in Zahlen zu fassen, aber im Jahr 1860 stellten Sklaven in Nordamerika einigen Berechnungen zufolge sechzehn Prozent der Wirtschaftskraft dar (in heutigen Worten vielleicht so etwas wie das Bruttoinlandsprodukt), auf aktuelle Verhältnisse umgerechnet wären das mehrere Billionen Dollar.[16] In den – insgesamt allerdings sehr viel weniger entwickelten – Südstaaten war es sogar die Hälfte der Gesamtleistung. In seinem Artikel »The New

Abolitionism« (2014), aus dem die genannten Zahlen stammen, vergleicht der Journalist Chris Hayes die Summe, auf die die Sklavenhalter mit der Abschaffung der Zwangsarbeit damals (unfreiwillig) »verzichten« mussten, in der Tragweite mit jener, die heute die fossile Industrie sozusagen aufgeben müsste, um den Klimawandel aufzuhalten (indem sie bis zu achtzig Prozent des förderbaren Öls und Gases in der Erde ließe). Damit betont Hayes einerseits, wie schwierig es ist, weil eben offenkundig extrem profitorientierte und mächtige Menschen Geld verlieren würden. Andererseits zeigt er auf, dass sich immerhin schon ein historischer Präzedenzfall findet, wo es gelang, das Richtige gegen immense Wirtschaftsinteressen durchzusetzen, wenngleich unter dem Zeichen ungeheurer Gewalt und mit 600 000 Toten im Sezessionskrieg. Und auf noch etwas weist Hayes hin: Inzwischen spricht selbst für Menschen, die das Ganze nur unter ökonomischen Gesichtspunkten betrachten wollen, für eine Aufgabe der fossilen Gewinne, dass die Förderung mit mehr Aufwand und Risiken verbunden ist als die Haltung von Sklaven damals. Etwa, weil immer mehr Fonds und Anleger die fossile Industrie meiden.[17]

In jedem Fall wichtig und motivierend sind historische Beispiele wie die Bereitschaft der Abolitionisten, teils gegen ihre eigenen wirtschaftlichen Interessen zu agieren. Das gilt auch für Unternehmen, die sich aktiv gegen die Sklaverei wandten, obwohl sie davon ausgehen mussten, dass einige ihrer Kunden Sklaven hielten. Prominent tat dies die britische Keramikfirma von Josiah Wedgwood, die in viele Länder Europas und nach Amerika exportierte. Der Chef des Unternehmens, das als Wedgwood berühmt werden sollte, gilt als Pionier einer neuen Produktpalette für die Massen, des kreativen Industrial Designs und innovativen

Marketings.[18] Er war aber auch Abolitionist. Als solcher hatte er die Idee, politische und ökonomische Ziele zu verbinden. Ab 1787 produzierten seine Manufakturen Teller mit einem aufsehenerregenden Bild darauf: ein halb nackter, kniender Schwarzer in Ketten. Und dieser Mann fragt: »Am I not a man and a brother?« Slogan und Motiv verbreiteten sich rasend schnell. Bald prangten sie an Armreifen, Haarnadeln und auf Tabakdosen liberaler Zeitgenossen.[19] So avancierte das Motiv zum Imageträger der Firma Wedgwood und zum Logo des Abolitionismus. Es war eine konzertierte Aktion. Denn just 1787 gründete in London einer der heute bekannteren Aktivisten, Thomas Clarkson, die Society for Effecting the Abolition of the Slave Trade, eine frühe NGO, organisatorisch und finanziell getragen von Quäkern. Und im selben Jahr stand der Abolitionismus erstmals auch ganz offiziell auf der Tagesordnung des Parlaments.

Was wäre das heutige Pendant zu »Am I not a man and a brother«? Ein ähnlicher Spruch und Abbildungen hungernder Kinder, aufgedruckt auf Ikea-Tellern oder Supreme-T-Shirts? Was findet sich in unseren Zeiten Vergleichbares? In den 1990er-Jahren erregten Benetton-Anzeigen mit Bildern von Geflüchteten, Aidskranken und Mafia-Toten Aufsehen. Die Kampagne ging allerdings nicht mit politischen Initiativen einher. Auch aktuell fällt mir trotz aller Umwelt- und Fair-Trade-Ansätze kein größeres Unternehmen ein, das so progressiv sozialpolitisch Stellung beziehen würde. Sicher, auf Etiketten an Shorts von Patagonia stand im Herbst 2020 »Vote the assholes out«, ein Aufruf vor der US-Präsidentschaftswahl, den Republikaner Donald Trump abzuwählen.[20] Ben and Jerry's wiederum leisteten mit ihrer Eissorte »Pecan Resist« symbolisch »Widerstand« gegen

Trump; zugleich gehören sie aber zu Unilever, jenem Konzern, der unter anderem wegen Kartellabsprachen und Umweltvergehen in der Kritik steht.

All das ist im Vergleich zur »Am I not a man and a brother?«-Kampagne weniger grundlegend. Aktuelle Sprüche entfalten auch deshalb keine so starke Wirkung, weil Aufrufe und Slogans in Zeiten ihres inflationären Gebrauchs und medialer Übersättigung weniger Eindruck machen als früher. Zudem dienen Wokewashing und Ironisierung dazu, die allgegenwärtige kognitive Dissonanz abzumildern.

Welche Art des Engagements würden Abolitionistinnen und Abolitionisten von damals heutigen Unternehmen anraten? Zunächst einmal würden sie sich vermutlich freuen, dass eine Firma wie Veja ihre Sneakers in Brasilien etwas fairer als allgemein üblich herstellt, mit begrenzten Arbeitszeiten und Löhnen, die leicht über dem Landesdurchschnitt liegen. Doch was wäre ein wirklich großer Schritt in der Tradition des Abolitionismus? Vielleicht wenn sich ein Konzern wie Nike, der weltweit führende Sportartikelhersteller, zu etwas Bedeutendem durchringen würde? Etwa dazu, nur noch halb so viele Waren zu produzieren und Fabrikarbeiterinnen und Fabrikarbeitern im armen Süden, die dann fünfzig Prozent weniger schuften müssten, trotzdem gleich viel oder sogar ein bisschen mehr zu zahlen. Nebenbei ließe sich so die groteske Situation vermeiden, dass, wie im Herbst 2021 geschehen, Nike Neuware einfach vernichtet, um die Regale für die nächste Kollektion freizuschaufeln.

Wie könnte das Marketing im Geiste von Wedgwoods »Am I not a man and a brother?«-Kampagne aussehen? Die Grundlage könnte eine positive Botschaft sein, in der Art, dass dank der Umstellung diejenigen, die Nike zuarbeiten, mehr Freizeit haben, sich um ihre Familie kümmern, meditieren, Yoga machen, sich fortbilden oder eine kleine Firma gründen können. Wenn man die Kunden dann noch davon überzeugen kann, für ein ganz besonderes, in so vieler Hinsicht wertvolles Produkt mehr zu bezahlen und nur noch halb so oft ein neues zu kaufen, geht die Rechnung für alle auf: für die Kunden, weil sie weniger Einkaufsstress haben, für die Arbeiter von Nike – oder vergleichbaren Unternehmen – durch die gewonnene Freizeit und letztlich für alle Menschen, weil die Umweltbelastung verringert würde.

Das klingt natürlich vollkommen utopisch und naiv, aber wie die Geschichte zeigt, begann so manch umfassendere Entwicklung auf diese Weise. Objektiv gesprochen sind die Spielräume bekanntlich groß, die Hersteller wie Nike darin haben, wie sie ihre Preise gestalten und trotzdem Profit machen können.[21] Sie könnten viel mehr vom Gewinn bei den Billiglohnarbeitern lassen und dabei immer noch lukrativ agieren. Eine solche Weniger-Konsum-bringt-mehr-für-alle-Kampagne ließe sich mit Sportlern wie Venus Williams, LeBron James und Colin Kaepernick vermitteln, die mit Nike aktuell noch auf sehr allgemeine Weise gegen Rassismus werben und für den Konsum-Wahnsinn. »Mit unserem neuen ›Half as much, twice as nice‹-Claim gehen wir ein unternehmerisches Risiko ein«, könnte Nike verkünden, »aber das ist es uns wert. Just do it.«

Vielleicht würden andere Hersteller nachziehen, oder man hätte das vorher koordiniert, in Form einer ausnahmsweise mal sinnvollen Preisabsprache, eines positiven Kartells. Es wäre interessant zu sehen, was passieren würde, sollten sich Konzerne zu etwas politisch Innovativem und Progressivem durchringen, zu Maßnahmen, bei denen Kundinnen wie Aktionäre zunächst scheinbar zurückstecken müssten, was aber letztlich allen zugutekäme.

Natürlich dürfen wir unseren Blick nicht auf Unternehmen verengen. Die US-Regierung gab 2022 rund 877 Milliarden Dollar für das Militär aus. 877 Milliarden. Davon hätte sich einiges sinnvoll verwenden lassen. Der weltgrößte Waffenproduzent Lockheed Martin stellt deutlich Schlimmeres her als Nike. Aber ein Unterschied zur Rüstungsindustrie besteht darin, dass Sport- oder Modefirmen wie Nike das Image des Guten und Hippen für sich arbeiten lassen und gleichzeitig Arme ausbeuten und der Umwelt schaden. Ähnliches gilt für Apple, den weltgrößten Konzern in Sachen Börsenwert (2023). Vor allem Unternehmen, bei denen das Image eine so zentrale Rolle für die Preisgestaltung und die Kaufentscheidung der Kundinnen und Kunden spielt und bei denen die Gewinnmargen nicht selten willkürlich sind, könnten hier einen epochalen Schritt gehen. Und so den Kreis zu Wedgwood mit seinem Anti-Sklaverei-Marketing schließen. *Think different.*

3.

Die Fünf-Jahrhundert-Handelsbilanz

Bis hierhin könnte der Eindruck entstanden sein, der Abolitionismus sei ein mutiges und kreatives Unterfangen gewesen, eine sanfte Revolution, erzielt mit vorbildlich friedlichen Mitteln. Das trifft in vielem zu, aber nicht in allem. Abolitionisten wandten, gezwungenermaßen, auch Gewalt an. Wenn wir den Kontext beleuchten, können wir daraus viel über die Nachwirkungen der Sklaverei bis heute lernen und die Notwendigkeit nachvollziehen, gezielter darauf zu reagieren. Wichtig ist dabei auch die Tatsache, dass die Sklaverei aufs Engste mit dem Kolonialismus zusammenhängt, aber älter als dieser ist und umfassender wirksam.

Seit rund fünfhundert Jahren gilt bekanntlich die geographische Aufteilung des Planeten in den reichen globalen Norden und den armen Süden. Diese Aufteilung rührt vom Kolonialismus her. Für heutige Verhältnisse überraschend oder ernüchternd mag es sein, wie der Norden, selbst nachdem in Europa offizielle Sklaverei-Verbote in Kraft getreten waren, die Barbarei in Afrika und Asien aufrechterhielt. Für Indien etwa differenzierte das britische Parlament juristisch-haarspalterisch zwischen verbotener Sklaverei und erlaubter Knechtschaft, die sich de facto glichen. Das geschah übrigens auf Betreiben der Lobbyisten der East India Company, eines der ersten Konzerne, um den es ausführlicher in Teil V gehen wird. Noch in den 1860er-Jahren, also

Jahrzehnte, nachdem die Sklaverei in Großbritannien abgeschafft worden war, schufteten in Indien sechs bis acht Millionen Zwangsarbeiter; in Afrika und Asien insgesamt achtzehn Millionen; dazu kamen Leibeigene und Konkubinen, Zwangsprostituierte dort, im christlichen Europa und im islamischen Nahen Osten.[1]

So wurden die Zonen unterschiedlich großer Ausbeutung und des Leids festgezurrt, die in vielem bis heute gelten. Nur langsam griff die Anti-Sklaverei-Bewegung global aus. So etwa ab 1839 mit der British and Foreign Anti-Slavery Society, der ältesten internationalen Menschenrechtsorganisation überhaupt, die als Anti-Slavery International noch heute gegen Zwangsarbeit kämpft.[2] In Mauretanien, das 1960 von der Kolonialmacht Frankreich in die Unabhängigkeit entlassen wurde, kam das Verbot der Sklaverei sage und schreibe 1980, mit gesetzlicher Nachbesserung im Jahr 2007.

So hielt sich die Zwangsarbeit in den Kolonien und Ex-Kolonien weit über ihr offizielles Verfallsdatum hinaus. Absurd viel länger und brutaler als im reichen Norden. Das hatte schlimme langfristige Folgen und auch kurzfristige. Etwa jene, dass Abolitionisten im globalen Süden viel öfter dazu gezwungen waren, Gewalt anzuwenden. Ganz allgemein gilt, dass Sklaven, wenn sie sich ihre Freiheit selbst erkämpfen wollten, blutige Aufstände anzetteln mussten, die die Sklavenhalter fast immer im Keim erstickten. Beispielsweise am 21. August 1831, als in Virginia der Sklave und Prediger Nat Turner, von seinen Mitstreitern »The Prophet« genannt, einen Aufstand entfachte, bei dem rund sechzig Weiße und zweihundert Schwarze starben.[3] Zwar konnten in Lateinamerika Sklaven flüchten und in Brasilien in abgelegenen Landstrichen eigene Gemeinden gründen, die

Quilombos, die teils noch heute als Orte existieren. Aber was den offensiven Kampf mit militärischen Siegen gegen Sklavenhalter betrifft, findet sich nur eine echte Ausnahme von der Regel, dass Aufstände vergeblich waren. Dafür ist es eine immens wichtige, mit Folgen bis in unsere Zeit: die Haitianische Revolution von 1791.

Dabei handelt es sich um die größte Erhebung Schwarzer im 18. Jahrhundert, vermutlich aller Zeiten. Die Revolution in Saint-Domingue, wie Haiti damals hieß, sollte 1804 erstmals in einem ganzen Land zur Überwindung der Sklaverei und zur Unabhängigkeit von der Kolonialmacht führen. Umso bemerkenswerter ist das insofern, als die Karibikinsel alles andere als unbedeutend war, sondern Frankreichs Zucker- und Kaffeelieferant Nummer eins.[4] Die Revolution begann am 14. August 1791, von unten, mit Aufständen auf Plantagen im Norden des Landes.[5] Daraufhin kam es zu Kämpfen mit Truppen, die Napoleon über den Atlantik entsandte. Doch unter der Führung des Ex-Sklaven und Militärs Toussaint Louverture, genannt der schwarze Napoleon, siegten die Haitianer schließlich. Dafür zahlten die Menschen einen hohen Preis: Zehntausende wurden getötet, manchen Schätzungen zufolge bis zu einem Drittel der 500 000 Sklaven, dazu freie Haitianer und Franzosen. Am 1. Januar 1804 trat die von Toussaint Louvertures Nachfolger, dem Ex-Sklaven Jean-Jacques Dessalines, erkämpfte Unabhängigkeit in Kraft, und damit auch das Sklaverei-Verbot. Also immerhin dreißig Jahre früher als in Großbritannien und sechzig Jahre früher als in den USA.

Doch die Sache hatte einen Haken. Um neue Investoren für den Aufbau des Landes anzulocken, herrschte Arbeitspflicht für Ex-Sklaven auf den Plantagen, und zwar bis in die 1830er-Jahre. Es folgten zwei Jahrhunderte Armut und

Elend, die eng mit dem Verhalten der Ex-Kolonialmacht zusammenhängen. Denn es passierte etwas Tragisches. Theoretisch hätte Haiti seine Ökonomie nach der Unabhängigkeit und der Sklavenbefreiung umstellen können. Man hätte sich abwenden können von der reinen Überschussproduktion, von sogenannten Cash Crops wie Zucker und Kaffee, die sich für den Export eigneten und der Kolonialmacht viel Profit, den Arbeitern vor Ort aber insgesamt wenig brachten. Man hätte einen Mix anstreben können – aus Cash Crops, einer neu aufzubauenden Industrie sowie dem verstärkten Anbau von Nahrungsmitteln wie Mais, Kartoffeln, Gemüse und Obst auch für die Ernährung der eigenen Bevölkerung. Doch dann wäre den lokalen wie ausländischen Grundbesitzern und Investoren viel Geld entgangen. Und auch die ehemalige Kolonialmacht Frankreich trug immens dazu bei, dass sich das Land nicht entwickeln konnte. Die Regierung in Paris setzte jene in Port-au-Prince militärisch und ökonomisch unter Druck, bis sie einem Abkommen zustimmte. Ab 1825 musste Haiti 150 Millionen Francs »Unabhängigkeitsschulden« zahlen, als »Entschädigung« für entgangene Einnahmen, auch wegen des Endes der Sklaverei.[6]

Verkehrte Welt. Die Summe der »Entschädigung« belief sich auf das *Zehnfache* der jährlichen Staatseinnahmen Haitis; heute entspräche sie einem zweistelligen Milliardenbetrag. Und das in einem Land, dessen Bruttoinlandsprodukt noch 2022 gerade mal 20 Milliarden Dollar betrug.[7] Diese »Schulden« stotterte Haiti bis sage und schreibe 1947 ab.

Auch deshalb wurde in Haiti weiter auf den unmittelbar profitablen monokulturellen Anbau von Kaffee und Zucker gesetzt, statt zu diversifizieren und die Industrialisierung in Maßen voranzutreiben. Man musste schnell auf das zurückgreifen, was man hatte: Cash Crops. Ein Muster, das auch in anderen Ex-Sklavenstaaten zum Tragen kam. Mit den Unabhängigkeitsschulden schickte die ehemalige Kolonialmacht Frankreich nach der direkten Gewalt der Sklaverei eine zweite Welle indirekter Gewalt über das Land. Diese hemmte die ökonomische Entwicklung und brachte schreckliches Leid, mit Auswirkungen bis ins 21. Jahrhundert.[8] Dieses Muster, das dem Verhältnis zwischen Ex-Sklaven und Ex-Haltern zugrunde liegt, findet sich in Variationen auch innerhalb von Ländern. Etwa im Russischen Reich, um ein großes, weltgeschichtlich folgenreiches Beispiel zu nennen. Dort erreichte die Botschaft westlicher Abolitionisten Zar Alexander II., und im Jahr 1861 befreite er die Leibeigenen, die vierzig Prozent der Bevölkerung ausmachten. Gänzlich »frei« waren sie deshalb aber noch lange nicht – bis 1910 mussten sie Zahlungen an ihre früheren Besitzer leisten.[9] So lässt sich schwerlich eine neue, anders als pyramidal strukturierte Gesellschaft aufbauen.

Gegen den Kolonialismus

In all diesen Fällen sorgten diejenigen, die verantwortlich für die Sklaverei und die Ungerechtigkeiten waren, dafür, dass sie auch nach deren offizieller Abschaffung noch von ihnen profitierten. Doppelter Verdienst, unverdiente Vorteile. Das ist verrückt genug. Aber noch etwas fällt bei den Beispielen im Hinblick auf die Geschichte der Sklaverei auf: Im Grunde wurde die kolonialistische Sklaverei der Neuzeit, also seit etwa 1500, nach ihrem offiziellen Verbot durch eine ältere Form ersetzt. Sogar eine der ältesten überhaupt, nämlich die *Schuld*sklaverei. Sie kennen wir schon aus der

Antike. Als die transatlantische Sklaverei mit entführten und ausgebeuteten Afrikanerinnen und Afrikanern im 19. Jahrhundert abklang, wurde sie reaktiviert, neu installiert und in vielem ausgeweitet.

Die Sklaverei war und ist ein historisches Chamäleon. Trotzdem war die Haitianische Revolution ein Erfolg, und sie zeitigte eine wichtige positive Wirkung nach außen. Sie inspirierte Abolitionisten wie Thomas Clarkson und William Wilberforce, die dann maßgeblich dazu beitrugen, dass die Sklaverei im British Empire abgeschafft wurde.[10] Zudem motivierte sie Erhebungen in anderen karibischen Kolonien. Und in den USA war es die Haitianische Revolution, die viele der 200 000 schwarzen Soldaten dazu brachte, ab 1861 im Bürgerkrieg aufseiten der Nordstaaten gegen den Süden zu kämpfen.[11] In jenem Krieg also, der die Sklaverei 1865 im größten Sklavenstaat der Welt neben Brasilien beenden sollte.

Es lässt sich darüber streiten, von welcher der beiden fast zeitgleichen Revolutionen positivere Anregungen für Menschen in anderen Ländern ausgingen, der in Haiti oder jener in Frankreich.[12] Historiker haben diskutiert, ob die Haitianische mit ihrer Strahlkraft den Abolitionismus vorangebracht oder aber gebremst habe; hat sie Gegengewalt vonseiten der Sklavenhalter provoziert oder dazu geführt, dass diese anderswo aus Furcht vor Aufständen *weniger* brutal agierten?[13] Doch das sind theoretische Debatten. Denn welche Optionen hatten Sklaven? Noch ein paar Generationen warten, bis Frankreich sie vielleicht endlich freilassen würde? Danach sah es nicht aus, schon gar nicht mit Blick auf Napoleon, der sogar Hunderttausende seiner eigenen Landsleute in den Tod marschieren ließ. Die Haitianer mussten entscheiden, ob sie Generationen ihrer Familien und

Freunde der Vergewaltigung, Erniedrigung und Ermordung aussetzen wollten. Sie waren Opfer im doppelten Sinn: mit Gewalt unterdrückt und ihrerseits dazu verdammt, diese anzuwenden. Doch zumindest war ihre Gewalt legitim. Und sie konnten ein Zeichen für Kämpfer gegen den Kolonialismus setzen, um mit dem Jahrhundertunrecht aufzuräumen.

Das war wichtig für viele Lebensbereiche, von der Ökonomie über die Kultur bis hin zur seelischen Gesundheit. Es war wichtig für ein Selbstbewusstsein von Schwarzen und auch für ihr Vertrauen ihren Mitmenschen gegenüber, das über Jahrhunderte durch Sklaverei und Kolonialismus beschädigt worden war, immer und immer wieder, mit Nachwirkungen bis in die Gegenwart. Umfassend hat diesen Zusammenhang als Erster kein Politiker, keine Historikerin, kein berühmter Philosoph oder eine Soziologin geschildert, sondern ein schwarzer Arzt, Psychiater und Aktivist aus Martinique: Frantz Fanon. In *Die Verdammten dieser Erde* (1961), einem der politisch einflussreichsten Bücher des 20. Jahrhunderts. Darin schreibt er: »Der Wohlstand und Fortschritt Europas sind mit dem Schweiß und den Leichen« der Kolonisierten errichtet worden.[14] »Dieses Europa ist buchstäblich das Werk der Dritten Welt. Die Reichtümer, an denen es erstickt, sind den unterentwickelten Völkern gestohlen worden.« Fanon, der sich im algerischen Freiheitskampf gegen die französischen Kolonialisten engagierte, beleuchtet auch, wie die Sklaverei im (Sex-)Tourismus fortlebt und Länder oder Landstriche von Kuba über Brasilien bis Afrika zum Bordell für die »westliche Bourgeoisie« macht.

Darüber hinaus diagnostiziert Fanon als Erster medizinische und seelische Folgen des Kolonialismus und der Sklaverei. Er tut dies mit Fallstudien über Angstpsychosen,

Zwangsverhalten und psychosomatische Erkrankungen. In ihnen wie in der Sklaverei und im Kolonialismus sieht Fanon »Fäulniskeime«, die man »aus unseren Ländern und unseren Gehirnen ausmerzen« muss, mit starken kulturellen Ausdrucksformen, und wo nötig auch mit physischer Gewalt.[15] Damit war durchaus auch der Kampf gegen afrikanische Regierungen gemeint, die kolonialistische Strukturen und Werte übernommen hatten und reproduzierten. Seit Fanon, und von ihm inspiriert, hat es viele Studien über die Folgen von Sklaverei und Kolonialismus gegeben, auch zu einzelnen kulturellen und psychischen Bereichen und Teilaspekten. Etwa darüber, wie den Betroffenen ihre Sprache und damit ein Teil ihrer Identität und ihres Selbstbewusstseins geraubt wurde, indem man sie zwang, Englisch oder Französisch zu sprechen, weshalb sie sich beim Kommunizieren sozusagen fremd fühlen mussten.[16]

Fanons Buch beeinflusste Revolutionäre und Aktivisten wie Che Guevara oder Malcolm X, und es beeinflusst weiterhin solche wie S'bu Zikode. Er ist der Präsident des südafrikanischen Shack Dwellers' Movement, Abahlali baseMjondolo (Bewohner der Hütten), das seit 2005 im Rahmen von *living politics* und eines *living communism* von unten gegen die extreme Ungleichheit und für eine andere Gesellschaft kämpft.[17] Fanon inspirierte auch Historiker wie den Guyaner Walter Rodney, einen Vordenker der Black-Power-Bewegung. Mit *Afrika. Die Geschichte einer Unterentwicklung* publizierte er im Jahr 1972 erstmals ein kritisches, auf wissenschaftlichen Standards basierendes Geschichtsbuch zu Sklaverei und Kolonialismus.[18]

Was die Geschichte abolitionistischer Gewaltanwendung anbelangt, so lässt sich wenigstens in Form einer Mahnung vielleicht etwas im allerweitesten Sinn Positives aus ihr ziehen. Sie erinnert uns daran, wie umfassend und nachhaltig Länder, deren Bevölkerung Zwangsarbeit leisten musste, nach deren offizieller Abschaffung *als Nation* versklavt und Opfer von Gewalt blieben. So zeigt sich auch klarer, wie angemessen es wäre, wenn der reiche globale Norden Reparationen leisten oder – wenn man es nicht so nennen will – eine Bilanz ausgleichen würde für den größten und längsten Diebstahl aller Zeiten: Sklaverei und Kolonialismus.[19] Ökonomisch ausgedrückt, könnte es der Versuch sein, fünf Jahrhunderte Handelsbilanz, die der Norden krass zu seinen Gunsten verbogen hat, ansatzweise in Ordnung zu bringen.

Konkret sind dafür verschiedene Szenarien denkbar: die Öffnung von Grenzen oder die Abschaffung von Handelsverträgen und Subventionen, die den Norden beim Export in den Süden bevorteilen und dortige Wirtschaftszweige zerstören. Eine drastischere Maßnahme bestünde darin, für eine bestimmte Zeit so etwas wie eine Sozialhilfe oder ein Grundeinkommen einzuführen – etwa in den Ländern der Afrikanischen Union (AU) und der Karibik, die am stärksten unter der Sklaverei litten. Nicht nur wäre dies für den reichen Norden relativ gut bezahlbar, sondern so ließen sich auch auf einen Schlag viele Probleme und grässliche Zustände angehen. Zunächst einmal die Not und der Hunger, an dem weltweit 800 Millionen Menschen leiden, etwa jeder zehnte, und an dem jährlich mehrere Millionen sterben. Auch würden sich wohl weniger Menschen aus Afrika auf den äußerst gefährlichen, oft tödlichen Weg in Richtung Europa machen, wenn sie das Gefühl hätten, dass sie auch in ihrer Heimat überleben und auf einer Grundsicherung etwas aufbauen können. So gäbe es weniger Grund für die Massenmigration von Süden nach Norden, die viele dort besorgt. Neben den viel zitierten Fluchtursachen ließe sich sogar die Klimakatastrophe bekämpfen, weil etwas Konsum vom Norden in den Süden verschoben werden könnte, wo die Empfänger des Grundeinkommens trotzdem noch nicht Flugreisen buchen, große Wohnungen oder Autos kaufen würden.

Im Folgenden nur ein paar mögliche Ansätze, die sich durch die Geschichte der Sklaverei motivieren ließen oder auch schlicht durch den Willen, moderne Formen der Sklaverei zu verhindern. Offiziell leben in Staaten der AU, natürlich mit starken regionalen Unterschieden, rund 40 Prozent der Bevölkerung in Armut, sprich von weniger als 1,90 Dollar am Tag, wie die Weltbank »Armut« definiert.[20] Um den etwa 500 Millionen »offiziell« armen Menschen ein Jahr lang ein Grundeinkommen von beispielsweise 10 Dollar am Tag zu ermöglichen, damit sie nicht hungern müssen bzw. sich ein Geschäft aufbauen können, wären 1,8 Billionen Dollar nötig.[21] Oder man könnte, auch um die Verwaltung zu vereinfachen, damit *allen* Bewohnern der AU ein, dann sozusagen bedingungsloses, Grundeinkommen von rund 4 Dollar am Tag organisieren. Dieses Konzept finde ich im Übrigen nahezu unabhängig davon interessant, wie man zur Frage des bedingungslosen Grundeinkommens innerhalb reicher Länder wie Deutschland steht.[22] Was die 1,8 Billionen betrifft, so klingt das zunächst nach sehr viel Geld, aber wenn sich nur zwanzig Geberländer im Norden fänden, eventuell inklusive reichen Staaten im Nahen Osten, müsste jedes im Schnitt rund 90 Milliarden beisteuern. Wollte man alle AU-Bürgerinnen und -bürger zumindest mit knapp 2 Dollar am Tag garantiert über die offizielle Armutsgrenze von 1,90 Dollar heben, wären es 45 Milliarden – weniger als drei Prozent der Gesamtausgaben im deutschen öffentlichen Haushalt des Jahres 2022.[23]

Das wäre immer noch einiges, jedoch machbar, wenn man dafür etwas aus anderen Bereichen abzweigen würde: etwa aus Militärbudgets, die oft zig, teils Hunderte Milliarden betragen; aus Steueroasen, auf die jährlich rund *500 Milliarden* Dollar Fehlbeträge für Staaten weltweit entfallen; aus Vermögens- und Erbschaftssteuern – allein in Deutschland werden jährlich (inklusive Schenkungen) 200 bis 400 Milliarden Euro vererbt. Dazu könnten noch Spenden kommen.

Das ist natürlich nur *ein* mögliches Modell, zudem sehr grob umrissen, und es klingt zunächst einmal utopisch. Aber Ansätze, die in diese Richtung gehen, werden bereits diskutiert und im Kleinen sogar erprobt. Etwa GiveDirectly. Dabei wird in kleinen regionalen Projekten in verschiedenen Ländern Afrikas (aber auch in der Türkei, in den USA und im Jemen) ein Grundeinkommen in Armenvierteln ausbezahlt.[24] Oder in Otjivero, Namibia. Dort lief von 2007 bis 2009, obwohl der Internationale Währungsfonds sich dagegen stemmte, ein Pilotprojekt, bei dem die Bewohner des Ortes monatlich 100 Namibia-Dollar (etwa 6 Euro!) erhielten, abhebbar mit Plastikkarten von Geldautomaten.[25] Die Lage der Menschen verbesserte sich drastisch: weniger Kriminalität, mehr Bildung, bessere Gesundheitsversorgung, insgesamt Hoffnung. Aber natürlich war das zu wenig Geld über eine zu kurze Zeit, um nachhaltige Verbesserungen und valide Einschätzungen zu gewährleisten.

Grundsätzlich läge ein Vorteil eines Grundeinkommens im Vergleich zur herkömmlichen »Entwicklungshilfe« darin, dass sich so Korruption umgehen ließe und Bürgerinnen und Bürger der AU selbst entscheiden könnten, was sie mit dem Geld machen. Sie könnten sehen, wie sehr sie ihre Länder nach unserem Vorbild industrialisieren, sie also auf immer mehr Wachstum und Konsum ausrichten, oder ob sie auf ein nachhaltiges System setzen wollen, bei dem man Fehler vermeidet, die Industrieländer gemacht haben.

Aber natürlich auch Fehler, die bei hoffnungsstiftenden Reformen in Afrika begangen wurden. Etwa in Tansania nach 1967, wo der vormalige antikolonialistische Aktivist und Premier, dann Präsident Julius Nyerere eine ganz eigene Form des Sozialismus etablieren wollte: Ujamaa (Suaheli für »Brüderlichkeit«, freier etwa »familiäre Kooperation«).[26] Das System sollte auf gleichberechtigten Dorfgemeinschaften und einer entsprechenden Agrarproduktion basieren. Das Ganze lief schief, unter anderem weil entgegen der Grundidee, regionale Entwicklungen zu fördern, doch eine Kollektivierung insgesamt und zentral gesteuert erzwungen wurde. Heute ließe sich, so betonen es auch afrikanische Autorinnen und Autoren, in Ländern der AU versuchen, auf eigene Traditionen zurückzugreifen, in denen immaterielle Güter höher bewertet werden, Spirituelles, Gemeinsinn, Ubuntu.[27] Damit könnte Afrika wiederum zum Vorbild für den Rest der Welt werden.

Natürlich gibt es gute Einwände gegen das Konzept der Reparation, das nach Buße und Zwang klingt. Auch an der Idee einer finanziellen Entschädigung oder des Ausgleichs der Handelsbilanz kann man sich stoßen. Weiterhin ließe sich bemängeln, es handelte sich um eine Form von Neokolonialismus, ein paternalistisches Konzept der »Entwicklungshilfe«, in diesem Fall eben eines der Alimentierung nach dem Gießkannenprinzip. Letztlich ist das eine ähnliche Diskussion, wie sie über das bedingungslose Grundeinkommen in reichen Ländern geführt wird. In Afrika wäre das Grundeinkommen aber zumindest nicht weniger sinnvoll eingesetzt, schon allein deshalb, weil größere Not herrscht. Vielleicht ließe sich das Ganze auch als alternativer Marshallplan von unten sehen. Dieser wäre etwas weniger direkt als der historische von 1948 an ein strategisches und ökonomisches Interesse der Geberländer gebunden, wie dies damals mit Aufträgen für die US-Wirtschaft der Fall war. Aber so ließe sich womöglich der zumindest politisch schädliche Einfluss Chinas auf Afrika ein wenig bremsen, weil der Druck, für einen sehr geringen Lohn unter sehr harten Bedingungen in chinesischen Unternehmen zu arbeiten, etwas weniger groß wäre. Positiv formuliert ließe sich die Soft Power der westlichen Welt, die in den letzten Dekaden wegen deren brutalen Verhaltens erheblich an Wirkung verloren hat, ein wenig aufpäppeln, um gegen autokratische Staaten zu punkten. Für die Zusammenarbeit zwischen reichen und armen Ländern sind dabei verschiedene Modelle und Partnerschaften denkbar. Etwa »bilaterale Reallabore der Solidarität« zwischen jeweils einem Land aus dem Norden und einem aus dem Süden, »Lernräume nachhaltigen Wirtschaftens«, wie es der Soziologe Harald Welzer nennt.[28] Das wäre hilfreich für beide Seiten, die sich beide als »Entwicklungsland« sehen könnten.

Es muss also nicht um die Frage der »Schuld« gehen. Eine herausragende Qualität der Abolitionisten bestand schließlich genau darin, dass sie etwas »(wieder)gutmachen« wollten, obwohl sie *nicht* persönlich an der Sklaverei beteiligt oder schuld waren. In diesem Sinn ließe sich ein Grundeinkommen aus dem Geist der Anti-Sklaverei-Bewegung und ihrer Haltung motivieren, Hilfs- und Lernbereitschaft über den engeren Kreis hinaus auszuweiten. Zu Lays und Woolmans Zeiten war damit eine Ausdehnung über die eigene Familie, Bekannte und vielleicht Schichten gemeint, inzwischen könnten es Kontinente sein.

Neben der erwähnten Fünf-Jahrhundert-Handelsbilanz ließe sich das Ganze auch als Versuch sehen, die Klimaschulden der Gegenwart und der jüngeren Geschichte zu begleichen. Diese hat der globale Norden dem Süden gegenüber angehäuft, weil er im überwältigenden Maß den CO_2-Ausstoß zu verantworten hat, der im Süden wiederum schon viel brutalere Auswirkungen hat als im Norden. (Darauf wirkt zum Beispiel die Debt for Climate!-Initiative hin.[29]) Man könnte sagen, in gewisser Weise leisten Bewohner des armen Südens heute weiterhin eine Form von Sklavenarbeit für uns, indem sie mit den schlimmen klimatischen Bedingungen, die wir durch unseren Lebensstil mit angerichtet haben, klarkommen müssen.

Positiv formuliert und ganz ohne Schuldzuweisung ließe sich ein Grundeinkommen oder andere Formen beherzterer Unterstützung als eine Art Bonuszahlung an die Armen sehen: eine Prämie dafür, dass sie die Klimaerwärmung extrem viel weniger vorantreiben als die Reichen dieser Welt. Schließlich liegen viele Staaten des globalen Südens, davon mehrheitlich die afrikanischen (rund drei Fünftel der AU-Staaten), unter der Grenze des Ausstoßes von einer Tonne CO_2 pro Bewohner und Jahr, was heute als klimaneutral gilt.[30] Will man sich auf plastische Weise vor Augen führen, wie ungleich die Armen und Reichen dieser Welt das Klima belasten, hilft eine simple, aber, wie ich finde, spektakuläre Statistik: Etwa achtzig Prozent der Weltbevölkerung sind noch nie mit einem Flugzeug gereist.[31] Das heißt, die ganzen Diskussionen, die wir über Fliegen oder Nicht-Fliegen führen, betreffen nur ein Fünftel der Menschheit.

Die Bandbreite möglicher Motivationen im globalen Norden, einen Beitrag zum Grundeinkommen für den armen Süden zu leisten, könnte jedenfalls ähnlich groß sein wie bei den Abolitionisten des 18. Jahrhunderts. Schon damals reichte sie von einfacher Empathie bis zu der sachlichen Überlegung, dass die Sklaverei langfristig nicht einmal ökonomisch Sinn ergibt. Im globalen Norden würde das Ganze heute, indem man den Luxuskonsum reduziert, nebenbei womöglich dazu beitragen, den CO_2-Ausstoß zu verringern. Denn davon verursachen die zehn reichsten Prozent der Weltbevölkerung fünfzig Prozent, während die ärmere Hälfte im Süden nur für zehn Prozent verantwortlich ist.[32] Ein Verhältnis, das so ähnlich sogar für die Bevölkerung innerhalb reicher Länder wie Deutschland gilt.[33]

Das Grundeinkommen in Staaten der AU oder eine ähnlich umfassende Unterstützung und Investition wäre ein historischer Schritt. Die »Einbußen«, die der reiche Norden zu verkraften hätte, wären sehr überschaubar. Apropos Opfer, die Privilegierte zu erbringen hätten: Auch hier bietet die Geschichte des Abolitionismus erstaunliche Anregungen.

4.

Normalbürger, die für andere den eigenen Ruin riskieren

Die Frage, wie viele materielle Einschränkungen wie viele Menschen bereit sind, für andere und das Gemeinwohl auf sich zu nehmen, bleibt aktuell und ein dringliches, teils faszinierendes Thema. Sie wird heute mit Blick auf Umweltzerstörung, Klimawandel und Ressourcenvergeudung auf relativ zaghafte Weise diskutiert. Und sie führt uns zurück zum Abolitionismus. Wie erwähnt, betrieben Abolitionisten wie John Woolman auf die Gefahr hin, mit ihrem Laden weniger Profit zu machen, fairen Handel und eckten mit ihrer Meinung an. Im Lauf des 19. Jahrhunderts wurden in Nordamerika mehr als tausend Anti-Sklaverei-Vereine gegründet, teils trotz Repressalien von behördlicher Seite.[1] Besonders herausstechend ist dabei ein spezielles illegales Netzwerk, das Sklaven zur Flucht verhalf: die Underground Railroad. Sie ist in vielem epochal und dürfte das historisch erste Beispiel dafür sein, dass massenhaft »unbescholtene Normalbürger« Gesetze brachen und wirtschaftlich viel, oft alles aufs Spiel setzten, um *Fremden* zu helfen.

Die Underground Railroad überzog das Land ab Ende des 18. Jahrhunderts bis 1860.[2] Ihr Ziel bestand darin, Sklaven aus den Südstaaten zu retten und in den sklavereifreien Norden oder nach Kanada zu bringen. Die »Railroad« im Namen ist metaphorisch zu verstehen. Zwecks Geheimhaltung kommunizierten die Fluchthelfer, die sogenannten *conductors*, codiert. Sie begleiteten die Geflohenen zu *stations*, Rastplätzen auf der langen, gefährlichen Reise zu Fuß oder zu Pferd: Scheunen, Kirchen, Höhlen. Wieder einmal waren Quäker stark beteiligt. Viele Netzwerker sind anonym geblieben, ein paar sind uns allerdings bekannt. Etwa der »Präsident« Levi Coffin, ein Farmer und Händler, der durch sein Engagement sein Geschäft verlor; oder der »Vater« der Railroad William Still, Geschäftsmann und Autor, Sohn entflohener Sklaven. Dezentral organisiert, beteiligten sich Schwarze, Weiße und Native Americans. Sie versteckten Sklaven, stellten Verpflegung zur Verfügung, leisteten passiven Widerstand, leiteten Sklavenpatrouillen auf falsche Fährten. Dabei riskierten sie, von Kopfgeldjägern misshandelt oder ermordet zu werden.

Schwarze *conductors* schlichen sich nachts sogar auf Plantagen, um, als Sklaven getarnt, vor Ort die Flucht zu organisieren. Darunter Harriet Tubman, die »Mutter« der Railroad, 1849 selbst der Sklaverei entflohen.[3] Als Mädchen von einem Aufseher am Kopf verletzt, litt sie ihr Leben lang unter epileptischen Anfällen, chronischen Schmerzen und Phasen extremer Müdigkeit und Schwäche. Dennoch konnte sie in mehreren Underground-Einsätzen viele Sklaven retten, was ihr die Ehrentitel »Moses ihres Volkes« und »Black Moses« eintrug.

Dank der Railroad entkamen rund hunderttausend Sklaven. Ähnlich einzigartig wie diese Leistung scheint die Haltung, die ihr zugrunde lag. Denn die Vernetzten nahmen es in Kauf, ein Gesetz zu brechen, den Fugitive Slave Act von 1793. Es verpflichtete US-Bürger, und zwar auch jene in den sklavereifreien Nordstaaten, beim Einfangen Geflüchteter zu helfen. Wer das nicht tat oder gar Sklaven unterstützte, musste 500 Dollar Strafe zahlen; ab 1850 sogar 1000 Dollar, und es drohten sechs Monate Gefängnis.[4] Schon die Geldbußen entsprachen für viele ihrem Jahreseinkommen. Wenn sie sie zahlen mussten, bedeutete das oft ihren wirtschaftlichen Ruin. Auch deshalb galt bei der Railroad höchste Geheimhaltung.[5] Als Dank für ihre Hilfe erhielten Aktivistinnen und Aktivisten noch Jahre später Postkarten von Befreiten, die im Norden ein neues Leben führten.

Das Engagement der Underground Railroad dürfte der historisch erste Gesetzesbruch sein, den so viele ansonsten »brave Bürger« aus uneigennützigen Gründen begingen, also nicht beispielsweise im Rahmen der Steuerhinterziehung. Suchen wir nach heutigen Analogien, ließe sich an Schiffsbesatzungen und Kapitäninnen wie Carola Rackete und Pia Klemp denken, die im Mittelmeer Flüchtlinge trotz drohender Anklagen durch die Staatsanwaltschaft gerettet haben.[6] In den USA ist es die NGO No More Deaths, deren Mitglieder wie Scott Warren wegen angeblich illegaler Fluchthilfe für Emigranten aus Mexiko vor Gericht landeten und nur knapp langjährigen Haftstrafen entgingen.[7] Die Railroad bleibt jedoch darin singulär, wie viele sich beteiligten – und wie groß die Bandbreite bei den Mitwirkenden war. Es machten die Ärmsten mit wie die erwähnte Harriet Tubman, aber auch Privilegierte wie Harriet Beecher Stowe. Letztere kennt man heute vor allem als Autorin des Anti-Sklaverei-Romans *Onkel Toms Hütte*, eines der politisch einflussreichsten literarischen Werke aller Zeiten.

Stowe ließ Stoff aus Interviews, die sie mit Aktiven der Railroad und Flüchtigen führte, in ihr Jahrhundertbuch einfließen.[8] Angeblich versteckte sie 1850 sogar selbst einen entflohenen Sklaven. Jedenfalls gelang ihr mit dem Roman, zunächst in der Zeitschrift *The National Era* publiziert, 1852 ein Bestseller, der Millionen Menschen für das Thema sensibilisierte. Es ist die Leidensgeschichte des Titelhelden Tom und anderer Sklaven und die Schilderung einiger, die sich vom Verbrechen abwenden. Kritiker bemängelten zwar zu Recht, die Hauptfigur sei passiv und unterwürfig gegenüber ihrem weißen »Herren« und als Märtyrer geschildert, was das Bild der Schwarzen verzerrt und zur Verbreitung von Stereotypen beigetragen habe.[9] In den USA benutzten daher später Bürgerrechtler wie Malcolm X »Onkel Tom« als Schimpfwort. Doch aus eigener Erfahrung kann ich zumindest sagen, dass die Lektüre des Buches mich im Alter von zehn Jahren sehr berührt und geprägt hat, so wie offenkundig Millionen andere Leserinnen und Leser. Beecher Stowe durfte während des Bürgerkriegs sogar Präsident Abraham Lincoln zum Gespräch treffen. Dabei soll er gesagt haben: »Sie sind also die kleine Dame, die das Buch geschrieben hat, wegen dem dieser große Krieg begonnen wurde.«[10] Ob das Zitat – in der Forschung umstritten – nun stimmt oder nicht, das Buch selbst zeigte enorme Wirkung. Es inspirierte auch andere politisch einflussreiche Romane, darunter zwei des Philippiners José Rizal, die 1896 den antikolonialistischen Freiheitskampf in seinem Land mit auslösten.[11] Und bei aller berechtigten Kritik an *Onkel Toms Hütte*: Der Roman, das Medium des gebildeten Bürgertums schlechthin, trug Empathie für die Unterdrückten in die Heime der Kultur- und Machtelite wie keiner vor ihm.

So stehen Stowe als Person und vor allem die Railroad als Organisation für eine einzigartig breite und vorbildliche Koalition. Ich weiß nicht, ob mein Mut gereicht hätte, Railroader zu werden. Aber einer unserer Vorteile heute besteht darin, dass wir keine Helden sein müssen. Ein großer Schritt wäre schon getan, wenn wir uns durch den Abolitionismus dazu anregen ließen, zugunsten anderer auf ein paar Privilegien zu verzichten.

Die abolitionistische Renaissance

Das ist umso wichtiger, da die Muster der Sklaverei erhalten blieben. Wegen ihnen musste die Bürgerrechtsbewegung in den USA noch hundert Jahre nach der Sklavenbefreiung in den 1950er- und 1960er-Jahren hart für die Beendigung der Rassentrennung und Diskriminierungen kämpfen, mit Sit-ins und Klagen am Obersten Gerichtshof. Noch heute müssen Menschen, etwa im Rahmen von Black Lives Matter, gegen rassistisch motivierte Polizeigewalt demonstrieren. Über deren historische Wurzeln in der Sklaverei sang der Rapper KRS-One, der »Teacha«, schon 1993 in »Sound of da Police«:

> »Be a officer? You wicked overseer!
> [...] Your laws are minimal
> Cause you won't even think about lookin' at the real criminal
> [...] Take the word ›overseer,‹ like a sample
> Repeat it very quickly in a crew for example
> Overseer Overseer Overseer Overseer
> Officer, Officer, Officer, Officer!
> [...] The overseer rode around the plantation
> The officer is off patrolling all the nation«

Ist der *overseer*, der Aufseher, ein Untoter, so erfuhr der Begriff *abolition* wenigstens eine Renaissance. Dies genau genommen schon seit den 1970er-Jahren, als sogenannte

Neo-Abolitionisten die Abschaffung des *prison-industrial complex* forderten: Gemeint ist das zu großen Teilen privatwirtschaftlich betriebene kommerzielle US-Gefängnissystem, unter dessen Brutalität überproportional viele Schwarze leiden. Diesen Komplex wollen heutige Abolitionisten, auch im Umfeld von BLM, abschaffen. Oder gleich die Polizei als Ganzes und das Justizsystem in seiner gegenwärtigen Form. Für manche Autoren ist das sogar die aktuelle Definition von Abolitionismus.[12] Dazu gehört etwa, Polizisten auf einigen Feldern durch Sozialarbeiter zu ersetzen, durch *peacemaker*, darunter Ex-Gang-Mitglieder als Streitschlichter mit *street credibility*. Und tatsächlich gibt es hier trotz Widerständen durch Behörden einige hoffnungsstiftende Projekte.[13]

Aktuell laufen in den USA auch Debatten über das »1619 Project« des *New York Times Magazine*. Es bezieht sich auf das Ankunftsjahr der ersten Sklaven in Nordamerika. Dabei geht es um die Frage, ob die Sklaverei nur *ein* zentraler Faktor in der US-Geschichte ist oder *der* zentrale. Für den Mainstream bedeuten derartige Diskussionen einen Durchbruch. Zugleich müssen wir uns vor einer Historisierung im negativen Sinn hüten. Davor, dass wir, während wir vergangene Verbrechen analysieren und anprangern, diese weit wegschieben, in die Vergangenheit bzw. in die Theorie. Das hätte zur Folge, dass man sie indirekt verharmlost und schlimmstenfalls heutige Ungerechtigkeiten übergeht, die aus den historischen Mustern resultieren, konkret aus denen der Sklaverei. Das betrifft den Rassismus, unter dem Afroamerikaner und andere Minderheiten leiden; und es betrifft den »Klassismus«, bei dem Muster der Sklaverei und entsprechende Formen der Diskriminierung auf Menschen mit niedrigem Einkommen insgesamt übertragen werden, unabhängig von ihrer Hautfarbe.

Die USA sind ein schlimmer und in Anbetracht dessen, wie reich das Land als Ganzes ist, ein besonders grotesker Fall der fortbestehenden Sklaverei-Kultur. Wie umfassend sie die Welt prägt, lässt sich erahnen, wenn man sich vor Augen führt, wie spät die Sklaverei vielerorts abgeschafft wurde: in China offiziell 1910, in der Praxis 1949, in Saudi-Arabien 1962, in Mauretanien, wie erwähnt, Anfang des 21. Jahrhunderts. Und weiterhin boomt die inoffizielle Sklaverei, die Schätzungen zufolge aktuell *fünfzig Millionen* Menschen betrifft. In absoluten Zahlen sind das nicht weniger als zu ihren offiziellen Hochzeiten.

Die Formen moderner Sklaverei ähneln den alten sehr. Zudem gibt es die sekundäre Sklaverei: die Arbeitsbedingungen im armen globalen Süden, in Schwellenländern, ganz offenkundig natürlich in feudalistischen Ländern wie Katar, aber auch im Billiglohnsektor der westlichen Welt, sei es in Fleischfabriken oder bei der Spargelernte. Diese Formen der Sklaverei gründen auf scheinbaren ökonomischen Zwängen, aber auch auf Mentalitäten, die sich über Jahrtausende etabliert und teils unbewusst verfestigt haben. Eine Gemeinsamkeit aller Arten von Sklaverei besteht darin, dass man Menschen einer Sache gleichsetzt, einer Ressource, die man nutzen und verbrauchen kann. Etwa im heutigen Südafrika, wo Minenarbeiter Kilometer unter der Erde durch schlecht gesicherte Schächte kriechen und unter Lebensgefahr für einen Hungerlohn an sich nutzloses Gold schürfen. »Unter Tage«, sagt Luthando Mampintsha, der in Carletonville nahe Johannesburg schuftet, »beten wir immer: ›Herr, bitte, Herr, lass uns zurückkommen, lass uns einfach nur zurückkommen.‹«[14]

Inzwischen sind die Formen der Sklaverei vielfältiger geworden und damit auch die Bandbreite an schädlichen Auswirkungen. Die Versklavung der Natur hat uns bekanntlich an den Rand der Klimakatastrophe geführt. Die Tradition dieser Versklavung bzw. der Verdinglichung der Natur wird gern auf die Bibel-Worte zurückgeführt, »bevölkert die Erde, unterwerft sie euch« (Gen. 1,28). Zwar mag dieses Prinzip im Christentum am deutlichsten formuliert sein, aber es ist auch schon früher angelegt, in Hochkulturen vom alten Ägypten bis zu den Maya. Marxistische Denker analysierten das Ganze kritisch, aber die brutale Ausbeutung der Natur wurde im realexistierenden Sozialismus betrieben wie im Kapitalismus. Jedenfalls erinnert die Externalisierung von Umweltkosten als Wesenszug der Industrialisierung *strukturell* daran, wie das Leid von Sklaven ausgeblendet wurde und wird. Hier kommen die Abolitionisten wieder ins Spiel. Denn sie waren es, die vor fast dreihundert Jahren als Erste den vielfältigen Zusammenhang herstellten zwischen als normal empfundenem Wirtschaften samt dem Luxus Wohlhabender und dem Leid, das an anderer Stelle verursacht wird, damit diese Privilegien gewährleistet bleiben.

Was Hoffnung macht: Die Abolitionisten zeigten in so vielem die richtige Grundhaltung auf. Sie arbeiteten auf eine Kultur des Abschaffens, Abgebens und Loslassens hin. Sie wollten neben der Sklaverei auch abträgliche Anspruchshaltungen hinfällig werden lassen, die Einbildung, teils unbewusste Wahrnehmung, irgendetwas stünde einem mehr als anderen zu. Immerhin werden Diskussionen über die Folgen des Kolonialismus und mögliche Formen der Wiedergutmachung inzwischen auch in der breiteren Öffentlichkeit geführt, und so könnte die Zeit reif sein für einen Entwicklungsschub im Sinn des Abolitionismus. Umso mehr, da es schon länger keinen größeren historischen mehr gegeben hat.

Deshalb abschließend kurz zurück zur Rede des fiktiven Regierungschefs vom Anfang des Kapitels. Vielleicht hätte sie oder er sich vom Abolitionismus inspirieren lassen können, um ein klar umrissenes positives *Ziel* zu stecken. Eines von vielen möglichen Zielen – vermutlich aber das absolute – könnte heute etwa darin bestehen, auch durch etwas Verzicht aufseiten der Privilegierten den Armutssockel abzuschaffen, der jene, die ihn bilden, zwingt, unterbezahlt unangenehme und gefährliche (Sklaven-)Arbeiten zu erledigen.

II. DIE KRAFT DES ZUSAMMENHALTS

Mit der Gewerkschaftsbewegung betreten Unterprivilegierte die offizielle politische Bühne. Sie schaffen Laboratorien für gesellschaftliche Innovationen, integrative Institutionen und stärken das Selbstbewusstsein breiter Bevölkerungsschichten

5.

Die gefährlichste Großmutter Amerikas

Bei einem der folgenschwersten Arbeitskämpfe in der Geschichte der USA, dem Bergarbeiterstreik in Cabin Creek, West Virginia, von April bis Juli 1912 starben mehr als fünfzig Menschen. Nur um einen *Streik* zu beenden, hatten die Minenbesitzer eine Privatarmee angeheuert. Unterstützt von Polizei und Nationalgarde kesselte sie die Siedlungen der Arbeiter ein, belagerte sie und nahm sie unter Beschuss. Die Familien der Streikenden, die von der Außenwelt abgeschnitten waren, litten Hunger. Es herrschten bürgerkriegsähnliche Zustände. In den folgenden Jahren sollten sich die blutigen Zusammenstöße auf Minen in Colorado ausweiten, die mehrheitlich John D. Rockefeller jr. gehörten, einem der reichsten Männer im Land. Das Sterben ging weiter, bis man zumindest in einigen Punkten endlich eine Einigung erzielte.

Bei all dem spielte eine Frau eine tragende Rolle, die nicht ins martialische Bild zu passen scheint. Eine ältere Dame mit ordentlich frisierten weißen Locken, die im sorgfältig gebügelten schwarzen Kleid mit Rüschenkragen auftrat: Mary Harris Jones, genannt »Mother Jones«. Die Gewerkschaftlerin der United Mine Workers sollte zu einer der einflussreichsten aller Zeiten werden. Im Sommer 1912 geriet sie in West Virginia in eine Situation, die sie hinterher wie folgt beschrieb:

»Ich fuhr hoch nach Cabin Creek, da standen dreißig Männer. Sie trugen Gewehre und hatten ein Maschinengewehr auf die Jungs gerichtet. Ich sprang aus dem Einspänner, in dem ich saß. ›Um Gottes Willen‹, riefen die Jungs, ›Mutter, geh da nicht hin! Sie werden dich töten!‹ Ich antwortete: ›Ich könnte mir keinen ruhmreicheren Tod vorstellen als bei der Verteidigung eurer Rechte.‹ Ich lief also hinüber, legte meine Hand auf das Maschinengewehr und sprach zu diesen Bluthunden der Konzerne: ›Nicht eine Patrone werdet ihr mit diesem Ding abfeuern. Meine Klasse stellt diese Waffen her, und ich kann meine Hand jetzt nicht da wegnehmen. Ihr habt Mütter, Frauen und Töchter. Ich will nicht ihr Klagen hören und ihre Tränen sehen. Auch meine Jungs haben Mütter, Frauen und Kinder; ich will nicht ihr Klagen hören und ihre Tränen sehen. Sie kämpfen nicht gegen euch, sondern gegen die Klasse, die sie ausraubt. Wollt ihr dieser Nation keine bessere Bürgerschaft bescheren, moralisch, körperlich und geistig?‹ Ein Mann lauerte mit seinem Gewehr hinter einem Baum. Ich sagte: ›Komm raus, zeig dich!‹«[1] Mother Jones läuft auf ihn zu und packt ihn am Nacken: »Komm her«, schimpft sie.

Als müsste eine resolute Mutter ihren Sohn erziehen, so schildert Jones die Situation. Sie appelliert an das Gewissen und die Gefühle ihrer Gegner, die sie doch unabhängig von Ideologie oder Bezahlung haben müssen. Wie in einer Familie. Dennoch wird sie von der Polizei verhaftet und wegen Anstiftung zum Aufruhr und zum Mord angeklagt. Ein Gericht verurteilt sie zu zwanzig Jahren Zuchthaus. Sie wird nach acht Monaten freikommen, aber auch später immer wieder hinter Gittern landen.

Schon zehn Jahre zuvor, 1902, hatte ein Staatsanwalt die damals 65-Jährige als »gefährlichste Frau Amerikas« gebrandmarkt.[2] Die Bezeichnung passte nicht zu ihrem Äußeren, sie ähnelte weniger einer grimmig dreinblickenden Revolutionärin als Frau Holle. Andererseits scheute sie sich nicht, mit markigen Sprüchen zu provozieren, zu fluchen, zu trinken und allein zu reisen, damals ungewöhnlich für eine Lady. Doch eben diese Stilmischung verschaffte ihr einen gewissen Respekt und eine breitere Akzeptanz.

Auf Mother Jones einzugehen, lohnt sich zum einen wegen ihrer spektakulären, einfallsreichen Aktionen, die bis heute beeindrucken. Zum anderen weil sie exemplarisch dafür steht, was ich in diesem Kapitel für die Gewerkschaften betonen will: die Erfindung frischer Formen des Engagements und neuer Institutionen, radikal wie pragmatisch und stets genährt durch ein starkes Gefühl der Solidarität. Dazu zählen neben den Gewerkschaften wenig bekannte Organisationen wie die Friendly Societies, Vorläufer von Sozialversicherungen; dazu gehören die Anarchosyndikalisten, die die Systemfrage nach einer Alternative zum Kapitalismus stellen; dazu gehört ein »Hausfrauenkomitee«, das in Bolivien einen Diktator stürzte; dazu zählen Mieterstreiks und sogar Punk vor seiner Erfindung. Die Gewerkschaften mauserten sich für viele zu einer Art Ersatzkirche oder Zweitfamilie. Welches Potenzial auch heute noch in ihnen steckt, zeigt sich einerseits am Zustand etwa der katholischen Kirche, andererseits daran, wie sehr Chancen im Leben, in Bildung und Beruf weiterhin davon abhängen, ob wir aus einer mehr oder weniger privilegierten Familie stammen. Darüber hinaus waren Gewerkschaften immer schon Laboratorien für progressive Ansätze. Sie fungierten als Verbindung von Aktivismus und Parteipolitik, als Brücke zwischen Underground und Mainstream.

Den Variantenreichtum und die Kreativität der Arbeiterbewegung hervorzuheben, ist besonders wichtig. Zwar sind ihre historischen Erfolge immens und reichen von der Einführung des Acht-Stunden-Tags, des Rechts auf Urlaub und des Arbeitsschutzes bis zur Mitbestimmung in Betrieben und einer Kultur der Solidarität in der Arbeitswelt. Doch heute scheinen Gewerkschaften für viele an Glanz verloren zu haben. Das zeigt ein Schnelldurchlauf durch ihre deutsche Geschichte: Nach den Anfängen zu Beginn des 19. Jahrhunderts, als Streiks *an sich* noch illegal waren, erlebten die Gewerkschaften einen Boom. Etwa mit der 1865 gegründeten ersten gesamtdeutschen, dem Allgemeinen Deutschen Cigarrenarbeiter-Verein. Nach einem Einbruch während der NS-Zeit erhielten Gewerkschaften von 1945 bis in die 1970er-Jahre mehr und mehr Macht und Breitenwirkung.[3] Diese Etablierung ging allerdings oft mit einem Verlust an Vielseitigkeit und Innovationsbereitschaft einher. Kritisiert wurde auch, dass sie sich dem Establishment zu stark angenähert hätten. Das Engagement verlor, so war teilweise der Eindruck, dank eines insgesamt erhöhten Wohlstands an Dringlichkeit. All das führte seit den Achtzigerjahren in Deutschland wie den meisten Industrieländern dazu, dass die Mitgliederzahlen sanken.

Letzteres ist insofern traurig, als sich die Arbeitsbedingungen in Zeiten des Neoliberalismus, politisch durchgesetzt durch Margaret Thatcher und Ronald Reagan, sekundiert durch Ökonomen wie den Nobelpreisträger Milton Friedman, für viele verschlechterten oder stagnierten.[4] In Staaten des armen Südens oder Schwellenländern, aber auch in reichen Industrienationen wie den USA. Dass die Einkommensungleichheit im Vergleich zu den 1970er-Jahren zugenommen hat, hängt auch direkt mit dem Bedeutungsverlust der Gewerkschaften zusammen; in einigen Ländern sogar hauptsächlich damit.[5] Heute wirken die Gewerkschaften oft wie Dinosaurier, schwerfällig, nicht agil genug für die Gegenwart. Ihnen »fehlen frische Mythen und Erzählungen«, wie Robert Lorenz in *Gewerkschaftsdämmerung. Geschichte und Perspektiven deutscher Gewerkschaften* schreibt.[6]

Umso sinnvoller ist es, an ihre vielfältigen historischen Qualitäten zu erinnern, denn sie halten Inspiration für neue Ansätze bereit, sogar in Bereichen, die man nicht klassischerweise den Gewerkschaften zuordnet, etwa bei Fragen des Wohnungsmarktes und des Konsums. Ganz grundsätzlich förderten sie bei vielen Menschen ein kulturelles Selbstbewusstsein, und ihre epochale philosophische Leistung bestand darin, den Begriff des Erfolgs auf eingängige Weise umzudefinieren und auszuweiten. Stärker als bei Parteien, die nicht selten vorrangig das enger gesteckte Ziel des Wahlsiegs verfolgen, geht es bei Gewerkschaften um eine Kultur und Lebensweise.

Darauf werde ich im Folgenden zu sprechen kommen, aber zunächst noch einmal kurz zurück zu Mother Jones. Mit ihrem Lebensweg, ihren Aktionen und Texten verkörpert sie einige der erwähnten Qualitäten auf exemplarische Weise – eine Art mütterlichen, familiären Aktivismus. 1905 zählte sie zu den Mitbegründern der Industrial Workers of the World (IWW), der international ausgerichteten Gewerkschaft, die sich besonders für strukturelle Veränderungen in der Gesellschaft und in Unternehmen einsetzte, in heutigen Worten für basisdemokratische Mitbestimmung. Jones trat auch den United Mine Workers bei, der Sozialistischen Partei Amerikas sowie dem Noble and Holy Order of the Knights of Labor. Bei Letzterem signalisiert schon der Name, wie sehr es auch um Stolz und Selbstwertgefühl ging.

Geboren 1837 in Cork, Irland, emigriert Mary Harris Jones in die USA, wo sie eine Ausbildung zur Lehrerin absolviert.[7] Doch sie möchte selbstbestimmt arbeiten und baut sich eine Schneiderei auf. Mit Gewerkschaften in Kontakt kommt sie über ihren Mann George Jones, einen Eisenformer, Mitglied und Organisator bei der National Union of Iron Moulders. Jones wird grausamst vom Schicksal geschlagen. 1867 sterben ihr Mann und ihre vier Kinder während einer Gelbfieberepidemie. Nachdem sie sich einige Jahre später eine neue Existenz als Schneiderin geschaffen hat, zerstört ein Großbrand ihren Laden in Chicago. Jahrelang hält sie sich mit Aushilfsjobs über Wasser. Parallel profiliert sie sich allerdings nach und nach mit Auftritten bei der Sozialistischen Partei und den erwähnten Gewerkschaften. Ende des Jahrhunderts hat sie sich, im Alter von über sechzig, als Mother Jones einen Namen gemacht. Die Zeiten sind hart, es herrscht eine Depression, zugleich gewinnen Konzerne wie der von John D. Rockefeller, einem der mächtigsten Räuberbarone, immer mehr an Einfluss. Sie bilden Monopole, diktieren und drücken Löhne, gängeln Gewerkschaftler mit Rufmord und Schlägertrupps.

Jones geißelt die Arbeitsbedingungen mit starken Worten und hebt dabei auch auf übergreifende, eine ganze Kultur betreffende Fragen ab: »In der Frühe ertönt die Sirene und ruft die Sklaven-Mädchen aus der Flaschen-Wäscher-Abteilung der Brauereien dazu auf, ihre nassen Schuhe und Lumpen anzuziehen und in die Bastille zu eilen, um ihre Strafe abzuleisten. Es ist wahr, verurteilt sind sie, zu harter brutaler Arbeit – Plackerei, die keine Freude bringt, keine Belohnung, keine Erfüllung. Lebenslänglich verurteilt, Tag ein Tag aus im Wasch-Saal in immer feuchten Schuhen und nasser Kleidung Sklavenarbeit zu leisten, umgeben von brutalen Vorarbeitern, deren Befehle und Sprache sich in gedruckter Form nicht gut machen und empfindsame Ohren oder sensible Nerven sicherlich schockieren würden! Und ihr Verbrechen? Ungewollte Armut. Sie ist erblich. Sie sind dafür da, den Reichtum zu schaffen für die Brauereibarone, damit diese sich Paläste, Theater, Zuchthengste, Farmen, Banken und weiß der Himmel was noch kaufen können. Kann man das Zivilisation nennen? Falls ja, was ist dann Barbarei?«[8]

Ein politisch progressiver Kreuzzug

An Polemik spart Mother Jones nicht, etwa wenn sie sich über scheinkultivierte Töchter reicher Industrieller mokiert, die »mit ihrem Pudel Französisch reden«. Aber sie führt auch immer häufiger Aktionen durch. 1903 organisiert sie beispielsweise einen Zug mit Kinderarbeitern von Philadelphia nach New York zur Sommerresidenz von Präsident Theodore Roosevelt auf Long Island. Sie will auf die schlimmen Arbeitsbedingungen aufmerksam machen und für strengere Bestimmungen kämpfen. Dazu entschließt sie sich während eines Streiks von rund 100 000 Textil- und 16 000 Kinderarbeitern in Philadelphia. Sie merkt, dass der Arbeitskampf in der Presse keine Beachtung findet. Als sie sich deshalb an die Zeitungen wendet, lautet die Antwort, man könne nicht berichten, weil die Fabrikbesitzer Aktien ihrer Blätter hielten. »Nun«, antwortet sie, »ich habe Aktien auf diese kleinen Kinder und ich werde für Publicity sorgen.«[9] Also bricht sie am 7. Juli mit ungefähr dreihundert Kindern und Erwachsenen zu dem mehr als 150 Kilometer und zwei Wochen langen Marsch auf. Voran schreiten drei

Kinder, kostümiert im Stil der Revolutionstruppen von 1776, dem Jahr der Unabhängigkeitserklärung. »Wir fordern nur Gerechtigkeit«, lautet einer der Slogans auf den Transparenten von »Mother Jones' Industrial Army«, wie die Presse sie nennt. »55 Stunden oder gar nicht«, »Es gibt so viel Reichtum, wo ist unser Anteil?«, »Wir wollen Zeit zum Spielen«. Und, ja: »Wir wollen zur Schule gehen«.

Über den »Kinderkreuzzug« schreibt Jones in ihrer Autobiographie: »Ich dachte, Präsident Roosevelt sollte die Kinder der Seidenspinnereien sehen und sie mit seinen Kleinen vergleichen, die den Sommer an der Küste am Oyster Bay verbrachten. Ich dachte außerdem, daß wir aus Höflichkeit auch bei Morgan in der Wall Street vorbeischauen sollten, dem die Gruben gehörten, in denen viele Väter der Kinder arbeiteten.«[10] Unterwegs hält Jones Reden, auf Marktplätzen, in Gemeindehallen, um ihre Forderung zu erläutern. So versucht sie auch, den Kongress dazu zu bewegen, ein Gesetz zum Schutz der Kinder, zur Überwachung des Mindestalters, zur Reduzierung ihrer Arbeitszeit und eine Lohnerhöhung durchzubringen. Dabei freut sie sich über Solidaritätsbekundungen. »Während der ganzen Zeit kamen Bauern und brachten uns Wagenladungen mit Früchten und Gemüse. Ihre Frauen brachten den Kindern Spielzeug und Geld. Die Eisenbahner der Stadtlinien hielten ihre Züge an und ließen uns umsonst mitfahren.« Polizisten werden von den Demonstrierenden zum Picknick eingeladen. »Und die Frauen der Polizisten nahmen die kleinen Kinder über Nacht zu sich und schickten sie am Morgen mit einem in Papierservietten eingewickelten Mittagessen zurück.«

Noch im Jahr 2020 mussten laut UNICEF weltweit rund 160 Millionen Kinder arbeiten, etwa jedes zehnte, fast immer vom Schulbesuch und zureichender Gesundheitsversorgung abgeschnitten.[11] Ob die Ausbeutung der Kinder zu Mother Jones' Zeiten in der öffentlichen Wahrnehmung mehr oder weniger stark präsent war als heute, lässt sich schwer sagen. Was die aufrüttelnde Aktion der Gewerkschaftlerin betrifft, fällt aber ein Unterschied auf. Einige der Solidaritätsakte – die Schaffner, die sie gratis mitfahren ließen und so weiter – sind inzwischen schwerer vorstellbar. Zu viele Bestimmungen, Regeln, Überwachungsmöglichkeiten und schlicht die Auffassung davon, wie ein »professionelles« Verhalten auszusehen hat. Aber Jones erhält auch eine Art von Unterstützung, die sich heute wohl leichter bewerkstelligen ließe. Der Eigentümer eines großen Hotels bietet ihr ein Gratisessen an; der Bürgermeister von Princeton erlaubt ihr, gegenüber dem Campus der Eliteuniversität zu sprechen. Im Publikum sind, so Jones, »Professoren, Studenten und die normalen Leute. Ich erzählte ihnen, daß die Reichen diesen kleinen Kindern auch nur die mindeste Ausbildung versagten, damit sie ihre eigenen Kinder auf Höhere Schulen und Universitäten schicken könnten«.

Wie Mother Jones die Universität, die ihr eine Plattform bietet, kritisiert, ist aus heutiger Sicht bemerkenswert. Inzwischen, in Zeiten der Aufmerksamkeitsökonomie, scheint es weniger üblich, die Institution, die einen einlädt, direkt anzuprangern. Jones jedenfalls beweist immer wieder ihr Talent für Inszenierungen. Auf Coney Island, dem Ort des Vergnügungsparks, bietet ihr Frank Bostock, der damals mit seiner Tierschau landesweit Furore machte, an, in seinem Gebäude zu sprechen. »Zu der winzigen Bühne«, so Jones, »gehörte ein Vorhang, auf den das römische Kolosseum mit vielen Menschen darin gemalt war. Zwei römische Kaiser standen vorn und zeigten mit den Daumen nach unten. Direkt vor den Kaisern standen die leeren Eisenkäfige von Herrn Bosticks [sic] Tieren. Ich sperrte meine kleinen Kinder in die Käfige, und sie umklammerten die Gitterstäbe, während ich sprach. Ich erklärte den Leuten, daß diese Szene typisch sei für die Unternehmeraristokratie, die kleine Kinder aus den Spinnereien und Fabriken unter ihrem Daumen habe, typisch auch deshalb, weil die Menschen dieser Tatsache oft gleichgültig begegneten.«[12]

Mal polemisch, mal poetisch behält Jones den größeren historischen Rahmen im Blick. »Eine Stunde der Gerechtigkeit ist ein ganzes Zeitalter des Betens wert«, sagt die Frau, die Jesus Christus als den »größten Agitator aller Zeiten« preist.[13] »In Georgia, wo Kinder Tag und Nacht in den Baumwollspinnereien schuften, wurde gerade ein Gesetz zum Schutz von Singvögeln verabschiedet. Was aber ist mit den Kindern, die all ihre Lieder verloren haben?« Jones hat auch Mutterwitz: »Einmal fragte ich einen Mann im Gefängnis, wie er dort gelandet sei. Er hatte ein Paar Schuhe gestohlen. Ich sagte ihm, wenn er eine Eisenbahnstrecke gestohlen hätte, könnte er US-Senator sein.«

Doch obwohl Jones ihm mehrere Briefe schickt, vermeidet der Präsident der USA eine Begegnung. Der Kreuzzug zieht keine Gesetzesänderung nach sich; dazu kommt es erst Jahre später. Eines aber hat Mother Jones auf jeden Fall vollbracht: Sie hat das Thema Kinderarbeit ins öffentliche Bewusstsein gerückt.

Aktivismus versus PR – ein Kulturkampf

Erstaunlich ist, dass Jones trotz ihrer teils drastischen Aussagen von einigen Mächtigen angehört wird. John D. Rockefeller etwa empfängt sie im Januar 1915 in seinem Büro; die Presse berichtet. Zu dieser Zeit muss der Haupteigner der Kohleminen in Colorado vor einem Ausschuss des Kongresses aussagen, nachdem Wachmänner der Mine und Mitglieder der Nationalgarde etwa zwanzig Streikende und auch Frauen und Kinder erschossen haben – das sogenannte Ludlow Massacre.[14] Rockefeller versucht sich herauszureden: Er sei lange nicht mehr vor Ort gewesen.

Besondere Relevanz hat diese Episode auch wegen der offenbar zeitlosen Grundfrage, wie weit sich Aktivisten den von ihnen Kritisierten annähern sollen. Wo sind ein Dialog und vielleicht sogar eine Zusammenarbeit sinnvoll, wo droht eine Vereinnahmung, ein Whitewashing, wenn sich beispielsweise Unternehmen mit problematischer Bilanz mit Aktivistinnen und Aktivisten in Szene setzen und gleichsam schmücken können? Aus heutiger Sicht erinnert das, wenn auch nicht direkt vergleichbar, an die Situation, als Siemens-Chef Joe Kaeser Luisa Neubauer von Fridays for Future 2020 einen Sitz im Aufsichtsrat seines Unternehmens anbot.[15] Sie lehnte ab und regte an, dass Siemens statt ihr jemandem von Scientists for Future den Posten geben sollte. Wovon Kaeser bezeichnenderweise mit freundlichen Worten Abstand nahm.

Vergleicht man das Engagement solcher Umweltgruppen und das Verhalten heutiger Unternehmen mit Mother Jones' Zeiten, könnte man den Eindruck erwecken, man würde die damaligen Verbrechen relativieren oder heutige

Konzerne verteufeln. Zwar wurde Siemens für Greenwashing und die Mitverantwortung für Menschenrechtsverletzungen im globalen Süden kritisiert, aber der Konzern verhält sich Anfang des 21. Jahrhunderts nicht so brutal wie Standard Oil zu Beginn des 20. Jahrhunderts.[16] Das ist auch nicht der Punkt. Es geht nicht um den direkten Vergleich, sondern um ähnliche Machtstrukturen und Muster.

Mit Blick auf die gegebenen Bedingungen versuchte Jones verschiedene Register zu ziehen. Eines, ihr gepflegtes Outfit und »altehrwürdiges« Aussehen, lässt an die heutigen Omas gegen Rechts denken oder die Wall of Moms; Letztere waren vorwiegend weiße, gut situierte, selbst aus Sicht Konservativer »unbescholtene« Bürgerinnen, die im Jahr 2020 in den USA an den Protesten gegen Polizeigewalt teilnahmen. In beiden Fällen gilt es zu betonen, dass die Demonstrierenden nicht irgendwelche gefährlichen Linksextremen sind, wie von reaktionärer Seite behauptet, sondern sozusagen aus der Mitte der Gesellschaft stammen. Diese Strategie hat Tradition. So schildert Luisa Neubauer, was ihre Großmutter, ihre älteste Lehrerin in Sachen Engagement, ihr einmal erklärte: »Sie zeigt mir ein Foto von sich auf einer Anti-Atom-Demo: ›Ich habe mich da manchmal bewusst angezogen wie eine Dame aus den Elbvororten‹, erzählt sie mir. ›Mit Hut und Mantel und allem drum und dran. Damit die Politik merkt, dass auch die privilegierten, wohlständigen Milieus gegen Atomkraft sind, nicht nur Linke und Ökos. Wir mussten doch alles nutzen, was wir hatten, wenn wir gegen fossile Energien und die Atomlobbys ankommen wollten.‹«[17]

Tatsächlich gehört zur Erfolgsgeschichte der Anti-Atomkraft-Bewegung, dass sie es in die Mitte der Gesellschaft schaffte. Dass sich Jones mit Rockefeller treffen wollte, der damals für viele die Mitte der Gesellschaft markierte, erstaunt dennoch. Nicht zuletzt mit Blick darauf, wie sie noch ein paar Jahre zuvor Standard Oils Wirken in Mexiko kommentiert hatte: »Es kann keinen Zweifel geben, dass Rockefeller, Morgan, Harriman und andere Wall-Street-Piraten die Verfolgung dieser mexikanischen Patrioten unterstützen«, womit Jones dortige Gewerkschaftler und Sozialisten meinte.[18] Doch im Januar 1915 will sie dem »netten jungen Mann« Rockefeller glauben. Sie erhofft sich einiges: »Wenn ich eine gute mütterliche Unterhaltung mit ihm führe, kann ich ihm helfen, einen anderen Blick auf die Bergleute im Westen zu bekommen«, sagt sie der Presse.

Mal setzt sie auf seine Lernfähigkeit, dann zweifelt sie wieder. Schließlich schaltet sich der prominente Autor und Sozialist Upton Sinclair in die Angelegenheit ein. Mit seinem Roman *Der Dschungel* hat er ein paar Jahre zuvor (1906) die schlimmen Zustände in Chicagoer Schlachthöfen angeprangert, für Furore gesorgt und Maßnahmen für verbesserte Arbeitsbedingungen mit angestoßen. Nach dem Ludlow Massacre organisierte Sinclair eine Demonstration vor Rockefellers Bürogebäude. »Wir sind sicher«, telegraphiert er an Jones, »dass Sie sich nicht vom süßen Duft der American-Beauty-Rose benebeln lassen.« Mit der die Sinne verwirrenden American Beauty spielte Sinclair darauf an, dass Rockefeller einmal in reinster sozialdarwinistischer Manier gesagt hatte: »Das Wachstum eines großen Unternehmens bedeutet nur den Fortbestand des Tüchtigsten. Die Rose ›American Beauty‹ kann mit all der Pracht und all dem Wohlgeruch, die den Beschauer so entzücken, nur dadurch herangezüchtet werden, daß man die ringsumher aufschießenden frühen Knospen opfert.«[19] Mother Jones bleibt standhaft, im Januar 1915 hält sie an der Cooper

Union, einem progressiven College in New York, ihre Rede »You Can't Fool My Boys, Mr. Rockefeller« (Sie können meine Jungs nicht täuschen, Herr Rockefeller). Darin entlarvt sie den angeblichen Plan des Konzernchefs, Arbeitervertretungen mehr Rechte zuzugestehen, als »Heuchelei und Betrug«. Mother Jones »hat Rockefellers Whitewash-Plan zerstört«, heißt es im sozialistischen *New York Call*, und hat damit »das Bild des Ölkönigs wieder in den richtigen Rahmen platziert«.

Aus heutiger Sicht wirken diese extremen medialen Kämpfe auf so verschiedenen Ebenen – von harter Polemik bis zu literarischen Anspielungen – vielleicht merkwürdig und detailversessen. Doch das kam nicht von ungefähr. Es war ein historischer Schlüsselmoment. Damals zeichnen sich Entwicklungen auch in Sachen öffentliche Meinung und Mentalitäten ab, die insbesondere die USA, aber auch andere Industrieländer bis heute prägen. Sie stehen beispielhaft dafür, auf welch extreme und zugleich subtile Weise und mit welch aufwendigen Mitteln der Kampf um die Deutungshoheit zwischen Mächtigen und Machtlosen teils ablief und abläuft.

Um das besser verstehen zu können, lohnt es sich, einen kurzen Blick auf eine Art Kulturkampf zu werfen, der zu Zeiten von Mother Jones in den USA tobte. Zunächst einmal keimte während der *Progressive Era* Ende des 19. und Anfang des 20. Jahrhunderts aufseiten von Gewerkschaftsaktivistinnen und linken Politikern Hoffnung auf. Es schien, als ließen sich echte Alternativen zu den brutalen Formen des Kapitalismus finden. Dieser Hoffnung standen, wie erwähnt, brutale, teils mörderische Repressalien durch Großindustrielle bzw. Räuberbarone entgegen. Doch in den Zwanzigerjahren kam noch etwas dazu, das die Linke in den USA nachhaltig schwächen sollte – und dies bis heute tut: neue Formen der Propaganda, ja, in manchem ihre Neu*erfindung*. Die Generalüberholung der Propaganda tat schon deshalb not, weil sie im Ersten Weltkrieg wegen der offenkundigen Lügen und Hetze, die mit ihr einhergingen, einen schlechten Ruf bekommen hatte. Obendrein feierte die kommunistische Propaganda nach der Russischen Revolution von 1917 Erfolge mit kreativen, teils künstlerischen Formen, mit Plakaten und Gemälden von Leuten wie Malewitsch und Rodtschenko. Dadurch wurde der PR-Propagandakampf aufseiten US-amerikanischer Wirtschaftsmagnaten und rechtsgerichteter Politiker indirekt mit angetrieben: Die Entscheidungsträger hatten Angst, das Sowjet-Modell könnte die Massen auch im Land der unbegrenzten Möglichkeiten und des unbegrenzten Kapitalismus begeistern.[20] Also ließen sich Strategen, zunächst aufseiten von Konzernen, etwas einfallen. Etwas, das über die Werbung für den (etwas später so genannten) American Dream von Wohlstand, Aufstieg und Spaß mit Mickey Mouse, Jazz und für jedermann erschwinglichen Autos wie Fords Modell T hinausreichte.

Als Erstes wurde die Propaganda in Public Relations umbenannt. Mit einer zunehmend professionellen Öffentlichkeitsarbeit, subtiler, aber ähnlich umfassend wirksam wie die Propaganda, wurden die Grundlagen für vieles gelegt, was wir heute selbstverständlich finden: dass Konzerne und Politiker mithilfe von PR- und Werbeagenturen, Influencerinnen und Trollfabriken Imagekampagnen fahren, auch gegen politische Initiativen von unten. Eine herausragende Rolle bei dieser Entwicklung spielte zu Mother Jones' Lebzeiten ein Mann, den man beinahe als Antipoden zur Gewerkschaftlerin sehen könnte: Edward Bernays, der »Vater der PR« (und Neffe von Sigmund Freud). Er war sowohl für Konzerne wie die United Fruit Company, die in Lateinamerika brutale Plantagenwirtschaft betrieb, als auch für die US-Regierung tätig. Mit seinem Buch *Propaganda – Die Kunst der Public Relations* (1928), das bis in unsere Zeiten als Standardwerk des Marketings gilt, und mit seinen Kampagnen hatte Bernays erheblichen Einfluss. Er sorgte maßgeblich dafür, dass Massen von Menschen in den USA und anderswo Profitstreben und Konsum mit angeblichen politischen Freiheiten und Demokratie in Verbindung brachten und bringen. Für die Ostersonntagsparade auf der Fifth Avenue in New York 1929 etwa heuerte er im Auftrag der American Tobacco Company Frauen an, die unter dem Motto »Torches of Freedom« (Fackeln der Freiheit) Zigaretten rauchend am Marsch teilnahmen. So fand sich Tabakkonsum auf eingängige, ästhetisch ansprechende Weise mit der Emanzipation assoziiert. Bernays erfand auch den Ansatz, Marketing mithilfe von »Experten« zu betreiben. So ließ er Ärzte sagen, dass ein Frühstück mit Spiegelei und viel Speck besonders gesund sei.[21] All das war noch vergleichsweise harmlos. Doch in den 1950er-Jahren sollte Bernays als Lieferant von Fake News unter anderem mit der CIA zusammenarbeiten. Auch mit seiner Unterstützung stürzte der Geheimdienst später den ersten demokratisch gewählten, sozialistischen Präsidenten Guatemalas, Jacobo Árbenz, der eine grundlegende Landreform durchführte, und ersetzte ihn durch eine rechtsextreme Diktatur.[22]

Hinter der ökonomischen und politisch ausgerichteten PR im Stil von Bernays stand so etwas wie ein vulgär-nietzscheanischer Ansatz, dessen Grundlagen in den 1920er-Jahren gelegt wurden.[23] Damals fand die Idee einer von einer

Elite gelenkten Demokratie Verbreitung, maßgeblich gefördert durch Journalisten wie Walter Lippmann, einen der meistgelesenen politischen Autoren in den USA des 20. Jahrhunderts.[24] In diesem Sinn warb Bernays dafür, dass die gut ausgebildeten »meinungsbildenden Eliten« als »unsichtbare Herrscher« im Rahmen einer Art gelenkten Demokratie Entscheidungen in Politik, Wirtschaft und Kultur (angeblich) zum Besten der Massen treffen sollen.[25] Denn die »Volksmeinung«, so Bernays, »setzt sich zusammen aus überlieferten Vorurteilen, Symbolen und Klischees und den griffigen Sprüchen, die die Anführer dafür gefunden haben«. Mit Blick auf Rockefeller wünschte sich Bernays wiederum »mehr solche Persönlichkeiten unter den Unternehmern«.

Das ist das absolute Gegenmodell zur Macht der Machtlosen und zum Engagement einfacher Leute. Und es kam nicht etwa von irgendeinem »Spinner«, sondern von einem der einflussreichsten Berater in Wirtschaft und Politik in den USA des 20. Jahrhunderts.[26] Dem versuchten unter anderem Gewerkschaftler und Vertreter eines demokratischen Sozialismus etwas entgegenzusetzen. Letzterer in Gestalt der Socialist Party of America (SPA), die damals bis zu sechs Prozent der Stimmen erhielt. Und in diesem Kontext bekämpften auch Publizisten wie der erwähnte Upton Sinclair und Reporterinnen die Räuberbarone und deren PR. Unter den Medienschaffenden beispielhaft hervorzuheben ist Ida Tarbell, eine Pionierin der »Muckraker«, des investigativen Journalismus – und ein Feindbild von Bernays.[27] Sie publizierte zahlreiche Artikel über Rockefeller und schließlich die zweibändige *History of the Standard Oil Company* (1904). Es darf als eines der politisch einflussreichsten Bücher in der Geschichte der USA gelten und trug dazu bei, dass

Urteile gegen Kartelle gefällt wurden. Akribisch schildert die Autorin kriminelle Praktiken des Rockefeller-Konzerns und auch die Scheinheiligkeit des Chefs, der sich als gläubiger Wohltäter inszenierte.[28] Gegen die Räuberbarone, ihre Machenschaften und die neuartige PR versuchten Gewerkschaften und verschiedene Menschen aus dem politisch linken Spektrum mit unterschiedlichen Mitteln vorzugehen, darunter prominent Mother Jones mit Aktionen wie dem erwähnten Kinderkreuzzug und Reden, die literarische Elemente und solche des investigativen Journalismus enthielten.

Als sie am 30. November 1930 im Alter von 93 Jahren starb, kamen Tausende zur Trauerfeier. Auf ihren Wunsch fand sie ihre letzte Ruhe in Mount Olive, Illinois, was auch deshalb erwähnenswert ist, weil selbst dieser Ort noch exemplarisch für die Relevanz der Gewerkschaften im Alltag und ihren Kulturkampf steht. Denn es handelte sich um den einzigen Friedhof im Land, der einer *union* gehörte. Warum ein Gewerkschaftsfriedhof? Immer wieder weigerten sich Pfarrer, bei Streiks getötete Arbeiter auf den Friedhöfen ihrer Kirchen zu bestatten.[29] Also sprangen Gewerkschaften auch hier als liberale Alternative zur Kirchengemeinde ein.

Mother Jones zu Ehren wurden – auch dies eine Art von Gegenpropaganda – Lieder komponiert, darunter »Union Maid« von Woody Guthrie, der sich indirekt auf sie bezieht:

»There once was a union maid, she never was afraid
Of the goons and the ginks and the company finks
And the deputy sheriffs that made the raid
She went to the union hall when a meeting, it was called
And when the company boys come around
She always stood her ground

Oh, you can't scare me, I'm sticking to the union
I'm sticking to the union, I'm sticking to the union
Oh, you can't scare me, I'm sticking to the union
I'm sticking to the union till the day I die

This union maid was wise
To the tricks of company spies
She couldn't be fooled by a company stool
She'd always organize the guys
She'd always get her way
When she struck for higher pay«[30]

Später fügten andere Musiker weitere Strophen hinzu, darunter eine mit namentlicher Nennung:

»You women who want to be free
Just take a little tip from me
Break out of that mold we've all been sold
You got a fighting history
The fight for women's rights
With workers must unite
Like Mother Jones, bestir them bones
To the front of every fight«

Und 1976, ein halbes Jahrhundert nach dem Tod der großen Gewerkschaftsmutter, inspirierte ihr Andenken Journalisten, *Mother Jones* zu gründen, ein Magazin für investigative Texte. Es erscheint bis heute.

Eine Präsidentschaftskandidatur hinter Gitterstäben

Jones ist ein Beispiel dafür, wie weit Leute mit extrem schwierigen Voraussetzungen in der Institution Gewerkschaft kommen und Wirkung entfalten konnten. Das gilt auch für ihren Mitstreiter Eugene Debs, Gewerkschaftsführer und Funktionär der Sozialistischen Partei Amerikas. Er ist unter anderem ein erklärtes frühes Vorbild und ein »Held« von Bernie Sanders, der zurzeit ja die einzige Hoffnung ist, im Rahmen des politischen Mainstreams der USA relativ weit »oben« in den Institutionen eine echte Veränderung zu bewirken.[31] Mit vierzehn verließ Debs die Schule und heuerte bei der Bahn als Reinigungskraft an. Später zog er als Abgeordneter der Demokraten ins Parlament von Indiana ein und wechselte dann zu den Sozialisten. Für sie kandidierte Debs viermal bei Präsidentschaftswahlen, bis 1920. Zuletzt tat er dies, als er im Gefängnis saß.[32] Während Mother Jones im Zweifel stärker der *union* zuneigte, hielt Debs eher zur Partei, gemäß seiner Definition, dass ein Sozialist ein »›reifer‹ Gewerkschaftler« sei. Was für Debs in jedem Fall wichtig blieb: »Die Gewerkschaft und die Partei müssen sich selbst organisieren und verwalten, *nicht von oben nach unten, sondern von unten nach oben.*«

Dafür steht Debs mit seiner bescheidenen Art. Selbst bei langen Zugreisen im zermürbenden Wahlkampf verzichtet er auf ein Schlafwagenabteil. Im Jahr 1918 ruft er dazu auf, den Kriegsdienst zu verweigern, und wird dafür gemäß dem Espionage Act angeklagt. Also just jenem Gesetz, wegen dem ein Jahrhundert später Wikileaks-Gründer Julian Assange in den USA eine mehrfach lebenslängliche Haftstrafe droht. Es ist deprimierend zu sehen, wie sich die

Dinge oft strukturell durch die Jahrhunderte ähneln. Dabei wird Debs, der trotz Protestaktionen und Demonstrationen ins Gefängnis muss, sogar nach einem Jahr entlassen, unter anderem wegen seines Alters und seiner schlechten Gesundheit. Als Angeklagter hält er im Gerichtssaal am 18. September 1918 eine der eindrucksvollsten politischen Reden, die ich kenne:

»Euer Ehren, vor Jahren habe ich meine Verwandtschaft mit allen Lebewesen erkannt und für mich festgestellt, dass ich kein bisschen besser bin als das gemeinste auf Erden. Ich sagte damals und ich sage jetzt, dass ich, solange es eine niedrigere Klasse gibt, ihr angehöre und dass ich, solange ein kriminelles Element existiert, dazu zähle und dass ich, solange auch nur eine Menschenseele im Gefängnis sitzt, nicht frei sein kann.«[33] Debs weiß zeitlose poetische Passagen mit (offenbar) zeitlos politischen zu verbinden: »Ich bin gegen eine Gesellschaftsordnung, in der ein Mann, der absolut nichts Nützliches tut, ein Vermögen von Hunderten Millionen Dollar anhäufen kann, während Millionen von Männern und Frauen, die jeden Tag ihres Lebens arbeiten, kaum genug verdienen, um eine erbärmliche Existenz zu sichern.« Gleichwohl schließt Debs seine Rede mit ermutigenden Worten: Er spricht über den »Seemann«, der nach einer langen, zermürbenden Reise das Kreuz des Südens erblickt, das einprägsame Sternbild mit den vier leuchtenden Punkten am Himmel, das Schiffsbesatzungen traditionell Orientierung – und somit Hoffnung – bot. Debs erkennt, dass »Freude mit dem neuen Morgen naht«.

Viele Gewerkschaftler stammten aus ärmsten Verhältnissen und gelangten in die Führung sozialistischer oder, später, sozialdemokratischer Parteien. Das zeigt etwa ein Blick auf rund zweihundert Biographien britischer Gewerkschaftsmitglieder, abrufbar auf Wikipedia (britische sind zahlreicher und umfassender dokumentiert als deutsche). Vergleichsweise oft schafften es Arbeiterkinder ohne Schulabschluss in die Leitung der *unions* und von dort ins Parlament. In Deutschland waren es Leute wie Friedrich Wilhelm Fritzsche oder Hans Böckler.[34] Den schweren Weg, den es dabei zurückzulegen galt, hat der Brite Joseph Arch geschildert, der als Schäfersohn mit neun Jahren auf dem Feld zu arbeiten begann, 1872 die National Union of Agricultural Labourers mit gründete und als einer der ersten Landarbeiter überhaupt ins Parlament einzog.[35] In *From Ploughtail to Parliament* (Vom Pflugsterz ins Parlament), seinen Memoiren von 1898, betont er, wie sehr Kindern aus der Arbeiterklasse der Zugang zur Mitbestimmung auch dadurch verwehrt blieb, dass man ihnen Bildung vorenthielt, ja, wie Bildung geradezu als Risiko, als potenzielle Quelle für sozialen Unfrieden gesehen wurde.[36] Er selbst stemmte sich autodidaktisch dagegen, indem er alle Bücher verschlang, die er in die Finger bekam.

Wer den Jahrhundertroman *Jude the Obscure* (1895) von Thomas Hardy gelesen hat, wird sich wohl für immer daran erinnern, wie lange, wie brutal und mit welch albernen Begründungen Kindern aus der Arbeiterklasse Bildung verweigert wurde, auch durch Universitäten. Wer Quellen wie Margaret Llewelyn Davies' *So haben wir gelebt. Englische Arbeiterinnen erzählen* (1931) kennt, hat aber auch einen Eindruck davon bekommen, wie hart, kreativ und erfolgreich *unions*, Genossenschaften und Frauengilden um Bildung kämpften. In Briefen tauschten sich Mitglieder über ihre vielfältige Lektüre aus, von Romanen bis zu Fachliteratur über Geschichte, Wirtschaft, Pädagogik und Feminismus.[37] Über die Furcht der Obrigkeit davor, die Arbeiterklasse könnte zu viel Wissen akkumulieren, machten sich Gewerkschaftlerinnen und Gewerkschaftler im 19. Jahrhundert wiederum lustig, gern auf ironisch gespreizte und gelehrige Art: etwa in der Zeitschrift *The Gorgon*, benannt nach den mythologischen Schreckgestalten, mit Artikeln wie »Philantropic Hercules«.[38] Die Gewerkschaften waren also immens wichtig, weil sie als Basis für eine alternative Bildungsarbeit dienten – und weil sie die Durchlässigkeit zwischen Aktivismus und Parteipolitik förderten.

6.

Freundliche Gesellschaften und einflussreiche Hausfrauenkomitees

Die Vielfalt der Gewerkschaftsbewegung spiegelt sich nicht nur in herausragenden Persönlichkeiten, sondern auch auf der Ebene der Organisation. Als Grundtendenz bei den *unions* lässt sich hervorheben: die oft überraschende und kreative Ausweitung der Felder, auf denen sich für soziale Gerechtigkeit streiten ließ, und die Schaffung entsprechender Institutionen.

Als Vorläufer von Gewerkschaftsgründungen in Zeiten der Industrialisierung gelten spontane Streiks von Schneidergesellen im 14. Jahrhundert, jenem Jahrhundert, in dem sich die Macht der Machtlosen erstmals formierte und um das es in Teil IV noch ausführlich gehen wird. Damals führten verkappte Rebellen Aufträge von Lehnsherren absichtlich langsam aus – in heutigen Worten organisierten sie Bummelstreiks. Zwar formierten sich Gewerkschaften nicht direkt in dem Zusammenhang oder aus Gilden, Zünften und Knappschaften; sie füllten aber eine Lücke, die diese hinterließen.[1] Ein zentraler Unterschied bestand darin, dass Gewerkschaften Forderungen an Arbeitgeber hatten und direkt auf gesellschaftliche Veränderungen abzielten. In den Kontext gehören Streiks von Webern im 18. Jahrhundert als möglicher historischer Anfangspunkt, als frühe Organisation gelten die britischen Chartisten. Sie kämpften in den 1830er- und 1840er-Jahren gegen Lohnkürzungen und forderten eine Bezahlung für Parlamentsmitglieder, damit sich die Tätigkeit eben nicht nur Wohlhabende leisten konnten. In den Jahren 1830/31 kam es in Großbritannien auf dem Land zu etwa 1500 Zwischenfällen, Zusammenstößen mit der Obrigkeit, Brandanschlägen oder Drohbriefen.[2]

Einiges davon geht auf das Konto einer anderen, deutlich radikaleren Gruppe aus dem Umfeld der *unions*: der Ludditen, der sogenannten Maschinenstürmer. Das waren oft Textilhandwerker, die traditionell zu Hause an Webstühlen produzierten, nun aber wegen der Mechanisierung nicht mehr mit Fabriken konkurrieren konnten. Sie zertrümmerten die Anlagen, die ihnen ihre Arbeit raubten. In der Konsequenz stand ab 1812 in Großbritannien auf Maschinenzerstörung die Todesstrafe. Bei den Ludditen deutet sich eine weitere Besonderheit der Gewerkschaftsbewegung an, zugleich in der Deutlichkeit und mit politischen Forderungen ein historisches Novum: eine Abwehrhaltung gegen den technischen Fortschritt, oder anders formuliert, die Möglichkeit, in Teilbereichen nein dazu zu sagen. Das gewinnt an Brisanz, wenn der technische Fortschritt, wie vor Jahrzehnten absehbar mit der Atomkraft oder aktuell der KI, mit gesellschaftlich nachteiligen Auswirkungen einhergeht.[3]

Was das Zeitalter der Industrialisierung betrifft, zitiert Edward Thompson in seinem Standardwerk *Die Entstehung der englischen Arbeiterklasse* den Sohn eines Webers mit einem rückblickenden Kommentar auf die Zwanzigerjahre des 19. Jahrhunderts: »Die Luft war nicht verpestet vom Rauch der Fabrik. Es gab keine Glocke, die einen um vier oder fünf Uhr weckt. Sie konnten mit der Arbeit beginnen oder wegbleiben, wie es ihnen paßte. An Abenden, während sie noch bei der Arbeit waren, bei Jahresfeiern der Sonntagsschule, stimmten die jungen Männer und Frauen freudig in Kirchenlieder ein, während der musikalische Rhythmus der Weberschiffchen den Takt angab.«[4]

Gerade im Spannungsfeld von Verwurzelung und Modernität entwickelte sich eine inzwischen weniger bekannte, aber innovative und prägende Frühform der Gewerkschaft: die Friendly Societies. Die Anfänge dieser Vorläufer der *trade unions* reichen zurück ins 17. Jahrhundert. Die Verbände, in die die Mitglieder einzahlten, um später oder im Notfall Hilfe zu bekommen, spezialisierten sich teils auf die Kranken- oder Rentenversicherung oder die Erstattung von Beerdigungskosten. Einige waren auch Sparverbünde mit Ausschüttungen alle paar Jahre.[5] Sie dürfen als eine der großen Erfindungen einfacher Leute gelten. Zum einen schufen sie, hundert Jahre bevor Otto von Bismarck es im Deutschen Reich tat, ein Sozialversicherungssystem »von unten«. Zum anderen etablierten sie ein Forum für politische Debatten und progressive Initiativen. Der Reichskanzler nahm mit seinen Versicherungen Sozialisten und Sozialdemokraten etwas Wind aus den Segeln. Demgegenüber konnten Friendly Societies, selbst wenn sie sich meist politisch neutral gaben, Verbindungen zu radikalen Strömungen unterhalten: etwa zu den erwähnten Chartisten oder Robert Owens Genossenschaftsbewegung.[6] In Zeiten des Versammlungs- und Streikverbots dienten Friendly Societies mitunter sogar als Tarnung für militantere Unterfangen.[7]

Oft ließen sich Societies und Gewerkschaften nur schwer auseinanderhalten.[8] Etwa im Fall des Geheimbundes, mit dem ab 1834 sechs Landarbeiter Furore machten, als sie unter anderem Lohnerhöhungen verlangten. Obwohl sie nicht einmal gestreikt haben, befindet sie ein Gericht der »Meuterei und Verschwörung« schuldig, das Urteil lautet auf sieben Jahre Verbannung, *transportation*. Das heißt, man verfrachtet sie in Ketten auf ein Schiff und schiebt sie nach Australien ab, die Strafkolonie am anderen Ende der Welt. Doch die Heldentaten der »Tolpuddle Martyrs« (benannt nach einem Dorf in Dorset) machen die Runde; infolge von Massenprotesten setzt sich schließlich ein Parlamentarier für sie ein, was nach zwei Jahren zur Begnadigung führt. Die Martyrs gelten als Mitbegründer der *trade unions*; offiziell gehörten sie zur Friendly Society of Agricultural Labourers.

Die Societies können wir als besonders schräges, da eben »harmloses« Beispiel dafür sehen, wie die Obrigkeit Dinge, die heute als Grundelemente des Sozialstaats gelten, zunächst oft als Bedrohung sah. Das kann man sich nicht oft genug in Erinnerung rufen. Vielfältig organisiert, verfolgten die freundlichen Gesellschaften, zu deren Mitgliedern vor allem Arbeiter und Handwerker zählten, ihre Ziele prinzipiell auf friedliche Weise. Bereits im Jahr 1802 belief sich die Zahl der Verbände auf zehntausend, Ende des Jahrhunderts deckten sie etwa die Hälfte der männlichen Werktätigen ab.[9]

Eine Funktion der Vereinigungen über die reine Versicherung hinaus bestand darin, die Mitglieder zu bilden und zu erziehen. Es herrschten strenge Regeln wie ein Fluchverbot und begrenzte Alkoholmengen bei Treffen und Feiern. Im Rückblick wirken sie wie eine Mischung aus Versicherung, liberaler Kirchengruppe, Freimaurerei, Bildungsinitiative und Partyveranstalter. Dabei ist das Besondere an den Friendly Societies, dass sie einerseits einen organisatorischen Gegenpol zum Obrigkeitsstaat bildeten und zugleich relativ direkt staatliches Handeln inspirierten. Und dies, obwohl Regierungen und Unternehmen zunächst Aufruhr befürchteten, weshalb sich die Societies vor Überwachung und Ausspionierung hüten mussten. Ab 1793 galten für legal registrierte Vereine, die Steuererleichterungen wünschten, zudem Auflagen in Sachen Organisation und Finanzierung.[10] Dennoch konnten sie die öffentliche Meinung maßgeblich beeinflussen. Als Premier Lloyd George 1911 mit dem National Health Insurance Act eine staatliche Versicherung einführte, verdankte diese sich auch der Anregung durch Friendly Societies.

Labor für frische Ansätze – Arbeiterstipendien und Mietstreiks

Insgesamt bildete die Gewerkschaftsbewegung einen großen Pool an Leuten und Ansätzen, von bodenständig bis experimentierfreudig. Immer wieder erschloss man neue Felder und Zielgruppen, wenn auch oft sehr kleine. So war Clem Beckett, ein europaweit bekannter Speedway-Pionier und militanter Kommunist, schockiert darüber, wie viele junge unerfahrene Rennfahrer in den 1920er-Jahren aus Profitgier zugelassen wurden und verunglückten. Um etwas dagegen zu unternehmen, gründete er eine *union* für seinen Berufsstand, die Dirt Track Riders' Association. Und dies, obwohl er dafür selbst von Rennen ausgeschlossen wurde.

Bei all dem Engagement ist zu bedenken, dass die frühen Funktionäre ehrenamtlich arbeiteten. Leute etwa wie William Abraham, genannt Mabon. Er schuftet schon im Alter von zehn Jahren in Kohlegruben – später wurde der 1888 eingeführte monatliche freie Tag, den er mit erstritten hatte, ihm zu Ehren Mabon's Day genannt. Mabon steht beispielhaft für die damalige Gewerkschaftskultur, kreativ nach neuen Lösungen zu suchen. Bemerkenswert scheint besonders eine Initiative, die er unterstützte: die Workmen's Emigration Society. Deren Mitglieder entrichteten, um neue Arbeitsmöglichkeiten zu erschließen, regelmäßig einen Beitrag von sieben Pfund. So konnten sie an einer Verlosung teilnehmen und als Gewinner mit 150 Pfund in der Tasche nach Amerika reisen.[11] Im weiteren Sinn lässt sich das als Auslandsstipendium »von unten« für *Arbeiter* fassen, was noch heute als Anregung dienen kann. Inzwischen gibt es zwar neben akademischen Stipendien auch solche für Berufstätige zur Fortbildung. Aber Auslandsaufenthalte werden noch immer überwiegend im universitären Bereich angeboten. Dabei könnte ein Austausch etwa zwischen deutschen, chilenischen oder thailändischen Bauarbeitern und Bauarbeiterinnen (wie es sie etwa in Thailand häufiger als in Deutschland gibt) ähnlich inspirierend und horizonterweiternd sowohl für die Einzelnen als auch das Gemeinwesen wirken wie zwischen Studierenden.[12] In manchem vielleicht noch mehr, da sich Studierende bekanntlich wegen der Globalisierung inzwischen verstärkt einander angeglichen haben in Sachen Kommunikation, Interessen, Mode, Musik.

Schon diese Beispiele aus der Welt der Gewerkschaften zeigen, wie vielfältig ihre Mittel waren. Und selbst beim gemeinhin bekanntesten, dem Streik, finden sich sehr unterschiedliche Formen und Erweiterungen. Eine überraschende, unter anderem in Großbritannien, Spanien und Deutschland praktizierte, bezieht sich auf den Wohnungsmarkt: der Mietstreik.

Im 19. Jahrhundert kam es in Berlin zu sogenannten Mieterkämpfen. Als deren Höhepunkt gelten die Blumenstraßenkrawalle von 1872.[13] Sie entbrannten, als ein Eigentümer einem Mieter am 25. Juli mit der Begründung, er habe unerlaubterweise untervermietet, kündigte und eine Zwangsräumung einleitete, vermutlich um die Wohnung teurer vermieten zu können. Bald versammelten sich zweitausend Menschen aus der Nachbarschaft. Die Stimmung heizte sich auf, Polizei rückte an, Gruppen zogen durch die Stadt und warfen Fenster des Vermieters ein. 33 nach Schlägereien Verhaftete wurden wegen Landfriedensbruchs verurteilt, teils zu mehreren Jahren Gefängnis.

Diese Rebellion wurde erstickt, gleichzeitig aber eine Art Wohnraum-Aktivismus aus der Taufe gehoben. Zur systematischen Politisierung kam es in der Weimarer Republik.[14] Im Dezember 1918 schrieb die kommunistische Zeitung *Rote Fahne:* »Zur Verhinderung der zwangsweisen Entfernung [Wohnungsräumung] sind Mieterverteidigungstrupps zu organisieren.« Es folgten kleinere, örtliche Mietstreiks im Nordosten Berlins und die Gründung von Mieterräten. Dann, im Frühjahr 1921, traten Zehntausende Mieter in den Streik. Ihre Forderungen lauteten unter anderem: »3. Zwangsweise Ausquartierung kleiner Familien aus übergroßen Wohnungen und dafür Einquartierung großer Familien. 4. Rückführung von zu Bürozwecken verwendeten Wohnräumen zu Wohnzwecken; Beschlagnahme der Schlösser und Villen und deren Verwendung für soziale Wohlfahrtszwecke«. Themen also, die auch im 21. Jahrhundert aktuell sind.

Im Lauf der Zwanzigerjahre schien sich die Lage zu bessern. Doch mit der Weltwirtschaftskrise ging es wieder abwärts. 1932 wurde dann gestreikt, genauer gesagt, behielten Bewohner zwischen 25 und 40 Prozent der Miete ein.[15] Die

Schätzungen darüber, wie viele sich daran beteiligten, reichen von ein paar Tausend bis zu hunderttausend. Angesichts von Mieterhöhungen, die nicht wenige in die Pleite trieben, wurden in Berlin, Hamburg, Breslau und München zudem Streiks und Proteste organisiert, die zu »Exmittierungskrawallen« und Straßenschlachten mit der Polizei führten.[16]

Ließe sich im Mietstreik ein rechtmäßiges und effizientes Mittel für unsere Zeit sehen? Wenn man es einsetzen wollte, müsste natürlich klar sein, dass dies nur für Fälle überhöhter Preise greift. Was die *prinzipielle* Legitimität und Legalität dieser Streiks betrifft, können wir uns daran erinnern, dass jene im *Arbeits*kampf lange auch verboten waren. Sie mussten erst zu dem legalen Mittel gemacht werden, das sie inzwischen sind.

Eigentlich hätte man erwarten können, dass Mietstreiks in den Zwanzigerjahren, in Zeiten stärker ausgeprägter gesellschaftlicher Hierarchien als heute, ganz klar abgeblockt und scharf geahndet worden wären. Doch erstaunlicherweise galt die Rechtslage offenbar als unklar – und die Aktionen brachten überraschende Erfolge.[17] Beim Widerstand gegen Räumungen bestand die Strategie darin, die Möbel der betroffenen Bewohnerinnen und Bewohner wieder in die Wohnung zu tragen. Wenn der Vermieter daraufhin die Polizei holte, hielt sie sich oft zurück. Passend zur verworrenen Situation erfolgten nicht einmal gegen die Hauptverantwortlichen Strafbefehle. Es gab Fälle des Vergleichs, und selbst nach einstweiligen Verfügungen liefen Streiks weiter.

Das Ende der Mietstreikbewegung sollten die Nationalsozialisten besiegeln, aber auch für die Zeit davor mag es aus heutiger Sicht verwundern, dass die Streiks überhaupt eine Chance hatten. Die Gründe lassen sich nur schwer abschätzen. Zum Teil griff die Bürokratie damals insgesamt nicht so nahtlos wie heute. Hinzu kommt eine offenbar stärker ausgeprägte Solidarität innerhalb von Nachbarschaften und Schichten. Und: Die Gewerkschaften hatten schlicht mehr Einfluss. Auf eindrucksvolle Weise zeigte sich dies 1931 bei einem Streik von 40 000 bis 100 000 Mietern in Barcelona, die sich monatelang gegen Zwangsräumungen wehren konnten.[18] Wo sie aufhörten, für ihren Strom oder ihr Wasser zu bezahlen, und man ihnen diese deshalb abstellte, schalteten sie Gewerkschaftler, die in den Versorgungsbetrieben arbeiteten, einfach wieder an.[19]

Insgesamt gingen die Mietstreiks weit über das übliche Feld des Engagements, jenes des Arbeitskampfs, hinaus. Und getragen fand sich das Ganze von einer breiten Koalition aus Kommunisten, Gewerkschaften und einer solidarischen Nachbarschaft unterschiedlicher politischer Couleur, wobei Frauen oft eine herausragende Rolle spielten. Im Sommer 1939 organisierte die Gewerkschaftlerin Jessie Eden in Birmingham wegen einer Erhöhung der Mieten für städtische Wohnungen durch den Tory-Gemeinderat einen Mietstreik von 40 000 bis 50 000 Haushalten.[20] Wochenlang behielten Bewohner, koordiniert von der Central Tenants Association, die Miete ein. Bis die Stadtverwaltung nachgab, die Erhöhung zurücknahm und den Neubau von 50 000 Wohnungen zusagte.

Was heute wenig bekannt ist, machte damals Furore. *Picture Post*, so etwas wie das britische *Life*-Magazin, publizierte den Artikel »Enough of all this!« über die »newly discovered weapon – the rent strike«.[21] Dort lesen wir, dass eine von einer Hausfrau und einem arbeitslosen Schneider gegründete »Liga« die Vermieter »kapitulieren« ließ. So sei endlich gelungen, was fünfzig Jahre lang mit anderen Mitteln vergeblich versucht wurde: die überhöhten Mieten zu senken und die Wohnverhältnisse in Londoner Slums zu verbessern.

Im Kontext der Mietstreiks formierte sich in den Dreißigerjahren unter anderem die Stepney Tenants' Defence League (STDL), eine Art nachbarschaftliche Mietergewerkschaft mit bald zweitausend Mitgliedern.[22] Sie organisierte Trupps, um Straßen zu blockieren; Kinder belagerten die Häuser der Eigentümerinnen und Eigentümer; die Zeitschrift *The Tenant* erschien. Tausende hingen sich »No rent: On strike«-Plaketten ins Fenster. Gerichtsvollzieher und Polizisten schlug man mit Wasser oder verfaulten Lebensmitteln in die Flucht. Oder führte sie mit vertauschten Namensschildern an den Wohnungstüren in die Irre. Erstaunlicherweise akzeptierten viele Vermieter in der Folge eine Mietsenkung, teils um rund ein Drittel.[23] Das Ende der britischen Mieterbewegung kam mit dem Zweiten Weltkrieg; die Mieten wurden eingefroren. Später fanden nur noch sporadisch Streiks statt, etwa 1960 in St Pancras in London, nachdem die Tory-Regierung mit dem Rent Act die Mietpreiskontrollen aufgeweicht hatte.[24] In diesem Fall blieb der Erfolg allerdings aus – sieht man davon ab, dass sich weitere Mietervereine gründeten, die Rechtsbeistand bieten.

Heute gibt es natürlich mehr Gesetze, die Mieterschutz gewährleisten. Aber mancherorts, von München bis San Francisco und Tokio, sind Wohnungen bekanntlich so teuer, dass in Innenstädten nur noch Wohlhabende wohnen, was eine kulturelle und atmosphärische Uniformität zur Folge haben kann. Doch abgesehen von konkreter Wohnungsnot, unter der Menschen mit geringem Einkommen leiden, finden sich auch übergreifende Gründe, von unten in den Wohnungsmarkt einzugreifen. Spontan steht zu vermuten, dass sich Mietstreiks heute wegen all der Gesetze, der Effizienz von Behörden und Polizei, der Zersplitterung von »Klassen« und Nachbarschaften schwerer organisieren lassen.[25] Trotzdem: Die Idee, zumindest in Städten Vermieter bzw. Wohnungsgesellschaften, die einen horrenden Zins verlangen, zu bestreiken, sei es etwa in Form einer Minderung, sollte man nicht von vornherein vom Tisch fegen. Auch sollte man diskutieren, wie legitim und durchführbar Mietstreiks sind, etwa als Mittel, wenn Volksentscheide zur Vergesellschaftung großer Wohnungsunternehmen wie in Berlin 2021 nicht umgesetzt werden.

»Niemand, niemand ist unnütz«

Unabhängig davon, zu welchem Schluss wir in der Abwägung der Mittel jeweils kommen, können historische Streiks ganz grundsätzlich dazu inspirieren, gewerkschaftliches Denken und Handeln auf andere Bereiche als die üblichen auszuweiten. Das betrifft auch Felder, die Gewerkschaften bislang nicht oder kaum abgedeckt haben. Etwa die Hausarbeit. Inzwischen laufen Diskussionen darüber unter dem Begriff Care-Arbeit, in dem Sinn, dass bezahlte Pflegetätigkeiten ebenso wie unbezahlte Hausarbeit stärker wertgeschätzt und honoriert gehören. Die Debatte verdankt sich der Emanzipationsbewegung der 1970er-Jahre. Auf spektakuläre Weise nach vorne gebracht wurde das Thema allerdings nicht etwa in Europa, sondern in Lateinamerika, in einem Umfeld, das man insgesamt eher nicht mit fortschrittlichen Ideen in Sachen Frauenbewegung verbindet:

in Bolivien, genauer, in einem Bergwerksrevier in den 1960er-Jahren.

Das Ganze ging einher mit einem grundlegenden politischen Kampf. Hauptfigur ist eine Frau, von der niemand eine solche Wirkung erwartet hätte: Domitila Barrios de Chungara, geboren 1937 im Hochland der Anden in extremer Armut. Nachdem ihre Mutter früh gestorben ist, muss Domitila (die Verwendung des Vornamens ist üblich) schon als Kind für ihren Vater, einen Minenarbeiter und Gewerkschaftler indigener Herkunft, auf ihre Geschwister aufpassen und nebenbei als Wäscherin schuften.[26] Die Schule kann sie gerade mal im Alter von zehn bis fünfzehn Jahren besuchen, wobei sie ihre kleine Schwester ins Klassenzimmer mitnehmen und dort betreuen muss. Nachdem sie einen Bergarbeiter geheiratet hat, lebt Domitila in Siglo XX (20. Jahrhundert), einem Ort im damals größten Zinnrevier des Landes. Mit ihren sieben Kindern wohnen Domitila und ihr Mann in zwei winzigen Zimmern ohne Toilette und fließendes Wasser. Minenarbeitern, die erkranken, droht die Entlassung ohne jede Unterstützung. Die Lebenserwartung der Arbeiter beträgt 35 Jahre.

Niemand kümmert sich um die Belange der Armen, keine Partei, nicht die Kirche. Die eine große Ausnahme bilden Gewerkschaftler, die ihr Bestes versuchen, in Domitilas Umfeld Leute wie Federico Escóbar Zapata und Rosendo Garcia Maisman. Doch immer wieder erstickt das Militär Streiks, in den Sechzigerjahren tötet es Hunderte, es kommt zu Massakern.[27] Schon 1961, als einige Gewerkschaftler, nur weil sie bessere Löhne fordern, im Gefängnis landen, treten sechzig Ehefrauen in den Hungerstreik.[28] Und tatsächlich: Sie erreichen die Freilassung. Davon ermutigt, gründen sie das »Komitee der Hausfrauen von Siglo XX«.

Ihnen schlägt einiges an Widerstand entgegen, teils von ihren eigenen Männern und sogar von Arbeiterinnen, die keine »einfachen Hausfrauen« als Mitstreiterinnen akzeptieren wollen. Doch sie halten durch, für die Revolution: »Man muß«, schreibt Domitila, »jeden einzelnen schätzen. Einige sind gut, um schön zu sprechen. Andere sind gut zum Schreiben. Wir anderen dienen zumindest dazu, eine Masse zu bilden, um dabei und einer mehr in der Schlange zu sein. Einige von uns müssen leiden, müssen die Rolle von Märtyrern spielen, andere müssen die Geschichte darüber schreiben. So müssen wir alle mitarbeiten. Und wie uns einmal ein Gewerkschaftsführer sagte: ›Niemand, niemand ist unnütz.‹«[29]

Domitila selbst sind offenbar gleich mehrere der erwähnten Rollen zugedacht. Zwei Jahre, nachdem sie 1963 in das Komitee eingetreten ist, wählen die Frauen sie zur Generalsekretärin. Als einmal das Militär das Gewerkschaftshaus zu erstürmen droht, das Domitila ihr Heiligtum nennt, schnallt sie sich einen Gürtel Dynamit um. Sie ist bereit, die Angreifer, sich und ihre Kinder in die Luft zu jagen. Als Zeugin berichtet sie, wie Soldaten wehrlose Frauen vor ihren Augen erschossen haben. Sie selbst wird mehrmals verhaftet, einmal hochschwanger. Durch Folter schwer verletzt, bringt sie allein in ihrer Zelle ihr Baby zur Welt. Später weiß sie nicht mehr, woran es gestorben ist – weil sie der Wachmann in den Bauch getreten hatte oder wegen der bitteren Kälte. All dies können wir nachlesen in dem Buch *Wenn man mir erlaubt zu sprechen … Zeugnis der Domitila, einer Frau aus den Minen Boliviens* (1977). Darin hat die brasilianische Autorin und Aktivistin Moema Viezzer Gespräche mit Domitila protokolliert, deren Berichte in Ich-Form. Es sollte zu einem der am weitesten verbreiteten Bücher in

Bolivien werden und ist eines der eindrucksvollsten, das ich kenne, nicht nur als Quelle für die »Geschichte von unten«.[30]

Ein Misstrauen gegenüber Doktrinen und Parteien, sogar Revolutionsführern wie Che Guevara, zieht sich durch das Buch. Passend launig formuliert Domitila ihre Vorbehalte gegenüber dem studentischen Engagement, so sehr es sie grundsätzlich freut: »Die Universität verläßt ein Doktor, ein Anwalt, findet eine Stelle und schon ist der Revolutionär verschwunden.«[31]

Humor hilft Domitila inmitten all des Leids, nicht den Mut zu verlieren. Ganz sachlich nennt sie aber auch Zahlen zur Förderung von Erzen, die viel zu niedrigen Preise, die US-Konzerne zahlen. Im Jahr 1977 – als Gewerkschaften in Europa und den USA gerade deutlich an Macht verlieren – erklärt sie, warum Streiks in Bolivien besser funktionieren: »Ich weiß, daß in einigen Ländern diese Mittel verbraucht sind. Die Arbeiter streiken, und niemand kümmert sich darum. Aber in Bolivien ist es so, daß das Zinn grundlegend für die Wirtschaft des Landes ist. Und die Regierung hat mit den ausländischen Kapitalisten Verträge geschlossen und hat ihnen eine bestimmte Menge Zinn und andere Mineralien zu liefern. Wenn es also einen Streik gibt, dann verlieren wir, weil sie uns für diese Tage keinen Lohn zahlen. Aber die Regierung verliert auch, und noch viel mehr, weil irgendeine ausländische Industrie auf das Zinn wartet und sie die unterschriebenen Verträge erfüllen muß.«[32]

Insgesamt erweist sich die Parteipolitik für Domitila als Enttäuschung. Nur einmal hegt sie Hoffnungen, als der linke General Juan José Torres Gonzales 1970 durch einen Staatsstreich an die Macht kommt. Er steht den USA sehr kritisch gegenüber und will die Verhältnisse für die Armen verbessern, empfängt Domitila als Vertreterin des Hausfrauenkomitees zum Gespräch und sagt ihr Unterstützung zu. Doch 1971 putscht sich der rechtsextreme General Hugo Banzer zum Präsidenten. Zwar ist damit die geplante Gründung und Anerkennung einer »nationalen Hausfrauengewerkschaft« hinfällig. Aber das ursprüngliche Komitee hat Erfolg. Seinen wohl größten, als es einen Hungerstreik organisiert, einen Protest, dem sich Tausende anschließen und der 1978 mit zu Banzers Rücktritt führt.[33]

Es liegt eine gewisse Ironie darin, dass viele, wenn sie heute von einer Hausfrau hören, die einen Diktator stürzte, wohl eher an Corazon Aquino denken. Die Philippinerin, Witwe des ermordeten Präsidenten, entmachtete 1986 mithilfe einer breiten Volksbewegung im Rahmen der *people power revolution* den Diktator Ferdinand Marcos. Sie wurde zur Regierungschefin gewählt. Aquino bezeichnete sich, obwohl aus einer reichen Familie stammend und meist von Bediensteten umgeben, gern als »einfache Hausfrau«.[34] Aber die erste der Hausfrauen, die einen Diktator stürzten, war Domitila.

Ein Staatsstreik

Stets betonte Domitila, dass Wandel unten anfängt, man sich dabei allerdings mitunter wie Sisyphos fühlt: »Es sind immer wir Arbeiter, die für die Demokratie gekämpft haben«, sagte sie später.[35] »Mit den Hungerstreiks haben wir die Demokratie erreicht, und die Demokratie hat die Arbeiter auf die Straße geworfen.« Als Domitila Barrios de Chungara im Jahr 2012 stirbt, ordnet Boliviens Präsident Evo Morales eine Staatstrauer an. Er bezog Inspiration aus Domitilas Buch. Wie sie stammt er aus sehr armen Verhältnissen, in seinem Fall aus bäuerlichen. Ähnlich wie sie hat er als Sozialist eine eher pragmatische Haltung, beschäftigte sich auch nicht besonders mit marxistischen Theorien.[36] Morales, von 2005 bis 2019 der erste Präsident des Landes indigener Abstammung, begann selbst als Gewerkschaftler, in der Sindicato-Bewegung. Offenbar wurde er durch ähnliche Erlebnisse politisiert wie Domitila, nämlich als er zusehen musste, wie Militärs einen Wehrlosen folterten und massakrierten.[37]

Bei aller Kritik, die man an seinem Führungsstil üben muss, gelang Morales zumindest eine Reform auf beispielhafte Weise: Am 1. Mai 2006 verstaatlichte der Präsident die Öl- und Erdgasindustrie. Er zwang internationale Konzerne wie Petrobras, Total, British Petroleum, Repsol und Exxon zu akzeptieren, dass sie von da an nicht mehr 82 Prozent der Gewinne erhalten und der bolivianische Staat 18 Prozent, sondern umgekehrt.[38] Im weiteren Sinn könnte man dies als Staats*streik* gegen die Multis sehen. Das Geld setzte Morales jedenfalls erfolgreich ein, um die Armut zu bekämpfen, für Infrastruktur- und Alphabetisierungsprogramme. Zumindest darin könnte Bolivien ein Vorbild für andere Länder des globalen Südens sein, deren Wirtschaft maßgeblich auf Rohstoffexporten basiert.

Doch zurück zu gewerkschaftlichem Engagement im eigentlichen Sinn: Aus Initiativen wie dem Hausfrauenkomitee lässt sich Motivation dafür ziehen, immer wieder neue Bereiche und Felder für Aktionen zu erschließen. Den Horizont zu weiten, scheint auch dringend nötig, wie ein Blick auf die Druckmittel im historischen Kontext zeigt, die Gewerkschaften zur Verfügung standen und stehen: Als die massenhafte Arbeitskraft im Zuge der Industrialisierung zentraler Wirtschaftsmotor wurde, bildeten entsprechende Ausstände ein mächtiges Mittel. Doch wegen der Automatisierung, da Unternehmen ihre Produktion inzwischen in arme Länder des globalen Südens auslagern können und zudem überall Billiglohnsektoren blühen, lässt sich mit Arbeitsstreiks nicht mehr ganz so einfach Druck ausüben. Seit den Achtzigerjahren griff zudem die neoliberale Propaganda, wonach man nur individuell flexibel sein müsse, um zurechtzukommen. Umso mehr braucht es gewerkschaftliches Engagement. In den USA gibt es eine kleine Renaissance mit Gründungen von *unions* in einzelnen Sparten oder Unternehmen, in denen besonders schlimme Zustände herrschen, etwa bei Amazon. Aber zugleich könnten oder sollten sich gewerkschaftliche Aktionen auf andere Bereiche als jene der Arbeitskraft ausweiten.

Agua

Ein naheliegendes, relativ neues oder ausbaubares Feld wäre der Konsum. Von ihm hängt das Wohl der Wirtschaft inzwischen so stark ab wie nie zuvor. Um ihn sorgen sich Unternehmen, zugespitzt gesagt, mindestens so stark wie um Arbeitskräfte. Aus diesem Grund ließe sich die Gründung von Konsumgewerkschaften erwägen.

Dabei müsste, wie wir sehen werden, niemand das Rad neu erfinden, sondern nur vorhandene Tendenzen neu bündeln: den Verbraucherschutz und -lobbyismus (wie bei FoodWatch), Kaufboykotte (wie beim Abolitionismus), den Trend zu fairem Handel, zur Nachhaltigkeit und zu Konsumgenossenschaften, wie sie bereits vor hundert Jahren gediehen. Stets wollten Verbraucher mit gutem Gewissen konsumieren und wo möglich auch politisch auf Veränderungen drängen.[39] Gäbe es Konsumgewerkschaften mit Millionen Mitgliedern, ließen sich Kaufstreiks gegen Unternehmen organisieren, die arbeitnehmer- oder verbraucherfeindlich oder umweltschädlich agieren, auch über offenkundige Kandidaten wie Amazon, Nestlé und die Coca-Cola Company hinaus. Gegen Letztere hat zum Beispiel Sinaltrainal, die kolumbianische Gewerkschaft der Lebensmittelbranche, 2002 zum Boykott aufgerufen, nachdem Führungskräfte des Konzerns den Mord an Gewerkschaftlern in Auftrag gegeben haben sollen.[40]

Mit einer Konsumgewerkschaft ließen sich einerseits brisante Fälle ans Licht der Öffentlichkeit bringen, andererseits auf der Alltagsebene ansetzen. Seit einiger Zeit laufen ja Debatten darüber, wie viel Bedeutung wir privaten Konsumentscheidungen – Bio-Lebensmittel, Bambuszahnbürsten usw. – im Vergleich zu politischen Maßnahmen beimessen sollen. Vielleicht wären Konsumgewerkschaften eine Art Dritter Weg mit langfristiger Vorbildfunktion, und sei es nur für verwandte Projekte wie damals die Friendly Societies. Denn es braucht Gegengewichte zu Konzernen, bei denen schlechte Arbeitsbedingungen herrschen und die gesundheitsschädliche Produkte mithilfe astronomisch hoher Marketingbudgets gegen jede Vernunft verkaufen.[41] Wenn eine global vernetzte *consumer union* mit Millionen von Mitgliedern den Boykott eines Unternehmens oder Produktes beschlösse, hätte das daher übergreifende Effekte.

Zwar sind Konsumstreiks nicht einfach zu organisieren.[42] Doch es gibt erfolgreiche Vorbilder: etwa den erwähnten abolitionistischen Zuckerboykott von 1791 in Großbritannien mit 400 000 Beteiligten, immerhin etwa fünf Prozent der damaligen Bevölkerung. Auch dafür, wie im Kleinen eingegriffen wurde, bietet die Geschichte Beispiele. Teils kuriose. So beschlossen 1926 in Oslo »die Arbeitslosen in ihrer Versammlung, den Inhaber eines Friseurgeschäftes zu boykottieren, weil er erstens nur unorganisierte Arbeiter beschäftigte und zweitens als Stadtverordneter für die Herabsetzung der Löhne der Notstandsarbeiter eintrat und stimmte. Als die Blockade bekannt gegeben wurde, befanden sich einige Arbeiter gerade im boykottierten Geschäft. Ein Arbeiter verließ den Barbierladen halb eingeseift, ein anderer mit halb geschorenem Kopf.«[43]

Das waren eher wilde Grassroots-Konsumstreiks. Und natürlich droht die Gefahr, zu willkürlich einzelne Felder oder Firmen herauszupicken oder gar Sündenböcke. Vermutlich sollte ein Unternehmen eine Mindestgröße haben, damit es kaufbestreikt werden dürfte. Umgekehrt bräuchte man eine gewisse Mitgliederzahl bei der Gewerkschaft, um Wirkung zu entfalten. Wie ginge das heute? Was würde Menschen motivieren? Antikonsumistische Influencer? Um einen Massenappeal zu generieren, wären prominente und zugleich glaubwürdige Leute hilfreich, als Patinnen und Paten sozusagen. Am besten wohl grundsätzlich kauffreudige oder solche, die selbst kommerziell Erfolge feiern, damit man nicht nur Kunden erreicht, die ohnehin schon »konsumkritisch« sind. Für einen Aufruf zum Coca-Cola-Boykott etwa würde sich wohl Cristiano Ronaldo eignen, der, wie er bei einer Pressekonferenz im Juni 2021 klarmachte, »agua« dem zuckrigen Softdrink vorzieht.

Aber im Ernst, inzwischen kämen, denke ich, vor allem Leute aus einem Bereich infrage, dessen Potenzial seit Jahrzehnten wenig ausgeschöpft wird, nämlich Sport-, Film- und Popstars. Vor allem Letztere eigneten sich, wegen ihrer Doppelnatur: Sie sind selbst Konsumprodukte und zugleich allem Anschein nach – etwa ihren Songtexten nach zu urteilen – nicht primär oder nicht nur an materiellem Profit interessiert. Das würde in mehrerer Hinsicht passen, auch deshalb, weil sich damit an eine gewerkschaftliche Tradition anknüpfen ließe, auf die ich abschließend eingehen möchte.

7.

»I wanna live like common people« – das Potenzial des Pop

Anders als beim Abolitionismus und, wie wir noch sehen werden, bei der Frauenbewegung spielen bei Gewerkschaften von Anfang an eine Art »Volkskultur« und insbesondere die Musik eine zentrale Rolle. Das gilt auch für Ahnen der *unions* wie die Diggers im 17. Jahrhundert mit ihren Protestsongs und sogar für mittelalterliche Rebellen und Balladen im Kontext des Robinhoodismus, auf die ich in den Teilen IV und V zu sprechen komme. Die Friendly Societies der Neuzeit kombinierten, wie bereits geschildert, verschiedene Aufgaben, unter anderem die von Versicherungen und jene von Party- und Konzertveranstaltern. Aus den Reihen aktiver Gewerkschaftsmitglieder rekrutierten sich ambitionierte Sänger wie der erwähnte, beliebte Mabon. Sein Name fand nicht nur im Mabon's Day Verwendung, dem Urlaubstag, den er mit erstritt, er prangte zu Werbezwecken auch auf Tabakpackungen und Soßenflaschen.[1] Immer wieder ehrten Musikerinnen und Musiker Gewerkschaftsmitglieder mit Songs. Das gilt für Mother Jones genauso wie für Joseph Arch, den Schäfersohn, der 1872 die National Union of Agricultural Labourers mitbegründete und später ins Parlament einzog. Um ihn geht es zum Beispiel im Refrain des bekannten Gewerkschaftslieds »We'll All Be Union Men«:

»Joe Arch he raised his voice,
'Twas for the working man,
Then let us all rejoice and say,
We'll all be Union men.«[2]

Vor allem zu Beginn des 20. Jahrhunderts etabliert sich die Verbindung von Gewerkschaften und Popmusik. Der Bogen spannt sich von Joe Hill (»There Is Power in a Union«, 1913) über Woody Guthrie (»Union Maid«, 1940) und Pete Seeger (»Talking Union«, 1941) bis zu Billy Bragg (»There Is Power in a Union«, 1986, und »Never Cross a Picket Line«, 1990). Sie alle verbreiten ihre Botschaften auf emotionale, oft militante, teils auch indirekte, poetische Weise. Epochal scheint der weniger berühmte Song »I Don't Mind Failing in this World« (1967) von Malvina Reynolds. Der Welt der *unions* durch ihr Elternhaus und ihren Mann verbunden, einem Schreiner und Aktivisten, singt Reynolds in dem Lied über die Wichtigkeit von »Streikposten«; darüber hinaus über grundsätzlich andere Werte und einen anderen Begriff von Erfolg:

»I don't mind failing in this world
Don't mind wearing the ragged britches
'Cause those who succeed are the sons of bitches
I don't mind failing in this world

[...] I'll stay down with the raggedy crew
'Cause getting up there means stepping on you, so
I don't mind failing in this world

[...] Somebody else's definition
Isn't going to measure my soul's condition

[…]Some people ride in a car so fine
While others walk on a picket line, so
I don't mind failing in this world«

Das ist, was den Text betrifft – und ein bisschen auch Reynolds' kratzige Stimme –, Punk vor seiner Erfindung, und dabei eigentlich sogar punkiger als der offizielle. So direkt, offen und umfassend lehnten später weder die Ramones noch The Clash oder die Sex Pistols alte eindimensionale Erfolgsdefinitionen und Wertvorstellungen ab.[3] Nun kann man natürlich die Pophistorie nach Spuren der Arbeiterkultur durchkämmen und analysieren, wo Unterprivilegierte Zuspruch erhielten. Loser, Freaks, Creeps, Außenseiter, da findet sich einiges. Aber am Ende zählt doch meist, cooler und hipper zu sein, irgendwie überlegen, und sei es auf alternative, ungewöhnliche, schräge Weise. Das Problem dabei besteht unter anderem darin, dass diese Art des Losertums vermarktet und in das konventionelle Erfolgsranking eingebettet bleibt. In dem Kontext finde ich es auch auffällig, wie wenig Punk oder Pop im Allgemeinen auf materielle Ungleichheit oder den Kampf dagegen abhebt. Der berühmteste Song über Steuern, das klassische Instrument gegen Einkommensungerechtigkeit, ist »Taxman« (1966) von den Beatles. Darin fordern die Multimillionäre bekanntlich nicht etwa progressivere Steuern, sondern beklagen sich, dass sie zahlen müssen. Kein Wunder, dass das Lied Dekaden später im Ranking der *National Review* auf Nummer 2 der »fifty greatest conservative rock songs« kletterte.[4] Zwar engagieren sich Popstars politisch, singen über Faschismus, Rassismus, Krieg, Sexismus und Homophobie, aber kaum über Umverteilung – von kleinen Ausnahmen wie dem deutschen Rapper Disarstar abgesehen, in dessen

Song »Rolex für alle« (2022) sich die Zeile »Milliardäre enteignen« findet.

Was die einfachen Leute betrifft, gibt es den schönen, bereits als Motto dieses Buches zitierten ironischen Song »Common People« (1995) von Pulp. Eine reiche Kunststudentin geht in London aufs College und will das spannende Leben »einfacher Leute« kennenlernen. Pulp machen sich darüber lustig, wenn Privilegierte dieses Leben romantisieren oder sich einen Kick davon versprechen, den Stil zu kopieren. Fehlt da eine Zeile, eine Aufforderung an die verwöhnte Studentin im Song? Etwa: »If you really wanna feel like common people, just give them your daddy's millions.« Das nähme dem Lied natürlich die schöne Ambivalenz und Ironie. Allgemein finden sich gute Gründe dafür, Dinge auch im Pop assoziativ zu formulieren, andeutungsweise, um Räume zu öffnen für Zweifel, Zwischentöne und Träume. Man wünscht sich keinen Agitprop-Rock, keinen Sozialistischen Poprealismus. Zugleich könnte der Versuch, mehr Werbung für soziale Gleichheit einzubauen, aber auch eine kreative Herausforderung sein. So wie dies beim Kampf gegen repressive Normen und Konventionen im 20. Jahrhundert der Fall war. Die Beispiele dafür reichen von Nina Simone, die – oft widerwillig virtuos – gegen den Rassismus ansang, bis zu Frank Zappa, der den American Dream persiflierte. Aber die Frage des Engagements *im* Werk ist hier nicht die zentrale. Denn da droht die Debatte ins Subjektive abzudriften, geprägt durch persönliche Geschmacksurteile, abstrakte Ausführungen, etwa über die Gefahren der Kulturindustrie, vermeintlich mehr oder weniger tiefgründige Werke und deren mehr oder weniger fachkundige Rezeption.[5]

Unabhängig davon lässt sich sagen, dass Popmusikerinnen und Popmusiker selten materielle Ungleichheit infrage stellen. Das mag insbesondere vor dem Hintergrund erstaunen, dass sie zugleich ideelle Werte wie Solidarität und Empathie betonen. Über die Gründe für diese Zurückhaltung ließe sich spekulieren. Ob es daran liegt, dass ein Grundmuster und -mechanismus des Pop eben doch darin besteht, es individuell nach »oben« zu schaffen, an die »Spitze« (der Charts), allgemeiner, sich von anderen abzugrenzen, sei es durch Qualität, Schrägheit oder schlaues Marketing? Aber die Suche nach Ursachen können wir zurückstellen und den offenkundigen Widerspruch betonen, der darin liegt, dass millionenschwere Superstars über immaterielle Werte wie Liebe, Sex und Groove singen und gleichwohl nicht dafür eintreten, einen größeren Teil ihres Vermögens abzugeben. Mir ist jedenfalls kein Star bekannt, der dies auf offensive Weise täte. Dennoch: Wäre es nicht denkbar, dass Bands nicht nur bei Benefizkonzerten glänzen – und zugleich Steuerzahlungen durch Tricks vermeiden wie Bono von U2 –, sondern sich für grundsätzliche, strukturelle Veränderungen engagieren?[6] Vielleicht sogar, indem sie für eine Konsumgewerkschaft werben?

Warum sollte es für findige Aktivistinnen und Organisatoren nicht möglich sein, beispielsweise fünf Superstars dazu zu bringen, ein solches Projekt öffentlichkeitswirksam zu unterstützen? Angefangen bei Leuten und Bands, von denen man es sich noch einigermaßen vorstellen kann, Radiohead etwa, Massive Attack oder PJ Harvey (»A Dog Called Money«). Sinéad O'Connor, eine der großen Aktivistinnen unter den Prominenten unserer Zeit – die 1992 im US-Fernsehen bei *Saturday Night Live* ein Foto des Papstes zerriss, um gegen den damals noch weniger bekannten Kindesmissbrauch durch die Kirche zu demonstrieren – lebt nicht mehr. Vielleicht ließen sich aber auch Kandidaten überzeugen, von denen man es erst einmal nicht erwarten würde, Stars wie Beyoncé oder Bob Dylan.

Würden sich unter Stars des globalen Südens besonders viele geeignete Kandidatinnen und Kandidaten finden? Das erste Problem dabei könnte darin bestehen, dass einem gar nicht so viele von globaler Prominenz einfallen. Miriam Makeba starb 2008, Harry Belafonte 2023; Bob Marley, der bislang einzige wirklich internationale Superstar des globalen Südens, 1981.[7] Er wäre wohl dabei gewesen. Von anderen Stars hob er sich unter anderem darin ab, dass er eine offene Abneigung gegen das ausbeuterische »Babylon System« hegte. Und er hatte persönlich offenkundig kein Interesse an materiellem Luxus. Er hörte sich die Geschichten all der Armen an, die vor seinem Haus in Kingston Schlange standen.[8] Sein Manager verteilte manchmal in seinem Auftrag bis in die frühen Morgenstunden Geld an Bedürftige, insgesamt an mehrere tausend Menschen, in vielen Fällen regelmäßig. Anderen gab er Starthilfe für kleine Unternehmen, etwa einem Mann, der Kokosöl vermarkten wollte, mit dem launigen Kommentar: »I always wanted to be in the oil business.«

Natürlich läge eine gewisse Ironie darin, eine Konsumgewerkschaft mithilfe von Stars der Unterhaltungsindustrie zu puschen. Würde man damit das bislang beschriebene Muster durchbrechen, dass wichtige Entwicklungen meist von unten angeschoben werden, von einfachen Leuten? Nicht unbedingt. Schließlich haben Popstars zumindest oft nicht den konventionellen Karriereweg hinter sich bzw. keine in finanzieller Hinsicht vielversprechende akademische Ausbildung durchlaufen. Auch sind die Inhalte ihrer Musik überdurchschnittlich oft »einfach« in dem Sinn, dass sie nicht mit dem Wunsch nach Profit oder mit Konsumglück oder Statusangst zu tun haben.

Die Systemfrage

Einer der wesentlichen Unterschiede zwischen der Gewerkschaftsbewegung und den anderen beiden der Big Three, dem Abolitionismus und der Frauenbewegung, neben den engen historischen Verbindungen zum Pop besteht darin, dass sie stärker auf die Frage abzielte, in welchem Wirtschaftssystem wir leben wollen. Traditionell tendierten die *unions* zum Sozialismus, wenn auch meist nicht im Sinn eines direkten, revolutionären Umsturzes. Besonders intensiv und praxisnah stellte und stellt sich die Systemfrage bei einer gewerkschaftlichen Unterströmung, dem Anarchosyndikalismus.

Diese durchaus vielfältige, liberale Variante, die sich ab Ende des 19. Jahrhunderts global formierte, passt in unsere Zeit, zur Suche nach einem Dritten Weg zwischen Turbokapitalismus, oder Hyperkapitalismus, und Staatssozialismus. Sie hier erschöpfend darzustellen, würde den Rahmen sprengen. Auch lässt sie sich schon deshalb nicht als ein Happy End dieses Teils präsentieren, weil sich noch nicht abschließend klären lässt, ob man eine ausschließlich positive Bilanz ziehen kann und wie praktikabel das Ganze langfristig wäre. Aber mit einem Abriss des Ansatzes lässt sich doch das Potenzial für grundlegenderen sozialen Wandel aus der Gewerkschaftsbewegung heraus unterstreichen. Dies umso mehr, als Anarchosyndikalisten einige ihrer Ideen temporär verwirklichen konnten und sich dabei, anders als beim Marxismus der Fall, nicht diskreditierten.

Die Strömung ging aus der ersten Internationalen Arbeiterassoziation (IAA) hervor, die 1864 in London gegründet wurde. Sie diente zunächst als Sammelbecken für sozialistische, anarchistische und gewerkschaftliche Strömungen. Von der ursprünglichen IAA spaltete sich 1922 eine neue, anarchosyndikalistisch orientierte Internationale Arbeiter-Assoziation ab. Sie zielte nicht auf einen Staatssozialismus ab, sondern auf im Kollektiv geschaffene Lösungen. Die Werktätigen sollten die Kontrolle über die Produktionsmittel übernehmen, Fabrikeigentümer enteignet und Direktoren entlassen bzw. Teil eines Kollektivs werden. Man wollte gleiche Bezahlung für alle, eine Verringerung der Arbeitszeit, und das Ganze explizit eben nicht wie in der UdSSR von oben gelenkt, mit Funktionären oder gar einer »Diktatur des Proletariats«, angeleitet durch eine Intelligenzija.

Kein umfassendes System, sondern ein paar Grundideen lieferte der Russe Peter Kropotkin mit seinem anarchistischen Kommunismus und dem Konzept der »gegenseitigen Hilfe«. Letztere hielt er nicht nur für politisch erstrebenswert, sondern auch für einen Faktor der Evolution – im Gegensatz zum »survival of the fittest« und vor allem dessen Vulgärform des Sozialdarwinismus. Das stellt er 1902 in seinem Buch *Gegenseitige Hilfe in der Tier- und Menschenwelt* mit Beispielen aus der Biologie und Geschichte dar (Originaltitel: *Mutual Aid. A Factor of Evolution*). Er weist darauf hin, dass Kooperation und weniger strenge Hierarchien schon bei manchen Jägern und Sammlern eine Art Wohlstand und sozialen Frieden förderten.[9]

Im Lauf des 20. Jahrhunderts sahen das immer mehr Naturwissenschaftlerinnen und Historiker ähnlich. Doch praktisch bauten als Erste Anarchosyndikalisten auf Kropotkin auf: die Ukrainerin Milly Witkop etwa, ihr deutscher Mann

Rudolf Rocker, der Japaner Osugi Sakae und Spanier wie Francesco Ferrer, Buenaventura Durruti und Federica Montseny, 1936 die erste Ministerin in ihrem Land.

Von Anfang an lavierte die Strömung in ihrer Ausrichtung zwischen Rätesystem und Parlamentarismus, Kollektiv und Libertärem, Pazifismus und Umsturz, Idealismus und Pragmatismus.[10] In den Dreißigerjahren verbucht der Anarchosyndikalismus Erfolge im Arbeitskampf, etwa in Argentinien mit der Durchsetzung des Acht-Stunden-Tags. Die gründlichste Umsetzung in die Praxis gelingt in Spanien, vor allem in Aragonien und Katalonien. Dort etablieren die Gewerkschaft CNT (Confederación Nacional del Trabajo) und die FAI (Federación Anarquista Ibérica) mit rund zwei Millionen Mitgliedern nach der Spanischen Revolution zeitweise eine anarchosyndikalistische Gesellschaftsordnung. Von Juli 1936 bis Mai 1937 untersteht ein Großteil der Industrie, Landwirtschaft und Dienstleistungen der Selbstverwaltung durch Arbeiterinnen und Angestellte. Sie verringern Arbeitszeiten, gleichen Löhne einander an und fassen Beschlüsse im Konsens. Politisch mündet das Ganze jedoch in einen Kompromiss, eine Volksfrontregierung mit den Sozialdemokraten, die den Präsidenten stellen, Sozialisten und Republikanern.[11] Man hat ambitionierte Ziele, etwa ein neues, liberales Bildungswesen, freie Essen für Schwangere und die Legalisierung von Abtreibungen, spektakulär im katholischen Spanien. Nach weniger als einem Jahr scheitert das Projekt allerdings daran, dass die stalinistischen Kommunisten es bekämpfen; und endgültig 1939, als General Franco im Bürgerkrieg siegt.[12]

Was ist von der vielversprechenden Tradition übrig geblieben? In Deutschland etwa die FAU, die Freie Arbeiter*innen-Union. Sie setzt sich vorbildlich für Menschen ein, die bei anderen Gewerkschaften durchrutschen, etwa für unterbezahlte Mitarbeiter von Lieferdiensten oder rumänische Wanderarbeiter. Auf der Homepage heißt es allerdings, dass alle Mitglied werden können außer Angehörigen der »staatlichen Repressionsorgane«.[13] Wegen dieser pauschalen Formulierung würde ich persönlich nicht Mitglied werden. Aber insgesamt ließen sich viele Elemente des Anarchosyndikalismus, die mehr soziale Gerechtigkeit und Solidarität bringen, auch innerhalb des Systems des Kapitalismus umsetzen, um diesen nach und nach zu verändern.

Beispielhaft sind kleine Genossenschaften und Kooperativen, geführt ohne Chefs und mit weniger Profitdruck. Und in der Welt der Big Player? Immerhin die größte Genossenschaft der Welt: Mondragon. Sie zeigt, dass mehr Demokratie und soziale Gerechtigkeit auch bei einem global agierenden Konzern möglich sind. Mondragon, mit Hauptsitz in der gleichnamigen Kleinstadt im spanischen Baskenland, wirkt zunächst wie ein Widerspruch in sich: eine Art Genossenschaftsmulti, tätig in mehreren Ländern, darunter Mexiko, China und Deutschland, zusammengesetzt aus 81 Einzelkooperativen verschiedener Bereiche, vom Maschinenbau, der Industrieproduktion mit Teilen für Raketen, Turbinen oder Kühlschränke über eine Supermarktkette bis hin zu Versicherungen, Banken, einer Unternehmensberatung und einer Universität.[14] Ein Konzern mit 70 000 Mitarbeitern, 10 Milliarden Euro Umsatz, aber demokratischen Strukturen. Bei Mondragon sind 76 Prozent der Angestellten auch Eigentümer des Unternehmens, externe Anteilseigner gibt es keine.[15] Bei strategischen Entscheidungen stimmt die gesamte Belegschaft ab, wobei alle Mitarbeiterinnen und Mitarbeiter dasselbe Gewicht haben. Die Führungskräfte bekommen nicht wie sonst in Unternehmen dieser Größe üblich ein paar *hundert Mal* so viel Gehalt wie die am niedrigsten Entlohnten, sondern »nur« sechs Mal so viel.[16] Das ist für heutige Verhältnisse revolutionär egalitär.

Ein Nebenaspekt: In Mondragón, der Kleinstadt in Nordspanien, prägt die Genossenschaft das Zusammenleben der Einwohner. Viele sind in »kulinarischen Klubs« organisiert, in denen man zusammen kocht und Zeit verbringt. Das ist insofern erwähnenswert, als einer Studie zufolge, die in Norditalien durchgeführt wurde, die Bilanz in Städten mit mehr Genossenschaften im Vergleich zu jenen ohne dieselben bei den Kennwerten Gesundheit, Ausbildung, Kriminalität und soziale Teilhabe deutlich besser ausfällt.[17] Bei Mondragon gehörte die Einbettung in die Umgebung von Anfang an als Wesensmerkmal dazu. Den Grundstein legte nicht etwa ein Unternehmer, sondern der Priester José María Arizmendiarrieta, zusammen mit armen Bewohnern der Stadt. Alles begann 1943, als der damals 27-Jährige in der strukturschwachen Region im Baskenland neben einem kleinen Kultur- und Sportzentrum und einem sozialen Wohnungsprojekt, für die die Leute zusammenlegten, eine technische Schule ins Leben rief. Dort konnten sich junge Arbeiter neben ihrem Job in einer Fabrik weiterbilden. 1956 gründeten fünf Abgänger dieser Ausbildungsstätte eine kleine Genossenschaft, die zunächst Petroleumheizungen herstellte. Daraus entwickelte sich nach und nach das heutige Unternehmen.

Etwas vom ursprünglichen Idealismus ging über die Zeit allerdings verloren. So wurde der Unterschied zwischen höchstem und niedrigstem Lohn von anfänglich 3:1 im Jahr 1972 auf 4,5:1 angehoben, später dann auf die heutigen 6:1.[18] Ein deutlicher Kritikpunkt besteht zudem darin, dass Mondragon in Billiglohnländern produzieren lässt, um »konkurrenzfähig« zu bleiben. Hier sollte nachgebessert werden, etwa mit Marketingoffensiven, die Kunden davon überzeugen, höhere Preise zu zahlen, beispielsweise für »fair produzierte Kühlschränke«. Oder durch Steuererleichterungen. Doch immerhin ist Mondragon besser als andere Unternehmen durch Wirtschaftskrisen wie jene von 2008 gekommen, unter anderem weil Mitarbeitern bei Engpässen nicht gekündigt wird, sondern sie in einer anderen, weniger krisengebeutelten Genossenschaft des Verbundes weiterarbeiten können.[19] Alle Angestellten verzichten nach dem Prinzip der Solidarität eher auf etwas Lohn und Arbeitszeit, um die Stellen zu sichern, als dass einzelne wegrationalisiert werden.

In vielerlei Hinsicht steht Mondragon in der älteren Tradition von Genossenschaften und des Anarchosyndikalismus. Insgesamt dürfte das System die bislang überzeugendste Alternative zum profitfixierten Kapitalismus sein. Es läuft auf eine Mischung hinaus: aus unternehmerischen und sozialistischen Elementen, aus Gleichheit und Freiheit, Prinzipientreue und Pragmatismus. Darin hob sich der Anarchosyndikalismus von Anfang an auch vom Marxismus ab, was seine Hauptvertreter explizit betonten. Rudolf Rocker beispielsweise erklärte, ein zentraler Unterschied zwischen seinem Ansatz und jenem von Marx bestehe darin, dass der seiner Lehre »den absoluten Charakter eines Naturgesetzes gegeben hatte, was bei ihm als Schüler Hegels umso leichter begreiflich ist, von dessen dialektischen Akrobatenkunststückchen er sich nie befreien konnte«.[20]

An der Stelle passt es vielleicht, eine zwar anekdotische, aber bezeichnende Tatsache festzuhalten: Von den führenden Anarchosyndikalistinnen wie auch von den anderen in diesem Kapitel erwähnten Gewerkschaftlern hat niemand an einer Universität studiert. Das ist selbst vor dem Hintergrund bemerkenswert, dass in den Anfangs- und Boomzeiten der Gewerkschaften insgesamt viel weniger Menschen als heute eine Universität besuchen konnten. Der Qualität der Gewerkschaftsbewegung, immer wieder unterschiedlichste Felder für ein praktisches Engagement zu erschließen, war dies jedenfalls nicht abträglich.

III. EMPOWERMENT DURCH VERWANDLUNG

Die Frauenbewegung: Die Fähigkeit, sich und den eigenen Lebensstil neu zu erfinden, bewirkt tiefgreifende Transformationen und eröffnet ungeahnte Perspektiven im Politischen wie Privaten

8.

»Denn die Frau ist von Natur gutmütig«

Seitdem sich der Homo sapiens vor rund 300 000 Jahren als Art herausbildete, hat er sich körperlich nicht grundlegend gewandelt; aber im 21. Jahrhundert haben Phoniaterinnen und Phoniater nun doch etwas bemerkt: In den letzten Jahrzehnten sind die Stimmen von Frauen tiefer geworden.[1] Für die Veränderung ließen sich keine biologischen Gründe finden, sie dürfte mit sozialen zusammenhängen. Etwa damit, dass Frauen mehr Gleichberechtigung anstreben und sie mit einer tieferen, sozusagen männlicheren Stimme womöglich mehr Autorität ausstrahlen. Sprechen wir sonorer, nimmt man uns anders wahr, als souveräner. Zugleich fühlen wir uns selbst stärker, sind tendenziell gelassener – auch weil das seit der Antike so vermittelt wurde.[2] Offenbar gilt ein hoher, gleichsam lieblicher Klang nicht mehr als so attraktiv wie früher.

Die tiefergelegte Stimme passt zu einem historischen Phänomen: Immer wieder versuchten sich Frauen in ihrem Auftreten, Aussehen oder der Ausstrahlung Männern anzunähern. Sie taten dies natürlich nicht, weil Männer damit großartig überzeugt hätten. Vielmehr hofften sie, etwas von der Macht und den Freiheiten zu erhalten, die ihnen Männer aufgrund ihres privilegierten Standes voraushatten. Die Stimme dient hier daher nur als Detailbeispiel dafür, in wie vielen Bereichen die Frauenbewegung, um die es im Folgenden geht, gegriffen hat, bis eben hin zum Körperlichen. Auf dem Feld der Politik lässt sich exemplarisch für diese Bandbreite anführen, dass es seit ein paar Jahren offiziell eine »feministische Außenpolitik« gibt. Als Begriff 2014 durch die schwedische Außenministerin Margot Wallström geprägt, haben das Konzept inzwischen Regierungen unter anderem in Kanada, Mexiko, Spanien, Chile und Deutschland übernommen. Mit ihm will man laut den *Leitlinien des Auswärtigen Amtes – Feministische Außenpolitik gestalten* (2023) die drei »R« stärken, die Rechte, Repräsentanz und Ressourcen von »Frauen und marginalisierten Gruppen«.[3] Demnach sind Mittel »gendersensibel« einzusetzen, das heißt, zur Erhöhung des Frauenanteils in Politik und Wirtschaft, um Initiativen und NGOs in aller Welt zu fördern, die sich um die Rechte von Frauen, Indigenen oder der LGBTIQ-Community kümmern. Schließlich leiden diese Gruppen tendenziell am meisten unter Unterdrückung, Krieg, sexualisierter Gewalt, Berufsverboten, aber auch den Folgen des Klimawandels. Positiv formuliert führen Friedensverhandlungen und Wirtschaftsprojekte, wenn sich Frauen beteiligen, Studien zufolge zu nachhaltigeren Erfolgen; die Drei-R-Förderung kommt also der gesamten Gesellschaft zugute, auch Männern.

Man kann durchaus kritisieren, dass die feministische Außenpolitik zu wenig konkret sei oder teils als Feigenblatt für Versäumnisse dient.[4] Festhalten lässt sich jedoch, dass man mit ihr einen Wandel zumindest anstrebt, der tief greifen und weit reichen soll: Dass offenbar auch emotionale Elemente verstärkt einfließen sollen, zeigt sich im *Leitfaden* des Auswärtigen Amtes insofern, als mehrmals der Begriff »feministischer Reflex« vorkommt.[5] Was ist das? Damit sind wohl Dinge gemeint wie eine besondere Sensibilität und ein gleichsam stets abrufbares, impulsives, körperliches Engagement.

Und tatsächlich gilt das historisch gesehen auch für die Frauenbewegung. Ihr bekanntester und am klarsten messbarer Erfolg bestand natürlich schlicht darin, zu Beginn des 20. Jahrhunderts nach und nach das Frauenwahlrecht durchzusetzen und damit die Hälfte der Menschheit zu ermächtigen. Darüber hinaus wurden in diesem Rahmen – eine zweite immense Leistung – so viele weitgehend gewaltfreie Mittel und Strategien des politischen Aktivismus erfunden und etabliert wie bei keiner anderen Strömung zuvor.[6] Dieser Instrumente haben sich später wiederum andere bedient, von Mahatma Gandhi bei seinem Kampf um die Unabhängigkeit Indiens über die Bürgerrechtsbewegung in den USA bis hin zu heutigen Klimaaktivisten, etwa der sogenannten Letzten Generation. Unter dem Motto »Deeds not Words« (Taten statt Worte) brachten die Suffragetten, die ab dem Ende des 19. Jahrhunderts für das Frauenwahlrecht kämpften, einiges zum Einsatz: den Hungerstreik; Sit-ins, also die Blockade von Verkehrswegen und Institutionen; den Humor, sowohl direkt in politischen Parodien als auch indirekt in Aktionen wie jener, alternative Orden an verdiente Aktivistinnen zu verleihen.[7] Weitere Mittel sind Anschläge auf Kunstwerke, Gebäude und Infrastruktur, Telegraphenmasten oder Briefkästen. Sogar eine aktivistische Mode gehört dazu. So bevorzugten die Suffragetten einfache, bequeme Kleidung in symbolisch aufgeladenen Farben: Violett (Würde, Loyalität), Weiß (Reinheit) und Grün (Hoffnung).

All diese Beispiele zeigen, dass es beim Feminismus mehr noch als bei der Gewerkschafts- und der Anti-Sklaverei-Bewegung um eine tiefgreifende Transformation ging, und dies auf sehr diversen Feldern: von der Politik über das Privatleben im Allgemeinen bis hin zur Sexualität im Speziellen. Das beginnt, wie wir sehen werden, bereits im Mittelalter, also Jahrhunderte bevor in den 1970er-Jahren der Slogan »Das Private ist politisch« Verbreitung fand. Dabei rückt die Frauenbewegung etwas Grundsätzliches ins Bewusstsein: Zwar sind wir in unserem Verhalten und Denken durch Muster und Gewohnheiten limitiert, eingeübt und antrainiert über Generationen, über Jahrhunderte oder gar Jahrtausende. Und doch gelang es immer wieder, einen fundamentalen Wandel herbeizuführen. Ja, eine Verwandlung, bei der Menschen sich und ihren Lebensstil komplett neu erfanden, und zwar gegen extreme, oft brutale Widerstände. Darin ragt die Frauenbewegung historisch heraus, darin kann sie als Paradebeispiel und Modellfall dienen. Genau darauf will ich in diesem Teil des Buches den Schwerpunkt legen, auch weil mir das besonders relevant für die Macht der Machtlosen scheint.

Um es sicherheitshalber gleich vorweg zu sagen: Natürlich meine ich nicht, dass es grundsätzlich wünschenswert wäre, wenn Frauen sich wandelten, geschweige denn etwa »männliche« Verhaltensweisen annähmen. Natürlich wäre es besser, wenn Qualitäten, die – zu Recht oder nicht – mit dem »Weiblichen« in Verbindung gebracht werden, gesellschaftlich mehr Wirkung entfalten könnten.[8] Doch mir geht es um Grundsätzlicheres: Die Fähigkeit, sich und seinen Lebensstil radikal zu verwandeln, tut, über den Feminismus oder persönliche Interessen hinaus, heute so not wie lange nicht mehr. Sei es mit Blick darauf, dass viele sich nach neuen Beziehungsformen sehnen oder sich vom quälenden oder einengenden Schönheits- und Modediktat befreien wollen. Sei es mit Blick auf das Thema Nachhaltigkeit, bei dem ja auch eine deutliche Veränderung von Gewohnheiten bzw. des Lebensstils hilft, was viele abschreckt.

Die Frauenbewegung bietet jede Menge Beispiele für tiefgreifende Transformationen und zugleich Empowerment auf allen Ebenen des Lebens – selbst wenn es oft pure Not war, aus der heraus dies stattfand. Es bleibt bemerkenswert, dass einen radikalen Wandel in ihrem Leben zuerst und vor allem jene Hälfte der Menschheit hinbekam, die sich seit Jahrtausenden in ihrer Bewegungsfreiheit eingeschränkt fand. Auch deshalb können wir sie, obwohl auch Angehörige an sich privilegierterer Schichten dazugehörten, als einfache Leute »ohne besondere Privilegien« im weiteren Sinn fassen.

In diesem Teil des Buches leite ich nicht so direkt Anregungen ab wie in den vorangegangenen und nachfolgenden. Es ergibt sich nicht etwa die Forderung nach einer Frauenrepublik, auch wenn das, wie wir am Beispiel zweier historischer Utopien sehen werden, in mancher Hinsicht wünschenswert wäre. Aber ich denke, auch einige kaum bekannte Elemente des Feminismus Revue passieren zu lassen, kann inspirieren, sowohl was Strategien im Kleinen betrifft als auch übergreifende, teils philosophische Fragen über Prioritäten im Leben. Unter anderem geht es darum, abzuwägen, wie ein ausgeglichenes Verhältnis von Altruismus und Selbstfürsorge, sinnlichem Genuss und vernunftbegründetem Verzicht aussehen könnte und wie vielfältig sich Schönheit und Reichtum definieren lassen.

Alltagsabläufe stören, neue Bilder schaffen

Was ist Reichtum? Was ist Schönheit? Diese Fragen stellt sich schon die englische Blue Stockings Society des 18. Jahrhunderts, eine frühe feministische Gruppierung, in der sich Frauen und Männer trafen, um über intellektuelle und gesellschaftspolitische Anliegen zu diskutieren. Der Begriff »Blaustrümpfe«, später auch abfällig im Sinn von »verkopfte, unelegante Emanze« gebraucht, rührt daher, dass sich damalige Frauenrechtlerinnen bewusst für preiswerte und bequeme Strümpfe dieser Farbe entschieden statt für schwarze seidene, womit sie nebenbei demonstrativ auf Statussymbole verzichteten, um Klassenschranken zu überwinden. Daraus konnten Frauen noch zwei Jahrhunderte später Mut schöpfen. Etwa wenn sich die inzwischen prominente und hochdekorierte Historikerin Mary Beard, wie sie es schildert, als junge Frau für ein Vorstellungsgespräch extra blaue Strumpfhosen kaufte, um ein ironisches Signal zu senden und zugleich sich selbst daran zu erinnern, ihre Frau zu stehen.[9]

Auch mit solchen Mitteln wurden grundlegende Rechte erstritten, die Position und die Lebensqualität der Hälfte der Menschheit verbessert. An deutlichsten taten dies die Suffragetten, die zentral für das Frauenwahlrecht kämpften. Allen voran Emmeline Pankhurst mit ihrer Organisation Women's Social and Political Union (WSPU). Die Suffragetten setzten auf gezielte Aktionen und Demonstrationen. So zerstörten sie etwa Kunstwerke, die sie verwerflich fanden, weil mit ihnen reaktionäre Politiker oder Denker geehrt oder Sexismus gefördert wurden, indem man nackte Frauen wie Objekte darstellte. Um dagegen ein Zeichen zu setzen, schlitzte Mary Richardson im März 1914 in der National Gallery in London die *Venus vor dem Spiegel* von Velázquez mit einem Messer auf. Hinterher gab sie ein Statement über ihren modernen Bildersturm und Emmeline Pankhurst ab, die immer wieder im Gefängnis landete und dort in Hungerstreik trat. Das sentenzartige Zitat erschien unter anderem in der einflussreichen *Times*: »Ich habe versucht, das Gemälde der schönsten Frau der Mythologie zu zerstören, um dagegen zu protestieren, dass die Regierung Frau Pankhurst zerstört, den schönsten Charakter in der neueren Geschichte.«[10]

Dies dürfte das erste Mal gewesen sein, dass sich Machtlose durch eine spektakuläre Aktion prominent Platz für ein Statement in den Mainstream-Medien erkämpften. Und wohl auch das erste Mal, dass auf einer Titelseite etwas eingefordert wurde, das wir heute Body Neutrality nennen würden: das Bestreben, sich vom Druck der Hübschheitsideale freizumachen. Es ist der Wunsch, ein Selbstwertgefühl anders als durch ebenmäßige Züge zu fördern, den Horizont zu weiten und die Aufmerksamkeit von reinen Äußerlichkeiten wegzulenken. Sich nach eigenen Vorstellungen und Prioritäten weiterentwickeln, in dieser Tradition sollten sich auch spätere Feministinnen bewegen, etwa mit Klagen gegen sexistische Darstellungen von Frauen in Zeitschriften.[11] In der humorvollen Variante kaufte die Kunstgruppe Guerrilla Girls, die mit Affenmasken Aktionen durchführte, 1989 in New Yorker Bussen Werbeflächen und platzierte dort einen weiblichen Akt des 19. Jahrhunderts mit Affenkopf und dem Schriftzug: »Do women have to be naked to get into the Met. Museum? Less than 5% of the artists in the Modern Art Sections are women, but 85% of the nudes are female.«

Ähnlich lange wie der Kampf um kulturelle und persönliche Freiheiten zog sich der politische hin: Das Wahlrecht für Frauen erstritten Aktivistinnen in demokratischen Ländern weltweit im Zeitraum von mehr als achtzig Jahren, zwischen 1893 in Neuseeland, 1918 in Deutschland, 1945 in Japan, 1971 in der Schweiz und 1979 in Nigeria.[12] Dabei wurden die Suffragetten nicht nur zum Vorbild für spätere Aktivistinnen und Aktivisten, sondern auch für Kunstgruppen wie die Yes Men oder Peng! Und für einen Klimaaktivismus wie jenen der Letzten Generation. Wir können nichts eins zu eins übertragen. Was sich aber sagen lässt, ist, dass sie harmloser agiert und, auf die Zeiten umgerechnet, bescheidenere Forderungen als damals die Suffragetten stellt.[13] Diese verwendeten nicht Kleber oder Farbe, sondern legten Feuer an Häuser. In der vermutlich berühmtesten Aktion brachte Emily Davison am 4. Juni 1913, als sie beim Epsom Derby während des Pferderennens auf die Bahn und vor das Pferd des Königs lief, dieses zum Sturz. Der Jockey kam mit leichteren Verletzungen davon. Davison erlag den ihren vier Tage später – und machte Schlagzeilen.

Mittlerweile ist die Frauenbewegung schon so historisch, dass man sie in drei Wellen unterteilt. Bereits bei der ersten mit den Suffragetten, die hauptsächlich auf das Wahlrecht zielten, flossen, wie mit den Beispielen Kunst und Kleidung gezeigt, das Kulturelle und Private mit ein. Die zweite Welle brachte ab den 1960er-Jahren verstärkt den Kampf für sexuelle Selbstbestimmung, die Möglichkeit zu verhüten und abzutreiben. Immerhin durften Ehefrauen bis 1962, Jahrzehnte nach Einführung des Frauenwahlrechts, kein eigenes Konto eröffnen; erst ein Jahr später erhielten Flugbegleiterinnen der Air France, wie weibliche Angestellte in Japan insgesamt, das Recht, nachdem sie geheiratet hatten, weiterzuarbeiten.[14] Und erst ab 1997 wurde die Vergewaltigung in der Ehe in Deutschland unter Strafe gestellt. Noch in den Swinging Sixties hatte der Bundesgerichtshof (BGH) dazu folgendermaßen geurteilt: »Die Frau genügt ihren ehelichen Pflichten nicht schon damit, daß sie die Beiwohnung teilnahmslos geschehen läßt. Wenn es ihr infolge ihrer Veranlagung oder aus anderen Gründen, zu denen die Unwissenheit der Eheleute gehören kann, versagt bleibt, im ehelichen Verkehr Befriedigung zu finden, so fordert die Ehe von ihr doch eine Gewährung in ehelicher Zuneigung und Opferbereitschaft und verbietet es, Gleichgültigkeit oder Widerwillen zur Schau zu tragen.«[15]

Bei solch grotesken, von Gerichten abgesegneten Zuständen verwundert es nicht, dass noch heute Initiativen wie #MeToo nottun – für einen umfassenderen Wandel. Dies umso mehr, da häusliche Gewalt gegen Frauen in den letzten Jahren zugenommen hat, teils auch als Backlash gerade gegen die Erfolge der Emanzipation.[16] Grundsätzlich geht es in der dritten Welle des Feminismus seit den 1990er-Jahren verstärkt darum, das eigene Geschlecht selbst wählen zu können, aber auch allgemeiner um die Kritik am Heteronormativen, den politischen Kampf in Sachen Gender-Pay-Gap, Bezahlung von Care-Arbeit sowie eine Altersversorgung für Hausfrauen und Mütter.

Überraschende Verwandte: die Bräute Christi

Veränderungen, die sich auf unseren Lebensstil beziehen, Mutter- und Partnerschaft, Ehe, Sexualität, Schönheitsideale, die Sicht auf materielle Sicherheit und Geborgenheit, fallen uns schwer. In diesem Punkt ist die Frauenbewegung besonders inspirierend, weil sie Gewohnheiten grundlegend und zugleich auf kreative Weise aufbrach. Um den Wandel, den vermeintlich machtlose Frauen anschoben, in seiner ganzen Tragweite zu erfassen, ist es hilfreich, die Weltgeschichte kurz gemäß diesem Kriterium durchzugehen: Wann und in welchem Kontext veränderten Menschen erstmals auf einen Schlag radikal ihre Lebensweise bis ins Beziehungs- und Intimleben und schufen dabei eine gesellschaftlich relevante Bewegung?

Die Antwort lautet nicht etwa Humanismus, Renaissance, Aufklärung oder Achtundsechziger, sondern: in mittelalterlichen Klöstern. Um es gleich vorwegzunehmen – dieser Weg war sehr oft unfreiwillig, mit viel Leid gepflastert und auch durch patriarchalisch unterdrückerische Strukturen geprägt. Aber zunächst einmal geht es mir nur darum, einen Vergleich zu finden dahingehend, wie grundsätzlich Lebensstile verändert, ja neu erfunden wurden. Nach den Anfängen mit Einsiedlern, die in der Wüste nach Ekstase strebten, entstanden die Klöster als Rahmen ganz neuer Lebensweisen, als neuartige Wohngemeinschaften von Schwestern und Brüdern quasi ohne Privateigentum. Ab dem Mittelalter galt es dabei, offiziell ohne Sex und Partner auszukommen. Wer diesen Weg einschlug, sollte sich auf die Liebe zu Gott und den Nächsten konzentrieren, die *caritas* und damit jenseits des materiellen Gewinns neue Formen des Reichtums entdecken.[17] Beim Klosterdasein wurden die Veränderungen für Frauen nach und nach relevanter als für Männer. Zwar konnten diese als Mönche immerhin dem Kriegsdienst oder der Plackerei als Landarbeiter entgehen. Aber Schwester zu sein, reichte noch stärker in intime, unmittelbar körperliche Bereiche. Als Nonne zu leben, war für viele eine praktische Alternative zum harten

Los als Ehefrau, mit einem Gatten, der sie ungestraft verprügeln oder vergewaltigen durfte und ihnen gefährliche Schwangerschaften aufzwingen konnte. Wenigstens diesem Schicksal konnten sie als »Bräute Christi« entkommen; teils trugen sie sogar einen alternativen Ehering.

In einem Handbuch für Einsiedlerinnen aus dem 13. Jahrhundert, dem *Ancrene Riwle*, erscheint Jesus als der Geliebte der Nonnen, als ihr Ritter und Objekt des Begehrens. Diese Kultur wirkte auch auf real verheiratete Frauen zurück. Etwa auf die englische Mystikerin Margery Kempe, geboren im 14. Jahrhundert. Als Ehefrau und Mutter von vierzehn Kindern trägt sie einen Ring mit der Inschrift »Jesus ist meine Liebe«.[18] Christus sei ihr »einzigartiger Liebhaber«, schreibt sie in ihrer Autobiographie, er nenne sie seine Frau und »fülle sie aus«. Kempe hat offenbar so viel Einfluss, dass der Bürgermeister von Leicester fürchtet, sie werde »uns unsere Frauen wegnehmen« und auf Abwege führen.

Im Spätmittelalter gelang es Frauen also immerhin, neue Prioritäten zu setzen und danach zu leben. Es ging um spirituelle Genüsse und das Potenzial, eine Metamorphose hin zu dem neuartigen Menschen zu durchlaufen, der man sein wollte. Dabei hatte das Klosterleben selbst natürlich offenkundige Haken. Es herrschten patriarchalische Hierarchien, der Weg war allzu oft nicht selbst gewählt, Frauen lebten abgetrennt von der Außenwelt. Sie verzichteten auf Bewegungsfreiheit und in manchen Fällen, sofern sie aus wohlhabenden Familien stammten, auf Komfort. Und wenn sie aus dem Kloster flohen, riskierten sie Strafen oder ein schutzloses Dasein auf der Straße.[19]

An dieser Stelle können wir uns fragen, welche Entwicklung uns als die historisch nächste einfällt, bei der Menschen ihren Lebensstil ähnlich krass umzukrempeln vermochten, aber ohne all die Nachteile des Klosters. Gehen wir die Jahrhunderte weiter durch, stoßen wir auf die Frauenbewegung der Neuzeit. Die Motivation, sich zu verändern, war immens, denn in der einen oder anderen Form litt ein Großteil der weiblichen Hälfte der Menschheit unter Repressionen. Das gilt für arme wie wohlhabende Frauen gleichermaßen, und so engagierten sich auch Adelige und Bürgerliche. Dies ist, wie erwähnt, ein Unterschied zu den anderen Feldern der Macht von Machtlosen, etwa der Gewerkschaftsbewegung: Für die Emanzipation waren auch materiell gut gestellte Frauen direkt motiviert. In mancher Hinsicht lebten Adelige, zumal oft zwangsverheiratet, sogar weniger frei als Bäuerinnen, Handwerkerinnen oder Händlerinnen. Denn diese waren bei aller materiellen Unsicherheit oder Not wichtige Arbeitskräfte. Handwerkerinnen und Händlerinnen konnten im Mittelalter Verträge abschließen und die Mitgliedschaft in Zünften beantragen, etwa in jener der Metzgerei, der Fischerei, des Küferhandwerks, sogar der Schmiede.[20]

Und während der Industrialisierung ab Ende des 18. Jahrhunderts hatten Arbeiterinnen dann in manchem mehr Freiheiten als »gut situierte« Bürgersfrauen. Proletarierinnen lebten im Schnitt sexuell freizügiger.[21] Es besteht freilich kein Anlass für Romantisierung – sie mussten unter schlimmsten Bedingungen in der Fabrik schuften. Aber was das Sozialleben betrifft, kamen sie wenigstens unter Leute, während Frauen der Bourgeoisie und des Adels oft streng überwacht wurden. Sie durften Hausmusik machen und sich allenfalls in der Romanlektüre verlieren. Auf den Punkt gebracht hat dies schon 1899 der Ökonom und Soziologe Thorstein Veblen, damals ein Außenseiter seiner Fächer, in seiner *Theorie der feinen Leute*. Darin beschreibt er, wie der »demonstrative Konsum« (die berühmte *conspicuous consumption*) und die »demonstrative Muße« im Sinn unproduktiver Tätigkeit bei bürgerlichen Frauen dazu dienten, den Status ihres wohlhabenden Mannes anzuzeigen: Ihre Gattinnen hatten es nicht nötig zu arbeiten.[22] Deshalb habe sich, so Veblen, im Übrigen das Schönheitsideal bei Frauen vom kräftigen Körperbau zum Dünnen und Schwächlichen verschoben. Eine Entwicklung, die vielleicht in den Models unserer Zeit gipfelt (auch wenn sie einen Beruf ausüben). Vor diesem Hintergrund ließe sich spekulieren, ob damals nicht nur die Glieder der Frauen dünner, sondern auch die Stimmen höher wurden. Es wird, da wir keine akustischen Aufzeichnungen haben, ein historisches Geheimnis bleiben.

Viel wichtiger scheint ohnehin die Frage, ab wann Frauen erstmals explizit restriktive Geschlechterrollen und Verhaltensmuster anzweifelten. Sieht nicht schon die ägyptische Pharaonin Hatschepsut vor 3000 Jahren auf Malereien und Statuen wie ein Mann aus, teils mit Bart? Durchaus, aber dabei handelte es sich um eine symbolische Metamorphose, mit der sich die Königin über Abbildungen wohl politisch mehr Autorität verschaffen wollte. Und es war keine Bewegung. Der Vollständigkeit halber sollte man erwähnen, dass es, schon bevor die sogenannten Hochkulturen entstanden, Jäger-und-Sammler-Kulturen gab, in denen Frauen mehr Rechte genossen, auch in Sachen sexuelle Freizügigkeit und mögliche Scheidung.[23] Als Beispiel für eine auch *politische* Macht von Frauen in der älteren Geschichte lassen sich wiederum die Irokesinnen in Nordamerika anführen, weil dort ein Rat der ältesten Frauen unter Vorsitz der Clanmutter das Oberhaupt des Stammes bestimmte. Doch um ein frühes Beispiel für eine Frau zu finden, die innerhalb einer sogenannten Hochkultur, wie sie bis heute die Mehrheit der Menschheit prägen, gegen die Übermacht des Patriarchats aufbegehrte, muss man woanders suchen.

Der Staat der Frauen

Im Frankreich des Spätmittelalters stoßen wir auf eine Kleinadelige namens Christine de Pizan. Auch wenn Händlerinnen und Handwerkerinnen, wie erwähnt, gewisse Spielräume hatten, über die politische Macht verfügten die Männer. Verunglimpfung und Gewalt gegen Frauen gehörten zum Alltag. Gerade unter Menschen mit vermeintlich hoher, damals stark kirchlich geprägter Bildung dominierte eine ausgesprochene Frauenfeindlichkeit: das Bild von der sündigen Eva, die es in der Ehe zu kontrollieren gelte – oder als Prostituierte zu demütigen.

In dieser derart vergifteten Kultur ragt de Pizan positiv heraus. 1364 geboren, verarmt sie, nachdem ihr Mann gestorben ist, in jungen Jahren und muss ihre Kinder allein durchbringen. Sie behilft sich damit, Liebesgedichte zu verkaufen. Allein schon Autor*in* zu sein, vermutlich die erste professionelle der Welt, ist spektakulär, zumal sie als Frau auch keine Universität besuchen durfte. Wie niemand vor ihr – und lange nach ihr – schreibt sie gegen die Misogynie an, zunächst mit Gedichten, dann mit dem *Buch von der Stadt der Frauen* (1405). Darin entwirft sie die Utopie einer weniger auf Gewalt, starren Hierarchien und Ausgrenzungen basierenden Gesellschaft. Um Vorurteile über vermeintliche weibliche Schwächen zu widerlegen, führt sie einerseits einen fiktiven Dialog mit Allegorien wie »Frau Vernunft«, von der sie einiges über deren Stärken lernt. Andererseits schildert sie vorbildliche Heldinnen. Sie lässt Legionen an weiblichen Heiligen und Amazonen aufmarschieren, dazu historische Figuren wie Königin Zenobia, die dem Römischen Reich auf dem Gebiet des heutigen Syrien die Stirn bot.

Eine ausschließlich weibliche Bevölkerung wie in *Stadt der Frauen* hätte wohl für jede Epoche eine weniger brutale und kriminelle Gesellschaft zur Folge. Weltweit begehen Männer etwa 95 Prozent der Tötungsdelikte, ein Wert, der sich seit Jahrtausenden nicht allzu stark verändert haben dürfte.[24] De Pizan zeichnete eine Utopie über einen friedlicheren Umgang miteinander.[25] Zugleich legte sie sich mit der Männerwelt an, etwa wenn sie Jean de Meung kritisierte, der Frauen im *Rosenroman*, einer Bibel damaliger Intellektueller, als intrigante Verführerinnen verunglimpft hatte.[26] Darüber brach sie den ersten großen Literaturstreit der Geschichte vom Zaun, mit Dichtern, Klerikern und Hochschullehrern: Die *querelle des femmes*, der Streit über Frauen, ihre Qualitäten und Rechte sollte sich über Jahrhunderte hinziehen. Schon in ihrer »Epistel an den Gott der Liebe« hatte de Pizan auf launige Weise ein fiktives Gericht Folgendes verkünden lassen:

»Hiermit tun wir öffentlich kund, / Daß unserem Gericht Beschwerden, / Auch herzergreifende Klagen vorgetragen wurden, / Von allen hohen Frauen und Edelfräulein, / Edelmütigen Frauen, Bürgerinnen, jungen Mädchen, / Kurzum: von allen Frauen / Über Treulosigkeiten, Kritteleien, Verleumdungen, / Verrätereien, schwerste Beleidigungen, / Hinterhältigkeiten, / Die ihnen täglich von jenen Verrätern zugefügt werden, / Die sie tadeln, verleumden und betrüben. / Denn die Frau ist von Natur gutmütig. / Sie fürchtet den Krieg – ganz gleich, / Ob sie ein weltliches oder ein klösterliches Leben führt. / Daraus ziehe ich den Schluß, daß jeder vernunftbegabte Mann / Die Frauen schätzen, ehren, lieben muß, / Sie, die allen Männern das Leben schenkten.«

Tatsächlich gewann de Pizan einflussreiche Unterstützer für ihr Anliegen, die sich in einem »Rosenorden« zusammentaten, um Frauen zu ehren. Doch sie ging noch weiter. Nicht nur machte sie sich für ihr Geschlecht stark, sie zweifelte auch die Bedeutung von Adels- und Professorentiteln an und solidarisierte sich mit den einfachen Leuten:

> »Gemeine Leute nenne ich jene, die gemein handeln [...]
> ›Niedrig‹ ist für mich nicht der einfache Mann,
> Sondern ein Mensch von niederträchtiger Gesinnung,
> Ein Mann adeliger Abstammung verliert jedoch seinen Rang,
> Wenn sein Adel zur Gemeinheit wird.«

Dabei lässt de Pizan an Bauernrebellen ihres Jahrhunderts denken, auf die ich in Teil IV eingehen werde. Mit ihren Veröffentlichungen stärkte sie die Stellung der Frauen so sehr, wie es sonst bis in die Aufklärung wohl niemand mehr auf diese Weise tun sollte.

Bemerkenswert ist das auch vor dem Hintergrund, dass just zu de Pizans Lebzeiten die Verfolgung angeblicher Hexen begann, die bis ins 18. Jahrhundert grassieren sollte. Die als Hexen Bezeichneten müssen wir aus zweierlei Gründen erwähnen. Zum einen natürlich, weil ihre Verfolgung *auch* ein krasser Ausdruck der Frauenverachtung war. Zum anderen, weil sie später positiv mit der Frauenbewegung in Verbindung gebracht wurden, teils von Feministinnen selbst. Dann hieß es, bei angeblichen Hexen habe es sich um besonders selbstbewusste rebellische Frauen gehandelt, ausgestattet mit einem tiefen Wissen über Heilkunst oder Empfängnisverhütung.[27] Das lässt sich allerdings schwerlich festmachen. Zwar waren europaweit von den rund 50 000 Opfern der Verfolgung, die ihren Höhepunkt zwischen 1560 und 1630 hatte, 75 bis 80 Prozent Frauen; aber es traf auch Männer.[28] Zudem lässt sich kein klares Profil bei den Getöteten erkennen. Obwohl tendenziell arm und alt, zählten offenbar auch jüngere und reiche Leute dazu; die Bandbreite reicht von unbeliebten Nachbarn über »normale« Leute, die zur falschen Zeit am falschen Ort waren, bis hin zu solchen, von denen man meinte, sie verhielten sich »wie Juden« oder allgemein »verdächtig«.[29]

Deshalb ist es zumindest an manchen Punkten, insbesondere dem mit den Hexen, schwierig, Thesen wie jene zu untermauern, die die feministische Aktivistin und emeritierte Professorin für Politikwissenschaft Silvia Federici in ihrem Buch *Caliban und die Hexe* vorträgt.[30] Ihr Werk gilt inzwischen als – umstrittener – Klassiker einer übergreifenden feministischen Gesellschaftsanalyse. Sie baut auf der Beobachtung auf, dass mit dem Kapitalismus seit Beginn der Neuzeit Tätigkeiten immer stärker auf geschlechtsspezifische Weise aufgeteilt wurden: einerseits in weibliche Reproduktions-, Erziehungs- und Hausarbeit im trauten Heim; andererseits der auswärtige Arbeitseinsatz der Männer, etwa auf dem Feld oder später in der Fabrik am Fließband. Dass Frauen immer mehr für die unbezahlte (Heim-) Arbeit zuständig waren, trug, so Federici, stark zu ihrer Entmachtung bei. Und diese Entwicklung habe sich, so argumentieren auch andere Autoren, in der Verfolgung aufsässiger, als Hexen verschriener Frauen niedergeschlagen. »Denn die Hexenverfolgung«, so Federici, »zerstörte eine ganze Welt von weiblichen Praktiken, kollektiven Verhältnissen und Wissenssystemen, die im vorkapitalistischen Europa Grundlage der Macht der Frauen und Vorbedingung weiblichen Widerstands im Kampf gegen den Feudalismus gewesen war.«[31]

Das sind alles wichtige Punkte; besonders relevant ist aktuell, dass Care-Arbeit so schlecht honoriert wird. Und natürlich wurden Frauen extrem oft verunglimpft und brutal unterdrückt. Aber Federici misst der Hexenverfolgung in diesem Kontext doch eine etwas hohe Bedeutung bei. Das kann man eher dann machen, wenn man den Begriff der Hexe sehr weit fasst, metaphorisch, um nicht zu sagen literarisch, und die Frauen dann für alternative, mitunter utopische Lebensentwürfe stehen.

Allgemein lässt sich festhalten, dass von Frauen verfasste Utopien deutlich bunter, vielfältiger und weniger brutal aussahen als solche von Männern. Das gilt etwa für Christine de Pizans Stadt der Frauen im Vergleich zu Thomas Morus' berühmter *Utopie* von 1516, auf die ich noch eingehen werde. Es wäre vielleicht horizonterweiternd gewesen, wenn über die Jahrhunderte mehr »weibliche« Utopien Verbreitung gefunden hätten. Die historisch nächste umfassende nach de Pizans ist dann schon Charlotte Perkins Gilmans humorvoll geschriebenes Buch *Herland* von 1915. Die Autorin, die, nachdem ihr Vater die Familie früh verlassen hatte, in sehr ärmlichen Verhältnissen aufwuchs, schrieb später, ohne abgeschlossene Schulausbildung, auch wissenschaftliche Werke, unter anderem über Frauen und die ökonomischen Verhältnisse. Ich führe sie auch deshalb an, weil sich in *Herland* viel um eine grundlegende Verwandlung dreht, stärker als in Utopien männlicher Autoren. Bei Gilman verschlägt es drei amerikanische Männer in ein unbekanntes

Land, in dem nur Frauen leben, und zwar auf extrem friedliche, in jeder Hinsicht vorbildliche Weise: ohne Eroberungskriege, ohne gockelhaftes Geltungsbedürfnis, ohne Tierquälerei. In *Herland* sind selbst Katzen dank entsprechender Züchtung keine *surplus killer* mehr. Es herrschen Basisdemokratie und religiöse Freiheit, alle bilden sich auf intrinsisch motivierte Weise. Im Land der Frauen treten die Bewohnerinnen selbstbewusst und stark auf, sind intellektuell, haben musikalische, aber keineswegs betont liebliche Stimmen und, so Gilman, anders als viele »Universitätsprofessorinnen, Lehrerinnen oder Schriftstellerinnen« keinen »angespannten, nervösen Gesichtsausdruck«.[32] Die drei Männer sträuben sich erst und ärgern sich zwischendurch, dass die Frauen keinen Sex mit ihnen haben wollen. Aber im Lauf ihres Aufenthalts lernen sie einiges, politisch wie privat, bis hin zu anderen Definitionen von Leistung, Schönheit und Erotik.

Eine Schwierigkeit bei dieser Utopie mit Blick auf eine konkrete Umsetzung besteht darin, dass sich die Frauen in *Herland* schneller, als jede Evolution es erlaubt, körperlich gewandelt haben. So brauchen sie etwa keine Männer mehr fürs Kinderkriegen. Ein Jahrhundert nach der Publikation bietet sich Frauen, die ein Kind ohne einen Mann haben wollen, immerhin die Option der Samenspende. Ein *Herland* läge also zumindest im Bereich des Möglichen und wäre vielleicht ein interessantes Experiment. Im Folgenden konzentriere ich mich allerdings darauf, auf welch phantasievolle Weise sich Frauen, die mittels verlässlicher Quellen fassbar sind, ganz real aus patriarchalischen Zwängen befreiten. Frauen, die dafür kämpften, ein selbstbestimmtes, neues Leben zu führen und sich entsprechend zu positionieren.

9.

Frauen in Männerkleidung

»Ich hatte einen unüberwindlichen Abscheu und Widerwillen gegen alles, was die Frauenzimmer tun und sagen. Ihre engen, umständlichen Kleider konnte ich nicht ausstehen. Ich achtete nicht auf meinen Teint, meine Figur oder wie ich sonst aussah. Nie trug ich einen Hut, und fast nie zog ich Handschuhe an. Ich verachtete alles, was zu meinem Geschlecht gehörte, Sittlichkeit und Schicklichkeit kaum ausgenommen.«[1]

So umreißt im 17. Jahrhundert Christina von Schweden, was sie als weibliche Schwächen empfindet. Die Königin dankte ab, um ein Leben nach ihren eigenen Vorstellungen zu führen. Sicherlich nahmen zu ihrer Zeit einige andere Frauen eine fortschrittlichere Haltung als sie ein, etwa bei den Quäkern, aber insgesamt finden sich kaum detaillierte Quellen dieser Frauen der frühen Neuzeit, geschweige denn solche, die intimere Gedanken enthalten würden. Wo wir auf Derartiges stoßen, stammt es eher aus dem Umfeld privilegierter Zeitgenossinnen. Sie hatten die Mittel und Muße, ihre Überlegungen für die Nachwelt aufzuzeichnen. Zwar lässt sich Christina von Schweden beileibe nicht als frühe Feministin im heutigen Verständnis präsentieren; sie zeigte keine besondere Solidarität mit Frauen, störte sich nicht einmal besonders an Vergewaltigungen in ihrem Gefolge.[2] Aber sie tat das, was ich eingangs erwähnte: Sie näherte sich im Verhalten ein wenig den Männern ihrer Zeit an, um sich zu verwandeln, mehr Freiheit zu erhalten, und das Ganze sogar auf Kosten finanzieller Vorteile.

Offenbar aß und ritt, fluchte und bewegte sich Christina wie ein Mann; sie stellte Jähzorn und derbe Tischmanieren zur Schau – und redete mit einer auffällig rauen und tiefen Stimme.[3] Ihr Vater, der König von Schweden, hatte eine Erziehung wie für einen Prinzen angeordnet. Statt mit Puppen spielte Christina also mit »Bleistückchen, die ich gebrauchte, um militärische Manöver zu erlernen«. Das mag wie ein nebensächliches Detail klingen, aber genau Derartiges hoben Frauenrechtlerinnen der Neuzeit hervor. In *Eine Verteidigung der Rechte der Frau. Mit Bemerkungen zu politischen und moralischen Gegenständen* (1792), der ersten umfassenden Publikation des modernen Feminismus, kritisierte Mary Wollstonecraft: Mit Puppen wolle man Mädchen von inhaltlich Interessantem ablenken und sie »zart oder wie es einige nennen, schön« halten, obwohl doch »klar ist, dass herausragende Frauen weder die Schönsten noch die Sanftesten ihres Geschlechts gewesen sind«.[4] Deshalb musste schon so etwas vermeintlich Normales oder Harmloses wie mit Puppen zu spielen oder viel Zeit auf ein »gepflegtes Äußeres« zu verwenden, frühe emanzipierte Autorinnen irritieren. Passend dazu kommentierte Christina den Sex: »Ich könnte es nicht ertragen, wenn ein Mann mich so gebrauchte wie ein Bauer seine Felder.«[5]

Besonders bemerkenswert sind derartige Aussagen und die zitierte über die vermeintlichen weiblichen Schwächen, wenn man im Rahmen eines Gedankenspiels die Gegenprobe macht. Welcher Mann hätte im 17. Jahrhundert analog Negatives über sein eigenes Geschlecht geschrieben? »Ich hatte einen unüberwindlichen Abscheu und Widerwillen gegen alles, was Männer sagen und tun. Ihre ungeschlachten ausladenden Bewegungen, ihre alberne Art herumzustolzieren, sich breitbeinig hinzusetzen, mit überlauter Stimme zu sprechen. Ich verachte das Dumpfe und Derbe an meinem Geschlecht, die Selbstüberschätzung, mangelhafte Körperpflege nicht zu vergessen.«

Derartige selbstkritische Reflexionen anzustellen oder etwas an ihrem Lebensstil zu verändern, dafür hatten Männer schon wegen der Privilegien, die sie genossen, weniger äußerlichen Anlass. Würde es nicht zynisch klingen, ließe sich sagen, dass Frauen, gerade wegen ihrer schwierigen Situation, wenigstens was Betrachtungen und Reflexionen über gesellschaftliche Muster und Rollenbilder betrifft, bessere Voraussetzungen hatten als Männer. Sie waren sozusagen gezwungen, sich tiefere Gedanken darüber zu machen.

Christina wünschte sich ein freieres Dasein als das einer Königin, von der man eine arrangierte Ehe und standesgemäße Thronfolger erwartete. Nachdem sie abgedankt hatte, erhielt sie eine Rente auf Lebenszeit, eine Apanage, aber keine sehr üppige, und zog nach Rom. Mithilfe von Spenden gründete sie ein Theater für öffentliche Opernaufführungen, das erste dieser Art in der Stadt. So deutet sich bei der Ex-Königin, die freiwillig auf Macht und Reichtum verzichtete, um anders leben und wirken zu können, bei all den erwähnten Einschränkungen, die wir machen müssen, ein Weg der Verwandlung zumindest an.

Der Ausgang aus der fremdverschuldeten Unmündigkeit

Auf viel drastischere und gewagtere Weise als Christina schlugen ihn allerdings einige Frauen im 18. Jahrhundert ein, die aus einfachen Verhältnissen stammten. Und sie taten dies Jahrzehnte, bevor Immanuel Kant in einer kleinen Zeitschrift für ein privilegiertes Publikum 1784 die Aufklärung definierte, als den »Ausgang aus der selbstverschuldeten Unmündigkeit«.[6] Ganz ohne Theorie oder Buchwissen suchten diese Pionierinnen der Emanzipation schon lange vorher Auswege aus der fremdverschuldeten Unterdrückung.

Nebenbei wird hier ein wichtiger Punkt deutlich: Es herrscht oft ein merkwürdiges Verhältnis zwischen Theorie und Praxis, mit einer Überbewertung Ersterer im Rückblick. So könnten wir mitunter den Eindruck gewinnen, die Aufklärung etwa wäre, zugespitzt gesagt, folgendermaßen zustande gekommen: Einige avancierte Denkerinnen und Denker haben sich fortschrittliche Gedanken gemacht, diese aufgeschrieben und publiziert. Dann haben sich diese Ideen langsam durchgesetzt. Wie wir schon beim Abolitionismus und der Gewerkschaftsbewegung gesehen haben, stimmt das so nicht. Noch klarer wird es mit Blick auf die Frauen, die ich im Folgenden schildere. In der Zeit selbst geht es eher um ein komplexeres Zusammen- und Wechselspiel zwischen Alltagserfahrungen, Aktionen und Experimenten, Gedanken und Ideen, die in der Luft liegen. Diese finden sich teils schriftlich formuliert, teils aber auch aus Taten geboren, die zu Entwicklungen wie jener der Aufklärung führen. Erst hinterher wird es oft in Worte gefasst, die sich besser konservieren lassen.

So waren an der Aufklärung, um bei diesem Beispiel zu bleiben, neben Leuten wie Kant noch ganz andere beteiligt, im Besonderen Frauen, die heute weniger bekannt sind. Sie stießen Veränderungen und Entwicklungen an und erlangten damals zuweilen sogar Berühmtheit. Unter diesen Pionierinnen ragen zwei heraus: Mary Read (1685–1721) und Anne Bonny (1697–1782). Die beiden verkleideten sich als Männer, genauer als Piraten, und lebten deren Leben. Sie wurden so bekannt, dass ihre Bildnisse noch in der zweiten Hälfte des 20. Jahrhunderts auf Niue, den Virgin Islands und den Bahamas Briefmarken zierten und auf Kuba sogar Münzen.[7] Schon in ihrer Zeit sollten sie allerdings mehr Ruhm erlangen als alle Frauen aus einfachen Verhältnissen in den Jahrhunderten vor ihnen, außer vielleicht Jeanne d'Arc im Spätmittelalter. Letztere sollte Anfang des 20. Jahrhunderts vielen Suffragetten als Inspiration dienen, einfach weil sie als Frau in Männerrüstung, anders gesagt in Gestalt eines androgynen Helden, militärische Siege errang.[8] Für Paraden machten sich Suffragetten sogar extra wie die Jungfrau von Orléans zurecht.

Doch Bonny und Read verkleideten sich früher, gründlicher und zugleich auch mit einem ganz praktischen Ziel. Spektakulär nahm sich das schon deshalb aus, weil auf Schiffen damals als Besatzung nur Männer geduldet waren, bei der Marine und bei Piraten gar keine Frauen. In der Piratensatzung des berühmten Kapitäns Bartholomew Roberts, einer Art Hausordnung und Grundgesetz für sein Schiff, wie sie damals üblich waren, heißt es in Paragraph VI: »Jungen oder Frauen sind unter der Mannschaft nicht erlaubt. Wenn ein Mann dabei ertappt wurde, wie er das andere Geschlecht verführte oder eine Frau in Verkleidung mit an Bord brachte, wird er mit dem Tode bestraft.«[9] Also mussten Frauen, um ihrer Berufung folgen zu können und sich ihren Berufswunsch zu erfüllen, einiges an Mut aufbringen. Sie mussten Hosen anziehen, sich die Brüste abbinden, die Haare abschneiden oder sie, was noch ein größeres Risiko bedeutete, unter dem Bandana verstecken. Sie durften nicht mit hoher Stimme sprechen, konnten sich nicht einfach so vor den anderen Männern waschen, neben ihnen urinieren oder sich von einem medizinisch geschulten Besatzungsmitglied untersuchen lassen.

Doch trotz all dieser kräfte- und nervenzehrenden Einschränkungen konnten die beiden als Männer verkleideten Piratinnen zu Heldinnen und Projektionsflächen werden. Vieles spricht natürlich dafür, dass verkleidete Frauen, wenn sie auf Schiffen über einen längeren Zeitraum engen Umgang mit anderen Besatzungsmitgliedern pflegten, von diesen als solche erkannt wurden. Vielleicht tolerierte man sie. Womöglich konnten sie wie im Fall von Anne Bonny und Mary Read, da sie Fleiß und Tapferkeit bewiesen, ihr Coming-out als gestandene Frauen feiern. Jedenfalls bündeln sich in den beiden damals die Sehnsucht nach Freiheit und der Kampf für Gleichberechtigung auf besonders dramatische Weise.

Mary Read wächst in England mit einer armen, alleinerziehenden Mutter auf, die ihre Tochter im Kindesalter als Jungen verkleidet, damit sie als Laufbursche mitverdienen kann.[10] Mit dreizehn heuert sie, derart getarnt, auf einem britischen Kriegsschiff an, wohl als sogenanntes Pulveräffchen, das beim Nachladen der Kanonen helfen muss. Später wechselt sie aufs Land zur Kavallerie, wo sie sich, immer noch als Mann, in einen Mann verliebt. Um ihn zu heiraten und mit ihm eine Taverne zu eröffnen, outet sie sich schließlich. Doch ihr Gatte stirbt, und so verdingt sie sich, nun wieder vermännlicht, als Matrose auf einem niederländischen Handelsschiff. Eine weitere Wende nimmt ihr Leben, als Piraten ihr Schiff überfallen und sie sich ihnen anschließt. Als Mark Read geht sie fortan auf Raubzug und lernt Anne Bonny kennen, die mit dem berüchtigten Kapitän Calico Jack unterwegs ist. Als uneheliches Kind in Irland geboren, ist Anne bei ihrem Vater in South Carolina aufgewachsen, wo sie bereits im Alter von dreizehn Jahren seine Plantage, die er aufgebaut hat, mit verwaltet. Doch offenbar will sie die Welt sehen. Mit zwanzig zieht sie mit ihrem Mann auf die Bahamas, wo sie sich nach einem Jahr trennen. Dort stößt sie auch, in Männerkleidung, zu Calico Jack, und sie werden ein Paar. Spätestens nachdem sie auf Kuba ein Kind zur Welt gebracht hat, das stirbt, erkennt die Crew sie als Frau, akzeptiert sie aber und behandelt sie wie auch Mary Read offenbar als Gleiche.

Natürlich dürfen wir Raub und Gewalt bei den Piraten nicht übergehen oder herunterspielen. Insgesamt bleibt in der Literatur die Frage umstritten, inwieweit es unter ihnen egalitäre oder teils demokratische Ansätze gab. Manche Autoren sehen Piratengemeinschaften quasi als Vorläufer freier, anarchistischer Gemeinwesen; andere lehnen das als verharmlosendes Seemannsgarn ab.[11] Aber in einigen Fällen lässt sich bei Piraten, wohlgemerkt, auf die damalige Zeit bezogen, durchaus von *relativ* egalitären Verhältnissen sprechen.[12] Die Besatzungen wählten mitunter den Kapitän, Quartiermeister und Offiziere, stimmten bei größeren Entscheidungen gemeinsam ab. Auch von der Beute erhielten oft alle gleich viel, nur der Kapitän das Doppelte. Davon konnten Leute ohne besonderen Stand oder Ausbildung außerhalb der Welt der Piraten nur träumen. Und gerade auf die Seefahrt bezogen, herrschten anderswo ebenso üble

Zustände, mit härtesten Strafen für geringste Vergehen. Auf Handels- oder Kriegsschiffen und bei Freibeutern etwa, die im Auftrag von Staaten als sonderlegalisierte Piraten plünderten und sogar zu Gouverneuren aufsteigen konnten. Schließlich schufteten auf Marine- und Handelsschiffen oft Matrosen, die im Rahmen des sogenannten Schanghaiens (zwangs-)rekrutiert worden waren: also nicht nur mit finanziellen Versprechungen und mit Alkohol, sondern auch schlicht mit roher Gewalt. Die Opfer waren meist Arme oder Vaganten, aufgegriffen auf der Straße oder in Kneipen.

Wir dürfen nichts beschönigen, aber man muss die Dinge im historischen Kontext sehen. Zumindest gab es in den Piratensatzungen meist das Verbot der Vergewaltigung, bei Todesstrafe.[13] Und wo von Utopien wie der angeblich egalitären, mit heutigen Worten multikulturellen Piratensiedlung Libertatia in Madagaskar die Rede ist, fällt es nicht so stark ins Gewicht, ob sie jemals so existierten. Allein die Geschichten ließen die Menschen von einer anderen Gesellschaft träumen.

Vielleicht verdankt es sich nur einem Zufall, dass die berühmtesten Frauen in Männerkleidung, vielleicht die berühmtesten Frauen aus einfachen Verhältnissen damals überhaupt, auch Piratinnen waren. Womöglich passt es aber auch, dass sich Frauen in diesem Randbereich der Gesellschaft, dieser Grauzone, die, wertneutral gesagt, Spielräume bot, auf dermaßen spektakuläre Weise emanzipieren konnten. Jedenfalls förderten Bonny und Read ihrerseits das Bild davon, dass Piratengemeinschaften eher offen seien. Und es leuchtet ein, dass es ihnen in mancher Hinsicht an Bord besser ging und sie mehr Freiheiten genossen als auf dem ursprünglich für sie vorgesehenen Weg. Wenn auch nur für kurze Dauer: Im November 1720 nehmen die

Truppen des Gouverneurs von Jamaika sie gefangen. Zunächst werden die Männer wegen Piraterie zum Tode verurteilt, dann die Frauen. Bonny und Read plädieren auf nicht schuldig mit der Begründung, sie seien schwanger. Die Exekution wird aufgeschoben. Doch Read stirbt bald in Haft, wohl an einem Fieber. Bonny dagegen kommt frei, womöglich auf Betreiben ihres Vaters. Es heißt, sie habe mit neuer Identität noch lange in Virginia gelebt.

Die Verbindung von ökonomischer und persönlicher Freiheit bei Frauen, wie sie Bonny und Read verkörperten, faszinierte viele. Darauf lässt der Stil schließen, in dem Daniel Defoe (der heute als der Autor gilt) sie 1724 in seinem berühmten Buch *Umfassende Geschichte der Räubereien und Mordtaten der berüchtigten Piraten* porträtiert, neben Gerichtsakten, Briefen und Urkunden die Hauptquelle für das Leben der Piraten damals. Immer wieder spielt er mit dem Reiz des Geheimnisvollen und Verbotenen. »Als sie feststellte, daß er ihr gegenüber als einem Manne Freundschaft empfand«, heißt es über eine Piratin, »ließ sie ihn schließlich die Entdeckung machen, indem sie ihm, gleichsam wie unbedacht, ihre sehr weißen Brüste zeigte.«[14]

Erotik kommt ins Spiel, und in der Schilderung wirkt die Frau gewitzt, selbstbewusst und frei. Bonny und Read betrieben Anfang des 18. Jahrhunderts natürlich keinen Aktivismus. Sie gehören jedoch zu den ersten weithin bekannten Frauen, die gegen ein Berufsverbot aufbegehrten, aus Rollenbildern ausbrachen und Stereotype verwarfen. Sie taten dies nicht theoretisch motiviert, sondern aus ihrer Lebensrealität heraus. Dabei erzielten sie vermutlich mehr Breitenwirkung als so manch prominenter Autor der Aufklärung. Und sie regten Frauen auch in weniger spektakulären Alltagssituationen dazu an, sich mehr herauszunehmen.

Denn dank des erwähnten Piratenbuches und mündlicher Erzählungen kannten viele Menschen die beiden, hatten aber bestimmt noch nie etwas von heute berühmten Publizisten des 18. Jahrhunderts gehört wie Samuel Johnson, Voltaire oder Immanuel Kant.

Die Zustände, gegen die Bonny und Read aufbegehrten, liegen leider nicht in irgendeiner fernen Vergangenheit begraben. Noch im Jahr 2023 werden Frauen in 86 Ländern durch Gesetze daran gehindert, bestimmte Berufe auszuüben.[15] Vielerorts setzen sich Frauen, die als Lehrerinnen oder Journalistinnen arbeiten, großer Gefahr aus. Das gilt auch für die historisch erste Frau, die mit ihrem beherzten Ausgang aus der Unmündigkeit in Sachen Berufswahl zu Lebzeiten *offizielle* Anerkennung erhielt: Jeanne Baret (1740–1807). Wie Bonny und Read war sie eine Schiffsreisende. Als Jean Baré verkleidet, stach sie mit einem Botaniker, womöglich ihrem Geliebten, auf einem französischen Marineschiff zu einer Expedition in See.[16] Sie wollten in Lateinamerika und auf südpazifischen Inseln Pflanzenproben sammeln. Nachdem sie als Frau enttarnt wurde, vergewaltigten sie angeblich mehrere Seeleute. Ob das tatsächlich geschah, muss hier offenbleiben. Sicher ist, dass sie, obwohl sie gegen das Verbot von Frauen auf dem Schiff verstieß, noch zu Lebzeiten zu amtlichen Ehren kam. Immerhin erhielt Baret, die als erste Weltumseglerin gilt, von der französischen Marine ab 1785 eine Pension sowie den Ehrentitel »femme extraordinaire«.[17] So machte sie gegen jede Wahrscheinlichkeit Karriere und zeigte, wie sich eine Person, von der man es nicht erwartet hätte, als jemand ganz anderes mit ganz anderen Fähigkeiten als gedacht entpuppen konnte.

So dramatisch Storys wie jene der verkappten Forscherin

und der verlarvten Piratinnen klingen mögen, einzigartig waren sie nicht. Immer wieder landeten entsprechende Fälle vor Gericht, insgesamt wohl Hunderte.[18] Wenn man es auf ganz Europa hochrechnet, gab es vielleicht sogar Tausende solcher Wege. Dabei besteht einmal mehr eine Ironie darin, dass die Gerichtsakten, die heute zu den wichtigsten – oder gar einzigen – Quellen gehören, zu einer Verzerrung des Bildes beitragen können. Denn so kennen wir eher die Geschichten derer, die überführt und bestraft wurden. Die Dunkelziffer jener, die durchkamen, dürfte weitaus höher liegen.

Eine neue, vielfältige Identität

In jedem Fall waren es sehr mutige Frauen, die »von unten« aufbegehrten und ihr eigenes Leben führen wollten, ein neues, mit mehr Optionen und Wahlfreiheit. Sie taten dies vermutlich oft, ohne den Begriff Aufklärung zu kennen, geschweige denn, etwas darüber gelesen zu haben. All das kann man sich auf besonders zugespitzte Weise anhand einer Frau aus Deutschland vergegenwärtigen, die extrem viel Mut und eine ganz spezielle Art von Einfallsreichtum bewies. Ich führe sie auch deshalb an, weil bei ihr eine praktische Philosophie und ein robuster Humor zum Tragen kommen sowie der Wille, mehr Selbstwirksamkeit zu erlangen. Catharina Linck, geboren am 15. Mai 1687 in der Nähe von Halle (Saale) als Tochter einer alleinerziehenden Mutter, landet als Kind in einem pietistisch geprägten Waisenhaus.[19] Dort erhält sie eine für damalige Verhältnisse ordentliche Ausbildung und eine Anstellung bei einem Knopfmacher und Kattundrucker. Doch sie wendet sich von der

Laufbahn als Handwerkerin ab, um als Mann verkleidet zu leben – insgesamt über einen Zeitraum von fünfzehn Jahren. Sie heuert in diversen Armeen als Soldat an. Mithilfe eines Hornes uriniert sie im Stehen, mit einem Dildo hat sie Sex mit Frauen; dazu dient ihr ein »von Leder gemachtes ausgestopfftes männliches Glied«, an das sie einen »Beütel von Schweine Blasen gemacht« bzw. »zwey ausgestopffte von Leder gemachte testiculi gehänget«.[20]

Zwischendurch zieht Linck mit einer radikalpietistischen Gruppe durchs Land. Sie predigt und erlebt ekstatische Zustände. Schon der anspielungsreiche Name, den sie sich gibt, zeigt, wie sehr sie sich, mit einigem Witz, ihre ganz eigene Identität schafft: Anastasius Lagrantinus Rosenstengel. Anastasius kommt vom griechischen Ausdruck für »Auferstehen zu neuem Leben«; Lagrantinus ist eine reine Erfindung; mit Rosenstengel spielt sie auf das weibliche und männliche Genital bzw. deren Vereinigung an.

Als wiedergeborener Rosenstengel heiratet Linck ihre Geliebte. Als die Inquisition sie später wegen gleichgeschlechtlicher Liebe, Oralsex und Verkehr mit leblosen Dingen zum Tod verurteilt, versucht sie im Prozess den Einsatz des Dildos damit zu rechtfertigen, sie habe »müßen mitmachen, wie andere Soldaten gemacht«.[21] Sie wollte sich an die herrschenden Verhältnisse anpassen, lautet ihre an sich schlaue Argumentation. Wie pervers die Obrigkeit das Sexleben unterdrückte, aber paradoxerweise zugleich durchleuchtete und dokumentierte, zeigt Lincks Antwort im Verhör. Demnach habe sie den Dildo nicht tiefer als einen halben Finger in die Scheide ihrer Frau eingeführt; diese verteidigt sich gegen die Anklage dahingehend, sie hätte das warm gewordene Leder nicht vom echten Fleisch unterscheiden können. Zunächst wird Linck zu lebenslanger Haft verurteilt und nicht zum Tode, da es ja wenigstens zu keiner »Spermaverschwendung« gekommen sei. Doch im November 1721 wird sie gemäß einem Urteil in letzter Instanz hingerichtet.

Wenn wir heute solche grotesken Fälle lesen, erinnern wir uns vielleicht daran, dass das keine rein historische Angelegenheit ist. Wir denken an die furchtbaren Repressionen unter anderem gegen trans Menschen in einigen Ländern. Oder an die Iranerin Jina Mahsa Amini, die die Sittenpolizei im September 2022 wegen ihres angeblich nicht richtig sitzenden Hidschabs festnahm, im Gefängnis misshandelte und umbrachte. Um dagegen und die islamistische Regierung zu demonstrieren, verstießen im Herbst 2022 Tausende Frauen gegen die im Iran geltenden Kleidungsregeln. Vor allem in den religiös geprägten Ländern des Nahen Ostens und Lateinamerikas riskieren Frauenrechtlerinnen ihr Leben, wenn sie ihre Stimme erheben, sei es, um nach einer Vergewaltigung abtreiben zu können – oder um Auto fahren zu dürfen.

Doch mit den historischen Fällen lässt sich auf beispielhafte Weise zeigen, was für radikale Wandlungen möglich sind, individuell und in der Folge auch gesellschaftlich. Das Besondere an Catharina Linck scheint, dass sich so viele potenzielle Motive für ihr Verhalten finden lassen. Das einfachste wäre der Wunsch einer Frau, sich zu kleiden, zu geben, zu leben, wie sie will. Vielleicht wollte Linck als Mann verkleidet auch ihren Sozialstatus und ihre Verdienstmöglichkeiten verbessern. Das dürfte jedoch nicht der wichtigste Grund gewesen sein. Denn eigentlich hatte sie dank ihrer Ausbildung und ihren Verbindungen beruflich recht gute Aussichten. Sie hätte das Risiko also nicht eingehen müssen. Offenbar war Linck lesbisch, vielleicht transsexuell. Doch das ist nicht alles.

Sie scheint gern mit Identitäten gespielt und provoziert zu haben. Das zeigt sich in ihrem Künstlernamen und auch in ihrer Tätigkeit als selbst ernannter Prophet. Als solcher überzeugte sie einen reichen Kaufmann davon, in einen Fluss zu steigen, weil er, so ihre angebliche Eingebung, wie Jesus über Wasser würde laufen können. Woraufhin er nass wurde.

Zeitweise flanierte Linck mal als Mann, mal als Frau durch die Straßen von Halle. Wahrscheinlich kannte sie durch ihr religiöses Umfeld die mystische Sophienlehre: Demnach sollte der Mensch, ursprünglich androgyn, diesen Zustand der Einheit in der Vielfalt Gottes wiederfinden.[22] Es scheint, als habe Catharina Linck früh nach Wegen gesucht, sich, wie man heute sagen würde, in verschiedenen Situationen und Rollen auszuprobieren. Durch ihren Prozess und ein Pamphlet gegen sie und ihre Sekte erlangte sie sogar eine gewisse Prominenz, was ungewöhnlich war, zumal für eine Frau aus ihrer Schicht.

Was Gender-Rollen betrifft, wirkt es wie ein unheimlicher Nachhall aus Lincks Zeiten, wie sich die rechtliche Situation noch im 21. Jahrhundert in Deutschland gestaltete. Bis ins Jahr 2008 mussten sich Verheiratete, die ein anderes Geschlecht leben wollten als das ihnen nach der Geburt zugeschriebene, gemäß dem sogenannten Transsexuellengesetz scheiden lassen. Heute pochen manche bei den Themen LGBTIQ und der Kritik am Heteronormativen auf das Recht, die eigene Identität frei und ohne Diskriminierung zu leben. Mit Blick auf die Geschichte der Frauen in Männerkleidung fasziniert, wie es dabei über persönliche Nöte und Identitätssuchen hinaus oft noch um anderes ging: etwa darum, freiere religiöse Formen zu finden, praktisch gesellschaftliche Hierarchien aufzubrechen oder zumindest, auf humorvolle Weise, zu verwirren. Unabhängig davon, in welchem Maß das im Einzelnen ihre Absicht war, bewiesen diese Frauen extremen Mut und große Offenheit. Und die Motivation, sich selbst zu verwandeln und über Begrenzungen zu erheben, hatte nicht primär finanzielle Wurzeln. Vielmehr waren sie bereit, für ein freieres Leben materielle Risiken einzugehen oder Abstriche in Kauf zu nehmen.

Der feministische Pragmatismus

Das war als Massenphänomen, abgesehen vom erwähnten Klosterdasein, etwas historisch Neues. Negativ formuliert, konnten Frauen, sofern sie einen unkonventionellen Lebensstil wählten, kaum mit finanzieller Honorierung rechnen. Geschweige denn mit Sicherheit. Zu den seltenen Fällen, in denen es sich anders verhielt, zählt eine Autorin, die so etwas wie die Philosophie der Frauen in Männerkleidung lieferte: die Physikerin und Mathematikerin Émilie du Châtelet (1706–1749). Sie erlangte eine gewisse Bekanntheit dafür, wichtige wissenschaftliche Werke verfasst und Isaac Newton ins Französische übersetzt und kommentiert zu haben. Privat hatte sie relatives Glück. Zwar musste sie im Alter von neunzehn arrangiert heiraten, erwischte aber offenbar einen toleranten Mann. Er störte sich nicht daran, dass sie, nachdem sie ihm Erben geschenkt hatte, einen gelehrten Austausch und Affären mit diversen Liebhabern pflegte; unter anderem mit einem nichtadeligen und vorbestraften Typen namens Voltaire, was viele in ihrem Umfeld durchaus als gewagt empfanden.[23] Voltaire soll über sie gesagt haben: »Sie war ein großer Mann, dessen einziger Fehler es war, eine Frau zu sein.«[24] Du Châtelet hat sich selbst, um an Treffen von Wissenschaftlern im Café Gradot teilnehmen zu dürfen, als Mann gekleidet. In dem Fall wohl wirklich *ge-* und nicht *ver*kleidet. Denn unter ihren Bekannten, die sich in – meist von Frauen organisierten – Salons trafen, um frei über alles Mögliche zu diskutieren, wehte ohnehin ein relativ liberaler Wind.

Bei du Châtelet war es also lange keine so gewagte Aktion wie bei den bereits geschilderten Frauen. Ich führe sie vor allem deshalb an, weil sie passend zu den erwähnten Aktionen anderer Frauen eine progressive Lebensphilosophie skizzierte, und zwar schon in der ersten Hälfte des 18. Jahrhunderts. Sie tat dies also mehr als hundert Jahre, bevor der Begriff Lebensphilosophie überhaupt geprägt war, bevor Vertreter dieser auf halbwegs praktische Fragen des Daseins ausgerichteten Strömung wie Nietzsche oder Schopenhauer ihre Bücher publizierten und auch vor deren offiziellem Vorläufer Karl Philipp Moritz.[25] Dabei fragte du Châtelet mit alltagsnahen Beispielen, wie wir wahres Glück mit Blick auf bestimmte Begriffe und Widersprüche erfahren können: etwa Vergnügen, Pflicht, Vernunft, Leidenschaft, Abenteuer, Sicherheit, Zeitlichkeit, Ewigkeit, direkte Bedürfnisbefriedigung und Zukunftsträume. Dazu schreibt sie in ihrem Essay »Über das Glück«: Die Menschen »sollen die Zeit dazu nutzen, sich alle Freuden zu bereiten, die sich während ihrer Lebensreise bieten, anstatt sie mit dem Kalfatern ihres Schiffes zuzubringen«.[26] Um glücklich zu sein, betont du Châtelet, müsse man sich »von Vorurteilen befreit haben«. So weit, so erwartbar, zumal in Zeiten der Aufklärung. Doch dann heißt es etwas überraschend, man müsse »Neigungen und Leidenschaften haben und für Illusionen empfänglich sein. Denn wir verdanken die meisten unserer Freuden der Illusion, und unglücklich ist, wer sie verliert. Ist die Illusion denn kein Irrtum? Nein. Zwar zeigt uns die Illusion die Dinge nicht so, wie sie sind, aber sie zeigt sie uns, wie sie sein sollen. Die Moralisten, die den Menschen sagen, zügelt eure Leidenschaften und beherrscht eure Begierden, wenn ihr glücklich werden wollt, kennen den Weg zum Glück nicht. Der erste von allen ist die feste Entschlossenheit zu dem, was man sein will und was man tun will, und gerade sie fehlt fast allen Menschen.«

Mit dem Lob der Illusion weicht Émilie du Châtelet von der traditionellen Philosophie ab und greift jener des Lebens vor. Sie sucht nicht nach der »Wahrheit«, der richtigen Idee hinter den Dingen oder einem allgemeinverbindlichen Tugendkatalog. Es geht ihr nur zum Teil um ein »Erkenne dich selbst«. Ihr Motto lautet eher »Entwerfe dich selbst« unter Berücksichtigung persönlicher Verfassungen und Vorlieben, aber auch realer, sich immer wieder verändernder Umstände und Situationen. Aus heutiger Sicht denkt man dabei vielleicht an den Existenzialismus oder an Erkenntnisse aus der Entwicklungspsychologie und der Persönlichkeitsforschung. Demnach ist unser Ich weniger festgelegt, als man lange dachte. Während man über Jahrzehnte davon ausging, dass unsere Persönlichkeit im Kern stabil ist, herrscht inzwischen die Meinung vor, dass sich unser Ich je nach Umfeld, »Resonanz«, Lebenssituation und Zielen wandeln und anpassen kann.[27] So bekommen auch Konzepte und Ideale wie »sich selbst finden« und »Authentizität« eine neue Bedeutung.

Und das haben gewissermaßen als Erste die frühen Feministinnen entdeckt, praktiziert, erforscht und, in Maßen, theoretisiert. Vielleicht hat Émilie du Châtelet auch eine Art praktische Philosophie der illusionsgestützten Verwandlung skizziert. Jedenfalls bringt die Naturwissenschaftlerin den Begriff der Illusion positiv ins Spiel, ja erfindet eine Art kalkulierte Illusionen – ein Paradox. Doch womöglich lässt sich damit eine gewisse Trägheit oder Angst vor Veränderung überwinden. Du Châtelet plädiert gleichsam für ein maßvolles Sich-selbst-Täuschen, für einen Wandel in konkreten Schritten. Bei der Frage, wie sehr wir uns selbst entwerfen können, versucht sie, Theorie mit Praxis in Einklang zu bringen. Dabei klopft sie im Übrigen die traditionelle Philosophie auf ihre Relevanz ab, nicht nur damals ältere Denker, sondern auch solche, die zu du Châtelets Zeiten als eher fortschrittlich galten.[28]

Modern, fast wie für unsere Zeit der Selbstoptimierung verfasst, mutet es an, wenn du Châtelet abwägt, wie viel Genuss und Glücksgefühle es bringt, schweres Essen, »starke Getränke« und Wein zu konsumieren, im Verhältnis dazu, welche ungünstigen Auswirkungen das mittel- und langfristig auf Gesundheit und Wohlbefinden haben wird. Spielerisch stellt die Physikerin sozusagen Lebensformeln auf: Glück ist die Wahrscheinlichkeit, mithilfe entsprechender Ernährung die Lebenserwartung zu erhöhen, geteilt durch die Menge an unmittelbarem Genuss, der ungesund sein mag, den einem aber keiner mehr nehmen kann. Oder die Wahrscheinlichkeit, auf der Grundlage der Vernunft und des Realitätssinns ein geordnetes, bequemes Dasein zu haben, im Verhältnis zu Illusionen, die auf Irrwege und im Ergebnis zu Ernüchterungen führen können, aber in der Gesamtrechnung auch einzigartige sinnliche Erfahrungen und Erkenntnisgewinne ermöglichen. Mit diesen Betrachtungen systematisiert du Châtelet Überlegungen der antiken Epikureer. Naturwissenschaftlich wägt sie ab, welches Mischverhältnis aus Vernunft und Leidenschaft, Analyse und Ausprobieren passt.

Aus heutiger Sicht befasste sich Émilie du Châtelet natürlich mit Luxusproblemen. Sie engagierte sich nicht besonders gegen soziale Ungleichheit. So eignet sie sich im Jahr 2023 immerhin für eine Max-Mara-Werbung.[29] Doch in ihrer Zeit markiert die Aufklärungsdenkerin die Schnittstelle zwischen gelebter Selbstbestimmung als Frau und deren Reflexion in Texten. Wie so oft muss man sich vor Klischees in Acht nehmen wie jenem, dass Frauen pragmatischer seien, was sich etwa in der Lebensphilosophie du Châtelets abbilde. Aber bei den beschriebenen Frauen fällt schon auf, dass sie ihre Theorie oft besonders beherzt in ihrem Leben umsetzten.

In besonders hohem Maß gilt das für die Aktivistin Olympe de Gouges (1748–1793), Autorin des ersten großen Manifests der Emanzipation: der »Erklärung der Rechte der Frau und Bürgerin« von 1791. De Gouges, die eigentlich Marie Gouze hieß, gestaltete es als verbesserte Version der berühmten revolutionären »Erklärung der Menschen- und Bürgerrechte« von 1789. So schreibt sie: »Die Frau hat das Recht, das Schafott zu besteigen; gleichermaßen muss ihr das Recht zugestanden werden, eine Rednerbühne zu besteigen.« Natürlich gab es Satire schon früher, aber als prominente Waffe des Aktivismus nahmen den Witz wohl erstmals Frauen wie Olympe de Gouges in ihr Arsenal auf.[30] Dazu gehört auch, dass sich Marie Gouze mit dem Phantasienamen selbst adelte. Doch bei allem Galgenhumor lieferte sie auch politische Analysen und stellte Forderungen auf.

Sie kommt aus einfachen Verhältnissen. Geboren als Tochter eines Metzgers, verheiratet gegen ihren Willen mit einem Gastwirt, mit achtzehn Jahren verwitwet, bricht sie nach Paris auf, um ihr Glück zu suchen.[31] In der Hauptstadt wird sie als Mätresse zwanzig Jahre lang großzügig vom

Sohn eines reichen Transportunternehmers unterstützt. Sie lehnt seinen Heiratsantrag ab, verschafft sich Zugang zu intellektuellen Kreisen und versucht sich als Theaterautorin, etwa mit einem kritischen Stück über die Sklaverei. Dabei kann sie kaum richtig schreiben, weshalb sie ihre Texte oft Sekretären diktiert. Mit ihrer »Erklärung der Rechte der Frau und Bürgerin« erweitert sie das offizielle Statement der Revolution zu den »Menschen- und Bürgerrechten« nicht nur um den Aspekt der Frauenrechte – sie *konkretisiert* es insgesamt. So heißt es im Artikel IV der Original-Erklärung: »Die Freiheit besteht darin, alles tun zu können, was einem anderen nicht schadet. So hat die Ausübung der natürlichen Rechte eines jeden Menschen nur die Grenzen, die den anderen Gliedern der Gesellschaft den Genuss der gleichen Rechte sichern.« In *ihrem* Artikel IV formuliert de Gouges wie folgt: »Freiheit und Gerechtigkeit bestehen darin, den anderen zurückzugeben, was ihnen zusteht. So wird die Frau an der Ausübung ihrer natürlichen Rechte nur durch die fortdauernde Tyrannei, die der Mann ihr entgegensetzt, gehindert.«

Das heißt, die Feministin bekennt sich zu den gleichen Grundsätzen, benennt die Dinge aber beim Namen und fordert auf zu handeln. Dabei spielt sie darauf an, wie problematisch abstrakt formulierte Forderungen sein können, auch in Verfassungen. Wegen ihrer Kritik an einigen Elementen der Revolution, etwa dem erbarmungslos Doktrinären, wird sie schließlich zum Tode verurteilt. Noch im Gefängnis gelingt es ihr, die sich selbst »mehr Mann als Frau« nennt, Pamphlete über ihren unfairen Prozess zu schreiben, sie hinauszuschmuggeln und an die Mauern von Paris plakatieren zu lassen. Am 3. November 1793 wird sie hingerichtet.

In Olympe de Gouges bündelt sich so vieles: wie wichtig Humor und autodidaktische Bildung, unkonventionelle Netzwerke und innovative Aktionen sind. Dazu kommt der Verzicht auf finanzielle Sicherheit, etwa in der Ehe, und das Streben nach Verwandlung. Auch unter schwierigen Bedingungen, wie sie damals für einige Frauen galten, die Furore machten.[32] All die beschriebenen Pionierinnen kämpften für mehr politische Freiheiten und zugleich mehr Reichtum in den Lebensentwürfen, in Beziehungen und der Sexualität. Bei einigen von ihnen spielte das Private auf vielfältigen Wegen ins Politische hinein. Zugespitzt gesagt, engagierten sich Frauen offensiver als Männer für den »Fortschritt« auch in jenen Bereichen, die weniger spektakulär wirken, aber den größten Teil des Daseins ausmachen. Und sie begründeten eine eigene philosophische Tradition, eine Art feministischen Pragmatismus, lange vor jenem von Denkern wie John Dewey.

Auf die Frauen des 18. Jahrhunderts folgten die eingangs erwähnten Suffragetten. Später ragten einzelne Aktivistinnen heraus, die Zeitungen und Frauenbildungsvereine ins Leben riefen. Mal eher bürgerliche wie Louise Otto-Peters, mal kommunistische wie Clara Zetkin, die Chefredakteurin von *Die Gleichheit. Zeitschrift für die Interessen der Arbeiterinnen.* Oder anarchistische wie Ito Noe (1895–1923), Chefredakteurin von *Seito*, dem japanischen »Blaustrumpf-Magazin«. Sie bahnten den Weg für die ersten Publizistinnen, die sich dann endlich auch im Mainstream etablieren konnten, so wie Simone de Beauvoir. Sie hatte großen Einfluss auf nachfolgende Generationen, vor allem mit ihrem Buch *Das andere Geschlecht* (1949) und dem Statement: »Man kommt nicht als Frau zur Welt, man wird es.«[33] Auf all dem bauen schließlich Gender-Theorien darüber auf, dass das

Geschlecht weniger biologisch ist als durch soziale Faktoren definiert.

Auf humorvoll poetische Art bringt das Thema Frauen in Männerkleidung die Musikerin PJ Harvey in ihrem Song »Man-Size« auf den Punkt:

»I'm coming up man-sized skinned alive
I want to fit I've got to get
Man-sized I'm heading on
Handsome got my leather boots on
Got my girl and she's a wow
I cast my iron knickers down
Man-sized no need to shout
Can you hear can you hear me now
I'm man-sized
Man-sized
I'll measure time I'll measure height
I'll calculate my birthright
Good Lord I'm big I'm heading on«

Sechzehn Prozent besser?

Immer wieder kämpften Frauen dafür, archaische Strukturen und Institutionen aufzubrechen oder zu reformieren. Zu Letzteren zählt die Ehe. Gegen dieses historische Bollwerk, seinerseits eine verrückte Mischung aus privaten und politischen Elementen, rannten auch in der Literatur mit überwältigender Mehrheit Autor*innen* an. Die Ehe diente, wie bereits mit den Beispielen zum für Gattinnen geltenden Verbot der Erwerbstätigkeit und Kontoeröffnung angedeutet, seit Entstehung der sogenannten Hochkulturen immer wieder als Instrument, um Frauen zu unterdrücken und teils zur Handelsware zu machen.[34] Zahlreiche Autorinnen prangerten das an, und zwar insgesamt auf pragmatischere, sinnlichere Art, als dies männliche, oft sozialistische Ehe-Kritiker auch und prominenterweise taten.[35] Manche lehnten die Ehe rundweg ab, andere definierten bessere Varianten, in denen die lebenslange Verbindung förderlich sein kann und gemeinsames Wachstum in einem schönen, stabilen Rahmen ermöglicht: Die Beispiele reichen von Virginia Woolf und weniger bekannten wie Vera Brittain und ihrer »semi-detached marriage« (etwa: halb losgelöste Ehe), die mehr Spielraum bei gewahrter Solidarität bieten sollte, bis zurück zu den zwei berühmtesten Frauen des 19. Jahrhunderts mit Männernamen, George Eliot und George Sand.[36] Sie nahmen die Idee des Nicht-Binären vorweg, die inzwischen Verbreitung findet: die Verweigerung, sich einem Geschlecht zuzuordnen, wie dies heute etwa die Rapperin Kae Tempest (vormals Kate) auch mit ihrem Vornamen zum Ausdruck bringt.

Das literarische Engagement gegen die Ehe oder für eine anders gestaltete erlangte unter anderem deshalb eine solche Bedeutung, weil diese über Jahrtausende als Institution Ungleichheit im Privatleben mit sich brachte und den Rahmen für Gewalt und Unterdrückung bildete. Darüber hinaus diente sie als politisches Instrument, um Klassenprivilegien zu erhalten. In einigen deutschen Fürstentümern blieb die Ehe – teils bis 1871 – jenen verboten, die keinen ausreichenden »Nahrungsstand« nachweisen konnten, denen also die finanziellen Mittel fehlten.[37] Mit solchen Beschränkungen wollte man die Ehe als Hort der gesellschaftlichen Ordnung sichern und verhindern, dass sich die ärmeren Schichten zu stark reproduzieren. Im Gegenzug sollte sie als Lebensmodell vor allem für wohlhabende Haushalte schmackhaft gemacht werden, in denen es einen deutlich besserverdienenden Partner gab, der die Macht hatte. Ein Überbleibsel dieses die Ungleichheit fördernden historischen Konzepts ist in Deutschland das Ehegattensplitting.

In diesem Zusammenhang lässt sich noch einmal die Leistung der Frauenbewegung hervorheben, sich selbst und sein Dasein auch dann neu zu erfinden, wenn es bedeutete, Abstriche bei materiellen Vergünstigungen oder Reichtum zu machen. Um einem möglichen Missverständnis vorzubeugen: Hier soll natürlich nichts romantisiert werden, und selbstverständlich ist es zentral, die finanzielle Benachteiligung von Frauen, den Gender-Pay-Gap, zu beheben. Trotzdem ist es aus heutiger Sicht interessant, dass Frauen teilweise, sei es aus historischer Not geboren, um mehr Freiheit zu erlangen, rein materiell bzw. finanziell betrachtet, Einbußen in Kauf nahmen. Etwa wenn sie, weil sie gewalttätigen Männern entkommen oder einfach ein vielfältigeres Sozial-, Sex- und Berufsleben führen wollten, bewusst eine lukrative Ehe ablehnten. Oder wenn sie dafür unter schwierigen Bedingungen und für schlechte Bezahlung arbeiten gingen. Insofern kann man die Frauenbewegung *auch* als Anregung dafür nutzen, durch die Verlagerung von Prioritäten trotz materieller Einschränkungen oder Verluste ein weniger repressives, sogar genussvolleres, in vielem reicheres Leben zu führen.

Schon die Suffragetten promoteten Schmuck, dessen Wert nicht auf kostbaren Materialien beruhte, sondern auf eigenwilligem Design und vor allem auf wertvollen Botschaften, eingraviert in Broschen und Kettenanhängern: Messages wie »Deeds not Words«.[38] Dazu passt vielleicht, was schwedische Wissenschaftler 2021 in einer Studie herausgefunden haben: Bei gleich hohen Ausgaben kaufen Frauen um sechzehn Prozent umweltfreundlicher ein als Männer.[39] Ein weiterer Ansatz auch für Männer, eine Verwandlung anzustreben.

IV. EINE UMFASSEND WIRKSAME UMVERTEILUNG

Fundamente des Engagements: Bauernrebellen und Outlaws als *role models* des Mittelalters. Die Erfindung des zivilen Ungehorsams, der Soft Power und der wirtschaftlichen und kulturellen Gleichberechtigung

10.

Die erste Erklärung der Menschenrechte – von unten

Weil mit den Big Three, der Frauen-, der Gewerkschafts- und der Anti-Sklaverei-Bewegung, ab dem 18. Jahrhundert einfache Leute erstmals umfassende, sozusagen klar messbare Erfolge erzielten, habe ich sie an den Anfang des Buches gestellt. Aber wie bereits angedeutet, engagierten sich Machtlose schon früher für soziale Gerechtigkeit und freiere, demokratische Gemeinschaften: nämlich im 14. Jahrhundert. Der Zeitraum mag erstaunen, da viele von uns in dem Zusammenhang vielleicht eher an die Antike denken würden, an Philosophen wie Sokrates, der früh und beispielhaft kritisches Denken im heutigen Sinn verkörperte. Oder an Jesus Christus, der sich um Aussätzige kümmerte. Aber die Bibel ist keine historische Quelle, und der Handwerkersohn forderte nicht konkret und *für diese Welt*, Statusunterschiede abzuschaffen. Letzteres gilt auch für die griechischen Denker. Das 14. Jahrhundert assoziieren wir wiederum spontan mit Feudalismus und spezieller mit der Pest, die in Europa mehr als zwanzig Millionen Menschen tötete. Doch damals geschah auch Positives von überragender Bedeutung. Und es wurden Grundlagen für spätere Errungenschaften gelegt.

Im Spätmittelalter wurde erstmals für das gekämpft, was wir heute soziale Gerechtigkeit nennen. Dazu gehören neuartige Ideen und Aktionen. Ich fasse das Ganze unter den Begriff des Robinhoodismus. Inwiefern damit, wie in der Einleitung angedeutet, mehr gemeint ist als »den Reichen nehmen und den Armen geben«, darauf werde ich in diesem Teil genauer eingehen. Bei näherer Betrachtung zeigt sich, dass es epochale Veränderungen auf diversen Feldern gab, von der Politik bis zur Kultur. Und um es vorwegzunehmen: Aus heutiger Sicht könnte der Robinhoodismus Ausgangspunkt für eine »neue Erzählung« für eine gerechtere, fairere Gesellschaft sein. Aus ihm ließe sich ein übergreifendes Narrativ samt emotionaler Strahlkraft für eine bessere Zukunft ableiten. Zugleich würde dieses Narrativ sich von dem unterscheiden, woran man sonst bei dem Begriff »große Erzählungen« denkt, also Christentum, Kapitalismus, Kommunismus, die ehemals großen Heilslehren. Der Robinhoodismus kombiniert Elemente davon und ist praxisnah und gut durchführbar. Auch deshalb will ich ihn beleuchten. Zugleich geht es in diesem Teil des Buches um besonders langfristige Entwicklungen und tief sitzende historische Prägungen. Beginnen sollten wir allerdings mit ein paar weniger bekannten dramatischen Ereignissen, die die Geburt des Robinhoodismus begleiteten.

30. Mai 1381, der Donnerstag vor Pfingsten. An diesem Tag erleben Steuereintreiber im englischen Essex ihr blaues Wunder. In einigen Dörfern werden sie abgewiesen, verjagt oder von Bogenschützen beschossen.[1] Die Leute weigern sich, die neue *poll tax* zu bezahlen: eine Kopfsteuer von einem Schilling, der Preis von zwei Schafen, den alle im Alter von über fünfzehn aufbringen müssen.[2] Beschlossen hat die Abgabe König Richard II., um den Krieg gegen Frankreich zu finanzieren. Die *poll tax* ist unabhängig von

Einkommen oder Vermögen zu leisten, belastet Arme also viel stärker als Reiche. Anders als heute gilt es damals als normal, dass vor allem die Armen Steuern zahlen. Alles andere als normal ist jedoch, was dann geschieht. Ab dem 7. Juni streifen aufständische Gruppen durch den Südosten Englands, brechen in Häuser von Sheriffs ein und rauben Geld aus deren Kassen. Drei Tage später marschieren mehrere tausend Rebellen, bewaffnet mit Knüppeln, Mistgabeln und Äxten, nach London. Der König flüchtet sich in den Tower. Unterdessen breitet sich die Revolte aus, am Ende bis in die Midlands und nach Yorkshire im Norden. Die Aufständischen stürmen auch Klöster und Colleges wie jene der Cambridge University, die als Zentren des ausbeuterischen Establishments verschrien sind.[3]

Das Ganze sollte sehr viel später als Peasants' Revolt in die Geschichte eingehen.[4] Wobei die Bauernrebellion eigentlich »Aufstand der einfachen Leute« heißen müsste, denn es beteiligten sich auch Schreiner, Schuster, Abdecker, Weber, Färber und niedrige Bedienstete. An der Spitze standen verschiedene Männer, der bekannteste von ihnen hieß Wat Tyler, vermutlich Dachdecker von Beruf. Unter seiner Führung verlangten die Rebellen, dass der König Simon Sudbury ausliefere, den Erzbischof von Canterbury und Lordkanzler. Denn er war es, der sich die *poll tax* ausgedacht hatte. Und tatsächlich, am Schluss konnten die Aufständischen ihn festnehmen und exekutieren. Ein beispielloser Vorgang: ein derartig mächtiger Mann, verurteilt durch das Volk. Doch damit nicht genug. Unter dem Druck der Straße musste der König Verhandlungen zustimmen. Neben der Rücknahme der Steuer forderten die Rebellen, die Kirche zu enteignen, deren Güter umzuverteilen und die Ächtung (*outlawry*) als Strafe abzuschaffen. Dazu das

Ende der Leibeigenschaft und die Gleichheit aller, was den Stand betrifft.

Das Ende des Adels nach Jahrtausenden der Ungleichheit? Unerhört. Ein Treffen zwischen Richard und Wat Tyler und ihrem jeweiligen Gefolge wird vereinbart. Dabei kommt es zum Handgemenge, entweder weil Tyler sich dem König gegenüber zu selbstbewusst gibt oder weil dessen Männer provozieren wollen. Jedenfalls werden die Aufständischen überrumpelt. Von klein auf zur Unterwürfigkeit erzogen, verlieren sie den Mut und unterliegen den kampferprobten Männern des Königs. Danach töten Richards Truppen in der Schlacht von North Walsham am 25. oder 26. Juni über tausend Rebellen. Sie foltern und hängen Anführer, lassen sie ausweiden und vierteilen. Wat Tyler selbst endet auf dem Schafott.

Also alles wieder beim Alten? Nicht ganz. Zwar hat der König das Feudalsystem noch einmal gerettet, dennoch kommt der versuchte Umsturz einer kopernikanischen Wende gleich. Das herrschende Weltbild ist infrage gestellt: Nein, der König ist nicht das Zentrum des Universums, die göttliche Gnade muss nicht von oben auf uns kommen wie das heilige Jerusalem gemäß der Offenbarung des Johannes beim Jüngsten Gericht, »glänzend wie kostbarer Edelstein, wie ein kristallklarer Jaspis«, um uns in den Himmel aufzunehmen. Ein besseres Leben ist bereits auf Erden möglich. Die Botschaft verbreitet sich von Dorf zu Dorf, Kirchenglocken läuten. Ja, wir können ein ungerechtes System ins Wanken bringen. Selbst eines, das jahrhundertelang als gottgewollt galt. Es entspricht keinem göttlichen Plan, dass die Bevölkerung aufgeteilt ist: in den Adel mit ererbtem Vermögen und Ansehen und in das niedere Volk, das hohe Abgaben zahlt und oft in Armut lebt, in jedem Fall aber unfrei.

Diese Erkenntnis war eine Revolution, ein Vorgang also, der damals noch gar nicht als solcher bekannt war. Die *poll tax* bildete den Anlass für den Aufruhr, aber es gab tieferliegende Gründe. Ab Mitte des Jahrhunderts hatte die Pest mancherorts die Hälfte der Bevölkerung getötet. Das Grauen verursachte extreme Ängste – und ließ viele am gängigen Weltbild zweifeln. Zugleich gewannen viele ein neues Selbstbewusstsein. Denn es herrschte Knappheit an Arbeitskräften, was den Nebeneffekt hatte, dass sich Leibeigene, Landarbeiter, Handwerker und Bedienstete ihres ökonomischen Wertes bewusst wurden und höhere Löhne verlangten. Um das Aufbegehren zu unterbinden, erwirkten Großgrundbesitzer 1351 den Erlass des Statute of Labourers, das unter anderem eine Deckelung der Löhne vorsah. Eine Art »Höchstlohn«, allerdings nur für die Ärmeren; also in vielem wie heute, da im Billiglohnsektor Tätige über einen bestimmten Stundenlohn nicht hinauskommen können, egal wie gut sie arbeiten. Die Reichen betraf die Deckelung – ebenfalls wie heute – nicht. All das schürte Unmut. Und es führte zu einer Jahrtausend-Erklärung der Rebellen: »Als Adam grub und Eva spann, wer war da der Edelmann? Vom Anfang an wurden alle Menschen von Natur aus gleich geschaffen, und unsere Hörigkeit oder Leibeigenschaft rührt von der Unterdrückung durch üble Männer her.«[5]

Ein epochales Statement, gut vier Jahrhunderte vor der Französischen Revolution. Gemacht hat es der frühreformatorische Priester John Ball in seiner Ansprache vor Aufständischen auf einem Hügel bei Blackheath. Seit Jahren hatte er die Kirche wegen ihres Reichtums gegeißelt und für eine Gesellschaft ohne Stände gepredigt. Dafür hatte man ihn exkommuniziert und ins Gefängnis geworfen. Nun führte Ball das Leben von Adam und Eva als Argument dagegen ins Feld, die Gesellschaft in Lehnsherren und Leibeigene aufzuteilen, in Herren und Knechte, Kultivierte und Unkultivierte. Noch nie hatte sich jemand so fundamental zu diesem Thema geäußert. Damit nahmen die Bauernrebellen nebenbei die wissenschaftliche Erkenntnis um Jahrhunderte vorweg, dass auch kulturelle Ungleichheit und entsprechende Unterschiede im Selbstwertgefühl der Menschen eine extrem wichtige Rolle spielen; sie beeinflussen die Häufigkeit von psychischen Erkrankungen bis hin zu Gewaltverbrechen (dies natürlich in verschiedenen Epochen auf unterschiedliche Weise).[6] »Als Adam grub und Eva spann, wer war da der Edelmann?« Der Spruch kursierte in ganz Europa. Anfang des 16. Jahrhunderts prangte er angeblich sogar als Graffito in Innsbruck an der Hofburg von Kaiser Maximilian.[7]

Historiker haben die Revolte von 1381 unterschiedlich bewertet. Bedeutungslos, meinten die einen, es sei nichts Messbares herausgekommen; andere wiederum sahen bereits die kommunistische Weltrevolution vorweggenommen.[8] Weder das eine noch das andere trifft zu, doch es geschah etwas Grundlegendes. Die Peasants' Revolt gehört zu einer größeren Entwicklung, relevant noch für spätere und unsere Zeiten. Nicht mehr aus der Welt schaffen ließ sich die Idee, dass einfache Leute eine echte Veränderung gegenüber Machthabern einfordern und dabei herrschende Hierarchien kritisieren können. Sie hatten ein Claim gesteckt.

Die Peasants' Revolt war sicherlich die spektakulärste Erhebung des 14. Jahrhunderts. Doch generell häuften sich die Rebellionen wie nie zuvor, an mehreren Orten in Europa; bereits 1323 hatten Bauern in Flandern Adelige vertrieben und eine neue Regierung samt gerechterem Steuersystem etabliert.[9] Das Gemeinwesen hielt sich fünf Jahre, dann marschierte eine internationale Truppe ein, angeführt vom französischen König. In der entscheidenden Schlacht am 23. August 1328 bei Cassel starben mehr als 3000 Rebellen.

Heute sind diese Ereignisse erstaunlich wenig bekannt. In diesem Sinn ist das 14. Jahrhundert für mich das »unterschätzte Jahrhundert«. Damals waren sie immerhin wichtig genug, dass Chronisten, die Autoren der zeitgenössischen Geschichtsbücher, die Rebellen als »Pest der Menschen« verunglimpften, »die gegen Höhergestellte aufbegehren«.

Die Prinzipien Pyramide und Erbe

Die Rebellen ragen auch dann heraus, wenn wir andere Kontinente mit in Betracht ziehen, Amerika, Afrika und Asien. Dort gab es, soweit ich das überblicken kann, keine vergleichbaren Erhebungen, die derart grundsätzlich an Hierarchien gerüttelt hätten.[10] Dabei müssen wir festhalten, dass sich alternative, in manchem auch egalitärere Gesellschaftsformen als in Europa durchaus schon finden, gerade in Amerika und Afrika. Das gilt etwa für manche Jäger-und-Sammler-Kulturen, sozusagen kleinere Gemeinschaften von einfachen Leuten. Diese in ein positives Licht zu rücken, ist in den letzten Jahrzehnten – und breitenwirksam in den letzten Jahren – sogar ein gewisser Trend in der Geschichtsschreibung.[11] Und in ihrem Buch *Anfänge* haben der Anthropologe David Graeber und der Prähistoriker David Wengrow Forschungsergebnisse zusammengetragen, die darauf hinweisen, dass in den Jahrhunderten v. u. Z. und in prähistorischen Zeiten auch größere sozial gerechtere, weniger pyramidal organisierte Gesellschaften existierten.[12] Aber schon wegen der schwierigen Quellenlage muss die

Frage offenbleiben, wie diese genau aussahen und was sich daraus konkret für die Gegenwart ableiten lässt. Wo es hingegen darum geht, ungerechte, stark hierarchische Systeme innerhalb sogenannter Hochkulturen anzuprangern, ragen die erwähnten Entwicklungen des 14. Jahrhunderts heraus. Deshalb kann die Peasants' Revolt beispielhaft für ein historisch frühes Aufbegehren und die entsprechende Geisteshaltung stehen.

In den Jahrhunderten zuvor hatte keiner der Denker, die als Ahnherren abendländischer Kultur und einer kritischen Haltung gelten, die Ungleichheit bemängelt: kein Philosoph, nicht Sokrates, nicht Platon, nicht Aristoteles. Kein Religionsstifter, ob Buddha oder Jesus. Und ganz bestimmt keiner ihrer offiziellen Vertreter, weder Päpste, Priester, Lamas noch Brahmanen. Und sonst? Zwar forderten in Rom die Plebejer um 500 v. u. Z. mehr Rechte von den Patriziern. Zwar richtete man das Volkstribunat ein, nahm Plebejer in den Senat auf. Aber im Endeffekt positionierte sich lediglich eine neue kleine Elite neben der alten. Die Strukturen blieben unverändert, die Masse hatte nichts zu sagen, und die Sklaverei lief auf vollen Touren. Zwar zettelten die Elenden Aufstände an, sie forderten aber keine wirkliche Transformation der Gesellschaft, konnten keine entsprechenden Konzepte entwickeln, geschweige denn umsetzen. Das gilt auch für berühmte Rebellionen, etwa die des Spartakus im Jahr 71 v. u. Z.[13] Selbst in der Demokratie im antiken Athen blieb die Mehrheit der Bevölkerung machtlos, in weiten Teilen sogar brutal unterdrückt: Frauen, Sklavinnen und Sklaven, Einwanderer. Ohnehin war das kleine Athen eine historische Eintagsfliege; bald riss Alexander der Große die Macht in Griechenland an sich und startete seine Feldzüge.

Insgesamt lebten, seit vor rund 12 000 Jahren sesshafte

Gesellschaften und dann vor ungefähr 5000 Jahren die sogenannten Hochkulturen entstanden, immer mehr Menschen unfrei: als Sklaven, Leibeigene oder Vertragsknechte. Im Mittelalter in Europa und Asien waren es Schätzungen zufolge bis zu *drei Viertel* der Bevölkerung.[14] Das gilt bis etwa 1800, als langsam die Aufklärung und noch langsamer die Menschenrechte griffen. Abgesehen davon blieben bis über das Mittelalter hinaus große Teile der Menschheit anders organisiert: als Jäger und Sammler, Nomaden, kleinere bäuerliche Gemeinschaften. Dort herrschten mitunter weniger Repression und soziale Ungleichheit. Heute erscheinen uns diese Gemeinwesen als nicht so relevant wie jene im alten Ägypten oder Rom, weil schriftliche Zeugnisse fehlen, Infrastrukturen, Paläste und Pyramiden. Doch damals übten sie eine ganz eigene Anziehungskraft aus. Sklaven und Arme aus anderen Gesellschaften suchten dort Zuflucht. So betonen manche Historiker, dass sich viele unterprivilegierte Griechen und Römer den Hunnen und anderen zentralasiatischen Völkern anschlossen, weil sie dort ein besseres Leben hatten oder vermuteten.[15] Und im chinesischen Kaiserreich diente die Chinesische Mauer nicht nur zur Verteidigung, sondern auch dazu, die Flucht von Untertanen zu verhindern. Denn die Hochkulturen erfreuten sich lange nicht überall größter Beliebtheit.

»Als Adam grub und Eva spann …« Es bleibt unklar, an welche Alternativen die Aufständischen der Peasants' Revolt im Jahr 1381 bei dem Slogan konkret dachten. Ob an ein Goldenes Zeitalter vor Gründung der Hochkulturen oder an kleine Gemeinden mit flacheren Hierarchien, wie sie hier und da später noch existierten. In jedem Fall sind die Entwicklungen des 14. Jahrhunderts auch deshalb so wichtig, weil mit ihnen erstmals fundamental das angezweifelt wurde, was wohl seit der Sesshaftwerdung des Menschen schrittweise, spätestens jedoch mit den Hochkulturen entstand: das Prinzip Pyramide und das Prinzip Erbe, die uns, wie in der Einleitung erwähnt, bis heute auf umfassende Weise prägen.

Die sogenannte Reichtumspyramide ist im 21. Jahrhundert weltweit wie auch in einzelnen Ländern so spitz wie jene im alten Ägypten oder Rom.[16] Daran haben weder Sozialismus noch Sozialdemokratie Grundsätzliches geändert. Wie zu Zeiten der Pharaonen hat heute weltweit *ein Prozent* der Bevölkerung, also die winzige Spitze, rund *44 Prozent des Vermögens*, den oberen *zehn Prozent* gehören sogar *83 Prozent.*[17] An der Basis der Pyramide finden sich die ärmsten rund 57 Prozent der Menschheit, die nur etwas unter zwei Prozent besitzen.

Das ist, gerade weil es – da seit 5000 Jahren eingeübt – als normal gilt, verrückt. Und die Prinzipien Pyramide und Erbe betreffen nicht nur Finanzielles. Sie zeigen sich auch darin, dass wir tendenziell einen übertriebenen Respekt vor aufwendigen Inszenierungen oder scheinbar komplexen Theorien haben, die unser (Gerechtigkeits-)Empfinden verwirren. Dabei geht es um Mentalitäten und Haltungen, etwa bei der Frage, wie viel man an weniger Privilegierte abgeben soll. Die Prinzipien könnten folglich zwei der Gründe für ein bemerkenswertes Phänomen sein: Viele Menschen gehen offenbar, je höher sie in der Pyramide angesiedelt sind, desto selbstverständlicher davon aus, dass ihnen das alles zustünde. So zeigen beispielsweise Statistiken, dass in Deutschland einkommensschwache Haushalte anteilig am Einkommen mehr als reiche spenden, obwohl es Letzteren objektiv betrachtet leichter fallen müsste.[18]

Über die gesamte Geschichte der Hochkulturen herrschte

große Ungleichheit. Die des Einkommens vergrößerte sich weltweit mit der Industrialisierung ab etwa 1800, verringerte sich ab 1950 und nimmt innerhalb der Staaten seit 1980 wieder zu.[19] Tatsächlich war die Zeit nach dem Zweiten Weltkrieg zumindest in sozialstaatlich orientierten Industrieländern eine, in der starkes Wirtschaftswachstum, der Anstieg des allgemeinen Reichtums gemessen als Bruttoinlandsprodukt und die Erhöhung von Durchschnittseinkommen mit einer deutlichen Verringerung der Ungleichheit einhergingen.[20] Wie das? Maßgeblich mithilfe von Spitzensteuersätzen von bis zu über *neunzig Prozent*, und zwar auch in erzkapitalistischen Ländern wie den USA und Großbritannien. Es herrschte ein gesellschaftlicher Konsens, es nicht zu übertreiben mit der Ungleichheit, und sei es nur wegen ungünstiger Auswirkungen auf den sozialen Frieden. Flankiert oder illustriert fand sich diese Einschätzung durch philosophische Ausführungen. So warb der einflussreiche John Rawls in seinem Standardwerk *Eine Theorie der Gerechtigkeit* (1971) für starke progressive Steuern und Umverteilung und in dem Sinn für eine »ausgleichende Ungerechtigkeit«.[21] Aber er brachte das Ganze auch auf die – oft zitierte – Formel, »daß soziale und wirtschaftliche Ungleichheiten, etwa verschiedener Reichtum oder verschiedene Macht, nur dann gerecht sind, wenn sich aus ihnen Vorteile für jedermann ergeben, insbesondere für die schwächsten Mitglieder der Gesellschaft«. Das leuchtet theoretisch ein und war gut gemeint, aber auch so allgemein formuliert, dass es für vieles herhalten konnte und kann. Selbst für die neoliberale Idee, manchmal als »Trickle-down-Theorie« bezeichnet, wonach sich der Wohlstand der Reichen, wenn er nicht durch Steuern beschnitten wird, durch Konsum und Investitionen positiv auf das Wirtschaftswachstum auswirke und allen, auch den Armen, zugutekomme.[22] Inzwischen zeigen Ökonominnen und Anthropologen in Studien jedoch, dass Ungleichheit für *alle* in einer Gesellschaft schlecht ist, auch für die Reichen – gesundheitlich, körperlich und psychisch.[23]

Dennoch setzte sich seit den 1980er-Jahren die Ideologie des Neoliberalismus durch. Die Finanzmärkte wurden dereguliert, die Gewerkschaften geschwächt, die Steuern für Spitzeneinkommen gesenkt. Wie man dem wieder entgegenwirken kann und wo es bereits grundlegende Ansätze für Alternativen gab, das gilt es zu schildern. Und umso spannender scheint mir der Robinhoodismus. Die Rebellionen fanden, wie angedeutet, auf diversen Ebenen statt. Die Bandbreite ist, wie wir im Folgenden sehen werden, groß. Sie reicht von der sinnstiftenden Legendenbildung um Outlaws über theoretische Ansätze zum »guten Kapital« wie jenen von Petrus Johannis Olivi bis zur erwähnten Peasants' Revolt mit Auswirkungen auf das Verhalten der Menschen sogar im Alltag. Das konnte komische Formen annehmen. Laut einer Chronik ließ sich einer der Rebellen von 1381, Geoffrey Litster, ein Färber aus Felmingham, als »King of the Commons« anreden (König der nicht adeligen bzw. der einfachen Leute). Und zwar von einem gefangen genommenen Lord; der musste Litster bedienen. »Da Lord Stephen de Hales ein ehrbarer Ritter war, wählte Litster ihn aus, und er musste ihm sein Essen zurechtschneiden und es vorkosten, bevor er sich dran machte.«[24]

An den Rebellionen des 14. Jahrhunderts lässt sich eine Regel der Geschichte besonders klar verdeutlichen: dass eine »hohe Bildung« kein besonderer Faktor, geschweige denn ein Garant für fortschrittliches Denken oder Handeln war und ist.

11.

Der Robinhoodismus – ein Humanismus für alle

Soziale Ungleichheit und Statusdenken fundamental infrage zu stellen, ist eine der historischen Leistungen der einfachen Leute, die im Spätmittelalter rebellierten. Sie zweifelten die Rechtmäßigkeit der Prinzipien Pyramide und Erbe an – ein Startschuss dafür, Machtlose in unterschiedlichsten Bereichen zu ermächtigen. Im Spätmittelalter erfanden Underdogs mit dem Robinhoodismus einen Humanismus für alle. Einen solchen bot der offizielle Humanismus etwa eines Dante oder Boccaccio, später eines Melanchthon oder Erasmus von Rotterdam gerade nicht, weil sie ihn letztlich doch auf Privilegierte in Sachen Herkunft oder Bildung münzten.

Im Folgenden möchte ich den Robinhoodismus mit Blick auf eine angestrebte materielle, aber auch kulturelle Umverteilung erklären, auf neue Sicht- und Herangehensweisen. Ein wichtiger Punkt ist, dass er ungefähr gleichzeitig mit einem anderen Ismus aufkam, der uns geläufiger ist: dem Kapitalismus im heutigen Sinn. »Im heutigen Sinn« schreibe ich, weil es natürlich auch davor schon Privatbesitz und Handel mit Profitabsicht gab. Und weil manche Autoren den Kapitalismus wiederum auch später ansetzen, etwa mit der Industrialisierung, der Erfindung von Maschinen, die ordentlich Mehrwert und Wachstum ermöglichten.[1] Aber mit dem sogenannten Frühkapitalismus des Spätmittelalters erlangten Geld, Investitionen und Kredite als Grundlagen für wirtschaftlichen Erfolg immerhin mehr Bedeutung gegenüber dem Landbesitz des Feudalismus und Abgaben in Naturalien. Der Robinhoodismus enthält nun Elemente, mit denen sich der Kapitalismus nicht nur einhegen lässt, um dessen ärgste Auswüchse abzumildern, wie viel später bei der sozialen Marktwirtschaft der Fall. Er setzt tiefer an und versucht, etwas anderes aus dem Kapitalismus zu machen. Das betrifft wesentliche Eigenschaften und Ideen, die inzwischen dominieren, etwa die Profitmaximierung und die totale Ökonomisierung als Grundlage dafür, wie wir wirtschaften und oft auch unser Privatleben gestalten.

Im Mittelalter finden sich zahlreiche kooperative Formen des Wirtschaftens, die heute noch eine Anregung in Sachen Ökologie und Gemeinwohl sein können. Darüber schreibt Annette Kehnel in ihrem inspirierenden Buch *Wir konnten auch anders. Eine kurze Geschichte der Nachhaltigkeit* (2021). Der Robinhoodismus reicht allerdings noch weiter. Er zielt darauf ab, ungerechte Strukturen und hinderliche Hierarchien umzugestalten. Dabei fußt er nicht etwa auf einer ausgefeilten Theorie, Philosophie oder Ideologie, es handelt sich vielmehr um eine volkstümliche Erzählung, in die mannigfaltige Ideen einfließen: Ein Grundgerüst bildet tatsächlich die Story über den namengebenden grünen Mann aus dem Sherwood Forest. Sie erweist sich als komplexer, als man das heute oft vermutet. Aus ihr ergibt sich etwas, das wir als narrative Theorie bezeichnen können. Robin Hood, dessen Geschichten mündlich ab dem 13. Jahrhundert Verbreitung fanden – die früheste erhaltene schriftliche Quelle stammt aus dem 14. Jahrhundert –, ist der Held von rund vierzig Balladen (und unzähliger Filme). Er dürfte der berühmteste und beliebteste Outlaw der Weltgeschichte sein.[2] Wichtig ist, dass er im 14. Jahrhundert, jenem der Bauernaufstände, beispielhaft für viele Menschen steht und selbst als real *wahrgenommen* wird. Wie wir sehen werden, verkörpert er fundamental neue Haltungen, die ihre Wirkung letztlich über Jahrhunderte und Ländergrenzen hinweg bis heute entfalten – und dies für meine Begriffe noch stärker tun sollten. Die Story rührt sogar an Grundfragen etwa zum Naturrecht.

Zunächst ist die Erzählung die erste große der Weltgeschichte, bei der die Hauptfigur Unterprivilegierten nicht nur ideell hilft wie etwa Buddha, Jesus oder Diogenes, sondern auch praktisch.[3] So werden Autoritäten grundlegend angezweifelt, und zwar auf mehreren Feldern der Politik, Wirtschaft und Kultur. Mit Robin und ähnlichen Figuren konnten sich die Menschen direkt identifizieren. Eine zentrale Rolle hatten bis dahin Heiligenlegenden gespielt, die aber anders funktionierten. Zwar konnten auch in ihnen arme Leute Heldentaten vollbringen und zu Ruhm und Ehre kommen. Der Nachteil: Sie mussten als Märtyrer sterben. Außerdem stellten sie die Feudalordnung nicht infrage. Anders beim Outlaw: Als erster Volksheld verkörpert er Elemente dessen, was man inzwischen zivilgesellschaftliches Engagement nennt, etwa für eine faire Verteilung der Ressourcen und Chancen. Er nimmt NGOs (Robin Wood) vorweg, Sozialunternehmer, aber auch den Sozialstaat, bei dem ja ebenfalls von Reich nach Arm umverteilt wird.

Ganz grundsätzlich regten Outlaw-Legenden im 14. Jahrhundert dazu an, sich am Common Sense zu orientieren statt an Doktrinen oder Autoritäten. Reale Vorbilder und entfernte Verwandte der Legendenhelden waren Räuberbanden wie jene der Coterel-Brüder und die Folville-Gang.

Diese mordeten, und sie verteilten, soweit wir wissen, keine oder kaum Beute an die Armen; sie eignen sich also *nicht* für eine Robin-Hood-Romantik. Doch hatten sie den Ruf, auf der Seite der einfachen Leute zu stehen. Wenigstens, so der Eindruck damals, lehnte sich da überhaupt mal jemand gegen die Obrigkeit auf. Viele assoziierten sie mit Legenden, mit Gamelyn, Adam Bell, William Wallace und Robin Hood. Letzterer ragt heraus. Er verteilte am meisten um. Er brachte Witz und Verstellung zum Einsatz, die Waffen der einfachen Leute. In der Ballade *Robin Hood und der Töpfer* verlangt er, als Keramiker verkleidet, von der Frau des korrupten Sheriffs höhere Preise, um seine Waren im Gegenzug billiger an Bedürftigere abgeben zu können. Er betreibt sozusagen eine progressive Preisgestaltung je nach Kaufkraft der Kundschaft.

Damals standen auch einige andere Figuren für einen Aufruhr gegen die Obrigkeit (wenngleich noch nicht für soziale Gerechtigkeit): etwa Till Eulenspiegel oder Wilhelm Tell. Solche Helden hielten viele für real. Wie sehr, zeigt eine Rebellion im Jahr 1441 in Norfolk. Über sie heißt es in einer Chronik, dass Landarbeiter eine Straße blockierten, ihren Lehnsherrn Sir Geoffrey Harsyk bedrohten und dabei skandierten: »We are Robynhodesmen – war, war, war!«[4]

Tatsächlich setzten sich im Spätmittelalter Unterprivilegierte in ganz Europa zur Wehr. Mal attackierten sie, wie bereits geschildert, Steuereintreiber, mal wilderten sie in königlichen Wäldern und begingen Überfälle, mal führten sie Befehle von Lehnsherrn extra langsam aus.[5] Eine Art Bummelstreik vor dessen Erfindung. Passend zum allgemeinen Aufbegehren predigt der Bandenführer aus dem Sherwood Forest in der bei Weitem längsten und einflussreichsten Ballade über den grünen Mann, *A Gest of Robin Hood* (etwa:

Die Taten bzw. die Geschichte des Robin Hood), die schriftlich erst später kursierte, sich aber aus dem 14. Jahrhundert speist, über Freund und Feind: Keinem »kleinen Bauern«, erklärt er feierlich, sollen sie etwas tun, keinem *yeoman*, also freien Bauern oder niedrigen Bediensteten, keinem bescheidenen Ritter, sofern er Kamerad unter Gleichen sein will. »Die Bischöfe indes und Erzbischöfe, / Die sollt ihr schlagen und fesseln, / Und nicht zu vergessen, / Den Sheriff von Nottingham.«[6] In Robins Gemeinde genießen alle die gleichen Rechte – Bauern, die vor zu hohen Steuern geflohen sind, Wilderer, verarmte Handwerker oder Ritter, Spielleute, Bettelmönche. In mancher Hinsicht steht die Bande für eine frühe Form der Demokratie. Selbst der Anführer kann sich nicht auf irgendeine Herkunft berufen und muss sich vor allen rechtfertigen.

Die narrative Theorie

Die narrative Theorie greift bei Robin Hood auf mehreren Ebenen. Mal werden Freund und Feind klar benannt, mal gibt es praxisnahe Differenzierungen. In *A Gest* raubt Robin reiche Mönche auf ihrem Weg durch den Wald aus, um ihnen hinterher zu schmeicheln. Sie seien, sagt er, die himmlischen Kuriere des Geldes, das die Heilige Jungfrau ihm aus dem Jenseits geschickt habe, damit er damit Gutes tue. Robin verwendet das Geld zunächst nicht direkt im heutigen Sinn der Umverteilung, sondern dafür, einem verarmten Ritter, dem er einen *Kredit* gewährt hat, diesen zu erlassen. In der Ballade bezeichnet Little John seinen Anführer sogar als den »reichsten Kaufmann« Englands.[7] Der gute Räuber ein wohlhabender Händler?

Das erstaunt heute, und es spielt, was ebenfalls verwundert, in der Fachliteratur kaum eine Rolle.[8] Doch damals lag das schlicht nahe. Kaufleute machten oft auch Kreditgeschäfte, und so haftete ihnen in Zeiten des Zinsverbotes, da Darlehen als sündiger Wucher galten, ein zwielichtiger Ruf an, wie ihn auch ein Outlaw hatte. Zugleich lösten sie in Zeiten des Frühkapitalismus als neue, dynamische Elite langsam den Adel, die Ritterschaft ab. Sie übten eine besondere Faszination aus. Der Punkt ist allerdings, dass Robin ein *fairer* Unternehmer ist. Er hat Spaß an Innovationen, Tricks und, mit heutigen Worten, Win-win-Geschäften. Mitunter verhält er sich zwar eitel, aber letztlich bedeutet ihm persönlicher Profit *an sich* wenig bis nichts. Eher geht es ihm um Erfolg und Anerkennung, vor allem aber um das Gemeinwohl. Symbolisch und balladenartig ins Bild gesetzt heißt das, man feiert als freie Gemeinschaft üppige Bankette im Wald mit Ale und Wein und Wildbraten über dem Feuer, mit schönem Silberbesteck und kunstvoll hergestelltem Geschirr. Doch bei allem Glamour sind es Feste, bei denen niemand andere bedienen muss; alle bekommen gleich viel und amüsieren sich.

Das ist die emotionale Ebene der narrativen Theorie, die Vermittlung einer Utopie und guten Atmosphäre – durch Balladen. Auf der sachlicheren kommt bei solchen Schilderungen und Bildern ein Theoretiker des Spätmittelalters ins Spiel, damals ein Pionier, inzwischen kaum bekannt. Seine Ideen gehören für meine Begriffe zum Robinhoodismus dazu: Gemeint ist Petrus Johannis Olivi. Er war Bettelmönch, ein Franziskaner, gehörte also einem Orden an, der sich damals besonders mit Fragen der Wirtschaft beschäftigte.[9] Olivi ragt dabei heraus. Zunächst einmal, weil er bei der Frage, wie sich Preise bilden, aus heutiger Sicht relativ

»modern« argumentierte: Er berücksichtigte die Faktoren Nützlichkeit, Verfügbarkeit und auch subjektive Nutzeneinschätzung.[10] Vor allem aber schrieb er Ende des 13. Jahrhunderts in seinem *Traktat über Verträge* erstmals unter philosophischen wie praktischen Gesichtspunkten über einen Begriff, der inzwischen total geläufig ist, es damals aber noch nicht war: das Kapital.[11] Genauer gesagt: das *gute* Kapital. Es lohnt sich, das kurz zu beleuchten, weil der Theoretiker eine Alternative zum Verständnis des Kapitals präsentiert, das in folgenden Jahrhunderten herrschen sollte und dies bis heute tut. Nach Olivis Auffassung ermöglicht das Kapital Kaufleuten und Händlern, ihre Geschäfte zu betreiben, ohne sich des sündigen Wuchers (*usura*) schuldig zu machen, den man damals grundsätzlich erst einmal in jedem verzinsten Darlehen sieht. Vom guten Kapital lässt sich laut Olivi dann sprechen, wenn bei seinem Einsatz – sei es bei einer eigenen Investition oder bei einem gewährten Darlehen – auf bestimmte Regeln geachtet wird: Die Verwendung des Kapitals muss *von vornherein* dem Gemeinwohl dienen; dadurch wandelt sich der Wucher zum *interesse*, das für eine verantwortungsvolle Haltung steht.[12] Diese kommt zum Tragen, wenn Kaufleute mit ihrem Handel dafür sorgen, dass Waren und Dienstleistungen von Bauern und Handwerkern einigermaßen gleichmäßig und gerecht verteilt werden. Wobei hier »gerecht« meint, dass niemand einfach Standort- und Marktvorteile ausnutzt oder gar Notlagen potenzieller Käufer. Der gerechte Preis – ein großes Thema des Mittelalters – muss gewahrt bleiben, alle Beteiligten handeln aus freiem Willen.[13]

Zwar verurteilt Olivi nicht grundsätzlich, wenn jemand etwas wegen Knappheit zu einem höheren Preis verkauft. Aber es hat in Grenzen zu bleiben und immer der sinnvollen Verteilung zu dienen. Insgesamt unterscheidet sich seine Position deutlich von der späteren, bis heute prägenden Adam Smiths und der klassischen Schule des 18. Jahrhunderts, selbst wenn Smith nicht so simpel argumentierte, wie im Nachhinein oft unterstellt.[14] Diesen Lehren zufolge müssen, vereinfacht gesagt, alle bei Geschäften und dem Einsatz ihres Kapitals zunächst einmal nur auf ihren Eigennutzen und Profit achten. Denn diese Herangehensweise fördert im Endeffekt angeblich die Wirtschaft und das Gemeinwohl, da der Markt zumindest langfristig dafür sorgt, dass alle das machen, was sie am besten können.

Aus heutiger Sicht erscheint das eher als Rückschritt im Vergleich zu Olivi. Zwar lässt sich der Bettelmönch nicht direkt in Anspruch nehmen für heutige Ideen zu Verantwortungseigentum, Genossenschaften oder Gemeinwohl-Ökonomie, bei denen meist kleinere Unternehmen Elemente wie Nachhaltigkeit, Demokratie, Transparenz und Mitarbeiterbeteiligung in ihre Bilanzen miteinfließen lassen.[15] Aber er argumentierte eben in vielem differenzierter und ethischer als die klassische Schule im Sinn Adam Smiths oder David Ricardos. Er hebelt den »freien Markt« und das, was später der Homo oeconomicus verkörpern sollte, aus oder will sich diesem Denken zumindest nicht ganz beugen. Das mag banal klingen, ist aber, vor allem aus heutiger Sicht, bemerkenswert, da viele, etwa beim Spekulieren oder Vermieten, den größtmöglichen Profit für sich herausholen, weil die Marktsituation (z. B. hohe Mieten wegen Wohnungsnot) es »hergibt«, auch wenn man damit andere unnötig belastet und für sich mehr nimmt, als man wirklich für ein gutes Leben braucht. (Dies nicht zu tun, wird dann als vertane Chance, als nicht schlau oder gar »unvernünftig« gesehen.) Olivi dagegen verwendet als einer der Ökonomie-Pioniere zugleich traditionelle Begriffe wie Seelenheil. Philosophisch komplex formuliert er: »Denn der endgültige Gewinn aus dem Kapital kann in zweifacher Hinsicht genommen bzw. betrachtet werden. Erstens, insofern man annimmt, er sei ursächlich und wahrscheinlich im Kapital selbst enthalten, zweitens, insofern er am Ende in sich selbst entsteht und existiert.«[16]

Olivi geht sogar auf die Frage ein, warum bestimmte Luxusgüter viel höher bewertet werden als andere: »Wenn z. B. Goldgulden durch das Anschauen oder Tragen gegen irgendwelche Krankheiten hülfen, wie es einige Edelsteine tun, oder wenn sie, ohne verbraucht zu werden, für irgendwelche Zeremonien taugten, wie silberne oder goldene Becher, so könnten sie durchaus zu Recht vermietet werden, und für sie könnte man (bei der Rückgabe auch noch) einen Mietpreis erhalten.«

Insgesamt öffnet Olivi einen Raum, um über die wahre und erwünschte ethische Natur des Kapitals nachzudenken. Er kritisiert zum Beispiel, wenn jemand etwas ohne Eigenleistung (Fleiß) mit großem Gewinn verkauft, nur weil er es *kann*, etwa einen »Scheffel Weizen« für den doppelten Preis an jemanden, der in schweren Zeiten an einem bestimmten Ort keine Wahl hat. Neben solchen Passagen, die in heutigen Begriffen die reine Spekulation anprangern, enthält das *Traktat über Verträge* Grundsätzliches: »Es steht nämlich fest, dass die gottlose Unterdrückung der Armen gegen das Naturrecht verstößt.« Und immer wieder erinnert Olivi daran, dass Akkumulation per se nicht anzustreben sei. Das tat er nicht nur theoretisch, sondern auch praktisch, mit seinem Lebensstil, denn er selbst besaß kein Haus und nur wenig Kleidung.

Einiges davon lässt an den Robinhoodismus denken, an

erwähnte Episoden aus *A Gest*, den Händler etwa, der Verschuldete mit zinslosen Krediten aus Zwangslagen befreit und dafür auf eigenen Gewinn verzichtet. Den »Kapitalisten« Hood, der reiche Mönche ausraubt und sie so daran erinnert, etwas Gutes mit ihrem Kapital anzufangen. Ob und falls ja wie direkt Überlegungen wie jene Olivis in die narrative Theorie des Robinhoodismus einflossen, sprich, in Balladen, muss offenbleiben. In jedem Fall aber lagen die Debatten in der Luft, und Balladen waren das Medium, in dem sich so etwas am besten breitenwirksam verarbeiten ließ.

Olivi selbst erlangte keine so große Bekanntheit.[17] Aber die Themen Gemeinwohl und gutes Kapital wurden diskutiert, und einiges davon könnte heute inspirieren. In der Outlaw-Bande etwa nimmt der Bettelmönch Tuck eine zentrale Rolle ein, vielleicht ja eine Anspielung auf Olivi. In jedem Fall lassen sich mit dem Robinhoodismus zwei Fliegen mit einer Klappe schlagen. Es wird Armen *und* Reichen geholfen: Letzteren, indem man sie mit ihrer zunächst unfreiwilligen Abgabe dazu bringt, etwas wirklich Gutes zu tun und das Teilen ihres Reichtums attraktiv zu finden, ja, als Entlastung. Das unterscheidet den Robinhoodismus unter anderem von späteren Schulen der Umverteilung wie dem Kommunismus, in dem man dem Klassenfeind im Grunde alles wegnehmen und ihn bestrafen will. Zugleich ist der Robinhoodismus in vielem radikaler als das, was heute soziale Marktwirtschaft heißt.[18]

Eine Entsprechung fand die narrative Theorie in spätmittelalterlichen Wirtschafsformen, die *bottom-up* entwickelt wurden: etwa in Kooperationen im Rahmen von Handwerkszünften. Teils behaupteten sie sich auf kleineren Gebieten gegen die Herrschaft von Adeligen oder Patriziern, und dies mit vielen Rechten für Frauen.[19] Auch Angehörige weniger angesehener Berufe wie Wanderhirten konnten ein freies Leben führen. Etwa ein gewisser Pierre Maury in Frankreich, einer der wenigen damaligen »kleinen Leute«, über die ausführliche schriftliche Quellen existieren – weil ihn die Inquisition als Katharer der Ketzerei anklagte. Schäfer wie Maury verhielten sich trickreich, schlossen mal eine Scheinehe, um Bestimmungen des Feudalismus zu umgehen, vermieteten eigene Tiere, hüteten jene anderer und banden sich nicht an festen Besitz wie Häuser. Das alles konnte ein für damalige Verhältnisse großes Maß an Unabhängigkeit bringen. Sie basierte darauf, dass Gleichberechtigte kooperierten und Weideflächen gemeinschaftlich nutzten, also teils auch das, was man *commons* oder Allmende nennt. Für all das steht auch der reichste Händler und sozialste Outlaw Englands.

12.

Die Renaissance der Unterprivilegierten

Allgemein lässt sich sagen, dass der grüne Mann im Spätmittelalter zum Vorreiter eines »Naturrechts von unten« wird – der Idee, wonach alle, auch die Ärmsten, von Geburt an gewisse Rechte haben. Um dem Geltung zu verschaffen, muss der vorbildliche Verbrecher das positive Recht der Gesetzestexte, die oft ungerecht sind, aushebeln. Insofern verkörpert er ein Prinzip, das für die Macht der Machtlosen bis in die Gegenwart greift. Über die Jahrhunderte sollte es immer komplizierter werden, das richtige Maß zu finden zwischen der Notwendigkeit, Gesetze prinzipiell zu achten, und jener, sie, wo erforderlich und legitim, zu brechen. Denn mit der Verbesserung der Rechtsstaatlichkeit wird es schwieriger abzuwägen, wann das Naturrecht das positive Recht aussticht oder eben nicht.

Derartige Grundsatzdiskussionen prägen die Geschichte des Aktivismus und des zivilen Ungehorsams. Diesbezüglich lässt sich eine Linie ziehen von der Frauenbewegung über Henry David Thoreaus *Die Pflicht zum Ungehorsam gegen den Staat* (1849) und Mahatma Gandhis gewaltlosen Widerstand bis zur Bürgerrechtsbewegung des 20. Jahrhunderts und schließlich zu den heutigen Klimaaktivisten.[1] Es geht nicht darum, sie alle gleichzusetzen, sondern um eine gemeinsame Tradition und ähnliche Fragestellungen. Und die Anfänge davon liegen im 14. Jahrhundert, beim Robinhoodismus.

Im Lauf der Jahrhunderte hat sich die Rechtsprechung liberalisiert. Dadurch hat sich das verschärft, was wir das Gute-Judikative-Paradox nennen können: Es besagt, dass es in dem Maß, in dem die Inhalte von Paragraphen gerechter und moralisch legitimer werden, eine größere intellektuelle und motivatorische Herausforderung darstellt, sich aktivistisch und im richtigen Maß einzusetzen. Das ist auch vor dem Hintergrund wichtig, dass politische wie wirtschaftliche Eliten nach wie vor Wege finden, sich im Verhältnis zu Unterprivilegierten deutlich stärker der juristischen Verantwortung zu entziehen.[2] Wo positives Recht und Naturrecht gegeneinander abzuwägen sind, bleibt der vorbildliche Verbrecher relevant. In vielem kann er als Benchmark dienen, auch weil er noch grundsätzlichere Fragen etwa der Umverteilung und der Prioritäten der Lebensführung aufwirft als die genannten späteren Beispiele des illegalen Aktivismus oder Widerstands.

Im Spätmittelalter liegen die Sachverhalte zumindest insofern klarer auf der Hand, als Gerichte, vom Naturrecht her gesehen, ganz offenkundig brutal und willkürlich urteilen. Etwa die der Inquisition. Durch Einschüchterung und Folter wurden »Ketzer« bzw. »Todsünder« ermittelt und grausam bestraft. Welche absurden Haltungen und Mentalitäten man dabei ganz beiläufig förderte, zeigt das Beispiel eines Handbuches für Richter aus der Zeit. Es enthält Tipps und Tricks, wie man Angeklagte einschüchtern und zu Aussagen bewegen kann. Eine Taktik besteht beispielsweise darin, dass der Inquisitor beim Verhör eines Verdächtigen demonstrativ in irgendeinem Buch blättern soll, unabhängig davon, ob etwas für den Fall Relevantes darin steht, Hauptsache es ist möglichst dick.[3] Allein mit dieser Geste könne der Richter Angeklagte manipulieren, sie glauben machen, dass er alles über sie wisse, und sie gar nicht erst versuchen bräuchten, sich herauszureden.

Wäre es nicht so traurig, könnte man darüber lachen, auch darüber, wie das bis heute im Rechtssystem nachwirkt. Etwa wenn eine Staatsanwältin Angeklagte mit unlauteren Mitteln einzuschüchtern versucht, indem sie sagt, dass sie, als sie in deren Alter war, bereits zwei Staatsexamen hatte; was offenkundig nichts zur Sache tut und übergriffig ist.[4] Bei dem um sechs Jahrhunderte älteren Beispiel aus dem Kontext der Inquisition schreit es zum Himmel, wie skrupellos Mächtige, hier der Klerus, selbst *Schein*wissen zum Einsatz brachten. Man kann daher nachvollziehen, wie sehr sich viele damals nach Vorbildern sehnten, die sich durch so etwas nicht beeindrucken ließen. Nach solchen, die auf die Idee verwiesen, dass alle von Natur aus Rechte haben, die die Gesetze überwiegen können. Outlaws, darunter natürlich insbesondere vorbildliche Verbrecher, verkörpern einiges davon. Nebenbei erinnern sie an Jesus Christus, das Opfer eines Justizmordes. Doch anders als der Mann aus Nazareth entkommt jener aus Nottingham den Amts- und Würdenträgern lebend.

Und er wischt der Obrigkeit eins aus. Wie erwähnt, schlägt der Outlaw in *Robin Hood und der Töpfer* als Keramiker verkleidet seine Produkte extra teuer an die Gemahlin des Sheriffs los, um sie im Gegenzug billiger an Bedürftigere abzugeben. Der Unternehmer nimmt sozusagen seine eigene Umverteilung vor. Was wäre ein heutiges Äquivalent? Wenn Vermieter die Miete für ihre Wohnungen je nachdem, über welches Einkommen ihre Mieterinnen und Mieter jeweils verfügen, unterschiedlich hoch veranschlagen würden?

In *Robin Hood und der Metzger* flirtet der Outlaw in der

Rolle eines Fleischers mit einer armen Frau, schenkt ihr seine Ware, sie gibt ihm aus Freude darüber einen Kuss. Die beiden Episoden lassen im weiteren Sinn auch an eine launig rebellische Umsetzung biblischer Inhalte wie die wundersame Brot- und Fischvermehrung denken. Oder generell – mit dem Kuss als Metapher – an die Idee davon, dass das Teilen eine Bedingung für Glück ist. Vieles in den Balladen passt zum Kampf um die wahre frohe Botschaft, wie er im Spätmittelalter im Allgemeinen von unten geführt wurde: Laienprediger wollten auf das Evangelium zurückkommen, das unverfälschte. Sie wandten sich gegen das Verbot durch die Kirche, wonach das Volk die Bibel nicht lesen durfte, womit Priestern ihre Deutungshoheit gesichert bleiben sollte, die Schrift von der Kanzel herab nach ihren Interessen zu zitieren. Von ihnen bekamen Gläubige bestimmte Stellen selten zu hören, etwa jene über den reichen Mann, der Jesus fragt, was er tun muss, um das ewige Leben zu erlangen. Worauf Jesus antwortet: »Wenn du vollkommen sein willst, geh, verkauf deinen Besitz und gib das Geld den Armen. Als der junge Mann das hörte, ging er traurig weg; denn er hatte ein großes Vermögen. Da sagte Jesus zu seinen Jüngern: Amen, das sage ich euch: Ein Reicher wird nur schwer in das Himmelreich kommen. Nochmals sage ich euch: Eher geht ein Kamel durch ein Nadelöhr, als dass ein Reicher in das Reich Gottes gelangt.« (Mt 19,19–24)

Bei der Popularisierung solcher Botschaften kommt ein Strang des Robinhoodismus zum Tragen, den ich Renaissance der Unterprivilegierten nenne. Es geht dabei um Formen der Kunst und Kultur. Aber nicht um Statuen und Gemälde, wie wir sie von der späteren, offiziell so genannten Renaissance im 15. und vor allem 16. Jahrhundert kennen, mit der Kunst von Michelangelo, Tizian, Raffael oder Leonardo da Vinci. Wichtig waren vielmehr darstellende Künste, Balladen, Volksstücke und Mysterienspiele heute meist unbekannter Autoren. Sie fanden sich abgewandelt und weiterentwickelt auf Marktplätzen und teils in Kirchen aufgeführt. Dabei inszenierten Schausteller Bibelszenen, versetzt mit parodistischen Elementen. Diese Storys verbreiteten sich wie Lauffeuer – und genauso taten es jene über Robin Hood. Von ihnen hatte damals, anders etwa als von Dantes *Göttlicher Komödie,* die heute als typisch für die Zeit gilt, jede und jeder in England und nach und nach auch darüber hinaus schon mal gehört.

Passend zur Grundidee der Renaissance (»Wiedergeburt«) schöpft auch der Outlaw als Figur aus älteren Überlieferungen, etwa aus Mythen über Walddämonen wie dem Green Man der angelsächsischen Tradition.[5] Inhaltlich bezog sich die Renaissance der Unterprivilegierten nicht wie jene der frühen Neuzeit auf das antike Rom und Griechenland, sondern auf das alte Palästina. Mit anderen Worten: auf Jesus. Ihn versuchen Robin und Kollegen auszugraben, von Verfälschungen des Klerus zu reinigen, in frecherer Form wiederzubeleben und neu aufzustellen. Die Achtung jeder Seele, auch der Armen, Aussätzigen und Andersdenkenden, um die sich der Handwerkersohn kümmerte, wollte man nicht erst zur Endzeit verwirklichen, sondern endlich auf *dieser* Welt. Anders als bei der Renaissance, an die wir bei dem Begriff gemeinhin denken, zielte die der Unterprivilegierten darauf, soziale Missstände zu geißeln und Menschen aller Stände zu ermächtigen.

Hier kommt eine weitere Qualität des Robinhoodismus ins Spiel. Das fängt bei seinem Protagonisten an, einer Mischung aus Bandenführer, Unternehmer und komischem

Heiligen. Er hat etwas Heroisches an sich, aber auch etwas Unausgereiftes, teils sogar Lächerliches. All das schützt ihn vor Überhöhungen. Das Ideal des Robinhoodismus bleibt erreichbar. Insofern unterscheidet sich der Outlaw von scheinbar perfekten kommunistischen Helden der Arbeit oder auch dem absoluten Siegertypen des Kapitalismus.

Wichtig ist auch das besondere Verhältnis von Praxis und Theorie. Bei den anderen Lehren klingt die Theorie oft überzeugend, doch sie geht nicht in der Praxis auf. Der Kommunismus führte – wie auch der Katholizismus – bekanntlich zu verbrecherischen Regimen. Und die individuelle Gier als Triebfeder des Kapitalismus erweist sich als gemeinwohlschädlich. Auch die erwähnte Trickle-down-Theorie zu einer Art indirekten Umverteilung, die einleuchten kann, funktioniert nicht. Im Gegenzug kann beim Robinhoodismus eher die Theorie zunächst »zu einfach« oder »naiv« anmuten, als »Milchmädchenrechnung« und »Robin-Hood-Romantik«. Dabei ist sie praxisnah und vielschichtig. Zumindest nicht weniger als das kapitalistische »Eigennutzen maximieren, dem Markt vertrauen und so die Wirtschaft voranbringen« oder das kommunistische »die Produktionsmittel verstaatlichen und alles zentral von oben planen«. Schon die Differenziertheit, mit der der erwähnte Theoretiker Olivi über das gute Kapital nachdachte, ist anregend und motivierend.

Wie bei Jesus der Fall, lässt sich bei der Hauptfigur des Robinhoodismus zwar bis heute keine *historische* Person festmachen, die über genau die in den Balladen und Chroniken beschriebenen Eigenschaften verfügte. Aber Robin Hood wurde als real *gesehen*; und damals führten viele ein ähnliches Leben wie der Legendenheld. Als Typus hat er, wie Jesus, so viel Allgemeingültiges, Archetypisches an sich, dass er unterschiedlichste Leute fasziniert, und zugleich genug Alltagsnahes, um zum Handeln zu inspirieren. Auf erstaunliche Weise wird die Strahlkraft der Story in der ältesten heute erhaltenen Schriftquelle zum Helden auf den Punkt gebracht: dem Epos *Piers Plowman* (1377). Es gilt mit Chaucers *Canterbury Tales* als das Gesellschaftspanorama des damaligen England schlechthin. Dort heißt es: »Zwar kann ich kaum das Vaterunser des Priesters aufsagen / Dafür kenne ich gut die Reime über Robin Hood«.[6] Robins Balladen sind also bekannter als das berühmteste Gebet des Christentums. In heutigen Worten steht der Outlaw dafür, dass Unterprivilegierte erstmals wie »echte Helden« erscheinen. Und wo sie sich noch nicht konkret durchsetzen, haben sie immerhin eine Soft Power.

Inzwischen verstehen wir darunter, dass Staaten oder politische Akteure eine nichtmilitärische oder nichtwirtschaftliche Art von Einfluss ausüben. Dass sie sich mithilfe von Kunst, Literatur, Musik, Sport und Imagekampagnen als attraktiv darstellen, um auf politische Machtverschiebungen hinzuwirken. Anders als die Propaganda, ausgeübt von Herrschern und Staaten, die auch über Hard Power verfügen (Militär, Ökonomie), war die Soft Power gerade für Machtlose interessant. Dass sie ausgerechnet im Mittelalter etabliert wurde, könnte erstaunen. Schließlich existierten kaum Massenmedien in unserem Verständnis. Die Medienrevolution mit Druckerzeugnissen, Zeitungen, Pamphleten und Büchern für weitere Teile der Bevölkerung brach erst im 16. Jahrhundert los. Aber die Soft Power entfaltete sich schon damals, über Spielleute, die auf Marktplätzen und in Kneipen Stücke, Sketche und Volksballaden vortrugen.

Wollen wir die Renaissance der Unterprivilegierten in ihrer Bedeutung würdigen, lohnt es sich, zum Vergleich einen Blick auf die offizielle zu werfen, die später stattfand. Denn sie prägt uns bis heute stark in dem, was wir schön finden, ja überhaupt sehen wollen. Auf diese Weise lässt sich exemplarisch zeigen, welche Kehrseiten auch scheinbar positive oder zumindest harmlose kulturelle Entwicklungen haben können.

Die perfekte Verblendung

Normalerweise haben wir beim Stichwort Renaissance, wie erwähnt, eine lebensnahe und an der Antike orientierte Literatur und Kunst von Leuten wie Raffael, Leonardo da Vinci, Michelangelo vor Augen und Texte von Humanisten wie Erasmus von Rotterdam. In *Das Lob der Torheit* (1511) verteilt er Seitenhiebe gegen bestimmte Berufsgruppen und Amtsträger. Aber explizite Forderungen nach sozialer Gerechtigkeit erhebt er ebenso wenig wie die meisten anderen bekannten Humanisten und Reformatoren. Das gilt auch für Bestseller wie Baldassare Castigliones *Das Buch vom Hofmann* (1528). Das dürfte der historisch erste echte Karriereratgeber sein, mit Tipps, wie Leserinnen und Leser ihren Sozialstatus erhöhen können. Das Ganze mithilfe dessen, was wir inzwischen im Sinn des Soziologen Pierre Bourdieu als kulturelles Kapital bezeichnen. Dabei geht es um etwas, das seit Etablierung des Prinzips Pyramide greift: dass wir unsere Stellung einfacher verbessern können, wenn wir die Umgangsformen derer beherrschen, die das Sagen haben. Bei Jägern und Sammlern spielte das eine eher untergeordnete Rolle. Doch wenn wir im Pyramidensystem einen passenden Habitus an den Tag legen und bei Themen derer, die oben stehen, mitreden können, ist das sehr nützlich. Am besten, wir haben einen »Stallgeruch«, der uns als Mitglied eines kulturell und ökonomisch einflussreichen Milieus ausweist. Auch weil ihnen dies fehlt, brauchen Arbeiterkinder laut Studien noch im 21. Jahrhundert bei gleich guten Fachkenntnissen statistisch doppelt so lange wie Sprösslinge des Großbürgertums, um in einem Unternehmen zum Vorstand aufzusteigen.[7]

Den diskreten Charme des Erfolgs zu versprühen, beinhaltet zu Castigliones Zeiten, dass man über Literatur und Kunst mitreden und optimalerweise selbst ein bisschen zeichnen kann. Heute haben Kunst und Literatur als Leitmedien stark an Bedeutung verloren. Inzwischen sollte man sich eher mit Kaffee auskennen, mit Wein, Mode, Achtsamkeit, Fitness, Yoga, Meditation, Selbstoptimierung und Superfood, mit fernen Ländern oder gut gemachten Serien. Damals jedoch diente die Kunst als Hauptlieferantin von Bildern, Ideen und Haltungen. Als Typen entsprachen die Künstler heutigen Sport-, Pop-, IT-Stars oder Influencern. Sie mauserten sich zu Vorbildern für ein angesagtes neuartiges Verhalten. So wie heute Ratgeber Tipps für die souveräne Körpersprache geben, empfahl Castiglione die *sprezzatura*. Da galt es, so der Autor, »bei allem, was man tut oder sagt, um vielleicht ein neues Wort zu gebrauchen, eine gewisse Art von Lässigkeit anzuwenden, die die Kunst verbirgt und bezeigt, dass das, was man tut oder sagt, anscheinend mühelos und fast ohne Nachdenken zustandegekommen ist«.[8]

Mit anderen Worten: eine frühe Definition von Coolness. Aber natürlich steht die offizielle Renaissance nicht nur oder primär für Äußerlichkeiten. Es geht auch um eine Befreiung hin zum neuen, weniger stark an mittelalterlich-christliche Doktrinen gebundenen Denken, bei dem Standesunterschiede weniger Bedeutung haben als zuvor. So können wir die Renaissance als die Epoche bezeichnen, in der individueller Aufstieg breitenwirksam als Vision auftauchte und eingeübt wurde. Sei es auch mit einem Augenzwinkern und Seitenhieben auf die ganze Korruption und Scheinheiligkeit der Gesellschaft, etwa bei Autoren wie Pietro Aretino, der sich unter anderem über Castiglione und seinen *Hofmann* mokierte.[9] Aufsteiger gab es zwar schon zuvor, aber das Konzept wurde nicht derartig gefeiert. In brutaler Form griff diese erhöhte, an sich natürlich begrüßenswerte soziale Mobilität für Söldnerführer und Konquistadoren, die sogenannten Entdecker und Eroberer der Neuen Welt im 16. Jahrhundert. Sie ergatterten Gouverneursposten und Adelstitel, indem sie die Indigenen Amerikas versklavten und ermordeten. Wobei sie im Verhalten eher weniger dem Hofmann in Castigliones Sinn entsprachen. Am treffendsten wurden Konquistadoren wohl von Indigenen beschrieben: »Die Spanier«, erklärt ein aztekischer Zeitzeuge, »sind außer sich vor Freude. Wie Affen schleudern sie das Gold in die Luft. Ihr ganzer Leib schwillt an bei diesem Gedanken. Sie gieren nach dem Gold wie hungrige Schweine.«[10]

Die vornehmere Variante des Aufstiegs wählten Künstler und Kaufleute. Letztere erkauften sich den Adelsstatus; Erstere errangen ihn als Hofmaler. Tizian etwa tat dies auf diskrete Weise, spielte in seinen Porträts allenfalls auf weniger schmeichelhafte Züge von Herrschern an. Michelangelo dagegen bot Päpsten die Stirn – so berichtet es jedenfalls Giorgio Vasari, der vielleicht erste Star-Biograph, in seinen *Lebensläufen der berühmtesten Maler, Bildhauer und Architekten* (1550).[11] Allerdings war die Renaissance des 16. Jahrhunderts die Sache einer kleinen Elite, für die Massen veränderte sie wenig. Die Leibeigenschaft blieb; Frauen, deren

Schönheit Maler in Porträts einfingen, wurden zwangsverheiratet; Hexen und Ketzer wurden, im Vergleich zum Mittelalter sogar in größerer Anzahl, bei lebendigem Leib verbrannt. Und die Päpste verschwendeten noch mehr Geld für Hofhaltung und Prunkbauten wie den megalomanen Petersdom.

Die Renaissance zeichnet sich durch einen Kontrast zwischen den ästhetischen und technischen Innovationen und den herrschenden Zuständen aus. Darin liegt eine besondere Ironie. Denn mit der Perspektive, der anatomischen Genauigkeit und der atmosphärischen Farbigkeit wirkte die Kunst neuartig realistisch, »nah am Leben«. Zugleich blieb sie weit von den sozialen Realitäten entfernt. In vielerlei Hinsicht überdeckte und beschönigte sie die Zustände in dem Maß, in dem sie auf technischer Ebene Wahrhaftigkeit suggerierte. Insofern lässt sie ein wenig an heutige Verhältnisse denken: an Hollywood, Instagram, TikTok, Werbung und Videospiele. Auch sie sind teils naturalistisch und bekanntlich künstlich, mit Filtern und Mitteln der Nachbearbeitung aufgehübscht und irreführend, selbst wenn geübte Nutzer natürlich darum wissen (so wie dies auch in der Renaissance der Fall war). Zugespitzt gesagt, trug die realistische Kunst dazu bei, dass das Bild, das wir von der Renaissance haben, eines der am stärksten verzerrten der Geschichtsschreibung ist. Und sie ist ein bestechendes Beispiel für eine Grundkonstellation: Die überlieferte Kunst, die unsere Vorstellungen von früheren Zeiten prägt, hat oft wenig mit dem zu tun, was die Masse im Alltag sah und umtrieb.

Klar wird das bei einem Gang durch Museen wie den Louvre in Paris oder die Uffizien in Florenz, die vor bezaubernden Gemälden privilegierter Menschen überquellen,

Bildern, die damals viel weniger Leute zu sehen bekamen als heute. Auf drastische Weise kann man es sich allerdings in einem Schifffahrtsmuseum vor Augen führen: dem Museo Marítimo de Barcelona, das versteckt am Hafen liegt. Es beherbergt eines der für mich eindrucksvollsten Renaissancekunstwerke und wohl das buchstäblich größte: den sechzig Meter langen und sechs Meter hohen wie breiten Nachbau der Galeere *Real*, also der »Königlichen«, eines in den Werften von Barcelona gezimmerten Flaggschiffs. Mit ihm kämpften die Spanier in der Schlacht von Lepanto 1571 in der Heiligen Liga mit Venedig, Genua und den Truppen des Papstes gegen das Osmanische Reich. Auf den Oberdecks waren dreihundert Mann Besatzung, Ruderer, Matrosen und Soldaten verteilt, die sich ins Getümmel gegen die Männer des Sultans stürzten, sobald die Schiffe aufeinanderprallten.[12]

So weit, so brutal, so normal. Doch die Galeere war nicht nur ein Kriegsschiff, sondern auch ein Kunstwerk. Eines, das, wenn es im Hafen lag oder einfuhr, mehr Menschen betrachten konnten als die Bilder von Kunststars, die meist in fürstlichen Gemächern hingen. An den Außenwänden der *Real* prangten, eingefasst von geschnitzten und vergoldeten Rahmen, mehrere Meter große, schmuckvolle Gemälde. Sie zeigten erbauliche Szenen aus der Mythologie mit Helden und Halbgöttern wie der schönen Athene und dem athletischen Herkules; dazu idyllisch gemalte Natur mit Kranichen, ein Symbol für Wachsamkeit gegenüber dem Feind. Diese Dekorationen hatten in einer Seeschlacht keinen Nutzen außer jenem, die Botschaft zu senden, dass man reich war und über ähnliche Kräfte verfügte wie Herkules und Athene.

Das wirklich Irre an der schwimmenden Galerie ist jedoch etwas anderes: Nur Zentimeter hinter der Fassade herrschten ganz andere Zustände. Im Bauch des Schiffes waren Massen von Ruderern aus Fleisch und Blut eingepfercht und angekettet: Galeerenhäftlinge. Wegen Mordes oder Hochverrats Verurteilte oder auch nur Andersgläubige, Wilderer, Trickbetrüger. Sie wurden zu keinem Zeitpunkt von ihren Ketten befreit, mussten auf der Sitzbank schlafen, urinieren und defäkieren. Die Hölle auf Erden. So schlimm waren die Zustände, dass hin und wieder ein Gestank-Beauftragter mit Mund- und Nasenschutz, eine Art Weihrauchbehälter schwenkend, durch die Reihen der Rudernden lief, damit die Offiziere und Generäle an Deck durch die Ausdünstungen von Schweiß, Urin, Kot und Tod nicht belästigt wurden.

Die Sträflinge fanden sich gleich in zweifachem Sinn in dem Kunstwerk gefangen. Zum einen konkret hinter den Wänden; zum anderen, indem die Gemälde sie und ihr Schicksal unsichtbar machten. So dient die Galeere im Museum nicht nur als eine erschütternde Quelle zum Strafvollzug vergangener Zeiten. Bei ihr zeigt sich auch beispielhaft, wie nah einander die scheinbar hehrste Kunst und die absolute Verrohung sein können, gefördert von denselben Leuten. Leuten wie Admiral Cristoforo da Canal, der poetische Worte über das Schiff des Grauens schrieb: »Die perfekte Galeere«, formulierte er, »sollte genau die Eigenschaften einer graziösen jungen Frau verkörpern, die in jeder Situation Schnelligkeit, Verve und außerordentliche Gewandtheit an den Tag legt.«[13]

Wie es im Bauch des Models aussah, war unerheblich. Aus heutiger Sicht drängt sich da das Bild von Jachten dubioser Oligarchen auf; allgemeiner gefasst jenes, dass hinter aufwendig designten Waren, Gütern und Gadgets oft üble

Arbeitsbedingungen stecken, in Schwellenländern und im Billiglohnsektor. Die schöne Fassade, die schlimmste Verhältnisse verdeckte, wurde natürlich nicht in der Renaissance erfunden. Aber sie brachte die Kultur der schönen Täuschung, gestützt durch vermeintlich humanistische Kunst, deutlich voran. Umso bemerkenswerter, dass der Begriff Renaissance im Wesentlichen positive Assoziationen weckt.[14]

Die Renaissance der frühen Neuzeit hat selbstverständlich ihre Verdienste, bedeutete aber eben in vielem auch einen großen Schritt in der Geschichte des Kaschierens realer Umstände mit Kunst oder Design. Davon unterschied sich die Renaissance der Unterprivilegierten deutlich. Sie steht zum Robinhoodismus in einem ähnlichen Verhältnis wie die offizielle Renaissance zum Humanismus. Das heißt, sie speist sich aus entsprechenden Ideen – und wirkt auf diese zurück. Mit der Renaissance der Unterprivilegierten wurde die Korruption der Obrigkeit plastisch vorgeführt, in Balladen und Stücken. Die anonymen Autoren forderten etwas, das der offiziellen Renaissance fremd war: mehr soziale Gerechtigkeit. Die Ideen dieser Renaissance fanden schon deshalb über mündlich vorgetragene Balladen Verbreitung, weil die meisten Menschen nicht lesen oder sich keine Bücher und Kunstwerke leisten konnten. Von Robin Hood existiert, nebenbei bemerkt, nur ein einziges bekanntes Ölgemälde, und das stammt aus dem 19. Jahrhundert und aus der Hand des heute wenig prominenten Malers Daniel Maclise. Es zeigt Robin und seine Bande bei einem festlichen Bankett im Wald – unter freiem Himmel.

13.

Die Urform der Moderebellion

Wo liegen die Anfänge einer »sozialkritischen« bildenden Kunst bei Malereien, Zeichnungen oder Statuen? Noch bevor überhaupt der Begriff sozial- oder gesellschaftskritisch existierte, kann man zumindest von einer Kunst reden, die ungefähr einer solchen Vorstellung entsprach – ab dem 15. Jahrhundert, mit frühprotestantischen Graphiken, comicartigen Zeichnungen und Stichen.[1] Darauf zermalmen Insektenmonster korrupte Geistliche. Jesus, mit dem Körper und den Gesichtszügen eines Models, wendet sich den Armen zu, während der Klerus, ungelenk und übergewichtig dargestellt, nur gierig Geld zählt.

Diese Kunst sorgte im 15. und 16. Jahrhundert für Furore, als man Graphiken in höherer Auflage produzierte. Und davor? Im 14. Jahrhundert war die obrigkeitskritische bildende Kunst keine Zeichnung, kein Gemälde, keine Statue, sondern: ein verändertes Straßenbild. Was ist damit gemeint? Immer mehr Menschen liefen in Gewändern aus feinen, bunten Stoffen und mit frechen Schnitten herum. Viele Frauen zeigten sich mit langen Schleppen und tiefen Dekolletés, der wohl spektakulärsten Modeinnovation jener Zeit. Männer trugen Röcke, die laut einer Mainzer Chronik von 1367 so knapp saßen, »dass sie weder die Schamteile noch den Hintern bedeckten«.[2]

Die Rede ist von einer Form von Street Art und einer Moderebellion. Um zu verstehen, inwiefern das kritische Kunst war, müssen wir uns in den Zeitkontext versetzen. Zunächst ging es nicht nur um die neue Mode an sich, sondern darum, *wer* was trug. Die »Mägde und käuflichen Frauenzimmer«, also nach damals herrschender Meinung die Untersten der Unteren, »kleideten sich samt und sonders in die schönen und kostbaren Gewänder der [während der Pest] verstorbenen Damen«, so ein Chronist in Florenz. Was uns harmlos erscheint, bedeutete eine Provokation. Denn gemäß der Kleiderordnung der damaligen Standesgesellschaft waren aufwendige Outfits Adeligen vorbehalten.[3] Nur bestimmte Stände durften gewisse Stoffe und Schnitte tragen.[4] Sogar die Länge von Schleppen war geregelt: beim »alten Adel« eine 2/3 Elle, beim »neuen Adel« eine halbe, bei Handwerker- und Künstlerfrauen eine 1/3 Elle; den »anderen«, Bauern und Bediensteten, blieb die Schleppe komplett untersagt.

Dagegen rebellierten einige, inzwischen unbekannte Leute. So wurde nichts Geringeres als die Mode im heutigen Verständnis erfunden: die Möglichkeit, auch als jemand ohne Stand mithilfe eines individuellen Kleidungsstils zu glänzen. Mode als Mittel, sich selbst aus eigener Kraft eine Position in der Gesellschaft zu definieren, die man offiziell nicht hat.[5] Als Frühform rebellischer Kunst. Die aneckende Mode wurde als Erstes von Kaufleuten, Handwerkerinnen und einigen Bauern getragen: Sie kleideten sich teuer und bunt, um mit dem Adel, der gesetzlich über ihnen stand, symbolisch zu konkurrieren. Mit speziellen Farben und Schleppen missachteten sie Standestraditionen. Damit nicht genug: Es entbrannte eine Art modischer Konkurrenzkampf zwischen den Ständen.[6] Niedrigere wollten höhere mit aufwendigerer Kleidung symbolisch übertrumpfen.

Das Komische ist, dass es am Ende in beide Richtungen

funktionierte: Einerseits wollten sich Nichtadelige gezielt noblere Kleidung anmaßen; passend dazu erhielt das Verb »sich etwas anmaßen« just im Spätmittelalter die Bedeutung von »etwas unrechtmäßig für sich in Anspruch nehmen«. Andererseits kamen Outfits, die sich zuvor niedrigeren Ständen zuordnen ließen, bei den Herrschaften in Mode. Etwa wenn sich Adelige eine Gugel aufsetzten: die Kapuze des einfachen Mannes, wie sie Outlaws wie Robin Hood trugen. Er ist nebenbei gesagt der erste modeorientierte Volksheld der Weltgeschichte, vermutlich sogar der modeaffinste überhaupt, und als Marke gut erkennbar: Pfeil und Bogen als Accessoire, Kappe und/oder Gugel in Grün, damals stärker als heute die Farbe der Jugend, des Wachstums und des Wandels und noch nicht so positiv belegt.[7]

Moderebellinnen und -rebellen bewiesen ihre Originalität, weichten Hierarchien auf. Sie trugen Kleidung, die zu aufwendig für sie war, und werteten umgekehrt banale Dinge auf, denen vormals niemand Beachtung geschenkt hatte, etwa die Kappe oder die Gugel. Mithilfe der Mode gaben sich einfache Leute so souverän, wie man das bislang nur von Souveränen kannte. Ein wichtiger Schritt zur Selbstermächtigung, wie er heute vielleicht noch im Hip-Hop relevant ist. Gleichsam beiläufig fand sich so in der Mode eine Strategie vorweggenommen, die in der bildenden Kunst erst viel später griff und dies bis heute tut: jene der »ästhetischen Aufwertung des Banalen«, die von Jean-François Millet über die überragend innovative Kunstgruppe der Inkohärenten im 19. Jahrhundert bis Duchamp provozieren und für frischen Wind und neue Sichtweisen sorgen sollte.[8]

Im 20. Jahrhundert beschäftigte so etwas vor allem gebildete Mitglieder privilegierter Schichten. Im Spätmittelalter griff Derartiges allerdings noch weiter aus. Im 14. Jahrhundert war die Renaissance der Unterprivilegierten insofern innovativ, als sie die Kategorien »niedrig«, »gehoben«, »kultiviert« und »unkultiviert« ad absurdum führte oder infrage stellte. (Die Bettelmönche, die aus heutiger Sicht als frühe Punks erscheinen könnten, bewegten sich letztlich in einem zu klar eingegrenzten, zu klar definierten Rahmen, als dass sie modisch so stark hätten anecken können.) Von der anmaßenden Mode einfacher Leute fühlten sich viele Zeitgenossen verunsichert. Noch ein Jahrhundert später beklagt Sebastian Brant in seiner berühmten Satire *Das Narrenschiff* (1494): Was »sonst Bürger und Kaufmann war, / Will adlig sein und Ritter gar«. [9] Selbst Bauern, die einst rechtschaffen waren, sind jetzt anmaßend: »Alle Tag wolln sie neue Moden im Haus, / Keine Schlichtheit ist mehr in der Welt; / Die Bauern stecken ganz voll Geld«. Bäuerinnen tragen Prada, Unverschämtheit!

Wem das heute merkwürdig vorkommt, sollte sich daran erinnern, mit welcher Ablehnung viele noch in den Sechziger- und Siebzigerjahren des 20. Jahrhunderts reagierten, als Hippies mit ihren langen Haaren, Fransenjacken, Batikblusen, Stirnbändern und Miniröcken Farbe ins Straßenbild brachten. Drohungen waren an der Tagesordnung, mancher wollte sie gar in Lager sperren. Inzwischen lässt sich in Ländern der westlichen Welt mit Mode weder groß provozieren noch ein Distinktionsgewinn erzielen. Für unsere Zeiten könnten wir aus der ersten Moderebellion als Anregung wohl mitnehmen, im Alltag mehr zu vermischen, um Hierarchien weiter aufzulösen: als Mann Rock zu tragen oder, allgemein, in wirklich alter, zerschlissener Kleidung zu einem Meeting zu gehen – womit man gegen die letzten verbliebenen Paragraphen einer ungeschriebenen Kleiderordnung verstoßen würde.

Ansonsten bestünde ein praktischer Ansatz für eine Moderevolte in westlich geprägten Ländern wohl darin, weniger auf Ästhetik und Form zu setzen, mehr auf die Produktionsverhältnisse abzuzielen und Kleidung so lange zu tragen, bis sie wirklich kaputt ist. Ein Vorbild dafür wäre vielleicht die letzte politisch wirklich wirksame Moderebellion: jene, die Mahatma Gandhi in Indien in der ersten Hälfte des 20. Jahrhunderts anzettelte. Mit dem Dhoti, dem »Lendenschurz«, trug er eine Kleidung, mit der er zugleich symbolisch auf die Armut der Inder und die Dringlichkeit der Unabhängigkeit hinweisen konnte, zumal britische Textilimporte die heimische Wirtschaft zerstörten. Ganz konkret demonstrierte er damit, dass sich diese Mode auch selbst mit einfachen Mitteln herstellen ließ.[10] Im 21. Jahrhundert kommen uns beim Thema politisches Aufbegehren mit den Mitteln der Mode allerdings auch äußerst drastische Beispiele in den Sinn: etwa Verstöße gegen Kleiderordnungen wie jene, die Frauen in Iran im Herbst 2022 begingen. Unter Lebensgefahr legten sie ihren Hidschab ab, um gegen ihre Unterdrückung durch die islamistische Regierung zu demonstrieren.

Der etwas andere Erfolgstyp

Die Vorläufer solcher Rebellionen finden sich im 14. Jahrhundert im Rahmen des Robinhoodismus. Damals begehrten einige Menschen symbolisch auf und setzten Zeichen. Was Ansätze für beherzte privatinitiierte Umverteilungsaktionen betrifft, hat inzwischen fast jedes Land, von Argentinien über Südafrika bis Vietnam, »seinen« Robin Hood: mal sind es Bankräuber, die ihre Beute an Arme verteilen, mal produzieren Modedesigner Outfits für Obdachlose, die sich in Schlafsäcke verwandeln lassen.[11] In Spanien bieten »Robin-Hood-Restaurants« Gratisessen für Wohnungslose an. In Berlin nennen sich Bio-Lebensmittelläden, die ihren Gewinn reinvestieren oder spenden und Mitarbeiter nach deren Bedarf bezahlen, Robin Hood Store.[12] Eine ähnlich strukturierte größere Firma ist die Suchmaschine Ecosia, bei der es nicht um persönlichen Profit geht; mit den Gewinnen werden auch Bäume gepflanzt.[13] Die Idee der sogenannten Robin-Hood-Steuer zielt auf deutliche Abgaben bei Finanztransaktionen und die Eindämmung schädlicher Spekulationen. Der Robin-Hood-Index wiederum zeigt in der Ökonomie, »welchen Teil des Nationaleinkommens man den Reichen nehmen und den Armen geben müsste, um völlige Gleichheit herzustellen«.[14] Das ist ein ganzes Arsenal an Ansätzen und Konzepten, die gebündelt eine Transformation bewirken könnten.

Doch wie bei jeder umfassenden Idee gibt es auch mit dem Robinhoodismus ein Problem mit unterschiedlichen Ausprägungen, Anwendungen und Vereinnahmungen. Seit seiner Geburt im Mittelalter, vor allem aber ab dem 16. Jahrhundert und verstärkt mit der Industrialisierung wurde Robin immer wieder auf den Abenteurer, Spaßmacher oder auf reine Charity reduziert, die nichts an Strukturen verändert und oft sogar als Alibi oder Feigenblatt eingesetzt wird.[15] Diese Gefahr besteht natürlich: eine Vereinnahmungstradition, die in eine kapitalistisch verwertbare Scheinrebellion mündet. Sie reicht von Hollywoodfilmen über den grünen Mann, Werbespots für die Frühstückscerealien Weetabix bis zu Robinhood Markets Inc., einem eher dubiosen, jedenfalls nicht gemeinwohldienlichen Finanzdienstleister. Das alles sind allerdings Ausformungen der Hood-Idee, die der

Tiefe und Komplexität, dem Humor und der Ironie der Figur nicht gerecht werden. Dabei kann diese mit den erwähnten Elementen der produktiven Umverteilung einen epochalen Impuls für ein anderes Denken und Handeln geben. Der Robinhoodismus könnte für eine deutlich progressivere Besteuerung von Vermögen und Erbe stehen, anders gesagt, diese auch auf emotionale Weise motivieren. Hilfreich dabei ist das Image des vorbildlichen Verbrechers mit seinem in manchem altmodisch heroischen Gebaren, seiner Schläue, seiner List und Gerissenheit, seinem Mut, seiner Härte, die er mitunter seinen Gegnern gegenüber zeigt, aber auch mit seinem Humor, seinen Widersprüchen und Schwächen wie der gelegentlichen Eitelkeit. Mit dieser Mischung lassen sich vielleicht sogar Leute für echte Wohltätigkeit im Sinn von Umverteilung gewinnen, deren Bild von Erfolg eigentlich stark auf individuellem Reichtum, traditionellen Statussymbolen und Abgrenzung basiert und die vermeintlichem Gutmenschentum eher skeptisch gegenüberstehen.

Der Robinhoodismus enthält Elemente des Kapitalismus, Sozialismus und Urchristentums und unterscheidet sich doch von ihnen. Es geht nicht um Revolution im klassischen Verständnis, so sah es schon der marxistische Historiker Eric Hobsbawm in seinen Ausführungen zum Sozialbanditentum.[16] Der Robinhoodismus wirkt vielmehr innerhalb eines bestehenden Systems – und verändert es schrittweise (was Sprünge aber nicht ausschließt). Ein systemisches Vorbild findet sich noch am ehesten in dem bereits geschilderten Anarchosyndikalismus. Und auf indirekte Weise könnte die produktive Umverteilung im Sinn des Robinhoodismus am Ende womöglich doch noch zu einem systemischen Wandel führen. Etwa wenn stetig genung von Reich nach Arm verschoben wird, sodass es irgendwann schlicht keinen Sinn mehr ergibt, immer mehr Geld anhäufen zu wollen. Gäbe es eine Einkommensdeckelung, direkt oder durch hohe Steuern, ließen sich in jedem Fall einige der negativen Effekte von Gier und Profitmaximierung verringern, ohne dass freies Unternehmertum bedroht wäre.

Dass sich auf diese Weise die Zufriedenheit sowohl von Armen wie von Reichen erhöhen ließe, das wussten die frühen Robinhoodisten – und wird inzwischen von einer Reihe an wissenschaftlichen Erkenntnissen bestätigt. Der wohl erste etablierte, mit modernen Instrumenten arbeitende Ökonom, der sich der Frage widmete, wie rein ökonomischer Reichtum mit der Zufriedenheit in der Gesellschaft zusammenhängt, dürfte der Brite Arthur Pigou gewesen sein. 1920 argumentierte er in seinem epochalen Buch *The Economics of Welfare*, dass sich das Wohlergehen bei reicheren Menschen durch finanziellen Zuwachs weniger steigern lässt als bei ärmeren.[17] Pigou differenzierte auch zwischen sozialer und privater Wertschöpfung. Deshalb plädierte er für eine stärkere steuerliche Umverteilung. Er nahm sich sozusagen den Grenznutzen, der normalerweise für Waren und Güter gilt, mit Blick auf das Geld vor. Das heißt, je mehr wir davon akkumulieren, desto weniger zusätzliches Wohlergehen und Glücksgefühl bringt jede dazugewonnene Einheit.

Die moderne Glücksforschung untermauert und ergänzt Pigous Ansätze. Sie zeigt, dass wir ab einem guten mittleren Einkommen mit einer Erhöhung desselben keinen Zugewinn an Glück erhalten. Für die Höhe des Jahreseinkommens, ab der das gilt, werden verschiedene Zahlen genannt, die meisten liegen zwischen 60 000 und 70 000 Dollar

Familieneinkommen, manche setzen schon niedriger an.[18] Eine wissenschaftliche Faustregel lautet zudem: »Je gleichmäßiger das Einkommen verteilt ist, desto glücklicher werden die Menschen eines Landes im Schnitt sein.«[19]

Nur leider reagieren wir bekanntlich auf wissenschaftliche Erkenntnisse, die unseren Gewohnheiten widersprechen, oft nicht oder nur extrem langsam. Gerade vor diesem Hintergrund könnten archetypische und alltagsnahe Narrative wie jene des vorbildlichen Verbrechers inspirierend und motivierend wirken. Zumindest was den Wandel an Mentalitäten und Grundhaltungen betrifft, der für die produktive Umverteilung nötig wäre. Wie sich einige Aspekte des Robinhoodismus seit dem Mittelalter in realistischen Utopien manifestierten, konkretisierten oder weiterentwickelt wurden, darum geht es im folgenden Teil.

V. DIE REALPOLITIK DER SPINNER

Wie ein paar arme Landbewohner im 17. Jahrhundert ein radikaldemokratisches Denken und die Ökonomie der Gleichberechtigung begründen und ein Konzept für einen anderen Fortschritt umsetzen

14.

Wachstum nach unten

Am Sonntag, dem 1. April 1649 versammelt sich auf dem St George's Hill in der Nähe von London eine Gruppe verarmter Landarbeiter, Kleinhändler, Handwerker und Vagabunden, um den Samen für eine Revolution von welthistorischer Bedeutung zu säen: Sie pflanzen Karotten, Pastinaken und grüne Bohnen an. Das Besondere ist, dass sie, um dies zu tun, brachliegendes Land von Großgrundbesitzern besetzen.[1] Nach und nach stoßen mehr Menschen dazu. Bald sind es an die dreißig. Sie bilden eine Kommune, offen für alle, und nennen sich selbst True Levellers (wahre Einebner, Gleichmacher).[2] Später wird sich der Name Diggers durchsetzen (von *to dig* = graben). Sie diskutieren alles, Entscheidungen werden basisdemokratisch im Konsens getroffen. Man ackert, erntet und arbeitet zusammen, und die Überschüsse werden an Bedürftige verteilt.

Der bekannteste Kopf der Diggers ist Gerrard Winstanley, ein ehemaliger Schneiderlehrling. In den Vierzigerjahren des 17. Jahrhunderts, einer wirtschaftlich besonders schlimmen Dekade, hat er mit seinem Stoffhandel Bankrott gemacht und sich daraufhin eine Weile als Tagelöhner und Viehhirte durchgeschlagen und immer wieder religiöse Pamphlete verfasst.[3] Er beruft sich auf Jesus Christus, den er als den »Head Leveller« sieht, den »Ober-Einebner«. Ungleichheit, schreibt Winstanley, widerspreche Gottes Willen:

»Der ärmste Mensch hat das gleiche Recht auf Landbesitz wie der reichste.«

Das waren damals – und sind es noch heute – unerhörte Ideen und Aktionen, von »masterless men«, wie es hieß. Als eigenwilliger Kerl darf Winstanley durchaus gelten. Er weigerte sich, den Hut vor »fellow-creatures« zu ziehen, vor »Mitgeschöpfen«, wie er sagte, egal ob Lord oder Bauer. Damals eine Provokation. Vor allem aber hatte er utopische politische und landwirtschaftliche Konzepte im Sinn. Konzepte, die sich bei näherer Betrachtung als erstaunlich praktikabel entpuppten.

Das Diggers-Projekt war, mitten in der Ära des Absolutismus, ein innovativer Entwurf und ein Vorbild für eine ganz andere, in heutigen Worten offenere, demokratische Gesellschaft. Eine Mischung aus Sozialismus, Anarchismus und Unternehmertum, die in vielem über spätere Formen dieser Ansätze oder Lehren hinausreichte. In Zeiten der Monarchie von Gottes Gnaden forderten die Diggers die völlige Gleichberechtigung. Umso erstaunlicher, dass sie heute kaum jemand kennt. Wenn man sich ihr Schicksal vor Augen führt, drängt sich nebenbei die Frage auf, wie und in welchem Zeitraum sich progressive Ideen in einer Gesellschaft durchsetzen. Wie gelingen Revolutionen? Welche sind nachhaltig und nützliche Vorbilder für heute? Solche wie die Französische von 1789 oder andere, weniger offensichtliche? Wie steht es um Utopien und ihre Wirkung? Die Diggers warfen, lange bevor es andere taten, brennende Fragen auf wie jene nach einem sinnvollen Wachstum und Eigentumsbegriff sowie nach dem produktiven Umgang mit Ressourcen. In manchem dürfen sie als Vorbild für alternative Wirtschaftsformen gelten, in vielem können wir konkret von ihnen lernen.

Im letzten Kapitel habe ich geschildert, was seit der Geburt des Robinhoodismus im Mittelalter an der Basis brodelte: Viele wollten endlich eine egalitäre Gesellschaft. Die Diggers nahmen diese Impulse auf, schufen ein kleines Gemeinwesen ohne Stände und strebten dies auch für das gesamte Land an. Eine Gemeinschaft, in der die Verwalter jährlich neu und von allen gewählt würden. Mädchen wie Jungen sollten unabhängig von ihrer Herkunft eine gute Ausbildung erhalten. Alle hätten Anspruch auf Gemeineigentum, ähnlich wie bei Genossenschaften. Doch bei den Diggers griff die Sache weiter aus. Irgendwann bräuchte es kein Geld und keinen Staat mehr, zumindest nicht in der bekannten Form. Die herrschende Klasse würde ihren Sinn verlieren und sich auflösen, wenn alle Menschen in selbst organisierten Gemeinschaften zusammenlebten. Adelige und Großgrundbesitzer könnten sich den Kommunen anschließen oder müssten ihre eigenen Gemeinden bilden, dann aber ohne Untertanen und Bedienstete. All das lief auf eine besondere Kombination von christlichem Anarchismus und antiautoritärem Sozialismus hinaus. Dabei gab es damals offiziell weder Sozialismus noch Anarchismus, bzw. stand Letzteres nur für Chaos, wie für manche Menschen noch heute. Doch die Diggers nahmen den politischen Anarchismus vorweg und damit das einzige der großen Systeme, das ohne strenge Hierarchien und extreme Ungleichheit auskommt.

Winstanley wusste sehr wohl um die Drastik seiner Forderungen: »Freiheit«, schrieb er in einer etwas eigenwilligen Formulierung, »so heißt der Mensch, der die Welt auf den Kopf stellen wird, und es ist kein Wunder, wenn er sich Feinde macht.« Wenig überraschend eckten die Diggers mit ihrer Haltung vor allem bei Großgrundbesitzern und der

Obrigkeit an. Dennoch sah es zunächst gut für sie aus. Die Gemeinden gediehen, vom St George's Hill bis nach Kent im Südosten der Insel und hoch nach Nottingham in den Midlands. So formierte sich Mitte des 17. Jahrhunderts eine neue demokratische Kultur, und zwar als Graswurzelbewegung, wie wir heute sagen würden. Mit insgesamt 34 Gemeinden stand Winstanley im Austausch.

Doch die herrschenden Stände wehrten sich. Sie heuerten Schergen an, ließen die Landbesetzerinnen und Landbesetzer gewaltsam verjagen und ihre Hütten einreißen oder niederbrennen. Gemeinsam mit seinen Mitstreitern Henry Bickerstaffe und Thomas Starr wurde Winstanley verklagt. Dabei war eine gemeinschaftliche Kultivierung ungenutzten Bodens in England über Jahrhunderte üblich gewesen. Ihr Ende hatten erst die sogenannten Einhegungen gebracht, die *enclosures* ab dem 15. Jahrhundert.[4] Sie sind ein weniger bekannter, aber herausragend wichtiger Faktor in der Wirtschafts- und Sozialgeschichte der frühen Neuzeit. Im Wesentlichen lief es darauf hinaus, dass Großgrundbesitzer immer mehr Land für ihren exklusiven Gebrauch einzäunten. Das hing maßgeblich mit dem aufkommenden Agrarkapitalismus zusammen, also mit nichts Geringerem als dem Vorläufer des Industrie- und Finanzkapitalismus, der Wirtschaftsform, die fortan vorherrschen sollte.

Grundbesitzer maximierten ihren Profit und beraubten Landarbeiter und Kleinbauern ihrer ökonomischen Grundlagen. Im Zuge dessen veränderte sich auch die Auffassung davon, was Eigentum überhaupt ist und sein soll. Einfach gesagt, bewegte sich die Idee in eine neue Richtung: weg von der Vorstellung, dass es um – teilbare – Nutzungsrechte an Grund, Boden und deren Erträgen geht, bei der es auch Gemeineigentum gab; hin zur ausschließlichen Verfügungs-

und Gestaltungsgewalt einzelner Eigentümer. Dagegen hatte sich schon in Elisabethanischer Zeit eine Anti-Enclosure-Bewegung formiert. Nun, im 17. Jahrhundert, entbrannten in England mehr als hundert Unruhen mit bis zu tausend Beteiligten. Sie forderten, dass man zu den alten Strukturen zurückkehren müsse, damit Kleinbäuerinnen und Landarbeiter auf Gemeindeland etwas für sich selbst anbauen konnten. Um ihre Not zu lindern und ihrem Unmut Luft zu machen, wilderten die Leute in Wäldern von Lords und fällten dort Bäume.[5] Eine Art ziviler Ungehorsam und Widerstand in der Tradition des Robinhoodismus im Spätmittelalter.

Das war den Diggers als Strategie allerdings zu grob – und ging ihnen zugleich nicht weit genug. Auch sie wandten sich gegen die *enclosures*, wollten aber nicht zu den vermeintlich guten alten Zeiten zurück. Vielmehr wünschten sie sich einen gänzlich anderen Eigentums- und Freiheitsbegriff. Und sie strebten eine schlauere Nutzung des Landes an. Durchaus nüchtern ökonomisch analysierte Winstanley, dass zwischen der Hälfte und zwei Dritteln des Bodens in England nicht richtig kultiviert wurden.[6] Auch schlug er vor, Gemüsesorten anzubauen, die die Leute – und Tiere – durch den Winter brachten, und Mist als Dünger einzusetzen. Für damalige Verhältnisse innovative Ansätze.

Politisch wünschte sich Winstanley nicht einfach eine von der Obrigkeit gesteuerte Fürsorge für die Armen. Das taten andere in christlich-mittelalterlicher Tradition des Feudalismus, was ab 1601 mit dem Poor Relief Act, einem Armengesetz, neue Formen annahm. Es sah unter anderem vor, dass Bedürftige zwar Hilfen von den Gemeinden bekamen, aber zugleich Bettler und Vagabunden, sofern »körperlich fähig«, zur Arbeit gezwungen werden konnten, unter teils brutalsten Bedingungen. Winstanley prangerte dieses System und damit auch das der Lohnarbeit an – mit heutigen Worten: Lohndumping. »Die königliche Macht«, schreibt er, »beruht auf Gesetzen, die die Armen zwingen, für drei oder vier Pence am Tag für die Landbesitzer zu arbeiten; und wenn sie sich weigern würden, müssten sie ins Gefängnis; wer bettelt und obdachlos wird, den peitscht man aus; und all das, um sie als Sklaven zum Beackern jenes Grundes zu zwingen, den man ihnen mit dem Schwert genommen hat, und zwar gemäß den bestehenden Gesetzen Englands.«[7]

In gewisser Weise nimmt der Digger eine Sonderposition in der Zeit ein, die Karl Polanyi in seinem Grundlagenwerk *The Great Transformation* (1944) als Phase des Übergangs von kleineren gesellschaftlichen Einheiten und Austauschsystemen zu den großen »Nationalökonomien« und der totalen und globalen Macht des Marktes umrissen hat.[8] Winstanleys Alternative hieß nun eben weder zurück zum Feudalismus noch hin zum Staatssozialismus – den er ohnehin erst hätte erfinden müssen. Ihm schwebte vielmehr eine *common treasury* vor, eine »gemeinsame Schatzkammer«, kollektiv und gleichberechtig verwaltet. Er argumentierte dabei auf eine damals durchaus neue Art: in Kategorien von Klassen und deren Ausbeutung. Zugleich pochte er, in heutigen Begriffen, auf Eigeninitiative und unternehmerische Innovation. So kritisierte er, dass bei geschätzt einem Drittel Brachland die Eigentümer, meist Adelige, den Armen gegen jede Vernunft schlicht verboten, es zu beackern. Dabei hätte dies der Insel Reichtum beschert und nebenbei zur Senkung der Getreidepreise beigetragen. Das wäre umso wichtiger in Zeiten gewesen, in denen die Inflation den Ärmeren besonders zu schaffen machte. Eine

Preissteigerung, die auch darauf zurückzuführen war, dass Edelmetall, vor allem Silber, das Sklaven in den Kolonien der Neuen Welt abbauten, das Land überschwemmte. Dazu kam die Monopolbildung, die Macht von Grundbesitzern, reichen Händlern und Unternehmern, die Preise zu diktieren. Der Diggers-Dichter Robert Coster unterstrich, dass auch der Preis für Grundstücke hätte verringert werden können, wenn es keine solche Konzentration des knappen kultivierten Landes gegeben hätte.

All das erinnert auf bemerkenswerte Weise an Verhältnisse und Probleme unserer Zeit. Aus heutiger Sicht kritisierten die Diggers die Eigentumskonzentration bzw. die Spekulation mit Boden, Immobilien und Lebensmitteln, die auf Kosten der Armen gingen. Allzu schmerzhaft konkret wird die Parallele, wenn etwa in Brasilien Großgrundbesitzern achtzig Prozent des Landes gehört und weite Teile davon nicht kultiviert werden, während Millionen ärmster Landbewohnerinnen und Landarbeiter nichts besitzen: nicht das kleinste Stück Erde, um etwas darauf anzubauen, und sei es nur zur Selbstversorgung. Als Nachfahren der Diggers gehen Mitglieder der »Bewegung der Landlosen« (Movimento dos Trabalhadores Rurais Sem Terra, MST) mit Landbesetzungen dagegen vor. In Südafrika kämpft die bereits erwähnte Hüttenbewohnerbewegung mit ähnlichen Forderungen und Mitteln gegen vergleichbare Zustände an. Noch im 21. Jahrhundert besteht in vielem also das gleiche archaische Problem, die gleiche himmelschreiend sinnlose und letztlich auch unökonomische Ungerechtigkeit wie im 17. Jahrhundert.

Allgemeiner gefasst lässt das Ganze an die künstliche Verknappung von Ressourcen und Gütern denken, die stets ausschließlich jenen etwas bringt, die ohnehin schon viel haben. Auch den damals gerade entstehenden Agrarkapitalismus kennzeichneten eine zunehmende Konzentration von Eigentum und Kapital und das klare Ziel, den Profit zu maximieren. So bildete er die Blaupause für ein neuartiges »strategisches« Unternehmertum und eine Handelspolitik, die man zunächst einmal mit dem sogenannten Merkantilismus in Verbindung bringt.

Der Merkantilismus, der damals Verbreitung fand, sollte sich langfristig als prägend für unser ökonomisches Denken erweisen. Er dürfte das erste Beispiel dafür sein, dass egoistisches Verhalten beim Wirtschaften eben nicht nur verdeckt, sondern *völlig offen* zur Schau getragen, ja, theoretisch eingefordert und untermauert wird. Und dies ein Jahrhundert bevor es die – inzwischen viel bekanntere – klassische Schule der Ökonomie mit Leuten wie Adam Smith und David Ricardo tat. Schon im 17. Jahrhundert empfahlen Ökonomen wie Thomas Mun, man solle einen Außenhandelsüberschuss anstreben. (Also das, womit heute Deutschland glänzt.) In seinem überaus einflussreichen Buch *England's Treasure by Forraign Trade* fordert er, dass man lieber billiger in fernen Ländern kaufen solle und Teureres an sie verkaufen.[9] Außerdem sollte man die Geschäfte von Konkurrenten, wo möglich, durchkreuzen.

Genau diesem Denken versuchten sich die Diggers entgegenzustellen. Das gestaltete sich schwierig. Denn damals entwickelte sich die Ökonomie langsam zu dem Fach, der Wissenschaft, die inzwischen fast alle Bereiche des Lebens umfasst, analysiert und direkt beeinflusst. Bis ins Mittelalter hatten sich, wie im letzten Teil mit Blick vor allem auf Petrus Johannis Olivi umrissen, eher Theologen und Philosophen mit der Frage beschäftigt, wie sich Ressourcen durch den Handel am besten verteilen lassen und was ein

»gerechter Preis« ist. In der frühen Neuzeit änderte sich der Anspruch dahingehend, dass Überlegungen beispielsweise dazu, wie wir uns profitorientiert verhalten können und sollen, mehr und mehr als zentral für ein gelungenes Leben definiert wurden. Dies sollte dann bekanntlich in Zeiten der Industrialisierung auf das Menschenbild vom Homo oeconomicus hinauslaufen, der (angeblich) rational abwägt, um Nutzen zu maximieren. Derart ausgreifend, begann die Ökonomie wie nebenbei, Schritt für Schritt die Theologie abzulösen. Was den erwähnten Thomas Mun zu Zeiten der Diggers betrifft, wogen dessen Worte allerdings auch deshalb so schwer, weil er weit über seine Rolle als Theoretiker hinaus Einfluss hatte: Denn er war gleichzeitig der Direktor des mächtigsten Unternehmens der damaligen Welt, der East India Company. So herrschte im Fall von Mun eine besonders starke und offenkundige Vermischung von theoretischen und persönlichen Anliegen, wie sie bis heute kennzeichnend bleibt für die Ökonomie als Wissenschaft.

Die East India Company dominierte zeitweise Wirtschaft wie Politik als erste große Aktiengesellschaft Englands. Ostindien-Kompanien hießen mehrere auf den Asienhandel zielende europäische Gesellschaften, gegründet im 17. Jahrhundert in England, Frankreich, den Niederlanden, Schweden und sogar im kleinen Dänemark. Sie boomten. Zur britischen East India Company schlossen sich Kaufleute und reiche Geldgeber zusammen, die ab 1600 die Kolonisierung und Unterjochung Indiens, Südostasiens und, später, von Teilen Chinas vorantrieben. Somit war sie ein Haupttreiber der Ausbeutung und insbesondere auch der Sklaverei. Die East India Company hatte nicht nur ihre eigene Flagge und ihr eigenes Wappen, die jeweils den britischen ähnelten, sondern auch eine eigene Flotte, eigene Soldaten und sogar ihre eigene Gerichtsbarkeit. Sie schwang sich zu einem Staat im Staat auf. Alles mit dem Segen der Monarchie. Zumindest so lange, bis die Kompanie der Regierung doch zu mächtig wurde. Daraufhin wurde sie zwischen 1858 und 1874 schrittweise verstaatlicht und schließlich aufgelöst. Wobei letztlich Steuerzahler – damals vor allem indische – für die Verbindlichkeiten der East India Company aufkommen mussten.

Einem solchen Denken und Handeln wollten die Diggers entgegenwirken. Winstanley und seine Mitstreiter strebten ein anderes Wachstum an, das wir zugespitzt Wachstum nach unten nennen können. Es sollte gerade dadurch geschaffen werden, dass man in kleineren Einheiten dachte, mit denen sich das Beste aus den lokalen Ressourcen machen ließ. So würde sich das Wachstum auf weitere Kreise und gezielter verteilen lassen, auch auf die einfachen Leute. Also genau das Gegenteil dessen, was die Ostindien-Kompanien praktizierten.

Das Anliegen der Diggers mag schlicht klingen, bedeutete aber einen historischen Schritt. So lässt sich anhand dieser Gruppe ein frischer Blick auf das Konzept des ökonomischen Wachstums werfen, das uns bis heute umtreibt. Wir können es besser verstehen, wenn wir dort ansetzen, wo es historisch entstand – und gleichzeitig schon infrage gestellt wurde. Zwar existierte Wachstum damals noch nicht als wirtschaftswissenschaftlicher Begriff; geschweige denn als übergeordnetes Ziel wie in späteren Zeiten. Was wir heute primär mit dem Begriff als Grundelement des Kapitalismus verbinden, also Wachstum als Folge der Mechanisierung und Industrialisierung, ist historisch ein späteres Phänomen. Doch in Zeiten der Diggers wurde es insofern bereits erzeugt, als es bestimmte Akteure – und Länder –

auf Kosten anderer *für sich* generierten. Mithilfe fremder Rohstoffe und billiger Arbeitskraft, oftmals Sklaven.

Demgegenüber ähnelt Wachstum nach unten einem Prinzip, das heute, fast vierhundert Jahre später, an Bedeutung gewinnt: Degrowth oder Postwachstum, auch mit regionaler und nachhaltiger, dezentralisierter Produktion. Teils mit innovativen Anbaumethoden wie Permakultur, unterstützt durch neuartige Finanzinfrastrukturen wie Regional- und Komplementärwährungen. Sie eignen sich dank eines oftmals eingebauten Wertverlustes und ihrer Bindung an soziale Projekte nicht zur reinen Spekulation (ganz im Gegensatz zu Kryptowährungen). Und die Diggers waren die Ersten, die sich in diese Richtung bewegten, sowohl mit ihrem Willen, Geld als Mittel der Machtkonzentration abzuwerten, wie auch praktisch mit neuen Anbaumethoden und vernünftigen Verteilungssystemen. Dieses Prinzip des Wachstums nach unten lässt sich durchaus auf heutige Probleme anwenden. Etwa bei der Situation, dass es in Deutschland einen drastischen Wohnungsmangel gibt und zugleich über eine Millionen Apartments leer stehen, teils weil sie der Spekulation dienen, zum Wiederverkauf nach einer Preissteigerung (die wiederum durch die Nicht-Nutzung, also eine künstliche Verknappung, befördert wird).[10] Das entspricht in vielem dem Prinzip des absichtlich ungenutzten Landes, gegen das die Diggers aufbegehrten.

Sie bestechen zudem immer wieder durch praktische Ansätze, aber auch Ideen für Politik, Ökonomie und Kultur. Gerade Winstanley erweist sich einerseits als extrem modern, zugleich berief er sich auf alte religiöse Vorstellungen, die er neu belebte. Beispielsweise beim Erbe. Zugespitzt gesagt, zielte er dabei auf eine Art wahre Erbsünde und wandte sich direkt an Lords und Landbesitzer: »Eure Macht, Land einhegen und es euer Eigentum nennen zu können«, erklärte er, »wurde von euren Vorfahren mithilfe des Schwertes geschaffen; sie haben zuerst ihre Mit-Geschöpfe, andere Menschen, ermordet und ihr Land geplündert oder geraubt, und dieses Land dann nach und nach euch, ihren Kindern, übergeben. Ihr habt also nicht getötet oder geraubt, aber ihr haltet diese verfluchte Sache in euren Händen, und zwar mit der Macht des Schwertes; so rechtfertigt ihr die schändliche Tat eurer Väter und die Sünden eurer Väter. *Und diese Sünde eurer Väter* bleibt bei euch und euren Nachkommen, bis in die dritte und vierte Generation, und noch länger, bis eure blutige und räuberische Macht aus dem Land getilgt wird.«[11]

Winstanley stemmte sich also nicht nur gegen die Ungerechtigkeiten seiner Zeit, er fragte auch, wo ihre Wurzeln lagen. Er geißelte die alte Ordnung, etabliert seit Beginn der Hochkulturen als eine vererbte ökonomische und auch kulturelle Ungleichheit. Und er kritisierte das alles mehr als ein Jahrhundert vor der Aufklärung und auch vor dem heute viel bekannteren Thomas Paine, dem Korsettmacher und Autor, der ähnliche Ideen, wenngleich moderater und weniger konkret, in seinem einflussreichen Buch *Common Sense* von 1776 vortrug.[12]

Trotz aller Widerstände versuchten die Diggers durchzuhalten. So zog die Gründergruppe vom St George's Hill, nachdem Landbesitzer ihre Hütten hatten zerstören lassen, ein paar Kilometer weiter nach Cobham Heath. Dort zimmerten sie sich neue Unterkünfte, pflügten und säten. Um ihre Botschaft zu streuen und sich Mut zu machen, sangen sie Lieder wie ihren »Diggers' Song«:

»You noble Diggers all, stand up now, stand up now,
The waste land to maintain [...]
Your houses they pull down to fright poor men in town,
But the gentry must come down, and the poor shall wear the crown
Stand up now [...]
The clergy they come in and say it is a sin
That we should now begin our freedom for to win
Stand up now diggers all
'Gainst lawyers and 'gainst priests stand up now stand up now [...]
The gentry are all round stand up now [...]
Their wisdom's so profound to cheat us of our ground«

Das klingt in unseren Ohren ganz ähnlich wie das drei Jahrhunderte später entstandene »Get Up, Stand Up«, in dem Bob Marley unter anderem vor Predigern warnt, die sich allwissend geben, um die Leute besser manipulieren zu können.[13] Auch bei den Diggers sollten sich die Armen nicht täuschen lassen, weder von Priestern noch Juristen noch allgemein der Obrigkeit. Und sie sollten die Krone tragen. Genau genommen ging es um viele Kronen, eine für jede und jeden. Ein revolutionärer Ansatz, revolutionärer auch, als einen König zu enthaupten, um dann die Krone einem vermeintlich besseren, gerechteren Herrscher anzudienen, der aber in den alten Mustern agiert. Die Geschichte gab Winstanley recht. Denn just im Januar 1649, dem Geburtsjahr der Diggers, war König Karl I. nach seiner Niederlage im Bürgerkrieg gegen die Parlamentstruppen enthauptet worden. Darauf sollte der Militärdiktator Oliver Cromwell folgen, der so grausam und streng herrschte, dass sich viele nach seinem Tod über die Einsetzung eines neuen Königs freuten.

Die Revolution der Diggers war viel radikaler als jene Cromwells, und zwar sowohl in ihrer Gewaltfreiheit als auch in ihrer egalitären Ausrichtung. Das gilt im Großen, der Politik, wie im Alltagsleben. Wir können uns ausmalen, wie die True Levellers in ihren Dörfern und Weilern abends gemeinsam um ein Feuer saßen und Lieder sangen wie den zitierten »Digger's Song«. Wie sie Ale tranken und über alles Mögliche diskutierten. Etwa darüber, wie die »Kronen der Armen« aussehen könnten. Schöner als jene aus kaltem Gold und Edelsteinen sollten sie wohl sein, die damals ähnlich wenig konkreten Nutzen hatten wie heute und deren Wert schon damals auf Einbildung beruhte. Das ist eine triviale Feststellung, aber doch erwähnenswert vor dem Hintergrund dessen, wie viel Leid die globalisierte Jagd auf Gold und Edelsteine über die – meist armen – Menschen brachte und bis heute bringt.

Die Diggers-Kronen sollten, metaphorisch gesprochen, aus Holz und Blattwerk sein und nach Harz riechen, nach Leben. Tatsächlich wurden damals unter utopischen Denkerinnen und Denkern Diskussionen genau darüber geführt, wie trügerisch der Wert von Materialien wie Gold und Edelsteinen und von Schmuck im Allgemeinen war.[14] Bei solchen Debatten ging es auch um Verhaltensmuster und um Statusdenken, darum, ob überhaupt irgendwer höher als andere stehen soll. Der erwähnte Diggers-Poet Robert Coster wünschte sich einen völlig anderen Umgang der Menschen miteinander. Es könne nicht sein, betont er, dass Adelige und Großgrundbesitzer die Armen in eine »sklavische Haltung« zwingen, bis sie »gebückt von einer Ecke in die andere schleichen, während ihre Lordschaft (eher der Tyrann) auf und ab stolziert und sich mit überheblichem Blick und geschwollenen Worten nach seinem Eigentum erkundigt«.[15]

15.

Stipendien, um Arme ins Parlament zu bringen

Auch einige der wenigen dokumentierten Statements von Bäuerinnen und Bauern, Handwerkern und Veteranen aus Diggers-Zeiten lassen darauf schließen, dass sie derartige Fragen diskutierten. Letztlich ging es um Würde für alle. Aber was forderten sie konkret an Maßnahmen? Beispielsweise Einkommensbeschränkungen für Adelige bzw. sehr Reiche, eine Deckelung auf zweitausend Pfund im Jahr.[1] Das war damals so revolutionär, wie es das heute wäre, wenn es eine vergleichbare Forderung überhaupt gäbe. Und es ist eine Anregung, die uns die Diggers vermacht haben für Zeiten, in denen eigentlich klar sein müsste, dass es keinen Sinn hat – weder ethisch noch ökologisch noch volkswirtschaftlich –, wenn CEOs das Vielhundertfache einfacher Angestellter verdienen. Oder noch grundlegender: wenn manche Menschen Milliardäre sind. Das verschärft die ungleiche Verteilung von Macht, schadet somit der Demokratie und beschert niemandem mehr Glücksgefühle. Es ist schon bemerkenswert, dass wir an diesem Punkt heute nicht weiter sind als damals.

Die namenlosen Landbewohnerinnen und Landbewohner zweifelten die Autorität des Adels und der Kirche an. Auch forderten die Diggers als die historisch Ersten eine *gewaltfreie* Revolution. Sie ahnten offenbar, was inzwischen durch Studien empirisch belegt wird: dass gewaltfreie Kampagnen, etwa gegen diktatorische Regime, statistisch fast doppelt so oft zu einem nachhaltigen Erfolg führen wie solche, bei denen Waffen zum Einsatz kommen.[2] Schon deshalb, weil sich dadurch besser verhindern lässt, dass nach einem Umsturz einfach nur andere, autokratische Revolutionsführer oder ökonomische Revolutionsgewinnler im Palast sitzen. »Dieser oberste Ast am Baum der Tyrannei«, schrieb Winstanley, »wird abgehauen, und wir entledigen uns der königlichen Macht in dem einen. Aber, ach, die Unterdrückung ist immer noch ein großer Baum, und er verdeckt den armen einfachen Leuten weiterhin die Sonne.«[3]

Die Diggers wollten ein grundlegend anderes Bild vom schönen Leben malen. Welchen Zauber es hatte, wird klar, wenn wir das Dasein in einem Diggers-Dorf in der Nähe von London schlaglichtartig mit jenem wohlhabender Bürger in der Hauptstadt vergleichen. Das ist deshalb zumindest grob möglich, weil wir eine historisch einzigartige Quelle aus der damaligen Zeit haben, das *Tagebuch des Samuel Pepys*. Es gibt darüber Aufschluss, wie Menschen, die wir mit heutigen Begriffen vermutlich der »oberen Mittelschicht« zuordnen würden, im 17. Jahrhundert lebten und dachten. Das Buch stammt von dem gleichnamigen Angestellten einer Kanzlei, Absolvent der Cambridge University, zeitweise Sekretär im britischen Schatzamt. Pepys gewährt ungewöhnliche Einblicke in den Alltag privilegierter und gebildeter Kreise, bis hin zu intimen Befindlichkeiten. Er selbst kann sich zum Frühstück schon Truthahnpastete, Gans und Bier leisten, insgesamt Berge von Fleisch, »Kalbsfuß und Schinken, zwei Kapaunen, Würste und Fettgebackenes, dazu Wein im Überfluß«; im Gegenzug leidet er an Verdauungsproblemen und nimmt Abführmittel.[4] Manchmal hört er an einem Sonntag mehrere Predigten, bei denen er regelmäßig vor Langeweile einschläft. Bei aller kritischen Distanz zu dieser oder jener Konvention, die Pepys durchaus hat, plagen ihn doch Statusängste. »Dr. Fullers ›Würdige Männer Englands‹ gelesen. Sehr beunruhigend, dass er nichts über uns sagt und meine Familie weder in Cambridge noch in Norfolk erwähnt.« Umso mehr freut er sich, Karten dafür zu ergattern, der Königin, wie damals üblich, beim Dinieren zuzuschauen. Dabei fragt er sich, ob die Monarchin letztlich nicht auch nur ein Mensch sei. Da waren die Diggers, die bereits die Ursachen solcher Einschätzungen über gottgegebenen Status und gesellschaftliche Hierarchien reflektierten, dem studierten Pepys voraus.

Der verprügelt seine Magd schon mal mit dem Besen, »bis sie schreit«. Er hat ein Verhältnis mit einem Dienstmädchen und mit einem anderen nur deshalb keines, weil er fürchtet, sie könnte seiner Frau etwas verraten. Diese wiederum liegt ihm damit in den Ohren, eine »neue Gesellschafterin« zu brauchen. Insgesamt hängen der im konventionellen Sinn hochgebildete Pepys und sein Milieu also dem damals »normalen« frauenverachtenden Weltbild an. Sie klopfen Sprüche, die so geschmacklos sind, dass sie als sexistisch zu bezeichnen noch verharmlosend wäre.[5]

Das ist natürlich nur ein anekdotischer Einblick in das Alltagsleben eines privilegierten, gebildeten Großstadtbewohners aus Diggers-Zeiten. Aber er zeigt doch auf zugespitzte Weise, von welchen Ängsten und Beschränkungen geplagt ein solches damals war und wie derb in vieler Hinsicht. Im Rahmen eines Gedankenspiels könnten wir uns fragen, wo und wie wir damals lieber gelebt hätten, als Mitglied dieser Mittelschicht oder als Digger. Natürlich dürfen wir die armen, im konventionellen Sinn ungebildeten

Diggers mit ihrem gewaltfreien, freiheitlichen und egalitären Weltbild nicht romantisieren, erst recht nicht im heutigen Sinn des »einfachen Aussteigerlebens« auf dem Lande. Aber es relativiert doch einiges, sowohl mit Blick auf den Alltag als auch auf mehr oder weniger fortschrittliches politisches Denken und einen mehr oder weniger angenehmen Umgang der Menschen miteinander in verschiedenen Schichten.

Noch extremer fiele der Vergleich natürlich aus, wenn wir ihn zwischen Diggers-Gemeinden und dem damaligen Leben bei Hofe ziehen würden, der Zuspitzung halber jenem in Versailles unter Ludwig XIV. Schließlich diente der Sonnenkönig im 17. Jahrhundert und auch später noch als strahlendes Vorbild nicht nur für Herrscher, sondern auch für Kulturschaffende in ganz Europa. Das ist Versailles in manchem offenbar noch in der Gegenwart, wenn man bedenkt, dass heutige Amtsträger das Schloss weiterhin als glanzvolle Kulisse für politisch bedeutsame Treffen nutzen, etwa beim EU-Gipfel im Frühjahr 2022. Eigentlich eine fragwürdige Symbolik. Selbst wenn wir kurz ausblenden, dass der Luxus im Schloss darauf beruhte, die Ärmsten auszubeuten, und uns nur vorzustellen versuchen, wie das Leben davon abgesehen für Privilegierte aussah, müssen wir festhalten, dass es nicht unbedingt sehr angenehm war: als da wären die kalten Säle; die oft engen stickigen Apartments; der Gestank nach Urin und Fäkalien, weil sich die Leute der Einfachheit halber auf den Fußboden erleichterten; die kiloschweren, mit Ungeziefer bestückten Perücken und die zwickend engen Korsette. Und last, but not least die brutalen Hierarchien bei Hofe auch innerhalb an sich privilegierter Kreise. Das Hauen und Stechen. Dazu die allgegenwärtige, oft willkürlich ausgeübte und ungeahndete Gewalt,

Vergewaltigungen von Bediensteten, von Kammerzofen, Missbrauch von Untergebenen und das ständige gegenseitige Misstrauen.

So gesehen lebten die Diggers auch freier als Adelige; niemand wurde erniedrigt, musste kriechen oder Intrigen durch Neider fürchten. Kein Wunder, dass die Diggers damals, zumal für weniger Privilegierte, eine attraktive Alternative zum üblichen repressiven Lebensstil verkörperten. Man könnte sagen, ihre Devise lautete nicht so sehr »Krieg den Palästen, Friede den Hütten!«, wie später bei Friedrich Engels.[6] Sondern: Vergesst die Paläste, sie bedeuten zu viel Aufwand für nichts, außerdem fehlen ihnen Anmut und Wärme.

Auch weil Großgrundbesitzer und die Obrigkeit sich und ihren Lebensstil bedroht sahen, schritten sie vehement ein. Sie verklagten und vertrieben die Mitglieder der Kommunen, die keine Waffen und keine Anwälte hatten. 1650, kaum ein Jahr nach Gründung der ersten True-Levellers-Gemeinden, war das Experiment zu Ende.

Dass die Diggers dermaßen unterdrückt wurden, hat einige interessante Entwicklungen verhindert oder verlangsamt. Die Schriften Winstanleys, die er oft im Kollektiv verfasste, sind modern wie keine anderen jener Zeit: Mit ihnen nahm er Ideen eines demokratischen Sozialismus und in vielem auch des Anarchosyndikalismus vorweg. Darüber hinaus heckten die Diggers Ansätze des Aktivismus aus, die später bei zahllosen Umstürzen und Reformen eine Rolle spielen sollten: an erster Stelle den Generalstreik. »Labor withdrawal«, wie es Winstanley nannte. Mit diesem »Arbeitskraftentzug« wollte er Großgrundbesitzer in die Knie zwingen.

In den Kommunen gediehen Ideen zur sozialen Gleichheit, die erst mit einer Verzögerung von *dreihundert Jahren* in den Mainstream einfließen sollten. Dazu kamen solche, die bis heute randständig bleiben, obwohl sie längst umgesetzt sein müssten. Das betrifft neben der erwähnten Einkommensdeckelung Vorschläge, wie sich der geringe Anteil von weniger Privilegierten in Parlamenten erhöhen ließe. Bis heute besteht ein großes Problem darin, dass Menschen mit geringem Einkommen – und mit nichtakademischer Ausbildung – einen verschwindend geringen Anteil in den Volksvertretungen ausmachen. Allgemein dominieren höhere Einkommen, wie im 17. Jahrhundert. Im deutschen Bundestag etwa saß in der Legislaturperiode 2017 bis 2021 kein einziger Metallarbeiter, bei »Fertigungsberufen« betrug der Anteil 2,4 Prozent.[7] Ehemalige Empfänger von Hartz IV, nun Bürger- oder Arbeitslosengeld, machten noch weniger aus. Das heißt, ein großer Teil der Bevölkerung ist so gut wie nicht vertreten und kann somit auch nicht seine Anliegen und Sichtweisen vorbringen.

Um mit diesem Problem, das zeitlos zu sein scheint, fertigzuwerden, machte Winstanley in seiner Schrift *The Law of Freedom in a Platform* einen Vorschlag. Er wünschte sich eine »Jahres-Unterstützung«, eine Art Stipendium für Arme, die in die Politik gehen wollten.[8] Wie ließe sich das auf unsere Zeit übertragen, da es Diäten für diejenigen gibt, die gewählt werden? Es entspräche so etwas wie einem Programm für Beschäftigte aus dem Billiglohnsektor, einer Hilfe für Bürgergeld-Empfänger und für Alleinerziehende mit geringem Einkommen und »niedrigem Bildungsabschluss«: einer Förderung, um sie ins Parlament zu bringen. Das würde die soziale und kulturelle Vielfalt in der Volksvertretung erheblich erhöhen und neue Perspektiven eröffnen. Denn dann dürften ausnahmsweise Leute mitreden und Gesetze machen, die selbst erlebt haben, wie es ist, die unangenehmen Konsequenzen derselben bzw. einer bestimmten Politik direkt zu tragen. Letzteres trifft auf die aktuellen Parlamentarier ja in den allermeisten Fällen nicht zu.

Winstanley und seine Mitstreiter formulierten teils wie für ein progressiveres Grundgesetz: »Der ärmste Mensch«, heißt es in dem zentralen Diggers-Statement, »hat das gleiche Recht auf Landbesitz wie der reichste.« Jeder sollte zumindest ein kleines Stück Land zur Verfügung haben. Auf unsere Zeiten gemünzt, in denen der Besitz von Boden nicht mehr zentral ist, entspräche dem wohl eine Idee wie die bereits erwähnte vom Staatserbe im Sinn von Thomas Piketty: Dabei sollte jede Bürgerin und jeder Bürger im Alter von 25 etwa 120 000 Euro erhalten als Startkapital, sei es für ein Unternehmen oder eine spezielle Weiter- oder Zusatzausbildung, das Ganze finanziert aus progressiven Einkommens-, Vermögens- und Erbschaftssteuern.[9] Suchen wir nach einer ideologischen Tradition und ersten praktischen Vorschlägen der Art, finden wir sie bei den Leuten vom St George's Hill.

Die Diggers beschäftigten sich mit Alltagsfragen wie mit Prinzipiellem. Sie verbanden Idealismus und Pragmatismus. Sie setzten ihre Ideen im Kleinen um und überlegten, wie sich hehre Konzepte wie das Recht auf Eigentum und Freihandel mit Leben füllen ließen. Diese Dinge hatte das Commonwealth ab 1649 mit dem Sturz des Königs und der Stärkung des Parlaments zwar theoretisch gebracht. Das bleibe aber, so Winstanley, eine »halbe«, »ungesicherte«, »unvollendete« Freiheit, solange die ökonomische Freiheit aller nicht garantiert sei und ihre Stimme nicht gehört werde.[10]

Winstanley hob damit auf eine einfache wie traurige historische Regel ab: dass den Ärmsten immer und in jeder Gesellschaft, ob feudal, kapitalistisch, kommunistisch oder sozialmarktwirtschaftlich, zu wenig geholfen wird. Das ist so simpel wie skandalös, und wir können zumindest kurz darüber staunen. Die Diggers waren die Ersten, die das grundlegend ändern wollten. Und eine Zeit lang taten sie es ja auch, in ihrer gelebten Utopie von unten.

16.

Möglichkeitsfenster der Geschichte

Wo, wenn nicht von Marginalisierten wie den Diggers, kamen Utopien sonst her? Den berühmtesten dieser »Nicht-Orte«, der gleichzeitig allen späteren den Namen geben sollte, entwarf Thomas Morus in seinem Buch *Utopia* von 1516, ein Jahrhundert vor den Diggers.[1] Er bot darin spektakuläre Ideen: einen Staat mit einem von allen gewählten Anführer, eine Gesellschaft ohne Stände, mit Gemeineigentum, ja sogar mit einem Rotationssystem bei den Häusern und Räumen, die die Utopier bewohnen.[2] Morus' Idealgesellschaft ist rein theoretisch, und es weht ein ideologisch strenger Wind. Aus heutiger Sicht entspricht sie einem repressiven Staatssozialismus, inklusive Uniformitätszwang und brutaler Justiz. Die Diggers-Utopie überzeugt da viel mehr, mit Freiheit, Individualismus und Innovationsfreude.

All das ging mit der unerhörten Idee einher, dass endlich ein positives Menschenbild Grundlage der Politik sein sollte. Wenn wir heute an frühe Ansätze dafür denken, fällt uns eher Jean-Jacques Rousseau ein, der ein Jahrhundert nach den Diggers lebte. Er glaubte, einfach gesagt, an das Gute im Menschen, an eine freiere Erziehung und argumentierte auch für etwas mehr Macht für mehr Leute. Aber die Diggers waren mit vielem nicht nur viel früher dran als Denker des 18. Jahrhunderts und utopische Gemeinden des folgenden. Sie wagten die »konkrete Utopie«, theoretisch ein Konzept des 20. Jahrhunderts.[3] In gewissem Sinn vollzogen sie eine alternative Staatsgründung, denn anders als alle anderen (besser bekannten) Gemeinwesen in Hochkulturen basierte die Verwaltung ihrer Gemeinden eben nicht auf Gewalt oder auch nur Gerissenheit. Bei ihnen griff eben nicht das jahrtausendealte Prinzip, wonach sich stets der charismatischste, gewiefteste oder stärkste Anführer durchsetzt – bis ein noch Stärkerer die Macht an sich reißt. Ein Prinzip, das jede Anführerin und jeden Anführer bangen lässt, dass ihr oder ihm die Position mit genau den gleichen Mitteln wieder streitig gemacht wird. Die Diggers waren nicht nur deutlich egalitärer als die britische sogenannte Republik unter Cromwell, sondern auch als die Republik der Vereinigten Niederlande, damals so etwas wie das *etablierte* Gegenmodell zum Absolutismus. Doch auch dort hatten Adelige und reiche Bürger das Sagen und kämpften um Macht für sich und ihre Region. Demgegenüber schworen die Diggers auf Kooperation und Gleichberechtigung.

Hätten die Machthaber und reiche Grundherren sie nicht dermaßen bekämpft und hätten die Menschen damals mehr über und auf sie gehört, wäre das für das Gemeinwesen ein riesiger Fortschritt gewesen. Man hätte keine anderthalb Jahrhunderte warten müssen, bis sich das allgemeine Wahlrecht auch nur als Ideal etablierte; und keine dreihundert Jahre, bis gewaltfreie Konfliktlösungen zumindest offiziell als Ziel gelten sollten.

Mit Blick auf das Schicksal der Diggers lässt sich besonders exemplarisch ein Grundprinzip nachvollziehen, das in Gesellschaften immer wieder – auch heute noch – zum Tragen kommt: Zu jedem Zeitpunkt der Geschichte lag die Mehrheit der Menschen, einschließlich der Mehrheit der Mächtigen und besonders Gebildeten, bei sehr wichtigen, grundlegenden Fragen falsch. Demgegenüber hatte eine Minderheit recht. Und zwar eine, die auf viele »extrem«, »naiv« oder »versponnen« wirkte. Dass das so ist, wird stets erst mit großer Verzögerung erkannt, und fortan gelten Dinge, die man bis dahin als normal empfand, als verrückt und unmenschlich. Epochale Beispiele dafür sind die Sklaverei, die Unterdrückung der Frauen, die Adelsprivilegien. All diese Missstände und Verrücktheiten, die die Mehrheit der Menschen über Jahrtausende für normal hielt, wurden anfangs (nur) von, meist randständigen, Minderheiten angezweifelt und bekämpft. Damit einher geht die simple Tatsache, dass in der Geschichte immer irgendwelche Taten und Zustände legal waren, die aus heutiger Sicht kriminell sind, und umgekehrt illegale Aktionen im Rückblick legitim.

Wie dieses Grundprinzip in der Praxis greift und was wir daraus lernen können, darum ging es bereits in den bisherigen Kapiteln. Allgemein lässt sich sagen, dass sich, nachdem einige wenige, heute meist Unbekannte den Kampf angeschoben hatten, Ungerechtigkeiten nach langen Auseinandersetzungen überwinden ließen. Manchmal nur zum Teil; manchmal wurden sie durch andere Ungerechtigkeiten ersetzt. Und natürlich lässt sich keine allgemeine Entwicklung in dem Sinn behaupten, dass es einen linearen historischen Fortschritt hin zum Besseren gäbe.[4] Aber für wichtige Errungenschaften wie die genannten gilt der erwähnte Mechanismus.

Mit Blick auf die Diggers können wir uns also etwas Grundsätzliches fragen: Wie können progressive Ideen oder gelebte Utopien einer randständigen Minderheit schneller in den Mainstream einfließen? Heute wären das Überlegungen wie die Abschaffung des Milliardärs- und Multimillionärswesens, das der sozialen Gerechtigkeit und, da

Superreiche ungleich mehr Macht haben, auch der Demokratie entgegensteht. Es wäre die Herstellung einer deutlich größeren Gleichheit, weil dank Studien zur körperlichen und geistigen Gesundheit, zu Gewalt und Zufriedenheit in verschiedenen Ländern längst erwiesen ist, dass sie für *alle* Mitglieder einer Gesellschaft besser ist, auch für die privilegierten.[5] Es wären überfällige Entwicklungen wie die Einführung von Tierrechten, die den Namen verdienten. Tiere werden heute im Rahmen der Massentierhaltung derart gequält und millionenfach ermordet, dass die Mehrheit der Historiker dies in einigen Dekaden gemäß dem beschriebenen Mechanismus als unfassbar bezeichnen wird. So wie dies bereits mit Blick auf die Sklaverei und die Unterdrückung der Frauen geschehen ist. Da kann man schon ins Nachdenken geraten über die Gesetze der Weiterentwicklung. Werden wir uns in ein paar Dekaden sogar fragen, ob wir § 323c des StGB über unterlassene Hilfeleistung auch darauf anwenden dürfen, dass Regierungen Menschen – in ihren eigenen oder anderen Ländern – verhungern lassen, obwohl sie die Mittel hätten, es zu verhindern? Und obwohl ihnen deren Einsatz, wie es im Paragraphen heißt, »den Umständen nach zuzumuten« wäre, und zwar »insbesondere ohne erhebliche eigene Gefahr«?[6]

Wie sich Leute darum bemühten, dass sich positive Ideen schneller durchsetzten und schlimme Zustände zügiger behoben wurden, dafür haben wir schon einige Beispiele gesehen. Grundsätzlich lässt sich festhalten, dass nötige Veränderungen schon allein dadurch rascher voranzutreiben wären, wenn unsere Aufmerksamkeit früher auf arme Minderheiten und engagierte Außenseiter der Gesellschaft wie die Diggers gelenkt würde. Dafür wäre es schon hilfreich, wenn sie beispielsweise in den Lehrplänen stünden.

Zu dem Problem, dass es sozusagen einen als verrückt geltenden Rand mit Leuten gibt, die die richtigen Ideen haben, aber ignoriert, unterdrückt oder verlacht werden, machte bezeichnenderweise schon Diggers-Denker Gerrard Winstanley eine hellsichtige Aussage. Er meinte, dass viele »Angst haben, sich die Freiheit [im Denken und für größere Veränderungen] zu eigen zu machen, weil diese Freiheit oft in einem albern, töricht wirkenden Gewand daherkommt«.[7] Erst zwei Jahrhunderte später sollte es ein bekannter Philosoph so ähnlich formulieren: Arthur Schopenhauer, als er von dem Schicksal sprach, das »allezeit der Wahrheit zu Theil ward, der nur ein kurzes Siegesfest beschieden ist, zwischen den beiden langen Zeiträumen, wo sie als paradox verdammt und als trivial geringgeschätzt wird. Auch pflegt das erstere Schicksal ihren Urheber mitzutreffen«.[8] Im 21. Jahrhundert wiederum schreiben einflussreiche Spieleentwicklerinnen und Zukunftsforscherinnen: »Jede sinnvolle Aussage über die Zukunft sollte zunächst lächerlich klingen.«[9]

Vor allem aber übersetzte in den 1990er-Jahren der Mitarbeiter einer großen Denkfabrik die Idee, dass als randständige »Spinner« betrachtete Leute oft die wichtigsten Transformationen anschieben, in ein politisch-soziologisches Modell. Gemeint ist das Overton-Fenster, benannt nach seinem Erfinder, dem Ingenieur und Juristen Joseph P. Overton am einflussreichen neoliberalen Mackinac Center for Public Policy.[10] Sein Modell besagt: Außerhalb des Fensterrahmens dessen, was im Mainstream sichtbar und akzeptiert ist, liegen zunächst Ideen, die der Mehrheit zu einem Zeitpunkt als »undenkbar« gelten, die sich aber immerhin langsam ins Sichtfeld der Allgemeinheit schieben. Dabei bewegen sie sich hin zu einer breiteren Akzeptanz: Hält die

Mehrheit sie anfangs für verrückt, gelten sie irgendwann nur noch als »radikal«, dann als »vernünftig, aber schwer umsetzbar«, bis sie schließlich »allgemein akzeptiert« und »gar nicht anders denkbar« sind. Um diesen Prozess zu beschleunigen, so Overton, müssen mutige Menschen Ideen, die anfangs unpopulär sind, beherzt gegen Widerstände oder die Unterstellung, verrückt zu sein, vertreten.

Gegen das Konzept des Overton-Fensters lässt sich allerdings manches einwenden. Es stammt, wie gesagt, von einer neoliberal ausgerichteten Organisation. In seinem Buch *The Establishment. And how they get away with it* beschreibt der Historiker und Journalist Owen Jones, wie gemäß dem Overton-Konzept in den 1990er-Jahren just die Ideen des Neoliberalismus politisch und in der breiteren Öffentlichkeit durchgesetzt wurden.[11] Allgemeiner gesagt, kann der Mechanismus auch dazu genutzt werden, etwas Rückschrittliches oder sogar Übles im Mainstream zu etablieren. Und natürlich sind nicht alle machtlosen Minderheiten automatisch »gut«, man muss schon genau hinschauen. Ein weiteres Problem besteht darin, dass das Fenster selbst statisch ist, und dadurch ausrechenbar, offen für Manipulationen etwa durch Leute, die sich nur als progressive, nette Spinner verkaufen wollen, ohne es wirklich zu sein. Das hat so etwas wie ein Spinner-Marketing mit sich gebracht, das in keinem Verhältnis bzw. einem deutlichen Missverhältnis zur Realität des Produktes steht. Das einprägsamste Beispiel dafür dürfte Apples »Think different«-Kampagne von 1997 sein, bei der sich der Konzern mit Namen wie Einstein, Picasso und Gandhi schmückte.[12]

Vielleicht braucht es also eine Alternative zum Overton-Fenster, ein dynamischeres Modell, mit dem sich die Wirkungsmöglichkeiten von Randständigen umreißen lassen:

der Schmetterlingseffekt. Das chaostheoretische und meteorologische Modell, wonach der Flügelschlag eines Falters auf Umwegen einen Orkan mitauslösen kann. Daran angelehnt, ließe sich von einem historischen Schmetterlingseffekt sprechen. Etwas konkreter auf gesellschaftliche Entwicklungen bezogen, können wir die bereits im Abolitionismus-Teil erwähnte Netzwerkforschung anführen. Hier zeigt sich, dass ein sehr kleiner Impuls von einer (scheinbar machtlosen) Person verpuffen oder aber sich überraschend schnell verbreiten und verstärken kann, je nachdem, wen diese als Verbündete in einer bestimmten Situation findet – *first mover* oder konservative Bewahrer.[13] Das Ganze kann dann, gemäß einem Kipp-Mechanismus, sogar einen Kaskadeneffekt haben.

Das heißt, auch auf historische Entwicklungen bezogen: kleine Ursache, große Wirkung, womöglich zeitversetzt und an einem anderen Ort. Jedenfalls entfaltete sich der Einfluss der Diggers auf andere, verdeckte und dynamischere Weise als über das Overton-Modell. Zunächst wirkt es zwar so, als wäre 1649 nicht einmal das Holz für den Fensterrahmen geschlagen gewesen. Doch schauen wir genauer hin, war ihr Einfluss vielfältig und langfristig groß. Dabei lassen sich grob zwei Linien nachzeichnen, beide im Übrigen typisch für die Wirkungsweise einiger politisch progressiver Ansätze.

Die erste, bekanntere Strecke verläuft folgendermaßen: Von den Diggers wusste im 19. Jahrhundert Robert Owen, der offizielle Begründer der politischen Genossenschaftsidee.[14] Mit ihm beschäftigten sich andere, vor allem französische Frühsozialisten – und dadurch irgendwann auch ein gewisser Karl Marx aus Deutschland. Seine Lehre sollte russische Kommunisten prägen und, nachdem 1922 die

Sowjetunion gegründet war, die ganze Welt.[15] Und sie inspirierte die Sozialdemokratie, eine der größten Kräfte des sozialen Fortschritts im 20. Jahrhundert, bei der Etablierung des Sozialstaats.

So gaben die Diggers Impulse und schufen die Grundlagen für einiges, das noch folgen sollte. Bei der ersten Variante gingen auf dem Weg zur Macht allerdings ein paar ihrer entscheidenden Qualitäten verloren. Etwa jene, dass die Anführer keine Elite bilden, keine besonderen Privilegien genießen oder zentrale Steuerung anstreben sollen. Die zweite historische Spur des Diggers-Einflusses scheint aus heutiger Sicht spannender, auch wegen des Potenzials für unsere Zeit. Sie verläuft in vielem enger an den ursprünglichen Anliegen entlang. Diggers-Ideen überlebten die Jahrhunderte in kleinen Kreisen. In den 1960ern nannte sich eine anarchistische Theatergruppe in San Francisco Diggers. Das Ganze inspirierte Ansätze wie Guerilla Gardening und Freeganismus, den Versuch also, sich, um möglichst wenig Ressourcen zu verbrauchen, unter anderem von weggeworfenen Lebensmitteln (vegan) zu ernähren und insgesamt einen antikonsumistischen Lebensstil zu pflegen.[16]

Selbst wenn man derart radikale Formen nicht flächendeckend umsetzen will, können Diggers-Ideen dazu anregen, Grundhaltungen zu überdenken – und auch offener für vermeintlich radikale politische Ideen zu werden. Dazu zählt die erwähnte Einkommensdeckelung für Reiche, die de facto noch in keinem Land der Welt erreicht ist. Dabei ließe sie sich in jedem Gesellschafts- und Wirtschaftssystem zum Wohl aller umsetzen, ob Sozialismus oder Kapitalismus. Auf indirekte Weise könnte sie zur Systemänderung oder der Abwandlung ungünstiger Muster und Verhalten beitragen, etwa der Profitgier. Ein weiteres Beispiel für die verzögerte Wirkung von Diggers-Ideen könnte die geschilderte Förderung von Personen mit niedrigem Einkommen und geringer konventioneller Bildung sein, um sie ins Parlament zu bringen. Noch grundsätzlicher ist es die Idee, was man nicht braucht, freiwillig abzugeben.

Was die Wirkungsweise betrifft, kann das Beispiel der Diggers Mut machen: Es mag lange dauern, aber jeder scheinbar noch so kleine Schritt kann Großes nach sich ziehen. Dafür haben wir bereits in den vorangegangenen Kapiteln schlagende Beispiele gesehen. Und tatsächlich hat sich später ja manch Diggerisches breitenwirksam durchgesetzt. Darunter – theoretisch – Freiheit, Gleichheit, Brüderlichkeit; bei Winstanley noch »equality, community and universal love« genannt.[17] Universelle Liebe mag utopisch klingen, doch im Vergleich zu Revolutionären wie Robespierre oder Lenin verbanden die Diggers abstrakte Slogans immerhin enger mit der Praxis. Etwa mit einem anderen Wachstum und der generellen Abkehr vom alten Hierarchiedenken.

Aber kam es im 17. Jahrhundert in England, unabhängig von den Diggers, nicht ohnehin zur Revolution? Zur Glorious Revolution von 1688, die zu mehr Freiheiten und mehr Gerechtigkeit führte, eine Blaupause auch für spätere Umstürze? Ja, und gerade deshalb können wir hier fragen, wie sich die Anliegen der Diggers zu den offiziellen Revolutionen verhalten. Die Glorreiche ist die erste der Weltgeschichte, die schon zeitnah den Namen Revolution erhielt. Tatsächlich: Das Parlament stürzte den König und ersetzte ihn durch einen anderen, der mit dem Hohen Haus zusammenarbeitete. Grundrechte fanden sich gestärkt, Wahlen schrittweise eingeführt.

Doch so einfach ist es nicht. Lange Zeit dachte ich, die

Englische Revolution sei zwar nicht so spektakulär gewesen wie die Französische, aber ähnlich effektiv und viel weniger blutig. Ich meinte, sie habe ohne all die Grausamkeiten letztlich Ähnliches wie jene von 1789 erreicht, nämlich eine langsame Ausweitung von Bürgerrechten, Wahlen und wenigstens etwas mehr sozialer Gerechtigkeit. Sozusagen weniger typisch französisches Pathos und Lärm, mehr das englische Understatement, samt der feinen Ironie, dass das Ganze am Ende, obwohl de facto eine Demokratie, immer noch Monarchie heißt. Das stimmt in Teilen, aber ein solches Revolutionen-Ranking ist trotzdem irreführend. Denn dabei laufen wir Gefahr, Wesentliches zu übersehen: dass nämlich weder die Englische noch die Französische Revolution wirklich zur Verbesserung der Lebensverhältnisse der Armen beitrug, geschweige denn der Sklaven. Die Zahl Letzterer sollte nach der Glorious Revolution sogar sprunghaft ansteigen.[18] Das Verbot der Sklaverei kurz nach der Französischen Revolution wiederum fand sich nicht umgesetzt, außerdem hob es Napoleon schon 1802 wieder auf. Insgesamt brachte weder die Französische Revolution noch die Englische der unteren Einkommenshälfte der Bevölkerung materiell etwas; von beiden profitierten fast nur diejenigen, die sich ohnehin schon eines gewissen Wohlstands erfreuten.[19]

Das kann man sich nicht oft genug in Erinnerung rufen. Und deshalb lag auch Gerrard Winstanley bereits 1649, als Karl I. enthauptet wurde, richtig, wenn er, wie bereits zitiert, schrieb, dass der König nur der »oberste Ast am Baum der Tyrannei« sei, den abzuhauen eben nicht genüge. In mancher Hinsicht war der abgesägte König selbst ein Bauernopfer. Er durfte ruhig sterben, zu bewahren galt es die Hierarchien, die dahinterstanden. Unter diesem Gesichtspunkt handelte es sich um eine Scheinrevolution. Weiterhin durfte nur eine Minderheit von sehr Wohlhabenden das Parlament wählen, offiziell gerade mal um die fünf Prozent der Bevölkerung, in der Praxis und in einigen Regionen der Insel noch viel weniger.[20] Bis ins 19. und 20. Jahrhundert hinein gelangte auch in den anderen Ländern Europas wegen des Zensuswahlrechts nur ein ähnlich kleiner, reicher Teil der Bevölkerung an die Urne.[21] Und während die politische Ungleichheit sich zwar ganz langsam verringerte, blieb die ökonomische bestehen – und wurde in vielem sogar ausgebaut.

Es ist faszinierend, sich vorzustellen, was alles anders hätte werden können, wenn es den Diggers und Gleichgesinnten gelungen wäre, sich durchzusetzen oder mehr Gehör zu finden. Die Demokratisierung hätte womöglich viel schneller Fahrt aufgenommen. Es hätten sich keine absurden Institutionen halten können wie die britische Monarchie und insbesondere das House of Lords, in dem die Mitglieder, alles – meist durch Erbe – wohlhabende Leute, bis heute politische Macht ausüben, ohne sich je Wahlen gestellt zu haben. Wir staunen nur mal kurz, wenn es zu besonders offenkundigen Exzessen kommt wie im Jahr 2020, als Jewgeni Lebedew, Sohn und Erbe des russischen Oligarchen Alexander Lebedew, vom damaligen Premier Boris Johnson einen Sitz erhielt, nachdem er mit seinem Medienimperium dessen Wahlkampf unterstützt und ihn auf Partys eingeladen hatte.[22] Vielleicht schlucken wir das Groteske, weil uns das Ganze, mit den Ritualen, dem Pomp und den Hermelin-Kostümen, als ein doch eher schrulliges, drolliges, harmloses Überbleibsel aus guten alten Zeiten verkauft wird, was es natürlich nicht ist.

Die Sache reicht jedoch noch viel weiter, bis in die Wirtschaft hinein. Wäre eine Ökonomie im Sinn der Diggers etabliert worden, die mehr auf die schlaue Nutzung von Ressourcen und ein Wachstum nach unten setzte, hätte der Kolonialismus, die kapitalistisch befeuerte Ausbeutung anderer Länder, verhindert oder zumindest abgemildert werden können. Er boomte just im Jahrhundert der Diggers verstärkt, und zwar in der Gestalt der erwähnten Ostindien-Kompanien, jener brutalen Anti-Utopien.

Strukturell erinnern diese Kompanien an Konzerne unserer Zeit, die oft die billigen Arbeitskräfte und Rohstoffe in Ex-Kolonien für uns ausbeuten und mithilfe von Lobbyisten die Politik einzelner Länder und Regierungen mitbestimmen. Politisch waren die Kompanien das Gegenteil von progressiv, so wie dies bis heute für so viele Konzerne gilt, die im Aufbau Monarchien ähneln. Teils sogar mit kleinen Sonnenkönigen wie Jeff Bezos und Elon Musk, die ihre Mitarbeiter vom Prinzip her ähnlich behandeln wie Absolutisten und auf ähnliche Weise Ressourcen verpulvern, etwa für private Weltraumprojekte. Solche Herrscher über Konzernimperien, die über viel Macht verfügen, wirken aus der Zeit gefallen wie schon für manche Ludwig XIV. im 17. Jahrhundert.[23]

Mit Blick auf die Diggers, absolutistische Herrscher und Konzerne wie die East India Company können wir uns plastisch vor Augen führen, welche Alternativen sich mitunter bereits zu bestimmten Zeitpunkten in der Geschichte boten. Zudem zeigt sich, aus welchen Gründen – Machtstreben (bereits) Mächtiger oder Machtgieriger etwa, oder auch nur die Faszination des Prunks – sich die weniger wünschenswerten Alternativen durchsetzten und wie es sich vielleicht besser machen ließe.

17.

Gegen den Trägheitssatz der intellektuellen Eleganz

Die Diggers stehen für ein zugleich neuartig offenes und bodenständiges Denken in der Politik. Das Besondere daran wird auch klar, wenn wir Winstanleys Ideen mit dem vergleichen, was zur selben Zeit gerühmte Denker und Philosophen vertraten. Menschen also, die die großen Entwicklungen der frühen Neuzeit mittrugen und unsere Politik, unser Denken, unsere Wahrnehmung und unser Fühlen bis heute prägen.

Auf eingängige Weise lässt sich dies mit Blick auf Hauptvertreter der wissenschaftlichen Revolution nachvollziehen, die maßgeblich im Jahrhundert der Diggers stattfand. Sie sollte als Voraussetzung für die Konstruktion von Maschinen, allgemeiner die Industrialisierung, einen der historisch größten Einschnitte auch für die Arbeitsweise und Lebensführung der Massen mit sich bringen. Mit ihr verbinden wir die Entdeckung der Schwerkraft durch Isaac Newton, die nicht nur eine wichtige Rolle für die Astronomie und für technische Erfindungen spielte. Mit ihr drängten sich zudem philosophische und lebenspraktische Fragen auf. Zum Beispiel ob das Naturgesetz der Schwerkraft wirkt, auch ohne dass Gott eingreift. Anders gefragt: Ist Gott, der Allmächtige, der Gesetzgeber und steht über dem Gesetz, oder ist er selbst an die Schwerkraft gebunden? Zieht sie ihn auch so runter wie uns? Und wenn ja, was bedeutet das für seine Machtfülle – und die seiner Vertreter auf Erden?

Unmittelbar an diese Frage schloss sich eine weitere an: Warum lässt der Herr im Himmel, wenn er doch so mächtig und gut ist, so viel Leid auf Erden zu? Die Diskussion war derart wichtig, dass sie eine eigene Bezeichnung erhielt: Theodizee – zusammengesetzt aus den altgriechischen Wörtern für Gott und Gerechtigkeit. Das Theodizee-Problem beschäftigte besonders den Mathematiker, Juristen, Philosophen und Fürstenberater Gottfried Wilhelm Leibniz aus Leipzig. Für den einflussreichen Universalgelehrten hatte Gott in der »besten aller möglichen Welten« unter den gegebenen Umständen leider nur beschränkte Gestaltungsmöglichkeiten. So blieben trotz moderner Wissenschaft der Stand Gottes und jener des Klerus zunächst unangetastet. Nebenbei fand sich irdisches Leid, das auf sozialen Ungerechtigkeiten und Armut gründet, als Teil des göttlichen Plans definiert, als unvermeidbar. Noch heute werden soziale Ungleichheit und Armut ja von vielen in dieser Tradition als »natürlich« wahrgenommen.[1]

Ganz anders sah es der Digger Winstanley: »Am Anfang der Zeit«, heißt es bei ihm über das menschliche Leid, »machte die Vernunft als der große Schöpfer aller Dinge die Erde zu einer gemeinsamen Schatzkammer, auf dass sie den Tieren, den Vögeln, den Fischen und dem Menschen, der als Herr über diese Schöpfung gebieten sollte, zum Lebensunterhalt diene, [...] doch war am Anfang mit keinem einzigen Wort davon die Rede, dass ein Teil der Menschheit über den anderen zu bestimmen hätte.«[2] Es ist fast komisch, dass der nach akademischen Maßstäben ungebildete Digger, der keine Universität besuchte, indem er explizit die Vernunft anführte, modernere Schlussfolgerungen aus den

Fakten und der Bibel zog als manche der studierten Denker, die revolutionäre Naturgesetze und philosophische Theorien formulierten. Insofern lässt der radikale Head Leveller auch an den englischen Ausdruck *level-headed* denken, der für »besonnen, vernünftig, überlegt, ausgewogen« steht.

Natürlich sollte man nicht versuchen, Winstanley und seine Mitstreiter gegen Leibniz und Kollegen auszuspielen. Aber es lohnt sich, im Vergleich auf die Leistungen des weniger Berühmten hinzuweisen. Dabei wird eine übergreifende Tendenz sichtbar, die ich zur Veranschaulichung als Trägheitssatz der intellektuellen Eleganz bezeichne. Ihn zu kennen, hilft bei der Einordnung ökonomischer und politischer Positionen und Manipulationen – bis heute. Der Trägheitssatz der intellektuellen Eleganz ähnelt vom Prinzip her jenem der Physik, dem Naturgesetz, das just in Winstanleys Jahrhundert Isaac Newton formulierte. Newtons Satz findet sich in seinem Buch *Mathematische Grundlagen der Naturphilosophie* (*Philosophiae Naturalis Principia Mathematica*, 1687), einem der einflussreichsten wissenschaftlichen Werke überhaupt. Heute lesen wir für das erste Newtonsche Gesetz meist: »Ein Körper verharrt im Zustand der Ruhe oder der gleichförmig geradlinigen Bewegung, sofern er nicht durch einwirkende Kräfte zur Änderung seines Zustands gezwungen wird.«[3]

Das passt zum Verhalten vieler Denker und Autoren, die an Universitäten studiert hatten und als die klügsten Köpfe ihrer Zeit galten: Sie verharrten politisch in der üblichen »gleichförmig geradlinigen« Bewegung, solange sich kein Zwang zur Veränderung ergab. Sie beklagten kaum die soziale Ungerechtigkeit und kümmerten sich wenig um die Belange von Unterprivilegierten. Diese spielten in ihrem Denken, wie in der damaligen Philosophie allgemein, so gut wie keine Rolle. Es war natürlich auch nicht ihre definierte Aufgabe. Dennoch verwundert es, wie selten Gelehrte, die sich doch mit philosophisch-ethischen Fragen befassten, ihr Augenmerk auf diese Gruppe richteten.[4]

Grundlage für den Trägheitssatz intellektueller Eleganz sind sowohl zeittypische Faktoren als auch langfristig Gültiges. Er basiert zum Teil schlicht darauf, dass es »besser Ausgebildeten« in jeder Gesellschaft überdurchschnittlich gut geht. Die prominenten Vertreter der wissenschaftlichen Revolution, die oft – ähnlich wie zuvor jene des Humanismus, der Reformation und der Renaissance – auch politischen Einfluss hatten, stammten aus privilegierten Familien. Das gilt für Descartes, Leibniz und Newton genauso wie für Vordenker der Ökonomie wie den erwähnten Thomas Mun. Manche hatten zudem wohlhabende Mäzene, die sie nicht vergraulen wollten. Oder sie gehörten wenigstens zum Milieu der Mächtigen, wie wir heute sagen würden. Daher hielt sich bei ihnen die Dringlichkeit, etwas an den Verhältnissen zu verändern, in Grenzen.

Dazu kam eine durch die Umstände bedingte Wahrnehmungsverzerrung: Bei Philosophen und Wissenschaftlern rührte das Leid, das sie erlitten, statistisch häufiger von Schicksalsschlägen und weniger von struktureller Armut und Ausbeutung her wie bei der Bevölkerungsmehrheit. So lag es für sie buchstäblich näher, sich stärker auf das Unerklärliche, Schicksalhafte, »Zufällige« wie Unfälle, Krankheiten und Naturkatastrophen zu konzentrieren als auf vermeintlich banale soziale Fragen.

Durch die Geschichte hat sich der Trägheitssatz intellektueller Eleganz auf unterschiedliche Weise und in diversen Formen manifestiert und weitervererbt. Mit chamäleonartiger Eleganz hat er sich an die Verhältnisse angepasst. Es ließe sich eine ganze Weltgeschichte dieses Trägheitssatzes verfassen. Hier daher nur ein paar Beispiele, auch für mögliche Folgen.

Der Trägheitssatz der intellektuellen Eleganz betrifft zunächst abstrakte Scheinrechtfertigungen von Dingen, unter denen vor allem Unterprivilegierte leiden. Die Bandbreite ist groß. Sie beinhaltet, dass Philosophen von Aristoteles über Kant bis Hegel die Sklaverei bzw. den Rassismus im damaligen Verständnis auf »elegante« Weise legitimierten.[5] In seinem Werk *Politik* vergleicht Aristoteles die Herrschaft der Sklavenhalter über ihre Sklaven erstens mit der Herrschaft des Menschen über die Tiere, die schon rein körperlich besser für harte Arbeit geeignet seien; zweitens mit der Herrschaft der Seele über den Körper. »Auch im Wesen des Menschen selbst«, schreibt der Philosoph, »herrscht das Bessere über das Geringere: die Seele über den Körper.«[6]

Es kann natürlich nicht darum gehen, im Rückblick Leute nach heutigen Standards zu kritisieren. Das wäre unhistorisch. Als hilfreich erweist es sich gleichwohl, allgemeingültige Mechanismen zu beleuchten. Wobei zumindest anzumerken ist, dass es auch zu Aristoteles' Zeiten Menschen gab, die die Sklaverei als moralisch wie philosophisch absurd empfanden – und seien es Sklavinnen und Sklaven selbst, von denen wir jedoch keine schriftlichen Überlieferungen besitzen.

In modernen Zeiten kann der Trägheitssatz sogar Einfluss darauf haben, wie häufig Menschen mit welcher Art von Bildung Angriffskriegen zustimmen: Dafür lohnt sich ein Blick auf die Studie »American Public Opinion and the War in Vietnam« (1979), die wohl umfangreichste zur öffentlichen Meinung über den Vietnamkrieg. Demnach sprachen sich US-Bürger mit Uniabschluss öfter *für* den Krieg aus als »weniger gut gebildete«.[7] Dafür lassen sich, kurz gesagt, zwei Begründungen anführen, die auf tieferliegende Muster und eben auf den Trägheitssatz verweisen. Erstens konnten sich Akademiker dank ihrer Beziehungen zu Ärzten und Politikern leichter vor dem Militärdienst drücken. Sie mussten, wie ihre Vorläufer im 17. Jahrhundert, die Konsequenzen ihrer Meinung nicht selbst tragen. Diese Erklärung liegt auf der Hand. Weniger offenkundig ist die zweite. Sie beinhaltet, dass Leute mit »höherer Bildung« mehr Zeitung lasen, und zwar durchaus die Qualitätspresse. Dort wurde oft abstrakt und scheinbar plausibel mit der Verteidigung »der Freiheit« für den Angriffskrieg argumentiert. Etwa mit dem sogenannten Dominoeffekt, demzufolge ein Land, wenn es kommunistisch wird, weitere mit umreißt.[8]

Doch der Trägheitssatz betrifft auch scheinbar rein wissenschaftliche Debatten, die politische Relevanz haben, und dies bis ins 21. Jahrhundert. Das wird in soziologischen Untersuchungen darüber klar, wie sich Bildung auf Argumentationen zu Themen wie dem Klimawandel auswirkt. So etwa in der Studie »Individuals with greater science literacy and education have more polarized beliefs on controversial science topics«, die Caitlin Drummond und Baruch Fischhoff an der Carnegie Mellon University 2017 durchführten. Sie zeigt, dass die Meinungen unter überdurchschnittlich Gebildeten besonders weit auseinanderliegen: »Wissenschaftliche Kenntnisse«, schreiben die Autoren, »erleichtern es diesen Leuten, Standpunkte zu verteidigen, die auf nichtwissenschaftlichen Interessen beruhen.«[9] Sie wissen, »Argumente, Expertenmeinungen und Studien zu finden, die ihre vorgefassten Meinungen bestätigen«, so auch die Bilanz einer anderen Untersuchung.[10]

Dass ich den Trägheitssatz so herausstelle, bedeutet natürlich nicht, dass ich im Umkehrschluss behaupten würde, Leute, die über eine im konventionellen Sinn geringere Bildung verfügen, wären immun gegen Manipulationen. Dennoch relativiert die Geschichte der Diggers das noch heute verbreitete Bild, wonach »hochgebildete« Menschen gegen gewisse Irrungen oder geistige Trägheit eher gefeit wären. Und sie erinnert im Gegenzug daran, dass Leute mit hoher Bildung absurde Thesen oder Theorien, mit denen sich der für sie vorteilhafte Status quo stützen lässt, oft besonders überzeugend inszenieren konnten und können. Inzwischen lässt sich der Trägheitssatz intellektueller Eleganz auch auf die »brahmanische Elite« bzw. »brahmanische Linke« (Thomas Piketty) beziehen. Gemeint sind meist Hochgebildete und Einkommensstarke, die liberal und »links« wählen, aber keine wirklichen Veränderungen der materiellen Bedingungen, genauer gesagt, der extremen ökonomischen Ungleichheit anstreben.[11] Dabei kann das Engagement für kulturelle Freiheiten, etwa Fragen der Identitätspolitik, so wichtig sie sind, im ungünstigsten Fall dazu dienen, Anliegen wie die Umverteilung »intellektuell elegant« in den Hintergrund zu drängen.

Was sich im größeren historischen Kontext betonen lässt: Auch Entwicklungen wie die Sklavenbefreiung, die Gewerkschafts- oder die Frauenbewegung wurden ja nicht ausgeheckt und angeschoben, nachdem gelehrte Leute darüber brüteten, bis sie endlich komplexe, theoretisch anspruchsvolle Konzepte und Lösungen fanden. Nein, es waren einfache Leute mit an sich simplen, aber innovativen, originellen und schlauen Ansätzen.

Die Diggers nehmen, was den Zusammenhang zwischen Praxis und Theorie betrifft, eine herausragend interessante

Position ein. Ideen, die ihrem bodenständigen Denken verwandt waren, sollten halbwegs breitenwirksam erst im 20. Jahrhundert formuliert werden. Etwa mit dem soziologischen Typus des »organischen Intellektuellen«: Dieser stammte laut dem italienischen Sozialisten Antonio Gramsci aus jenen Gruppen, deren Probleme besonders schwer wogen, etwa der Arbeiterklasse. Grundsätzlich sollten alle Menschen die Tätigkeit der Intellektuellen ausüben können.[12] Das ist Diggers-Denken. Noch klarer wird es wohl mit einem anderen Begriff, den Gramsci prägte und der bis heute wichtig ist: Er wollte Unterprivilegierten langfristig die »kulturelle Hegemonie« verschaffen. Daraus würde die Möglichkeit erwachsen, eine große Bandbreite der Bevölkerung zu überzeugen, von den Ärmsten bis zu den Wohlhabenden. Gramscis Hegemonie-Konzept ist bis heute für viele Aktivisten erklärtermaßen zentral. Das betont beispielsweise Alicia Garza, die Mitbegründerin von Black Lives Matter.[13]

Insofern haben die Bauern, Händler, Handwerker und Vagabunden, die Mitte des 17. Jahrhunderts den Boden des St George's Hill umgruben, auch auf dem Feld der Theorie Großes geleistet. In gewisser Weise säten sie eine Theorie von unten, auch wenn sie die Ernte noch nicht einfahren konnten.

Sumak kawsay und die Hüterin des Wassers

Nach der Zerschlagung der Diggers-Bewegung übernahm Winstanley kleine Ämter in seiner Gemeinde. Schließlich kehrte er nach London zurück, wo er als Händler lebte. Dort schloss er sich den Quäkern an, jener religiösen Gemeinschaft, die in Zukunft noch so einige epochale Entwicklungen anschieben sollte. An die Diggers lassen heute auch kleinere alternative Kommunen und Gemeinden denken. Etwa in dem brasilianischen Bundesstaat Ceará im Nordosten des Landes. Dort betreiben Indigene zusammen mit schwarzen und weißen Brasilianerinnen und Brasilianern nachhaltige Fischerei, Landwirtschaft und Handwerk und verteidigen ihren Wirtschafts -und Lebensstil gegen agrarindustrielle Unternehmen, die der Umwelt und den Armen vor Ort schaden. Bekannter und grundlegender in ihren Forderungen sind Projekte im Rahmen des Buen Vivir, des sozial gerechten, nachhaltigen Zusammenlebens. Der Ansatz entwickelt sich in den letzten Jahrzehnten auch unter dem Quechua-Begriff *Sumak kawsay* aus der Tradition indigener Völker in den Anden und im Amazonas. Er bedeutet ein Leben in Einklang mit den Kreisläufen der Natur, ohne die Fixierung auf Wachstum und die Anhäufung und Konzentration von materiellen Gütern oder Geld, die stattdessen gleichmäßiger verteilt werden. Wie bei den Wayúu in Tamaquito im Nordosten Kolumbiens, die in Dörfern im Urwald vom Fischfang, wilden Früchten und dem Anbau von Melonen, Mais und Bohnen sowie von Viehhaltung leben.[14] Doch die Indigenen müssen sich gegen Kohleunternehmen wehren, die ihr Gebiet in Beschlag nehmen.

Immerhin flossen auf Initiative solcher Gemeinden und Teilen der Zivilgesellschaft Elemente des Buen Vivir 2007 und 2008 unter linken Regierungen in Bolivien und Ecuador in die Verfassungen ein. Sie reichen vom garantierten Anspruch auf sauberes Wasser und dem Verbot der Privatisierung von Gemeingütern bis zu der Vorstellung, dass die Natur, etwa ein Fluss, eigene Rechte hat. Bekannter gemacht wurde Buen Vivir auf dem Weltsozialforum 2010 in

Porto Alegre. Von dem Konzept inspiriert, bot der damalige Staatschef Ecuadors, Rafael Correa, der Weltgemeinschaft an, im Nationalpark Yasuní *kein* Öl zu fördern. Damit wollte er einen Beitrag gegen die Klimaerwärmung leisten und dafür über den Zeitraum von dreizehn Jahren 3,6 Milliarden Dollar erhalten, etwa die Hälfte des Geldes, das mit dem Verkauf des Öls verdient werden könnte. Über Länder wie Ecuador meinte Correa: »Sie werden damit zu Umweltdienstleistern. Der Yasuní-Nationalpark wird zum Inbegriff der unterlassenen Umweltzerstörung.«[15]

Leider ist das Projekt im Jahr 2013 praktisch gescheitert, an Widersprüchen innerhalb der Regierung und wegen mangelnder Unterstützung durch die internationale Gemeinschaft und Unternehmen.[16] Manche Autoren sehen die Regierung Correas daher kritisch, sie sei vor allem ein Beispiel für soziale Reformen gewesen, bei denen es letztlich zu keinen wirklich grundlegenden Transformationen kommt.[17]

Wie weit man immer noch davon entfernt ist, dass die armen Landbevölkerungen in lateinamerikanischen Staaten, und insbesondere Indigene, im Sinn des Buen Vivir leben können, zeigen regelmäßig Fälle von Korruption, auch staatlicher. Etwa jener der Peruanerin Máxima Acuña de Chaupe. Sie lebte mit ihrer Familie in Sorochuco im Andenhochland in einem Haus aus Lehm, baute Kartoffeln, Bohnen und Getreide an und hielt Schafe und Hühner. Im Sommer 2011 wurde ihr ruhiger Alltag auf brutale Weise gestört.[18] Mehrmals hintereinander tauchten Mitarbeiter eines Minenunternehmens und Männer in Polizeiuniformen auf dem Grundstück der Familie auf, beschimpften und bedrohten sie. Die Männer »brachen in unser Haus ein, töteten das Vieh«, erklärt Máxima Acuña. »Einmal schlugen sie mich und meine Tochter so heftig, dass ich bewusstlos wurde.« Im Frühjahr hatten sie und ihr Mann ein Kaufangebot des Unternehmens, mehrheitlich in der Hand des US-Konzerns Newmont, für ihr kleines Grundstück abgelehnt. Das Unternehmen wollte das Land, um seinen Goldtagebau auszuweiten. Seine Vertreter behaupteten, man hätte den Grund von der Gemeinde gekauft und die Bauern hätten ihn illegal besetzt. Acuña, die weder lesen noch schreiben kann, organisierte daraufhin Demonstrationen: »›Agua si, oro no‹, haben wir gerufen«, erklärt sie. »Ja zum Wasser, nein zum Gold.«

Die Minen trocknen Brunnen und Seen aus, verseuchen Böden mit Quecksilber und Cyanid. 2012 wurden bei Protesten fünf Menschen von der Polizei erschossen. Nachdem Acuña, unterstützt durch NGOs, jahrelang Prozesse geführt hatte, verurteilte das Oberste Gericht *sie* zu einer Bewährungsstrafe und einer Bußgeldzahlung. Erst nach weiteren fünf Jahren bekam sie doch Recht. Sie und ihre Familie dürfen auf ihrem Land bleiben. Zwar werden Aktivisten weiterhin bedroht, aber ein Zeichen wurde gesetzt. »Die Hüterin des Wassers«, so Acuñas Ehrenname, ist zur Symbolfigur des Widerstands gegen die Umweltzerstörung durch Minen geworden – und des Kampfes für ein Buen Vivir.

Insgesamt haben derartige Ideen zu Ressourcenschonung, Gemeinsinn, Kooperation und Genügsamkeit statt Wachstum um jeden Preis inzwischen weitere Verbreitung gefunden.[19] Manche Autoren betonen, dass sich mit heutigen Möglichkeiten – *personal fabricators* etwa, 3-D-Druckern für Kontaktlinsen und Ähnliches – auch in kleineren Gemeinden im Rahmen einer »High-Tech-Eigen-Produktion« entsprechende Güter herstellen lassen.[20] Insofern müsste das Diggers-Leben nicht auf einen technischen Rückschritt hinauslaufen. Weltweit gibt es immer mehr experimentelle Gemeinden, von Biobauern bis zu Hacker-Kommunen, es blühen Öko-Dörfer und *transition towns*, die einen nachhaltigen Lebensstil anstreben.[21] Auf einer anekdotischen Ebene finde ich es faszinierend, wie viel Wachstum im Kleinen möglich ist. So bewirtschaftet meine Mutter, die in einem ganz normalen Dorf in Bayern lebt, zusammen mit zehn anderen einen Gemeinschaftsgarten von rund 400 Quadratmetern und kann damit rund siebzig bis achtzig Prozent ihres Bedarfs an Gemüse und Kartoffeln decken. Dafür investiert sie im Schnitt einmal die Woche zwei bis drei Stunden Arbeit.

Natürlich haben nicht alle die Möglichkeit, die Zeit oder die Lust, so etwas zu tun; und manche werden solch kleinere Gemeinschaften mit den vielen direkten wechselseitigen Verpflichtungen auch als beengend empfinden. Die Ambivalenz, dass kleine Wirtschaftsgemeinschaften ein teils einschnürendes Netz an Verpflichtungen mit sich bringen, hat bereits vor hundert Jahren der Soziologe Marcel Mauss in seinem einflussreichen Essay *Die Gabe* (1925) theoretisiert. Mit Blick auf ältere, vormoderne, kleine Gesellschaften beschrieb er die Gabe als eine »Form von Geschenken«, als Vorläuferin des Tauschhandels, des Geldes und des Kredits, »die theoretisch freiwillig sind, in Wirklichkeit jedoch immer gegeben und erwidert werden *müssen*«.[22] Auf Mauss beziehen sich heute Ansätze, die auf eine Geschenk- und Tauschökonomie oder den sogenannten Konvivialismus (von »zusammen leben«) hinauslaufen. Bei ihnen soll weniger der Homo oeconomicus als der Homo donator (der gebende Mensch) im Vordergrund stehen; das Verhältnis zwischen Individualismus und Einbindung in die Gemeinschaft soll neu reflektiert und austariert werden.[23]

Weniger philosophisch, dafür praktisch auf größere ökonomische Einheiten anwendbar argumentiert für Degrowth die Autorin Ulrike Herrmann in ihrem Bestseller *Das Ende des Kapitalismus. Warum Wachstum und Klimaschutz nicht vereinbar sind – und wie wir in Zukunft leben werden* (2022). Sie verneint die Möglichkeit, die Klimakrise mit sogenanntem grünem Wachstum zu lösen, mithilfe erneuerbarer Energien und neuer Technologien wie grünem Wasserstoff, allgemeiner mit synthetischen Kraftstoffen. Stattdessen plädiert sie für so etwas wie ein Wachstum nach unten im wörtlichen Sinn. Im Rahmen einer staatlich regulierten Kreislauf-, also Recyclingökonomie soll der aktuelle Konsum und Ressourcenverbrauch drastisch schrumpfen, ungefähr bis auf das Niveau des Jahres 1978 (aber mit Smartphones).[24] Nur mit solch grundlegenden Umstellungen könne man die Klimakatastrophe verhindern und zugleich für eine gerechtere Verteilung sorgen. Das Besondere an Herrmanns Ansatz besteht darin, dass sie das Ganze nach einem historischen Vorbild organisieren will, nämlich jenem der britischen Kriegswirtschaft ab 1939. Damals lenkte die Regierung die Industrieproduktion und konzentrierte sie auf bestimmte lebensnotwendige oder militärisch wichtige Güter. Flankiert wurde das durch Rationierungen, bei denen alle, ob arm oder reich, gleich viele Lebensmittel und Waren zugeteilt bekamen. Zusätzlich, daran erinnerte der britische Soziologe und Ökonom Richard Titmuss schon 1958, unternahm die britische Regierung während des Zweiten Weltkriegs einige äußerst bemerkenswerte Anstrengungen in Sachen Sozial- und Kulturpolitik und setzte Förderprogramme und kostenlose Angebote auf, um die Ungleichheit abzubauen und ein Gefühl der Gemeinschaft zu stärken.[25] Dies auch, weil man in Zeiten der absoluten

Bedrohung die Unterstützung der gesamten Bevölkerung brauchte.

Heute, da es zwar vor allem um eine Gefahr ökologischer und sozialer Art geht, die allerdings ebenfalls Millionen von Leben bedroht, scheint es gleichwohl nahezu unmöglich, Mehrheiten in der Bevölkerung für eine Ökonomie zu gewinnen, die im konventionellen Verständnis mit etwas Verzicht einhergehen würde. Zu abstrakt muten vielen die Risiken an; schnell kommt der Verdacht auf, da lauerten ideologisch begründete Verbote und Bevormundung. Auf die Frage, wie eine entsprechende Politik der materiellen Einschränkung Privilegierter Akzeptanz erfahren könne, gesteht Herrmann, dass sie es nicht wisse und nur versuchen könne, den Diskurs in Gang zu bringen.[26] Auch andere Autorinnen und Autoren, die wissenschaftlich einleuchtend darüber schreiben, wie förderlich für alle und wie machbar die Erhöhung von Gleichheit wäre, betonen zum Schluss immer wieder, dass vor allem irgendwie der politische Wille dafür gestärkt werden muss.[27]

Ob wir nun theoretisch radikalere Vorschläge unterstützen wie jenen von Herrmann oder moderatere – klar ist, dass sich, wenn man die Klimakrise und die Ungleichheit bekämpfen will, einige Menschen materiell einschränken müssen: mindestens die reichere Hälfte der Bevölkerung in den Industrieländern, die sich um ein Vielfaches, teils *Hundertfaches* umweltschädlicher als Bewohner des globalen Südens verhält.[28] Sie muss ihren Ressourcenverbrauch nach unten anpassen, um die Katastrophe zu verhindern und für minimal mehr Klimagerechtigkeit zu sorgen.

Genau hier könnten die Diggers wieder ins Spiel kommen, als frühes Beispiel für eine andere Nutzung und Verteilung von Ressourcen und Wohlstand, ermöglicht auch durch einen alternativen Lebensstil und eine andere Grundhaltung, die neue Freiheiten bringen. Wo es um ein beherzteres Umdenken geht, hatten sie einige gute Ideen und Visionen in petto. Insofern hätten sie es verdient, durch Denkmäler geehrt zu werden. Wobei die vielleicht gar nicht mal so gut zu ihnen passen würden.

Immerhin: *Ein* großartiges Denkmal haben sie bekommen. Dazu eines, wie es sonst wohl noch keiner solchen politischen Bewegung vergönnt war und das ihrem Esprit vermutlich eher entspricht als eine Statue aus Bronze. 1985 veröffentlichte der sozialistische Singer-Songwriter Billy Bragg als Hommage an die Diggers das Lied »The World Turned Upside Down«:[29]

»In 1649
To St George's Hill
A ragged band they called the Diggers
Came to show the people's will
They defied the landlords
They defied the laws
They were the dispossessed reclaiming what
was theirs

We come in peace they said
To dig and sow
We come to work the lands in common
And to make the waste grounds grow
This earth divided
We will make whole
So it will be
A common treasury for all [...]

We work we eat together
We need no swords
We will not bow to the masters
Or pay rent to the lords
We are free men
Though we are poor
You Diggers all stand up for glory
Stand up now«

VI. DIE EINFACHEN LEUTE UND DIE INSTITUTIONEN

Arme Amtsträger, professionelle Jugend, kalkulierte Naivität – Übergänge und Verbindungen zwischen Machtlosen und Machthabern

18.

Der ärmste Präsident der Welt

Wenn Journalistinnen oder Journalisten für Interviews zu Gast waren, trug der Präsident einen abgewetzten Pullover, Jogginghosen und Schlappen.[1] So saß er im Garten vor seinem einstöckigen Bauernhaus. Karger Rasen, nackter Lehmboden, zwischen Plastikeimern und Regentonnen pickten Hühner. Im Haus selbst blätterte die Farbe von den Wänden. Kleine Räume, angefüllt mit Büchern und Gerümpel, auf einem verstaubten Regal die Büste eines Revolutionärs neben einem alten Bügeleisen. Das Staatsoberhaupt, ein untersetzter Typ mit grauem Schnurrbart und buschigen Augenbrauen, hätte im Regierungspalast residieren können. Er aber zog es vor, am Stadtrand zu wohnen. Vor seinem Haus stand sein hellblauer VW Käfer, Baujahr 1978.[2] Zu amtlichen Anlässen fuhr er einen Opel Corsa.

Die Rede ist von José Mujica, von 2010 bis 2015 Regierungschef von Uruguay. Er wurde als »ärmster Präsident der Welt« bezeichnet, was sich zum einen seiner bescheidenen Lebensführung verdankte, zum anderen der Tatsache, dass er auf neunzig Prozent seines Gehalts verzichtete. Eine welthistorische Premiere für einen Staatschef. Von rund 12 000 Dollar im Monat behielt er nur etwa 1200 für sich, das übrige Geld spendete er an Arme, wollte, dass sie sich ein Haus bauen oder ein kleines Unternehmen starten konnten. Zu seinem eigenwilligen Ehrentitel befragt, sagte er, arm seien diejenigen, die es auf immer mehr Geld abgesehen hätten. Und: »Die Einfachheit ist ein Instrument, um Freiheit zu erlangen, weil man nicht ständig auf seine Sachen aufpassen muss.«[3]

Der ärmste Präsident steht für Leute, die aufgrund ihrer Position relativ viel Geld erhalten, die dieses aber nicht nur nicht als Quelle der Motivation oder gar des Glücks sehen, sondern es auch gleich an Bedürftigere weitergeben. Mit Blick auf Mujica kann man zunächst fragen, in welchem Verhältnis Geld zu politischer Macht und allgemein zur Zufriedenheit steht und stehen soll. Und daran anschließend, wie die Macht der Machtlosen stärker in *Institutionen* Eingang finden kann. Mit anderen Worten: Wie können engere Verbindungen und Brücken zwischen Machtlosen und Einflussreichen entstehen? Welche Möglichkeiten dafür boten und bieten sich, ohne dass Impulse und Initiativen, wie ich sie dargestellt habe, an Wucht und Innovationskraft verlieren? Wie lässt sich Macht gleichmäßiger verteilen? Diesen Fragen möchte ich im letzten Teil des Buches anhand diverser Personen und Modelle nachgehen, wobei Letztere auch Bürgerräte und eine Art guten Populismus umfassen.

Doch erst noch einmal zurück zum ärmsten Präsidenten der Welt: Wollen wir Mujicas Haltung besser begreifen, ist es hilfreich, einen kurzen Blick auf sein abenteuerliches Leben zu werfen. Er begann als Blumenzüchter. In den 1960er-Jahren ist er Mitbegründer des Movimento de Liberación Nacional, auch Tupamaros genannt, einer Guerilla-Gruppe, die eine sozialistische Revolution in Uruguay im Sinn hat. Zunächst wollen sie ihr Ziel mit friedlichen Mitteln erreichen, doch dann fangen sie an, Banken zu überfallen und Politiker zu entführen. Wie so viele andere Tupamaros wird auch José Mujica von der Polizei verhaftet. Insgesamt sitzt er vierzehn Jahre seines Lebens im Gefängnis, davon einige in Einzelhaft.

Nachdem er in den 1980er-Jahren im Rahmen einer Amnestie entlassen worden ist, beschließt er, sich als Politiker zu versuchen. Er wird Senator, dann sogar Minister. Im Jahr 2010 wählt das Volk den Ex-Sträfling zum Präsidenten. Der Gewalt hat er da längst abgeschworen, aber in einem Interview im Jahr 2014, also noch als Amtsinhaber, spricht er davon, dass »die Banken uns berauben. Das Verhalten der Banken ist unerträglich«. Für einen Amtsträger klingt das ungewöhnlich. Doch seine klare Haltung entspringt seiner Lebenserfahrung. Seine Frau Lucía Topolansky, während seiner Präsidentschaft Senatorin, arbeitete in jungen Jahren in einer Bank. Sie bekam mit, dass das Institut illegale Währungsgeschäfte betrieb. Daraufhin stieß sie zu den Tupamaros, wo sie Mujica kennenlernte. Nicht viel später stahlen die Tupamaros Geld und Dokumente der Bank, die Aufschluss über deren Machenschaften gaben. Sie veröffentlichten sie, und der Bankdirektor, der zugleich Agrarminister war, musste zurücktreten.

Über Mujicas politische Bilanz als Präsident gehen die Meinungen auseinander. Manche warfen ihm vor, ein Romantiker zu sein und nicht genug Projekte umgesetzt zu haben. Das mag erstaunen. Immerhin führte er die Ehe für Homosexuelle ein und legalisierte die Abtreibung.[4] Auch ist er dafür mitverantwortlich, dass Uruguay als wohl erstes Land weltweit Cannabis nicht nur für den persönlichen Gebrauch legalisierte, sondern auch den Anbau unter staatlicher Aufsicht und für medizinische Zwecke vorantrieb.[5] Ein bemerkenswerter Schritt auf einem Kontinent, auf dem seit Jahrzehnten der *war on drugs* wütet, der, von den USA unterstützt, Militäreinsätze umfasst, Milliarden von Dollar verschlingt und vor allem Zigtausende Menschen tötete. Der Krieg trägt dazu bei, dass neben den Schäden durch das Rauschgift selbst noch weiteres Leid produziert wird, durch die Gewaltverbrechen der Gangs und Drogenkartelle sowie die Unterdrückung legaler Wirtschaftszweige. Dem wollte Mujica früh entgegenwirken.[6] Immer wieder agierte er humanitär und setzte Zeichen, indem er etwa dafür sorgte, dass Guantanamo-Gefangene freigelassen und in Uruguay aufgenommen wurden.[7] Bei größeren Projekten wie einer Landreform blieben ihm die Hände allerdings gebunden durch das Parlament oder Koalitionspartner.[8]

In jedem Fall aber hat Mujica, das bescheinigen ihm selbst politische Gegner, etwas wirklich Besonderes geleistet. Er hat gezeigt, wie nahbar ein Staatsoberhaupt sein kann, wie bereit, Privilegien abzugeben, um Bedürftigere zu unterstützen. Damit verkörpert er, vielleicht zusammen mit Nelson Mandela, die Macht der Machtlosen wie kein anderer Präsident der Zeitgeschichte. Auf einleuchtende Weise kritisierte er die sinnlose Jagd nach Reichtum und die Verschwendung von Ressourcen: »Am Ende sind wir doch nur ein Festmahl für die Würmer.«[9] Selbst als Präsident erinnerte er an die einfachen Dinge: »Wir sollten leben, wie wir denken, sonst denken wir irgendwann so, wie wir leben.« Und: »Diejenigen, denen es um Geld geht, sollen der Politik fernbleiben«; ein Interesse an persönlichen finanziellen Vorteilen sei hier kontraproduktiv. Mujicas Hinweis ist auch insofern wichtig, als es Studien zufolge so etwas wie eine »Einkommenssucht« gibt, den Mechanismus, dass Menschen je mehr sie verdienen, desto mehr wollen.[10] Das ist fast immer schädlich, besonders aber in der Politik.

Gut möglich, dass Mujica, der sich schlicht gibt und durchaus belesen ist, hier auf launige Weise auf Platons

Staat anspielte. Platon sah die »Philosophenherrschaft als Bedingung für die Verwirklichung des guten Staates«, in dem »die wahrhaft Reichen regieren, die es nicht an Golde sind, sondern woran der Glückselige reich sein soll, an tüchtigem und vernunftmäßigem Leben«.[11] Keine 3000 Jahre später hat der uruguayische Blumenzüchter diesen Traum verwirklicht. Jedenfalls ist er ein Beispiel dafür, wie einfache Leute in Ämter kamen und trotzdem blieben, wie sie waren. Wie sie auf eine grundlegende Transformation hinzuwirken versuchten, eine, die Politik, Kultur und das Alltagsleben umfasst. Und Mujica schaffte dies, ohne ideologisch zu sein, moralisierend oder bevormundend.

Das Jahrhundert des einfachen Mannes

Natürlich lassen sich viele andere Amtsträger aufzählen, die einzelne epochale Reformen durchführten, auch verbunden mit dem Wunsch, Grundsätzlicheres zu ändern bis hin zu Mentalitäten. In Deutschland ragt für mich der Versuch heraus, den der Zentrum-Politiker Matthias Erzberger in Zeiten der Weimarer Republik unternahm. 1919 wollte er im Rahmen der bis heute größten Finanz- und Steuerreform in Deutschland einen Sozialstaat etablieren, um sowohl dem Staatssozialismus als auch dem, was man später als Turbokapitalismus bezeichnen würde, zu entkommen, und zwar im Sinn eines »christlichen Solidarismus«.[12] Dafür erhöhte er den Spitzensteuersatz von vier auf sechzig Prozent und schuf insgesamt einige Voraussetzungen für die heutige Verwaltung und den Sozialstaat.

Das welthistorisch griffigste Beispiel für Regierungschefs, die mit besonderem Blick für einfache Leute eine ganzheitliche, auch für die breitere Masse wirksame Transformation anstrebten, dürfte Franklin D. Roosevelt sein, US-Präsident von 1933 bis 1945. Ihn möchte ich kurz in Erinnerung rufen, denn so lassen sich auch die Möglichkeiten, Herausforderungen und Grenzen dafür umreißen, die Macht der Machtlosen mainstreamtauglich zu machen.

Roosevelt ließ sich überdurchschnittlich stark durch den Input von Menschen beeinflussen, die nicht aus dem Establishment stammten.[13] Ab 1933 gelang es ihm in Zeiten der Weltwirtschaftskrise, der Arbeitslosigkeit und des Hungers mit dem New Deal, dem großen staatlichen Hilfs- und Konjunkturprogramm, die Not zu lindern. Auch wurden unter ihm in den USA erstmals ernsthaft Grundlagen für einen Sozialstaat geschaffen.[14] Darüber hinaus stiftete FDR Hoffnung und machte sich für andere Werte stark als jene der Profitmaximierung. Wohlgemerkt als Präsident der USA. Dafür hob er, mitten im Raubtierkapitalismus, den Spitzensteuersatz auf für heutige Verhältnisse unfassbare 94 Prozent an. FDR hat Fehler gemacht, es besteht kein Grund, ihn zu glorifizieren; seine Politik wurde sowohl von rechts wie von links kritisiert.[15] Dennoch könnte sie in vielem als Anregung für heute fällige Reformen dienen.[16]

1942 hielt FDRs Vizepräsident Henry Wallace eine Rede mit dem Titel »The Century of the Common Man«. Darin wünscht er sich, dass nach dem Krieg das »Jahrhundert des einfachen Mannes« anbreche, mit der Ermächtigung weniger Privilegierter, und umreißt eine bessere Zukunft. Er betont, für US-Verhältnisse erstaunlich, wie überragend wichtig gewerkschaftliche Organisation sei, und fordert, Monopole und Kartelle unter Kontrolle zu bringen und gegen die Ausbeutung der Menschen in armen Ländern zu kämpfen.[17] Warum sich diese Politik langfristig nicht durchsetzen konnte, wäre ein Thema für sich. Mir geht es hier aber darum, zwei Aspekte herauszustellen, die mir besonders relevant für die Macht der Machtlosen scheinen. Erstens die Interaktion zwischen Politik und Zivilgesellschaft. Zweitens die Haltung zum Geld. Dazu ein Zitat aus Roosevelts erstaunlicher Rede, die er zu seinem Amtsantritt im März 1933 hielt:

»Die Geldwechsler sind aus dem Tempel unserer Zivilisation geflohen. Nun können wir uns in dem Tempel auf unsere alten Wahrheiten besinnen. [...] Das Glück liegt nicht im bloßen Besitz von Geld; es liegt in der Freude, etwas zu erreichen, im Reiz der kreativen Bemühung. Die Freude und der moralische Reiz, der der Arbeit innewohnt, dürfen nicht länger bei der verrückten Jagd auf vergängliche Profite in Vergessenheit geraten. [...] Wir brauchen eine strenge Überwachung aller Bank- und Kreditgeschäfte und aller Investitionen, wir müssen die Spekulation mit dem Geld anderer Menschen beenden. [...] Wenn ich den Charakter unseres Volkes korrekt lese, wird uns gerade so klar wie nie zuvor, wie sehr wir voneinander abhängig sind; dass wir nicht nur nehmen können, sondern auch geben müssen; [...] wir müssen [...] willens sein, Opfer für das Gemeinwohl zu bringen«.[18]

Die Art, wie der US-Präsident an den Gemeinsinn appellierte, ist bemerkenswert. Dies auch, wenn wir uns den größeren historischen Kontext vor Augen führen. Etwa wie Philosophen, Theologen und Soziologen von der Antike bis in die Gegenwart über Wesen und Funktion des Geldes in Gemeinwesen diskutierten. Dabei lassen sich ein paar Grundtendenzen festhalten: Die ersten anderthalb Jahrtausende, vom Altertum bis zum Mittelalter, von Aristoteles bis Thomas von Aquin, wird das Geld als Tauschmittel theoretisch akzeptiert, aber bereits davor gewarnt, es als Vehikel zur persönlichen Bereicherung zu sehen, die auf Kosten anderer geht.[19] Die Rede ist von Wucher; daraus folgen ein Zinsverbot und die Kritik dessen, was wir inzwischen als Spekulation bezeichnen. In der Neuzeit kommen weitere Elemente dazu. Geld wird zwar immer noch in seiner Ambivalenz beleuchtet, aber direkter mit individueller Freiheit assoziiert und mit positiven Eigenschaften wie Fleiß, Schlauheit und Talent; dies etwa bei John Locke, Immanuel Kant und Adam Smith.[20] Ab der Industrialisierung benutzen Denker das Geld mehr und mehr als Metapher, Zeichen, Symbol und Ausdruck sozialer und sogar psychischer Prozesse, Konstellationen und Missstände; Geld als Medium des Glaubens und Aberglaubens. Marx analysiert das Geld als »Fetisch«; er sieht es als »Einebner« realer Qualitäten und Unterschiede.[21] Was ist damit gemeint? Es heißt, dass Geld für viele Menschen beispielsweise aus etwas Hässlichem etwas Schönes machen kann, aus jemand Uninteressantem oder Langweiligem jemand Faszinierenden. Geld ist, so spitzt Marx es zu, »die allgemeine *Verwechslung* und *Vertauschung* aller Dinge, also die verkehrte Welt«. Zugleich warnt er davor, Geld nur als Zeichen zu sehen, denn es ist ja auch die »gesellschaftliche Inkarnation der menschlichen Arbeit«. Letztere entfremden Kapitalisten bekanntlich, indem sie gierig den durch sie geschaffenen Mehrwert für sich behalten.[22] Kein Wunder bei so viel Hin und Her, dass der Soziologe Georg Simmel das Geld wiederum etwas allgemein als Symbol des »absoluten Bewegungscharakters der Welt« fasst.

Durch die Jahrhunderte zeichnet sich jedenfalls die Tendenz ab, Geld theoretisch für immer mehr Dinge in Anspruch zu nehmen. Zugleich wird es abstrahiert. Tatsächlich entwickelte es sich historisch zu einem immer virtuelleren Wert, mit gleichwohl brutal realen Folgen, beispielhaft an der Börse, beeinflusst durch Erwartungen, Wünsche, Hoffnungen, Phantasien und Manipulationen. Die bizarre Aufladung des Geldes mit positiven Bedeutungen gipfelt in den USA im »Prosperity Gospel« (Wohlstandsevangelium), wie es Evangelikale heute vertreten: Reichtum wäre demnach ein Zeichen göttlicher Auserwähltheit. Man kann sich über diese Variante der alten Prädestinationslehre lustig machen. Aber von ihr profitieren Leute wie Donald Trump. In weniger plumper Form als bei ihm und Evangelikalen ist diese Haltung, und sei es unbewusst, durchaus auch in offiziell aufgeklärteren Kreisen verbreitet. Und dies obwohl längst alles darauf hinweist, dass die reale Verteilung von Geld – nicht immer und überall, aber doch weitreichend – losgelöst von persönlichen Qualitäten wie Fleiß oder »Leistung« welcher Art auch immer abläuft. Und definitiv losgelöst von Fragen der Moral, mit der es in den vergangenen Jahrhunderten, und sei es auf Umwegen, noch verbunden wurde.

Wie willkürlich Geld verteilt ist, hat am frühesten und gründlichsten wohl Karl Marx' Schwiegersohn erkannt, der französische Arzt, Journalist und Sozialist Paul Lafargue. Das gelang ihm, indem er die Verbindung zwischen Arbeit und Geld – die ansonsten noch immer irgendwie gezogen wurde – kappte. In *Das Recht auf Faulheit*, einem der innovativsten Texte des 19. Jahrhunderts, spricht Lafargue bereits von verblüffend vielen Dingen, die breitenwirksam erst heute diskutiert werden: unter anderen von »künstlichen« und »sinnlosen Bedürfnissen der reichen Klassen« (etwa nach geschliffenen Diamanten), »Überkonsum«, geplanter Obsoleszenz und davon, dass Christentum und Kapitalismus den krankhaften Arbeitswahn samt Verlust an Lebensqualität verschuldeten.[23] Lafargue wünscht sich, früher und zugespitzter formuliert, als es fünfzig Jahre später der Ökonom John Maynard Keynes tun sollte, ein Gesetz, »das jedermann verbietet, mehr als drei Stunden am Tag zu arbeiten«. Eine radikale Arbeitszeitverkürzung also. Was die Geldverteilung und -bewertung betrifft, fordert er: »Stellt euren Arbeiterinnen die Vermögen zur Verfügung, die sie für euch an ihrem eigenen Leib abgedarbt haben. Ihr seid Freunde des Handels? Fördert den Warenumsatz; hier habt ihr Konsumenten wie gerufen; eröffnet ihnen unbegrenzten Kredit.«

Bei aller Satire will Lafargue ernsthaft den Horizont erweitern. Der Unterstützer der Pariser Kommune von 1870 und Gründer einer Arbeiterpartei in Frankreich nimmt auch die Idee vorweg, dass man die Nachfrageseite der Wirtschaft stärken sollte. Wenn nötig durch staatliche Eingriffe wie später beim Keynesianismus der Fall, und vielleicht sogar im Sinn der Modern Monetary Theory (MMT) unserer Zeit, dem Gegenkonzept zur Sparpolitik, der Austerität.

Es findet sich wohl kein anderes Thema – außer natürlich dem damit verbundenen der Armut –, das so stark durch Widersprüche und kognitive Dissonanz geprägt ist wie jenes des Geldes. Fast jeder weiß im Grunde, wie absurd die Verteilung abläuft, und trotzdem hält man daran fest. Nach wie vor gilt der Wunsch, für sich mehr Geld zu bekommen, auch wenn man schon mehr als genug hat, in weiten Teilen der Politik und Wirtschaft als normal, ideal, notwendig oder wenigstens vernünftig. Zugleich zeigt sich, dass dies der Zufriedenheit, dem Wohlbefinden und der Sicherheit nicht zuträglich ist, oft im Gegenteil: Dass Geld so konzentriert und ungleich verteilt ist, führt zu mehr Eigentumsdelikten, Gewaltverbrechen oder auch nur Statusangst.[24] Dabei demonstriert die Glücksforschung, wie bereits mit Blick auf den Robinhoodismus erwähnt, seit Jahrzehnten, dass Menschen durch einen Geldzuwachs, der über ein gutes durchschnittliches Einkommen hinausgeht, wenig bis keinen Gewinn an Zufriedenheit und Glücksgefühlen erzielen können.[25]

Wegen der geschilderten Verwerfungen muss man natürlich nicht gleich die Geldwirtschaft als solche anzweifeln. Immerhin ging mit dem Ausbau des Kreditwesens in Zeiten der Industrialisierung Wachstum einher und damit, zeitverzögert, die Möglichkeit, Reichtum für viele zu schaffen.[26] Aber der Punkt scheint erreicht, an dem ausgerechnet die ganzen klugen Ausdifferenzierungen, Abstrahierungen und Aufladungen des Geldes den Blick dafür verstellen, dass es schlicht als Mittel für den sinnvollen Austausch von Gütern und Dienstleistungen dienen sollte, allgemeiner gesagt: zur gerechten, glücksstiftenden Verteilung vorhandener Ressourcen. Und seine Überbewertung sollte bestimmt nicht unnötige, gefährliche und quälerische oder umweltschädliche Arbeiten befördern, etwa beim Schürfen von Gold, Diamanten oder Bitcoins.

Auch deshalb hilft ein Blick auf die Geschichte der einfachen Leute dabei, Wert und Funktion des Geldes einzuordnen. Dass dies in den Frühzeiten seiner Theorie in mancher Hinsicht klarer und vernünftiger geschah als später, ist insofern ein komisches historisches Paradox. Und eine Ausnahme. Denn in anderen grundlegenden Themen wurden ja durchaus mehr Fortschritte erzielt: in Fragen des Staatswesens, des Rechts, von Familie, Freundschaft, Sexualität und so weiter. Doch beim Geld läuft es anders. Da werden einerseits Wesen, Wirkung und Funktion auf immer differenziertere Art betrachtet; andererseits durchdringt und färbt es weite Teile des Alltags auf immer banalere Weise. Die Ökonomisierung, die Tendenz, immer weitere Winkel des Daseins für den Markt zu erschließen, bewirkt, dass diese mehr und mehr durch (Schein-)Effizienz und Berechnung geprägt sind.

Das ist zwar nicht ganz neu, wird aber eben nicht umfassend genug thematisiert, zumindest nicht so wie andere vermeintliche Tabuthemen. Der Mangel an breiten Debatten gilt auch für die korrumpierende Wirkung, die Macht und Geld gerade im Zusammenspiel entfalten. Erkenntnisse aus der Neuropsychologie deuten darauf hin, dass sich der bekannte Spruch des britischen Historikers Lord Acton aus dem Jahr 1887, wonach Macht korrumpiert, absolute Macht absolut korrumpiert, inzwischen wissenschaftlich untermauern lässt.[27] Studien zeigen etwa: Je mehr Macht Führungskräfte haben, auch über Budgets, desto wahrscheinlicher verhalten sie sich auf unsoziale Weise.[28] Auf der Alltagsebene reicht das bis in den Straßenverkehr. Je teurer der Wagen, den eine Person fährt, desto stärker ist statistisch die Tendenz, dass sie sich rücksichtslos verhält, andere Autos schneidet oder Fußgänger, die die Straße überqueren wollen, ignoriert.[29] Das ist kein Anlass für eine pauschale Verurteilung des Reichtums, geschweige denn »der Reichen«. Aber es scheint bemerkenswert, dass, nachdem übermäßiger Reichtum und Gier über Jahrhunderte aus religiöser, philosophischer, politischer und ideologischer Perspektive kritisiert wurden, die Wissenschaft zu Beginn des 21. Jahrhunderts nachgezogen hat, um empirisch zu begründen, inwiefern sich eine Reichtumskonzentration ungünstig für alle auswirkt. Die Hinweise häufen sich jedenfalls, dass es gesellschaftlich wünschenswert wäre, das Geld in seiner Bedeutung stärker zu relativieren.

Auch in dem Sinn setzte José Mujica als ärmster Präsident der Welt ein gutes Zeichen, selbst noch mit der Wahl seines Autos.

Ein Staatsoberhaupt wie Mujica (gehabt) zu haben, ist auch insofern hilfreich, als sich in den letzten Jahrzehnten eine epochale Veränderung darin ergeben hat, wie wichtig die Bereitschaft ist, materiell andere Prioritäten zu setzen. Ressourcen wie Wasser, Wohnraum und Land sind knapp. Allgemeiner betrachtet deutet die Klimakrise darauf hin, dass Privilegierte demnächst mehr werden abgeben müssen. Das IPCC, der Weltklimarat aus Wissenschaftlerinnen und Wissenschaftlern, betont, wie nötig eine »Mobilisierung« von Kräften und Ressourcen für den Kampf gegen die Klimakatastrophe wäre.[30] Um sie abzuwenden, bedarf es einer Umstellung, und sei es nur, weil wir den besonders stark betroffenen globalen Süden nun, endlich, stärker werden unterstützen müssen. Dies unabhängig davon, ob wir ansonsten eine Postwachstumswirtschaft für nötig halten, einen Green New Deal oder nur ein etwas anderes Konsumverhalten.

Wenn eine Verhaltensänderung breitenwirksam und bald gelänge, entspräche das wohl einem epochalen Entwicklungsschub. Hier erweisen sich prominente Politiker wie Mujica, die besonders offen für Anstöße »von unten« sind, als wichtig. Was die Zugänglichkeit und Kontakte zur Zivilgesellschaft betrifft, kann sogar Roosevelt als Beispiel dienen. Nachdem er an Kinderlähmung (oder am Guillain-Barré-Syndrom) erkrankte, weshalb er bis ans Ende seines Lebens einen Rollstuhl brauchen sollte, verbrachte er viel Zeit in einem einfachen Kurbad, das er schließlich kaufte und für ein breiteres Publikum erschwinglich machte. Dort mischte er sich unter die Leute. Natürlich können wir nicht wissen, wie weit FDR gegangen wäre, um die Macht von Konzernen, Wirtschafts- und Politikeliten nachhaltig zu beschneiden. Aber immerhin pflegte er als Präsident, auch auf Betreiben seiner Frau Eleanor, einen für damalige Verhältnisse neuartig engen Austausch mit Vertretern der Zivilgesellschaft, aus dem noch mehr Gutes hätte entstehen können. Dazu, und grundsätzlich zur Macht der Machtlosen, passt ein wichtiger Kommentar von ihm. Bei einem Abendessen, zu dem er den sozialistischen schwarzen Gewerkschaftler und Aktivisten A. Philip Randolph eingeladen hatte, forderte dieser härtere Maßnahmen, um die Arbeitsverhältnisse zu verbessern. Darauf antwortete Roosevelt: »Nichts von dem, was Sie gesagt haben, lehne ich ab. Ich verfüge über die Plattform, um die Transformation durchzuführen, die Sie wünschen und die wir uns, denke ich, alle wünschen. Ich habe nur eine Bitte an Sie: Sorgen Sie dafür, dass ich es tun muss.«[31]

So hat es Eleanor Roosevelt, die bislang wohl progressivste US-First-Lady, ihrem Freund, dem Sänger und Aktivisten Harry Belafonte, erzählt. Der gab die Anekdote im September 2005 in einer Rede zum Besten, die er beim Town Hall Meeting des Congressional Black Caucus hielt, der schwarzen Anhänger und Mitglieder der Demokratischen Partei (der er bei der Gelegenheit wegen verfehlter Sozialpolitik völliges Versagen vorwarf). Damit brachte Belafonte auf den Punkt, wie sehr die Zivilgesellschaft selbst gegenüber Politikern, die einer Sache grundsätzlich gewogen scheinen, immer weiter schieben und drängen muss.

19.

Egalitäre Eliten

Hebt man die einfachen Leute so hervor, kann sich die Frage ergeben, wie man es mit dem Populismus hält. Ich denke, bis hierhin ist klar geworden, dass ich keinesfalls dem Populismus im aktuellen Verständnis das Wort rede. Dennoch: Suchen wir nach etablierten Bewegungen »von unten« oder gar Parteien, die für die Macht der Machtlosen stehen, sollten wir eine weniger bekannte, positive Variante des Populismus zumindest nicht vergessen. Sie unterscheidet sich deutlich vom Populismus nach der heute gängigen Definition: Demnach liegt dieser ja vor, wenn sich Politiker diffus auf ein angeblich richtig empfindendes, einheitliches und einiges »Volk« beziehen, auf dessen vermeintlichen Common Sense.[1] Populisten schimpfen ferner gern auf eine angeblich abgehobene korrupte oder parasitäre Elite; dabei stammen sie oft selbst aus diesem Milieu oder wollen dazugehören. Darüber hinaus hetzen sie gegen unterprivilegierte Minderheiten und lehnen pluralistische Debatten ab.

Anders verhält es sich mit einer historischen Variante des Populismus »von unten«. Die Rede ist von der People's Party, auch Populist Party genannt oder schlicht: Populists. Manche Historiker sehen diese Partei als die bislang »größte demokratische Massenbewegung in der Geschichte der USA«.[2] Sie zu kennen, ist hilfreich im Kontext der einfachen Leute und ihrer Organisation. Ihr Populismus entstand aus einer zivilgesellschaftlichen und gewerkschaftsnahen Initiative, der National Farmers Alliance der 1870er-Jahre, die mit Methoden der Selbsthilfe und Netzwerken gegenseitiger Unterstützung experimentierte (unter anderem durch den Austausch von Geräten und Knowhow). Die Vereinigung der Farmer entwickelte sich zur wohl ersten großen Genossenschaft der (Land-)Arbeiterklasse weltweit, mit mehreren hunderttausend Mitgliedern und 40 000 Dozenten, die diese Methoden lehrten. Daraus ging 1892 die Partei der Populisten hervor.

Sie feierte zunächst Erfolge, büßte aber, als sie sich für die Präsidentschaftswahlen 1896 mit den Demokraten zusammentat, an Stimmen ein. 1909 löste sie sich schließlich auf. Doch bis dahin bewegten die Populists einiges: Zwar blieb ihre Forderung, den Goldstandard für den Dollar abzuschaffen, um armen Farmern günstigere Kredite zu ermöglichen, erst einmal folgenlos, wurde dann aber just von FDR umgesetzt, der sich in einigen Punkten von den Populisten inspirieren ließ.[3] Recht früh umgesetzt fanden sich ihre Ideen für eine Direktwahl von Senatoren (1912) und die Einführung einer gestaffelten, progressiven Einkommenssteuer (1913).

Manche Historiker, die sich eingehender mit dieser Form des Populismus beschäftigt haben, sehen in dieser Tradition die einzige Hoffnung, in den USA eine wahrlich soziale Politik zu etablieren.[4] Das hängt damit zusammen, dass der Sozialismus in diesem Land unterdrückt und mithilfe breit angelegter Imagekampagnen negativ gezeichnet wurde.[5] Auch mit Blick darauf, wie die Sozialdemokratie in den letzten Jahrzehnten geschwächt und verwässert wurde, fordern manche Autoren explizit so etwas wie einen linken

Populismus. Er wäre, heißt es, Ausdruck einer »agonistischen« Politik, einer wettkämpferischen, die sich deutlicher gegen politische Gegner positioniert.[6] Dabei gehen die Autoren davon aus, dass die dominierenden politischen Parteien inzwischen sehr nah beieinander liegen, keine grundsätzlichen Veränderungen in Sachen Ungleichheit anstreben und stattdessen mit eher unwichtigen Unterschieden um Wählerinnen werben, ein bisschen wie Unternehmen für ihre Produkte. In dieser Situation soll ein »guter«, oft als links gesehener Populismus eine Alternative bieten. Als Vorbilder und Beispiele dienen linke Regierungen wie jene in Ländern wie Bolivien, die stärker in Eigentumsverhältnisse eingreifen und dabei politische Gegner, grenzwertig hart, als Feinde definieren.

Populismus ist ein schwieriges Thema, bei dem man besonders sorgfältig abwägen und gegebenenfalls eine geeignete Mischung von Elementen finden muss. Auch deshalb ist der Blick zurück auf die People's Party in jedem Fall hilfreich, und auch auf etablierte Politiker wie FDR, der einige ihrer populistischen Forderungen und Methoden übernahm.

Eine grundsätzlichere Frage bleibt jene, ob sich aus der Geschichte der Macht der Machtlosen Allgemeineres dazu ableiten lässt, wie sich eine andere Elite definieren könnte. Eine, die wirklich tiefgreifende Veränderungen bewirkt oder historische Heldentaten vollbringt, selbst auf die Gefahr hin, dabei selbst ein paar Privilegien loslassen zu müssen. Auch dafür finden sich über die Jahrhunderte einige Beispiele.

Das Aristokratie-Paradox

Es herrscht drückende Hitze, fünfzig Grad, extreme Luftfeuchtigkeit, beißender Dieselgeruch, die Ventilation funktioniert nicht mehr richtig.[7] Vor allem aber wird das U-Boot von amerikanischen Zerstörern angegriffen und von Kampfflugzeugen beschossen. Der Funkkontakt mit Moskau ist abgerissen, niemand an Bord weiß, ob man sich offiziell schon im Krieg befindet. »Jetzt vernichten wir sie!«, ruft der russische Kapitän. »Wir werden sterben, aber sie alle gehen mit uns unter – wir werden nicht die Schande der Flotte sein!«[8] Der Befehlshaber will einen Nuklear-Torpedo auf einen US-Zerstörer abfeuern. Dafür braucht er im Krieg keine Erlaubnis aus der Kommandozentrale, nur die Zustimmung der zwei Offiziere an Bord. Der erste willigt ein. Doch der zweite, Wassili Archipow, weigert sich.

Wenig später stellt sich heraus, dass die Angriffe lediglich Warnschüsse der US-Kampfjets waren und die Amerikaner an diesem 27. Oktober 1962 zwar die Blockade Kubas aufrechterhalten, aber keinen Krieg beginnen wollten. Zwei Tage danach wenden die Staatschefs die Krise, in die sie die Welt manövriert haben, gerade noch durch Verhandlungen ab. Hätte das sowjetische U-Boot den Atomschlag geführt, wäre vermutlich der Dritte Weltkrieg ausgebrochen. Verhindert hat das der heute kaum bekannte Wassili Archipow. Er musste sich gegen den Kapitän durchsetzen, gegen den Offizierskollegen, gegen einen falschen Stolz und Ehrenkodex. Nicht einmal hinterher würdigten ihn seine Landsleute, sondern schimpften ihn Feigling und Verräter. Erst Jahrzehnte später wurde sein Verhalten honoriert, aber nicht von staatlicher Seite.

Diese Episode ist ein besonders spektakulärer Fall unter jenen, die zeigen, wie wichtig die Zivilcourage einer einzelnen Person in einer vermeintlich unscheinbaren Rolle in einem entscheidenden Moment der Weltgeschichte sein kann. Sie steht außerdem exemplarisch dafür, wie jemand, der offiziell zur militärischen Elite gehörte oder sich zumindest auf dem entsprechenden Karrierepfad dorthin befand, im richtigen Moment gegen deren – in dem Fall ungeschriebene – Regeln verstieß. Mit etwas Abstand betrachtet, kann Archipow als Beispiel dafür dienen, wie Begriffe von Ehre, Heldentum und Elite selbst gegen erhebliche Widerstände historisch immer wieder mit neuem Sinn zu füllen und gegebenenfalls umzudefinieren waren und sind.

In den letzten Jahrzehnten etwa hat das Image von Eliten unter anderem darunter gelitten, dass die Ungleichheit zunahm als Folge neoliberaler Wirtschaftspolitik, der Deregulierung der Finanzmärkte, Steuersenkungen und dem Ausbau des Billiglohnsektors. Ihrem Ruf hat zugesetzt, wie skrupellos sich Investmentbanker als vermeintlich höchste Vertreter der Finanzelite verhielten und einander trotz Krisen, die sie mit verursacht hatten, absurde Boni zuschanzten. Davon abgesehen ist auch mit Blick auf die Politik klar, dass in den vergangenen Dekaden ausgerechnet in jenen reichen Ländern der westlichen Welt, die über eine besonders ausgeprägte Elitenkultur verfügen, die Verwaltung des Gemeinwesens besonders schlecht läuft.[9] Heraus ragen hier Großbritannien und die USA, deren Regierungschefs besonders häufig an sogenannten Eliteuniversitäten studiert haben wie Harvard (Kennedy, Obama), Yale (Bush, Clinton) oder Oxford (Heath, Thatcher, May, Blair, Cameron, Johnson, Sunak). Weiten wir den Blick historisch aus, eignet sich als besonders drastisches Beispiel für das Versagen von Eliten das Deutschland der 1930er-Jahre, wo sich das NS-Regime ausgerechnet in einem Staat etablieren konnte, in dem ein im konventionellen Verständnis herausragend hohes Bildungsniveau herrschte, mit weltweit einer der höchsten Dichten an (auch humanistischen) Gymnasien.

Vielleicht wird es den Begriff der Elite, der stark auf dem Prinzip Pyramide basiert, irgendwann gar nicht mehr brauchen. Immerhin wandelt er sich – ganz langsam. Das zeigt sich, wenn wir die historische Entwicklung von José Mujica, dem ärmsten Präsidenten der Welt, bis zurück ins 18. Jahrhundert im Schnelldurchlauf betrachten. Denn vor rund 250 Jahren, zu Anfangszeiten der Big Three der einfachen Leute, begann sich das Bild der Elite zu verändern – wie auch jenes von Helden, über Jahrhunderte die Verkörperung des Elitären schlechthin. Der Heldenbegriff entfernte sich von dem des Kriegers hin zum Arzt, zur Wissenschaftlerin und zur Wohltäterin. Schließlich sogar zum Pflegebereich: Dafür sorgte unter anderem die englische Krankenschwester Florence Nightingale im 19. Jahrhundert. Mit ihrem mutigen Einsatz im Krimkrieg, wo sie zahlreichen Verletzten das Leben rettete, die bei der sonst üblichen Pflege gestorben wären, wertete sie das Image ihres Berufs auf. Das war damals vor allem in Kreisen des Adels und gehobenen Bürgertums bitter nötig, weil die Pflegetätigkeit, da nah an jener der Dienerschaft, als ehrenrührig galt.[10]

Was die Elite im Allgemeinen betrifft, finden sich seit der Aufklärung Ansätze für eine andere Definition. Für eine Elite, die ihre Überzeugungskraft daraus bezieht, *nicht* »oben« sein zu wollen. Am deutlichsten wird das dort, wo ich meine Darstellung begonnen habe: bei der Anti-Sklaverei-Bewegung. Ganz speziell bei den Quäkern, Leuten wie

Benjamin Lay und John Woolman. Im Vergleich etwa zu den Puritanern, der damals dominanten Konfession in den USA, waren die Quäker zahlenmäßig und in Sachen öffentliche Ämter zwar kein Faktor, unter anderem weil sie keine Amtseide leisten wollten.[11] Sie gehörten weder zur Macht- noch zur Bildungselite. Doch sie schoben historische Entwicklungen an: Am berühmtesten dürfte neben dem Abolitionismus ihr Pazifismus sein. Dazu kommt ihre Sorge um Minderheiten, etwa Strafgefangene im 19. Jahrhundert, um die sich damals sonst niemand scherte. Ihr Engagement reicht bis zur Emanzipation, was gerade im Rahmen der großen Weltreligionen, die auf der Unterordnung der Frauen basieren, einzigartig ist. Die Quäker verhielten sich früh *relativ* tolerant gegenüber anderen Religionen, auch jenen der Indigenen. Inzwischen sind bei der Society of Friends sogar Selbstbezeichnungen möglich wie »muslimischer Quäker«.[12]

Passend zu ihrer Offenheit war die Gesellschaft der Freunde prädestiniert für eine Art egalitäre Elite. Denn bei ihnen vermengten sich demokratische Züge mit Elitärem, also einer »Auswahl«, einer sozial besonderen Gruppe (*élire* = auslesen). Das entsprach mit damaligen Worten dem Adel oder der Idee einer Aristokratie, in Amerika im übertragenen Sinn reicher Land- und Plantagenbesitzer. Vor diesem Hintergrund ist es faszinierend zu sehen, wie die Quäker in ihrer eigenen Form teils an aristokratische Tendenzen erinnern, dann aber einen anderen Dreh reinbringen. Tatsächlich: Sie hielten sich an erlauchte Leitfäden, etwa das »Testimony of Integrity« und das »Testimony of Equality«, das Zeugnis der Integrität und jenes der Gleichheit. Gemäß ihrer Etikette sollte man vor Höhergestellten nicht den Hut ziehen und keine Titel bei der Anrede verwenden, kein »Mister«, kein »Mrs«, kein »Sir« oder »Lord«. Damit wandten sich die Quäker, zusammen mit den Diggers, als Erste vehement gegen die Titelgläubigkeit, die bis heute grassiert.

Ihre hohen Ideale und Benimmregeln hinderten Quäker oft daran, partei- oder realpolitisch in Amt und Würden zu kommen. Zugleich aber sticht die Konfession als diejenige hervor, deren Mitglieder – zumindest im Verhältnis zu ihrer Gesamtzahl – historisch am meisten eindeutig positive Entwicklungen von übergreifender Bedeutung anstießen.[13]

In Zeiten der Aufklärung bewegten sich die Quäker mit ihren Prinzipien allerdings nicht völlig im luftleeren Raum: Geistesadel, so lautete damals ein Schlagwort. Darunter verstanden manche eine Aristokratie, die sich eben nicht auf ererbte Titel gründete, sondern auf Bildung und Humanität. Dieser Ansatz, dessen Anfänge bis zu Platons Ideen einer Philosophenherrschaft zurückreichen, sollte viel später, Anfang des 20. Jahrhunderts, zum Konzept des »Aristokratismus« führen: Durch ihn zeichne sich, so erklärte der Pazifist und Schwulenaktivist Kurt Hiller, sogar ganz allgemein ein guter Aktivismus aus.[14] Gleichzeitig beförderten derartige Vorstellungen eines wie auch immer gearteten Geistesadels dann meist doch wieder Aufstiegswillen, Hierarchiedenken und Überheblichkeit.

Demgegenüber blieb bei den Quäkern die Geisteshaltung in eigensinniger – gleichsam ritterlicher – Konsequenz demokratisch und unabhängig. Und während der amtliche Adel in Zeiten der Aufklärung an Ansehen verlor, gewann dessen einfache Variante der Quäker an Glaubwürdigkeit. Dank ihrer egalitär elitären Art konnten sie breitere Bündnisse formen und vermitteln, etwa zwischen Aktivistinnen und Parlamentariern, Radikalen und Mainstream, zwischen

Menschen mit, im konventionellen Verständnis, mehr oder weniger Bildung.

Was Letzteres anbelangt, zeigt sich bei den in diesem Buch geschilderten Personen, die große Entwicklungen anschoben, dass sie im herkömmlichen Sinn meist über keine besonders »gute« oder »hohe« Bildung bzw. entsprechende Abschlüsse verfügten. Sie strebten noch nicht einmal den sogenannten sozialen Aufstieg an. Natürlich wünscht man sich soziale Mobilität, aber der Begriff sozialer Aufstieg ist problematisch, da die Idee mitschwingt, man würde an jemandem vorbei steigen und dann irgendwie höher stehen. Das gilt auch für sogenannte Meritokratien, in denen sich der Aufstieg bei gegebener Chancengleichheit Fleiß und Talent verdanken soll, was in Wirklichkeit ohnehin nicht der Fall ist.[15] Im Gegensatz dazu steht der Anti-Adel der Abolitionistinnen und Quäker früh beispielhaft und konsequent für die Einschätzung, dass das Konzept einer Elite, wenn überhaupt, nur als Paradox überzeugt. Als eine Elite, die sich, indem sie egalitär ist, selbst verneint.

The House of Lots – Demokratie und Zufall

Mit Blick auf die egalitäre Elite stellt sich die Frage, welche Form von Institutionen neben den etablierten Parlamenten und NGOs übergreifende positive Entwicklungen befördern. Auf der Ebene der Legislative gibt es seit dem ausgehenden 20. Jahrhundert verstärkt Bestrebungen, einfache Leute in Beratungs- und Entscheidungsprozesse mit einzubeziehen. Wie? Mit Bürgerräten und paraparlamentarischen Einrichtungen, deren Mitglieder sich nach dem Zufallsprinzip – per Los – zusammensetzen. Mit diesem seit

Jahrzehnten diskutierten, in diversen Ländern eingesetzten Instrument will man Bürgerinnen und Bürger unterschiedlichster Herkunft stärker politisch beteiligen. Dabei sollen Sorgen und Ideen von Leuten Gehör finden, die nicht aus den Milieus stammen, aus denen sich Parlamentarierinnen und Parlamentarier üblicherweise rekrutieren. Die Kreise sollen ausgeweitet werden, über akademisch Ausgebildete, besser Verdienende und Personen aus eher privilegierten Elternhäusern hinaus.

Derartige Systeme können verschiedene Themen des Gemeinwesens betreffen: Ein frühes Beispiel ist der 1986 in Dänemark ins Leben gerufene Technologierat, eine paraparlamentarische Institution, um gesellschaftliche Folgen neuer Technologien abzuschätzen, in der Bürgerinnen und Bürger ein Mitspracherecht erhielten. In Kanada konnten im Jahr 2006 ausgeloste Bürgerinnen und Bürger in der Ontario Citizens Assembly on Electoral Reform über eine Neugestaltung des Wahlsystems beraten und Vorschläge machen (worüber dann ein Referendum entschied). Bürgerräte kann man als Zwischending zwischen Parlament und NGO sehen, und manchmal entsprechen ihre Mitglieder selbst einer Mischung. In Irland tagte zwischen 2012 und 2014 die Convention on the Constitution, zu einem Drittel regulär gewählte Parlamentarierinnen und Parteienvertreter, zwei Drittel geloste Bürger. Sie berieten darüber, die Amtszeit von Präsidentinnen und Präsidenten zu beschränken und das Wahlalter herabzusetzen, die Ehe für alle einzuführen und Blasphemie als Vergehen aus der Verfassung zu streichen. Letztere zwei Vorschläge konnten sich in einem Volksentscheid durchsetzen.

Die Idee ist alles andere als revolutionär. Schließlich kam diese Variante des Parlaments erstmals vor 2500 Jahren zum Einsatz, nämlich im alten Athen, der ersten Demokratie in einer Hochkultur. Die Griechen ermittelten ihre meisten Volksvertreter per Los, wenngleich der Pool mit freien männlichen Bürgern extrem beschränkt blieb. In wirklich progressiven Zusammenhängen brachte die feministische Aktivistin, Soziologin und Rechtsanwältin Jo Freeman die Idee des Los-Systems 1970 als Möglichkeit ins Spiel, um in politischen Bewegungen und Gruppen für eine gewisse Struktur und Effizienz zu sorgen, ohne dass man an Dynamik und Offenheit einbüßt oder einem ungesunden »Elitismus« verfällt.[16]

Mit gelosten Räten, so der Grundgedanke, verringert sich die Wahrscheinlichkeit von Korruption und Vetternwirtschaft, während jene, einen Querschnitt der Bevölkerung zu repräsentieren, steigt. Auch erhöht sich die Wahrscheinlichkeit, dass mehr Menschen mit geringem Einkommen und ohne akademische Ausbildung vertreten sind, als sonst bei Parlamenten der Fall. Das sorgt für frischen Wind und dafür, dass mehr Informationen über verschiedene Milieus, Lebens- und Arbeitswelten Berücksichtigung finden. Zum anderen ließe sich, so die Hoffnung, die Akzeptanz von Parlamenten verbessern, gerade in Zeiten der Politikverdrossenheit.

Besonders nahe liegt es da, längst nicht mehr zeitgemäße und undemokratische Institutionen durch Bürgerräte zu ersetzen, etwa das britische House of Lords. Für die EU ließe sich an ein »House of Lots« (frei übersetzt: Haus der Ausgelosten) denken, als Gegenpart zum Parlament, das wegen des Lobbyismus oft in der Kritik steht.[17] Ergänzten geloste Volksvertretungen die gewählten, wären Entscheidungsträger bei bestimmten Themen vielleicht weniger voreingenommen. Etwa bei der Besteuerung. Über sie entscheiden in Deutschland üblicherweise Parlamentsmitglieder, die mit mehr als 120 000 Euro Jahres(grund)gehalt zu den Spitzenverdienern zählen. Das kann selbst bei bestem Willen Einfluss darauf haben, wie sehr sie sich für eine progressivere Gestaltung der Abgaben einsetzen oder gegen eine Kürzung von Sozialbudgets, die keine der Entscheidungsträger und kaum Bekannte von ihnen jemals betreffen werden. Das mag simpel klingen, und es lässt sich nichts pauschalisieren, aber es spielt eine Rolle.

Das ist kein Argument gegen ordentliche Diäten oder gegen herkömmliche Parlamente, und darin liegt auch kein Vorwurf gegen deren Mitglieder. Aber ein Ausgleich ist nötig. Amtszeiten gehören wohl verkürzt, mehr Leute, die finanzielle Probleme kennen, sollten mitentscheiden. Bürgerräte – und Überlegungen, Mandate insgesamt zeitlich stärker zu begrenzen – erscheinen da als ein lohnenswerter Weg. Die bislang meist nur temporären Einrichtungen wollen manche zu sogenannten »bipräsentativen« Systemen ausbauen, einer *multi-body-sortition* (etwa: Mehr-Kammern-System auf der Basis von Losverfahren). Dabei sollen Gremien und Parlamente einander ergänzen und kontrollieren. In *Gegen Wahlen*, seinem Buch zum Thema geloste Bürgerräte und deliberative Demokratie, spricht der Historiker David Van Reybrouck von einer »politischen Agoraphobie«: der Angst, die Amtsinhaberinnen und Parlamentarier vor dem »Mann auf der Straße« haben.[18] Er merkt an, dass Wahlen von den Gründungsvätern der ältesten noch existierenden Demokratie, den USA, »nie als demokratisches Instrument gedacht gewesen« sind, »sondern als Verfahren, um eine neue, nicht-erbliche Aristokratie an die Macht zu bringen«.

So lässt sich das zuspitzen. Dazu passt die Tatsache, dass

die Mehrheit der Volksvertreter in den USA heute, schon bevor sie ihre politische Karriere starten, sehr viel Geld haben und/oder für ihren Wahlkampf Millionen einsammeln müssen. Bei Konzernen und Superreichen lässt sich das am leichtesten bewerkstelligen, was zur Festigung aristokratischer oder oligarchischer Strukturen beiträgt. Dass es sich selbst bei Revolutionen wie der Amerikanischen und der Französischen letztlich um eine Angelegenheit der Reichen und ohnehin Mächtigen handelte, darum ging es bereits in den Kapiteln über die Diggers. Im Gegenzug entstanden aus dem Bestreben, mehr Menschen verschiedener Herkunft und Finanzkraft an der Gestaltung des Gemeinwesens zu beteiligen, nicht nur für den Bereich der Politik, sondern auch in der Wirtschaft neue Konzepte, verwandt mit jenem der Bürgerräte. Als Beispiel kann der erwähnte Anarchosyndikalismus dienen, bei dem Unternehmen kollektiv verwaltet wurden. Wie aber ließen sich herkömmliche Unternehmen ohne eine entsprechende Revolution oder einen abrupten Systemwechsel stärker für eine direkte Beteiligung von Bürgerinnen und Bürgern öffnen, um ihre Ausrichtung stärker von der Profitmaximierung auf das Gemeinwohl zu verschieben?

Hier und da finden sich Privatinitiativen. Als erstes britisches Unternehmen übergab der Eigentümer der Chemiefirma Scott Bader 1951 diese seinen Mitarbeitern.[19] Ein allgemeineres Modell für eine Vergesellschaftung hat 1973 der Ökonom E. F. Schumacher in seinem Buch *Small is beautiful* umrissen, der Bibel der konstruktiven Wachstumskritik. Er überlegte, wie sich die Eigentumsverhältnisse bei Konzernen und großen Unternehmen gerechter und nachhaltiger gestalten ließen, ohne dadurch an Dynamik einzubüßen. Schumacher schlug eine »gemischte Wirtschaft« und »neue

Verfahren der Vergesellschaftung« großer Unternehmen vor, auch um die »Wirtschaftsreligion« zu überwinden, womit er vor allem den Glauben an das Wachstum als Heilsbringer meinte.[20] Die Hälfte des Eigentums großer Firmen wollte er der öffentlichen Hand übergeben, das Ganze organisiert über (neu herausgegebene) Aktien, aber ohne dass der Staat in die Geschäftsführung eingreift. Es gäbe einen Gesellschaftsrat, zusammengesetzt zu einem Viertel aus Mitgliedern »örtlicher Gewerkschaften«, zu einem Viertel aus »örtlichen Berufsverbänden« und aus »ortsansässigen Bürgern«, auszuwählen wie Schöffen, per Los. Sie hätten mitzureden über Dividenden und »gesellschaftliche Bedürfnisse«, sprich soziale Gerechtigkeit und Nachhaltigkeit. Dabei würde, so Schumacher vor nunmehr einem halben Jahrhundert, »das Eigentum an großen Industrieunternehmen, ohne Revolution, Enteignung, Zentralisierung und ohne dass bürokratische Schwerfälligkeit an die Stelle privater Beweglichkeit tritt, neu gegliedert«.

Einigen Politikprofis scheinen geloste Bürgerräte noch recht fremd, teils auch weil sie sich nicht mit deren Geschichte auskennen oder weil sie meinen, es würde den Parlamentarismus und ihren eigenen Stand schwächen.[21] Natürlich stellt sich die Frage, ob Paraparlamente als Alibi-Institutionen ohne wirkliche Macht dienen könnten. Ob sich in ihnen nicht allzu oft die rhetorisch Geschicktesten durchsetzen, und dies ohne sich, wie in gewählten Parlamenten wenigstens der Fall, gegen andere Redegewandte behaupten zu müssen. Unklar bleibt ferner, wie es um die Effizienz solcher Parlamente stünde und um die Akzeptanz, wenn viele Bürger dauerhaft kein Losglück hätten. Und: Wenn ein gelostes Parlament den Anspruch erheben kann, den Durchschnitt des Volkes abzubilden, wäre das dann der Dynamik und Innovationsfähigkeit von Gesellschaften womöglich sogar abträglich? Drohte die sogenannte Verantwortungsdiffusion, also dass Mitglieder weniger Initiative ergreifen, weil sie denken, dass viele, in diesem Fall sogar alle, zuständig sind? Könnten dann gute Ideen und Meinungen von Außenseitern und Unterprivilegierten, wie ich sie geschildert habe, paradoxerweise, gerade weil mit gelosten Parlamenten im Prinzip alle Gruppen eine Stimme haben, *weniger* dringlich erscheinen? Gäbe es weniger zündende Reibungsflächen? Das alles gilt es zu berücksichtigen bei der Gestaltung der Räte, ihrer Zusammensetzung und Funktionsweise.

Wichtig für die Frage, wie sich das Engagement und die Ideen von Machtlosen zwischen Außenseitertum und Institutionalisierung machen, ist traditionell auch, wie sich jeweils historisch frische Player verhalten. Das lässt sich beispielhaft für unsere Zeit mit Blick auf eine Gruppe beleuchten, die bislang unerwähnt blieb: die Jugend.

20.

Maßvolle Revolutionäre

Am 12. März 1955 steigt eine schwarze Highschool-Schülerin in Montgomery in Alabama auf dem Weg nach Hause in einen Bus und setzt sich, da die ersten zehn Reihen für Weiße reserviert sind, in eine dahinter.[1] Als sich die vorderen füllen, fordert der Busfahrer, wie damals üblich, die schwarzen Passagiere auf, ihre Plätz den weißen zu überlassen. Die Fünfzehnjährige weigert sich. Daraufhin hält der Fahrer bei nächster Gelegenheit an und ruft Polizisten herbei. Diese packen die Schülerin und führen sie in Handschellen auf die Wache, wo sie stundenlang in einer Zelle ausharren muss. Am Ende wird sie wegen Verstoßes gegen die Gesetze der Rassentrennung und wegen Widerstands gegen die Staatsgewalt angeklagt. Doch anders als andere, denen so etwas geschieht, lehnt sie es ab, ihre Strafe zu zahlen. Mithilfe der National Association for the Advancement of Colored People (NAACP) heuert die Schülerin einen Anwalt an. Den Prozess verliert Claudette Colvin zwar, kommt aber auf Bewährung frei.

Schwarze Führer und Bürgerrechtlerinnen einschließlich Martin Luther King lassen die Angelegenheit auf sich beruhen. Erst neun Monate später, als die 42-jährige Rosa Parks im Bus genau das Gleiche tut wie Claudette Colvin, dient diese Aktion als Startschuss für den Montgomery Bus Boycott und für die Ausweitung der Bürgerrechtsbewegung.

Es folgen Demonstrationen und Prozesse, bis hoch zum Supreme Court, der die Rassentrennung 1956 endlich für verfassungswidrig erklärt. Einer der größten Erfolge der Bürgerrechtsbewegung. In einem frühen Prozess sagt Claudette Colvin als Zeugin aus. Auf die Frage des Staatsanwalts, wer ihre Anführer seien (er will die »Anstifter« identifizieren), erwidert sie: »Nur wir, wir selbst.«[2] Ein am Prozess beteiligter Jurist bescheinigt ihr ein herausragend überzeugendes Auftreten. Sie strebt trotzdem keine politische Karriere an, sondern wird Krankenschwester. Später fragt man sie, warum Rosa Parks, die Colvin sogar innerhalb der NAACP fördert, als Aushängeschild dient und nicht sie. Colvins Antwort: Als Galionsfigur habe sie sich auch deshalb weniger gut geeignet, weil sie dunklere und krausere Haare hatte als Rosa Parks und aus einer ärmeren Familie stammte, nicht aus der Mittelschicht. Anscheinend meinten führende Bürgerrechtler auch, ein rebellischer Teenager würde sich vor Gericht und in der Presse weniger gut machen als eine 42-Jährige.[3]

Das Merkwürdige ist, dass es sogar schon zehn Jahre zuvor einen ähnlichen Fall gab, im Sommer 1944, als sich die damals 27-jährige Irene Morgan in einem Bus von Virginia nach Maryland weigerte, ihren Sitz für eine Weiße aufzugeben, woraufhin auch sie verhaftet und angeklagt wurde.[4] Auch Morgan ging den ganzen Weg bis zum Supreme Court, der schon damals urteilte, dass die Rassentrennung in Verkehrsmitteln verfassungswidrig sei. Aber die Entscheidung wurde in der Praxis schlicht nie umgesetzt. Ähnlich wie Claudette Colvin führte Morgan später ein Leben abseits der politischen Bühne, betrieb eine Trockenreinigung und einen Kinderhort.

Überraschend oft hat man, wie in diesem Fall, den Eindruck, man könnte immer noch einen Schritt zurückgehen und weitere Vorläufer finden. Morgan bereitete, um im Diggers-Bild zu bleiben, den Boden für spätere Aktionen wie jene von Claudette Colvin, die wiederum unter anderem Rosa Parks inspirierte. Colvin scheint allerdings in zweifacher Hinsicht besonders bemerkenswert. Zum einen dürfte sie der erste Teenager unter einfachen Leuten sein, der einen über das direkte Umfeld hinaus spürbaren Einfluss ausübte und eine große Entwicklung mit anschob. Zweitens bezog sie sich explizit auf die Geschichte des Abolitionismus: In einem späteren Interview über ihre Motivation damals im Bus erklärte Colvin: »Ich konnte an dem Tag nicht aufstehen. Die Geschichte hielt mich auf dem Sitzplatz. Ich spürte, wie die Hand von Harriet Tubman meine eine Schulter runterdrückte, jene von Sojourner Truth meine andere.«[5] Zwei Abolitionistinnen des 19. Jahrhunderts als Inspiration und Bodyguards in einem Bus im Jahr 1955.

Claudette Colvin führe ich nicht nur wegen des rekordverdächtigen Alter-Impact-Quotienten an, sondern weil sie für eine Qualität steht, die bei engagierten Jugendlichen unserer Zeit besonders scheint. Ihr Aktivismus zeichnet sich durch eine spezielle Mischung aus. Einerseits, natürlich, Rebellion, Impulsivität und jugendliche Unbedarftheit, aus der Mut erwächst; andererseits Schläue, Taktik und planvolles, sogar juristisches Vorgehen, das Ganze oft gespeist aus einem Wissen darum, wie Aktivismus in der Vergangenheit funktionierte. Zugespitzt gesagt halten sich Frische und Abgeklärtheit die Waage. Damit unterscheidet sich Colvins Engagement von früheren Phasen der Jugendrevolte.

Jugendrevolte – die dritte

Die Jugendrevolten können wir grob in drei Wellen einteilen, auch um beispielhaft verschiedene Qualitäten herauszustellen. Die erste erfolgte mit den Hipstern der 1940er-Jahre und den Teddy Boys der 1950er. Sie begehrten ohne politische Richtung oder Zielsetzung gegen die Repressionen und den Moralismus ihrer Eltern auf. Sie wünschten sich einfach mehr Freiheiten. Ansätze zu dieser Art der Jugendrebellion lassen sich schon viel früher, nämlich in Zeiten der Französischen Revolution erkennen: bei den heute kaum bekannten »Merveilleuses« und den »Incroyables«.[6]

Die zweite Welle der Jugendrevolte manifestierte sich im stärker ideologisch motivierten Engagement von Achtundsechziger-Studentenführern wie Angela Davis, Rudi Dutschke und Daniel Cohn-Bendit. Für sie spricht man ja auch vom langen Marsch durch die Institutionen. Zugespitzt formuliert lässt sich bei dieser Welle ein typischer Ablauf beobachten: anfängliche Rebellion – Bestrafung und Absonderung der allzu Extremen – Integration der Verbliebenen im System, an herkömmlichen Hebeln der Macht.

Für die dritte Welle, Thema dieses Kapitels, haben Leute wie Claudette Colvin wohl die frühe Vorhut gebildet. In gewisser Weise bewegen sich die aktivistischen und politisch engagierten Jugendlichen, die in den letzten Jahren und Jahrzehnten, unter anderem mit der Klimabewegung, die Bühne betraten, in ihrer Tradition. Bei ihnen ließe sich fragen, ob es einen Trend zu einem historisch neuartigen Mechanismus gibt, eine Abweichung auch von der alten Regel, dass Jugendliche frischen Wind und entsprechende

Ideen bringen, mutig, abenteuerlustig und oft in übertriebener Form, die dann am Ende mehr oder weniger in den Mainstream eingegliedert werden. Das Neue wäre, dass Aktivisten ein passendes Maß zwischen Integration und Außenseitertum suchen und auch zwischen Naivität und Professionalisierung. Vielleicht sogar so etwas wie eine angemessene, ja, kalkulierte Naivität. Natürlich schwingt diese Mischung ohnehin bei vielen Formen des Aktivismus mit, das anfängliche Moment des Einfachen, Naiven, das beflügelt, und später jenes der praktischen Umsetzung. Aber bei engagierten Jugendlichen scheint dieser Mix aktuell eine besondere Rolle zu spielen. Dabei definiere ich hier Jugendliche vom Alter her, wie es die Shell-Jugendstudie tut, von zwölf bis 25.

Betrachten wir deren Engagement unter dem Gesichtspunkt der Professionalisierung, fällt zunächst einmal auf, wie präsent sie inzwischen in den Medien sind, stärker als zu früheren Zeiten. Allein das ist schon historisch neu. Es finden sich Rankings wie jenes des *Time Magazine* über die »Most Influential Teens«; dazu Bücher mit Titeln wie *Young Rebels. 25 Jugendliche, die die Welt verändern!*[7] Zu diesen rebellischen Jungen zählen, um die Bandbreite anzudeuten: Emma González, Aktivistin für strengere Waffengesetze in den USA; Netiwit Chotiphatphaisal, der in einer thailändischen Schülerzeitung kritische Artikel gegen Kleider- und Frisurenordnungen verfasste, Demos gegen überkommene monarchistische Rituale organisierte und einen Verlag für Studierende zur Förderung der Demokratie gründete; Umazi Musimbi Mvurya, die mit ihrer Kampagne »I am Kenyan« auf Facebook, mit Plakaten und T-Shirts dazu beitrug, dass der Wahlkampf 2013 in ihrem Heimatland relativ friedlich verlief; Joshua Wong, Demokratie-Aktivist aus Hongkong, der mit vierzehn die Schülergruppe »Scholarism« mit ins Leben rief.

Dazu gehört auch Amika George, die in Großbritannien im Alter von siebzehn auf das Problem der »Period Poverty« aufmerksam machte und mit einer Kampagne bewirkte, dass Hygieneartikel für Frauen an staatlichen Schulen und Universitäten gratis über Automaten verteilt werden. Von ihr ist inzwischen das Buch *Du kannst etwas verändern!* erschienen. Darin beschreibt sie ihren persönlichen Weg zum Aktivismus und gibt praktische Tipps in Abschnitten wie »Definiere dein Ziel«, »Wer hat die Macht?«, »Nutze deine Wut«, »Branding: Eine eigene Marke aufbauen«. Sie bezieht sich auch auf die Geschichte, wenn sie erklärt: »Zum Aktivismus wird niemand geboren, aber ich bin überzeugt, dass jeder das Zeug dazu hat. Auch du. Du brauchst dich deshalb nicht als Gutmensch oder Ökofreak abstempeln zu lassen. Mach dir bewusst, dass jede Menge Leute, die unterschiedlicher nicht sein könnten, unglaubliche Veränderungen in Gang gesetzt haben.«[8]

Merkwürdig pragmatisch

Einige engagierte Teenager haben inzwischen Weltruhm erlangt. Malala Yousafzai etwa, die pakistanische Aktivistin, die sich für die Bildung von Kindern und Jugendlichen und insbesondere von Mädchen einsetzt. Im Oktober 2012 überlebte sie im Alter von fünfzehn einen Mordanschlag durch Taliban nur knapp. Später durfte sie vor der UNO sprechen.

Den bisherigen Höhepunkt der Öffentlichkeitswirkung Jugendlicher markiert Greta Thunberg, der vermutlich bekannteste (engagierte) Teenager der Weltgeschichte. Falls die Klimakatastrophe verhindert werden sollte, hätte die Schwedin immerhin maßgeblich Anteil daran gehabt. Sie, die zu Beginn ihres Engagements noch zur Schule ging und das Asperger-Syndrom hat, darf an sich als der Inbegriff der Machtlosen gelten. Als klar wurde, dass das Ziel des Übereinkommens von Paris, die globale Erwärmung auf deutlich unter zwei Grad im Vergleich zu vorindustriellen Zeiten zu halten, wohl nicht erreicht wird, entschied sich Thunberg für eine an sich wenig spektakuläre Aktion. Im August 2018 postierte sie sich, die Schule schwänzend, mit einem Schild vor dem Parlament in Stockholm, auf dem »Schulstreik für das Klima« stand. Der Rest ist allseits bekannt: wie sie Aufmerksamkeit von den Medien bekam; wie sich Fridays for Future (FFF) gründete; wie Streiks in aller Welt folgten und sich ein Jahr später Wissenschaftlerinnen und Wissenschaftler als Scientists for Future anschlossen.

Inzwischen urteilte das deutsche Bundesverfassungsgericht, dass sich das vom Bundestag beschlossene Klimaschutzgesetz nicht mit den Grundrechten vereinbaren lässt, da es keine Emissionsreduzierung garantiert, mit der die Regierung ihrer Schutzpflicht gegenüber den Bürgern nachkommen und für künftige Generationen ein Leben in Würde gewährleisten kann.[9] Um derartige Fortschritte global zu erzielen, arbeiten Sprecher von FFF länderübergreifend zusammen, von den Philippinen über Kenia bis nach Deutschland.

Es geht hier natürlich nicht darum, Jugendliche zu verklären: Mit der Schilderung der Aktivisten verbinde ich nicht etwa die Vermutung, junge Leute wären irgendwie an sich politisch progressiver oder umweltbewusster; dagegen spricht unter anderem das Wahlverhalten.[10] Auch bei der sozialen Gerechtigkeit scheint das Alter an sich nicht ausschlaggebend. In der Shell-Studie von 2019 heißt es dazu: »So verweist etwa jeder zweite Jugendliche aus der untersten Herkunftsschicht auf fehlende soziale Gerechtigkeit, während aus der obersten Schicht nur noch 25% diese Einschätzung teilen.«[11]

Kein Grund also für Ageism. Aber vielleicht können wir mit Blick speziell auf eben diejenigen Jugendlichen, die sich aktiv für mehr Gerechtigkeit und Klimaschutz einsetzen, beleuchten, inwiefern sie dies auf eine tendenziell historisch neuartige Weise tun und mit einer entsprechenden Öffentlichkeitswirkung. Zusammengefasst lässt sich sagen, dass diese jungen Leute die zwei genannten Dinge verbinden und sich so von vorangegangenen Generationen unterscheiden: eine gewisse Offenheit und zugleich einen strategischen, gleichsam professionellen Umgang mit den Medien und Institutionen des Mainstreams. Das zeigt sich unter anderem an der gründlichen Recherche auch zu technischen und juristischen Fragen, etwa in Sachen Klimaschutz. Es manifestiert sich bei Medienauftritten von FFF-Vertreterinnen wie Luisa Neubauer oder Carla Reemtsma in Talkshows. Die Jugendlichen argumentieren nicht einmal nur rhetorisch geschickt im konventionellen Sinn; sie sprechen nicht aggressiv, versuchen eher auf umsichtige Weise, Trotzreaktionen, Reaktanz bei anderen zu vermeiden und Ähnliches. Und wo es doch mal angreifender zur Sache geht, wird zumindest darauf geachtet, Faktennachweise zu erbringen, wie bei dem viele Millionen Mal geklickten Video »Die Zerstörung der CDU« des damals 25-jährigen Influencers Rezo, einer Kritik der Volkspartei vor der Europawahl im Mai 2019.

Das scheint eine Besonderheit politisch engagierter Jugendlicher im Vergleich zu früheren Generationen zu sein. Ähnliches gilt für jüngere Medienformate, etwa Novara Media (UK). Ein Beispiel für die Mischung aus Professionalität und Naivität trägt die Idee bereits im Titel: *Jung & naiv*. In dem aus Zuschauer-Spenden finanzierten Online-Format, das nach eigenen Angaben »Politik für Politikdesinteressierte« bietet und das sich zunehmend größerer Beliebtheit erfreut, werden bis zu vier Stunden lange Interviews mit jeweils einem Gast aus der Wissenschaft oder Politik geführt, mit Autorinnen und Aktivisten.[12] Sozusagen bewusst naiv. Man duzt einander, lässt Gäste Fremdwörter, die sie benutzen, erklären, versucht geduldig, die Argumente politisch anders Denkender zu hören, fragt zugleich beständig in der Sache nach.

Etwas von dem Mix, den ich meine, thematisierte 2010 die damals zwölfjährige Adora Svitak, die in den USA früh als Journalistin, Romanautorin und Bloggerin bekannt wurde, als sie ihren inzwischen millionenfach aufgerufenen TED-Vortrag hielt. »Was Erwachsene von Kindern lernen können«, lautete der Titel.[13] »Also, ich möchte gerne mit einer Frage anfangen«, erklärte sie. »Wann hat man Sie zum letzten Mal als kindisch bezeichnet? Für Kinder wie mich ist es keine Seltenheit, als kindisch bezeichnet zu werden. Jedes Mal, wenn wir unvernünftige Ansprüche stellen, unverantwortliches Verhalten an den Tag legen oder uns sonst wie normale amerikanische Bürger benehmen, bezeichnet man uns als kindisch. Was mich echt stört. Bitte bedenken Sie doch mal folgende Vorfälle: Imperialismus und Kolonisierung, Weltkriege, George W. Bush. Wer war verantwortlich? Die Erwachsenen.«

Nachdem sie so zunächst auf humorvolle Weise das Thema kindliche Vernunft und Klarsicht angeschnitten hatte, ging sie auf die Phantasie ein und die besondere Handlungsmotivation, die daraus erwächst: »Wer sagt denn, dass bestimmte Arten von unvernünftigem Denken nicht genau das sind, was die Welt braucht? Vielleicht haben Sie irgendwann mal große Pläne gehabt und sie dann verworfen, weil Sie dachten, ›das geht nicht‹, oder ›zu teuer‹ oder ›davon habe ich ja nichts‹. Es ist nun mal eine Tatsache, dass wir Kinder uns nicht durch Gründe beirren lassen, die gegen unsere Vorhaben sprechen.«

Was Svitak anklingen lässt, ist nicht ganz neu. Es erscheint zunächst fast wie eine mildere Version dessen, was der Digger Gerrard Winstanley sagte, der sich historisch früh dafür aussprach, scheinbar lächerliche, naive Ideen auch gegen entsprechende Einwände zu vertreten. Konkret hebt Svitak auf das in der modernen Kunst gefeierte Motiv des phantasiereichen Kindes ab, das sich nicht durch falsche Vernunftgründe davon abhalten lässt, nach kreativen Lösungen zu suchen und zu experimentieren. Dies führt historisch zurück zum Lob des kindlichen, tieferen Verständnisses im Sinn einer Herzensbildung, wichtig schon im Neuen Testament; und zu all den Reformpädagogen, die forderten, Erwachsene sollten von Kindern lernen.[14] Selbst das Achtundsechziger-Motto »Die Phantasie an die Macht!« blitzt bei Adora Svitak auf. Aber das Besondere an ihrem Vortrag liegt zum einen darin, dass sie als Kind eine derartige öffentliche Plattform erhält, um in professioneller Form darüber zu reflektieren, wie kindisch Erwachsene sind und wie produktiv das Kindliche wirken kann. Zum anderen ruft sie dazu auf, entsprechende Qualitäten quasi auf gezielte Weise ins Spiel zu bringen, wo es um politische Analysen oder Reformprojekte geht.

Suchen wir in der älteren Geschichte nach Beispielen für

ein kindisches Gebaren Erwachsener und die Klarsichtigkeit Jugendlicher, dann landen wir kurioserweise wieder im Spätmittelalter, um das es bereits in Teil IV ging. Denn aus dem 14. Jahrhundert, jenem also, in dem, wie geschildert, die Rebellion der einfachen Leute zuerst Form annahm, stammt auch die archetypische Geschichte über besondere analytische Fähigkeiten der Jugend schlechthin: *Des Kaisers neue Kleider*. Es ist das Märchen über einen Jungen, der des Kaisers neue Kleider als Fake News aufdeckt und sich damit über den nackten Herrscher und die Unterwürfigkeit des Volkes lustig macht. Heute kennen wir die Geschichte in der Version von Hans Christian Andersen aus dem 19. Jahrhundert. Aber die erste entstand im spätmittelalterlichen Spanien, verfasst von Don Juan Manuel. Er hebt interessanterweise zusammen mit dem Aspekt der Jugend auf jenen der sozialen Schicht ab. Da behaupten die Schneider, die den Herrscher, in diesem Fall einen König, betrügen, dass nur diejenigen die Kleidung nicht sehen können, die bei Vätern leben, die nicht ihre wahren Erzeuger sind. Einfacher gesagt: illegitime Kinder, »Kuckuckskinder«, die sozial Verachteten. Deshalb wagt beim feierlichen Auftritt des Königs niemand, die Wahrheit über dessen Nacktheit zu sagen. Niemand will sich als »Bastard« outen. Am Ende ist derjenige, der die kollektive Lüge doch noch durchbricht, ein jugendlicher schwarzer Knecht, der das Pferd des Königs führt. Er erklärt: »Herr, es macht mir wenig aus, ob Ihr glaubt, dass ich der wahre Sohn des Mannes bin, den ich für meinen Vater halte, oder von jemand anderem; deshalb sagte ich, dass ich entweder blind bin oder Ihr nackt seid.«[15]

Daraufhin erkennen in einer Kettenreaktion immer mehr Untertanen die Lüge und wagen es, darauf hinzuweisen. Ins Rollen bringt den Ball aber der einfache junge Knecht, der sich nicht vor den Folgen seiner Aussage fürchtet, sei es weil er ohnehin nichts (an Erbe) zu verlieren hat oder weil er generell so weit außerhalb gesellschaftlicher Hierarchien steht, dass ihn das alles nicht schert. Insofern enthält das Märchen wesentliche Wahrheiten über das Engagement Jugendlicher, oder allgemeiner gesprochen: einfacher Leute. Die heutige Formel dafür lautet wohl: »Don't believe the hype.«

Auf die globalen politischen Verhältnisse unserer Zeit bezogen beschreibt die indische Autorin und Aktivistin Arundhati Roy eine Art verschärfte, fortgeschrittene Variante von *Des Kaisers neue Kleider*. Die westlichen Industrienationen hätten mit Kolonialismus, Apartheid, Sklaverei und all ihren Kriegen »Nationen ausgeplündert, Kulturen ausgelöscht, ganze Völker ausgerottet«, aber: »Sie stehen splitternackt auf der Bühne der Welt, ohne dass ihnen dies im Mindesten peinlich wäre, denn sie wissen, dass sie mehr Geld, mehr zu essen und größere Bomben haben als alle anderen.«[16] Roy betont auch, ähnlich wie die Diggers im 17. Jahrhundert, wie schnell diejenigen, die solche einfachen Wahrheiten aussprechen oder sich immer wieder über fundamental groteske Ungerechtigkeiten wundern, als blauäugig oder als Spinner abgetan werden: »wie ein LSD schluckender Hippie aus den Sechzigern«, schreibt sie ironisch, ein Typ, der eher schlichte Statements macht wie »Das System ist schuld, Mann«.

Für dieses Phänomen, mit bestimmten Äußerungen das Label des naiven Spinners zu riskieren, kann die Bestsellerautorin, die 1997 mit ihrem Roman *Der Gott der kleinen Dinge* berühmt wurde und seither immer stärker als Aktivistin in Erscheinung getreten ist, wiederum selbst als Beispiel dienen. Denn sie verbindet in ihren Essays und Reportagen, etwa über die extrem brutale Behandlung der armen Bevölkerung (und »niederen« Kasten) in Indien im Rahmen von Staudammprojekten und Zwangsumsiedlungen, bewusst Professionalität und (scheinbare) Naivität: Sie mischt gründliche Recherche und einen oft direkten, sehr emotionalen Stil, um aufzurütteln.

Vom Grundprinzip her ähnelt die Story von *Des Kaisers neue Kleider* auch Fällen von Whistleblowern. Bei ihnen handelt es sich oft um relativ junge Berufstätige, die einen Missstand oder ein Verbrechen in ihrem Arbeitsumfeld aufdecken, den andere eher mitzutragen bereit sind. Edward Snowden war 29, Chelsea (Bradley) Manning 23, Katharine Gun 29, Joe Darby 25, Karen Silkwood 27. Natürlich finden sich auch ältere Whistleblower; Daniel Ellsberg war 38, als er 1971 die Pentagon Papers veröffentlichte, was zu einer schnelleren Beendigung des Vietnamkriegs beitrug. Aber tendenziell – und definitiv im Verhältnis dazu, in welchem Alter Menschen im Allgemeinen mehr Macht erhalten – sind Whistleblower jung. Das liegt nahe, da es, je länger man in einer Institution ist oder eine Karriere verfolgt, desto schwieriger wird auszuscheren.

Insgesamt könnte die Macht der Machtlosen durch Jugendliche und *das* Jugendliche im Sinn einer altersunabhängigen Komponente eine ähnlich starke Wirkung entfalten, wie es zuvor für Nichtadelige, Frauen oder allgemeiner Unterprivilegierte zutraf. Selbstverständlich muss man wachsam gegenüber manchen Formen des Aktivismus bleiben, die eher der Selbstvermarktung bestimmter Leute dienen oder sogar als Feigenblatt, um zu verhindern, dass tiefgreifende strukturelle Missstände angegangen werden. Komplizierter wird es, wenn es um die Frage geht, ob beim hochprofessionalisierten Aktivismus und vielleicht auch bei der professionell angemessenen Naivität noch genug Platz für das Verrückte, das Wagnis, das wirklich Innovative und anfangs Unpopuläre bleibt, das tiefgreifende positive Entwicklungen ermöglicht. Ist die angemessene Naivität immer der richtige Rahmen oder mitunter ein zu enger? Das gilt es, stets aufs Neue abzuwägen. Umso mehr braucht es weiterhin die echten Spinner, wie sie historisch in Erscheinung getreten sind, von den mittelalterlichen Bauernrebellen und Outlaws über die Gewerkschaftlerinnen, Frauenrechtlerinnen und Abolitionisten bis hin zu einfachen Leuten unserer Zeit.

SCHLUSS

Gegen die Ökonomisierung, auch der Wahrnehmung

In den zwanzig Kapiteln dieses Buches habe ich Aktionen, Strategien und Haltungen geschildert, die noch heute aufrütteln und inspirieren. Die Protagonistinnen und Protagonisten hatten einen Blick für Missstände, die andere, und zwar oft die Mehrheit der Menschen mitsamt berühmten Denkern und Künstlern, nicht sehen konnten, nicht sehen wollten oder normal fanden. Engagierte Machtlose entwarfen, wie wir bei Christine de Pizan und Charlotte Perkins Gilman gesehen haben, traumhafte philosophische Utopien, aber auch realistische, funktionierende wie bei den Diggers des 17. Jahrhunderts. Schon vor Jahrhunderten entwickelten sie Ideen und Strategien im Kampf für mehr Empathie und soziale Gerechtigkeit, Ansätze wie eine Einkommensdeckelung, Stipendien für Arme, um sie in Parlamente zu bringen, Mietstreiks, Konsumboykotte, innovativ organisierte Versicherungen, Hausfrauenkomitees, demokratische Unternehmens- und Wirtschaftsformen, bei denen sogar Grundbegriffe wie jener des Kapitals eine neue Bedeutung bekamen. All das ist bis heute relevant und teils direkt umsetzbar oder kann als Anregung für frische, weiterführende Ansätze dienen.

Ganz grundlegend erkannten die engagierten Machtlosen besonders oft verstecktes Potenzial bei ihren Mitmenschen und neue Arten der Schönheit und des Glücks. Sie haben uns gezeigt, welche Entwicklungsschübe möglich sind, gerade dort, wo es niemand erwartet. Sich daran zu erinnern, ist äußerst hilfreich, zumal sich die Mechanismen und Muster, gegen die sie kämpften, bis heute gehalten haben. Nach wie vor greifen die archaischen Prinzipien Pyramide und Erbe. Weiterhin gibt es Formen der Sklaverei. Autokraten und Faschisten sind weltweit auf dem Vormarsch. Und wie etwa der Fall von Julian Assange zeigt, drohen selbst in offiziell liberalen Rechtsstaaten jenen schlimmste Strafen, die Verbrechen der Mächtigen aufdecken.

Zu solchen offenkundig brutalen Formen der Repression haben sich neue, unauffälligere gesellt. Sie kommen in reichen Staaten zum Tragen wie in armen. Ein Überbegriff ist hier die Ökonomisierung, die meist von oben gedacht ist. Die Tendenz, immer mehr Bereiche des Lebens unter dem Gesichtspunkt der Effizienz und Profitmaximierung zu gestalten, bringt es mit sich, dass vielerorts die Reallöhne sinken, während überdurchschnittlich viel Geld zu haben selbst in grundlegenden Belangen entscheidend wird, etwa bei der Gesundheit oder der Bildung. Sie beinhaltet, dass Konzerne mithilfe von Wirtschaftsprüfungsunternehmen im großen Stil Steuervermeidung betreiben, indem sie Gewinne in niedriger besteuernde Länder verlagern. Dass Apartments zum Zweck der Spekulation leer stehen, während gleichzeitig Wohnungsnot herrscht. Dass an Hochschulen für Forschungsprojekte zunehmend sogenannte Drittmittel auch bei der Privatwirtschaft eingeworben werden müssen, was Einbußen bei der Neutralität mit sich bringt und bei der Bewertung von Wissen generell eine Orientierung an der Vermarktbarkeit.

Ob bei der KI oder in Gestalt der Aufmerksamkeitsökonomie, die Ökonomisierung trägt dazu bei, dass wir weniger Kapazitäten für das Versteckte haben, das vermeintlich Nutzlose, Problematische, aber auch für das Poetische, das überraschende Räume öffnet. Wenn alles effizient organisiert sein will und ständig Prozesse zu optimieren sind, fällt es schwerer, innezuhalten und sich echte Alternativen zu überlegen. Es rechnet sich weniger, auszubrechen und Grundsätzliches infrage zu stellen.

Im Zeichen der Ökonomisierung wird in den reichsten Ländern der Welt diskutiert, ob wir uns Flüchtlingshilfe »leisten« können. In dieser Offenheit und mit Blick darauf, aus welcher historisch einzigartigen Fülle an Ressourcen wir schöpfen können, ist das ein epochaler Tiefpunkt, den man später unfassbar finden wird, ähnlich wie heute die Sklaverei oder die Unterdrückung der Frauen. Dieser Entwicklung stellen sich zum Glück engagierte Menschen entgegen – all die ehrenamtlich sozial Tätigen, auf spektakuläre Weise Seenotretterinnen oder NGOs, die, obwohl ihnen Gewalt, Haft- oder Geldstrafen drohen, Geflüchtete im Mittelmeer oder in der Wüste Arizonas vor dem Tod bewahren. Sie sind die Abolitionistinnen und Abolitionisten unserer Zeit. Wie so etwas zu einer Bewegung werden kann, haben wir bei der Underground Railroad gesehen, in der sich trotz drohenden (auch) finanziellen Ruins Tausende »Normalbürger« engagierten.

In Zeiten der totalen Profitmaximierung scheint es umso wichtiger, sich jener Menschen zu erinnern, deren Einsatz für sie persönlich nach konventionellen Kriterien wirtschaftlich ein Risiko barg oder zumindest keinen Sinn ergab, denn für die Gemeinschaft tat es das sehr wohl, und langfristig für alle. Die Abolitionistinnen und Abolitionisten etwa weiteten, wie vor ihnen die Diggers, den Begriff der Wirtschaftlichkeit aus und strebten eine Art umfassend ausgeglichenen Haushalt an. Insgesamt können die Protagonistinnen und Protagonisten dieses Buches also auch als Vorreiter im Kampf gegen die Ökonomisierung gelten. Das ist wichtig, auch weil sich mit ihnen fragen lässt, wo technische Innovationen zuträglich sind oder wo damit nur ein gesellschaftlich abträgliches »Weiter so« verbrämt wird, das keine Verbesserung oder Vereinfachung des Alltagslebens bringt.

Auch in dem Kontext scheint eine Philosophie der angemessenen Einfachheit hilfreich. Dies umso mehr, als die Ökonomisierung und die Kultur der Optimierung eine ungünstige menschliche Tendenz verstärken: Je besser es einem geht, umso mehr konzentriert man sich auf unwichtigere Details und regt sich über Nichtigeres auf. Das führt dazu, dass man die wesentlichen Dinge nicht wahrnimmt – oder erst dann, wenn es zu spät ist. Das gilt *vom Prinzip her* für die Sklaverei genauso wie für die Klimakatastrophe. Allgemeiner ging es bei der Macht der Machtlosen immer auch um die Aufmerksamkeit, die man weniger Privilegierten schenkt oder scheinbar marginalen Problemen, die sich dann aber als zentral erweisen. Noch heute wird in aller Breite über Kümmernisse von Promis und Royals berichtet, während das Leid von Hungernden oder von Zwangsprostituierten im Vergleich dazu runtergedimmt wird oder gar ignoriert. Auch wenn die Berühmtheiten dabei nicht immer nur der reinen Ablenkung dienen, sondern oft auch als Projektionsflächen, als Stellvertreter, führt es zu einer Wahrnehmungsverzerrung.

Das ist nicht neu, und man wünscht sich kein Zurück in irgendwelche vermeintlich besseren Zeiten. Aber der *Blick* zurück auf die einfachen Leute hilft dabei, Muster zu erkennen und die Aufmerksamkeit für Menschen und Probleme zu erhöhen, die viel zu oft übergangen werden. Das beginnt mit den Bauernrebellen des Mittelalters und reicht bis zur Gewerkschaftlerin Mother Jones, die unter anderem für die Sichtbarkeit der damals unsichtbaren Kinderarbeiter kämpfte. Sie alle versuchten in ihren Bereichen, die Wahrnehmung zu schärfen, um Rechte und Freiräume zu erstreiten. Das erweist sich schon deshalb als Herausforderung, weil das Prinzip Pyramide auch bei der ungleichen Verteilung der Aufmerksamkeit greift. Wir bewundern außergewöhnliche Bauwerke wie die Cheops-Pyramide, achten aber wenig darauf, was für eine Verschwendung an Ressourcen und Leben sie bedeutet. Natürlich gibt es das Hochgefühl, an etwas Großem mitzuwirken, das über uns hinausweist. Aber hätten die Arbeiter die Wahl gehabt, ihre Energie und das Baumaterial anders einzusetzen, etwa um ästhetisch eindrucksvolle Wohnanlagen mit Terrassen, Pools, Sport- und Kultureinrichtungen für sich und die Gemeinschaft zu gestalten, wäre dies wohl eine schönere Option gewesen, an etwas Großem teilzuhaben.

Dieses Beispiel führe ich an, weil das Prinzip Pyramide nicht nur bis heute das Fundament für die materielle Ungleichheit bildet, sondern, damit einhergehend, auch ein Wahrnehmungs- und Bewertungsmuster stützt: jenes, wonach Großes und Faszinierendes auf Basis der Plackerei und des Leids vieler Menschen entstehen kann. Das reicht so weit, dass wir oft, vielleicht *unbewussterweise*, von dem Gefühl getragen sind, wir bräuchten Ungleichheit, weil sonst bereichernde Kontraste und damit eine gewisse Dynamik, ja, so etwas wie spannende Plots und Storys fehlten. Etwa im Sinn von Helden, die schwere Kämpfe ausfechten und extreme Aufs und Abs erleben müssen, um am Ende über den Durchschnitt der Menschheit hinauszuragen. Dieses Muster wurde uns über Jahrtausende eingeimpft – Schmerz (anderer) als Rohmaterial für unterhaltsame Geschichten.

Es gibt eine Ordnung des Leids. Historisch hat sich das Bild, teils nur eine vage Ahnung, etabliert, bei dem Mächtige Schmerzen und »Opfer«, vor allem jene der Massen, gleichsam schweren Herzens in Kauf nehmen, um »die Menschheit« voranzubringen oder tiefere Erkenntnisse zu gewinnen. (Philosophisch am offenkundigsten wohl in Nietzsches Konzept vom Willen zur Macht, es findet sich aber auch im Systemdenken von Hegel bis Marx.) Dabei kann sogar die Geschichtsschreibung von oben der Rechtfertigung des Leids der Unglücklichen dienen, wie es der deutsche Philosoph Theodor Lessing in seinem Buch *Geschichte als Sinngebung des Sinnlosen* (1921) erklärte.[1] Auf harmloserer Ebene kommt dieses Muster vielleicht zum Tragen, wenn wir Krimis und Thriller über Tod und Verderben anderer konsumieren, um einen Kick zu kriegen, uns zu wappnen und abzuhärten und dem allem über eine spannende Erzählung einen Sinn abzugewinnen. Auf weniger harmloser Ebene läuft das Ganze darauf hinaus, dass wir das Leid (real) Unterprivilegierter als normal oder unvermeidbar empfinden und teils als Kontrastmittel für unser Glück benutzen.

Auch wo es darum geht, von solchen Grundmustern und Mentalitäten abzulassen, können uns die beschriebenen einfachen Leute helfen. Denn ein Grundprinzip, das sich in deren Engagement findet, ist ja, dass sie nicht einmal das Ansehen und die Geltung – und damit Privilegien – von Helden anstrebten (auch wenn sie es »verdient« hätten). Die engagierten Machtlosen wollten nicht nur darauf hinaus, dass man Privilegien abgibt, sondern auch Gewohnheiten und Anspruchshaltungen loslässt. Das galt konkret da, wo Menschen, die in damaligen Begriffen ein »Recht« auf Sklavinnen und Sklaven und deren Produkte hatten, darauf »verzichteten«; wo Frauenrechtlerinnen, um freier leben zu können, eine lukrative Ehe ausschlugen; wo Gewerkschaftler für Fortschritte bei Arbeitsbedingungen vom Wunsch nach Umsturz, ideologischem Rechthaben und individuellem »Ruhm« abließen. Auch darin unterschieden sich diese Revolutionäre von konventionellen wie Robespierre, Lenin und Castro, die *mehr* für sich und ihr Umfeld wollten, auch mehr Dogmen, mehr Hierarchien, mehr »Größe«, egal wie viel Leid das für andere bedeutete.

Was die Finanzen betrifft, besteht eines der Mittel gegen das übermäßige Profitdenken der Ökonomisierung, wie bereits umrissen, darin, Wert und Bedeutung des Geldes als Währung zu verringern. Es dürfte, was theoretisch längst klar ist, praktisch nicht mehr so wichtig sein. Hier sind diverse Bestrebungen denkbar, von Regional- und Komplementärwährungen, die sich nicht für die Spekulation eignen, bis hin zu deutlich progressiveren Steuern und Einkommensdeckelungen. Daneben gibt es noch die andere Ebene, jene der Erkenntnis und Emotionen. Mit Blick auf die Glücksforschung, die Philosophie-, Mentalitäts- und sogar die Kunstgeschichte können wir uns darauf besinnen, dass großer materieller Reichtum an sich nicht zu mehr Zufriedenheit und Freude führt. Selbst Bildnisse von Mächtigen, die in Museen hängen, geben Hinweise darauf. Die porträtierten Kaiser, Könige, Päpste, Adeligen und reichen Kaufleute wirken, vorsichtig gesagt, selten besonders ausgeglichen oder entspannt. Der heilige Franziskus schon eher; und ab dem 17. Jahrhundert dann auch unbekannte einfache Leute.

Natürlich will man bei einer Revolution, einer Reform oder einer übergreifenden positiven Entwicklung auch etwas *dazugewinnen*: Ressourcen für Arme, Einfluss für Machtlose, Anerkennung für wenig Geachtete. Aber dieser Gewinn bedeutet eben keinen »Verlust« für andere. Im Gegenteil: Diejenigen, die im Rahmen der geschilderten Entwicklungen kritisiert wurden, profitierten letztlich auch davon. Ein Begriff, unter den sich das Engagement der einfachen Leute fassen ließe, ist daher der »Abgabegewinn«. Er steht in diesem Zusammenhang für eine einfache, aber wichtige Regel: Jedes Mal, wenn Privilegierte etwas abgeben, lässt sich sofort etwas finden, das sie dabei oder dafür dazubekommen.

Das galt sogar für Sklavenhalterinnen und Sklavenhalter, die Zwangsarbeiter freiließen: Sie gewannen im Gegenzug deutlich mehr Sicherheit, ein angenehmeres Umfeld und ein besseres Gewissen. Daran könnten wir uns mit Blick auf Verlustaversion und Klimakrise erinnern. Wenn sich diejenigen unter uns, die privilegiert genug sind, beim Konsum, Reisen und Wohnraum etwas vornehmer zurückhielten, würden wir nicht nur zukünftiges Leid abwenden, sondern auch unmittelbar Zeit und Spielräume gewinnen.

Natürlich sollte man nicht unangemessen naiv sein. Manchmal gilt es, das Richtige einfach durchzusetzen, sofern das freundliche Angebot eines Abgabegewinns nicht angenommen wird. Auch bei der Frage, welche Strategie in welcher Situation funktioniert, ob Konfrontation oder Vermittlung, Gespräch oder Aktion, hilft es, das Vorgehen der engagierten Machtlosen zu kennen – von Menschen wie Wat Tyler, den Diggers, Abolitionisten, Eugene Debs, Claudette Colvin oder Domitila Chungara. Sie alle verweigerten sich zwar einer Ökonomisierung, wogen aber durchaus ab, wie, wann und wo sie welche Mittel zum Einsatz brachten.

DANK

Herzlich danken möchte ich meiner Agentin Nina Sillem, Tom Müller, Sarah Iwanowski und Laura Schaper vom Tropen Verlag, meinem Lektor Michael Lenkeit, Fabrice Braun, Hubertus Breuer, Mathanja Brix, Martina Koch, Antje Korsmeier, Sebastian Lehmann, Tobias Lehmann, Carl Mirwald, Florin Preußler, Helen Schütz, Heiner Tent und vor allem Suzette Paguirigan.

LITERATUR

Im Folgenden sind lediglich Bücher aufgeführt, Zeitschriftenaufsätze und Zeitungsartikel finden sich mit den bibliographischen Angaben in den Anmerkungen.

Acosta, Alberto: *Buen Vivir. Vom Recht auf ein gutes Leben*, München 2015

Adloff, Frank, Claus Leggewie (Hg.): *Das konvivialistische Manifest. Für eine neue Kunst des Zusammenlebens*, Bielefeld 2014

Adloff, Frank: *Politik der Gabe*, Hamburg 2018

Alinsky, Saul D.: *Die Stunde der Radikalen. Ein praktischer Leitfaden für realistische Radikale / Strategien und Methoden der Gemeinwesenarbeit*, Gelnhausen/Berlin, Freiburg i. Br., Nürnberg, München 1974

Ariès, Philippe, Georges Duby (Hg.): *Geschichte des privaten Lebens. 1. Band: Vom Römischen Imperium zum Byzantinischen Reich*, Augsburg 1999

Aristoteles: *Politik*, in: Ders: *Hauptwerke*, Stuttgart 1977

Asmuth, Christoph, Burkhard Nonnenmacher, Nele Schneidereit: *Texte zur Theorie des Geldes*, Stuttgart 2016

Barczewsky, Stephanie, John Eglin, Stephen Hearthorn, Michael Silvestri, Michelle Tusan: *Britain since 1688. A Nation in the World*, London, New York 2015

Basdeo, Stephen: *The Life and Legend of a Rebel Leader: Wat Tyler*, Barnsley 2018

Beard, Mary: *Frauen & Macht. Ein Manifest*, Frankfurt am Main 2018

Beauvoir, Simone de: *Das andere Geschlecht. Eine Deutung der Frau*, Hamburg 1960

Beecher Stowe, Harriet: *Onkel Toms Hütte* (Original 1852, verschiedene Ausgaben)

Behringer, Wolfgang: *Hexen. Glaube, Verfolgung, Vermarktung*, München 2015

Bergmann, Frithjof: *Neue Arbeit, neue Kultur*, Freiamt im Schwarzwald 2004

Bernays, Edward: *Propaganda. Die Kunst der Public Relations*, o. O. 2014

Berndt, Christina: *Individuation. Wie wir werden, wer wir sein wollen*, München 2020

Bicheno, Hugh: *Crescent and Cross. The Battle of Lepanto 1571*, London 2003

Bjerk, Paul: *Julius Nyerere*, Athens (Ohio) 2017
Bloch, Ernst: *Das Prinzip Hoffnung. In fünf Teilen. Kapitel 1–37* (Band I), Frankfurt am Main 1959
Blom, Philipp: *Böse Philosophen. Ein Salon in Paris und das vergessene Erbe der Aufklärung*, München 2013
Bostridge, Mark: *Florence Nightingale. The Woman and Her Legend*, London 2008
Bourdieu, Pierre: *Die feinen Unterschiede* (Original 1979, verschiedene Ausgaben)
Bourdieu, Pierre: *Die Regeln der Kunst – Genese und Struktur des literarischen Feldes*, Frankfurt am Main 2001
Brant, Sebastian: *Das Narrenschiff*, Stuttgart 1964
Bredekamp, Horst: *Kunst als Medium sozialer Konflikte. Bilderkämpfe von der Spätantike bis zur Hussitenrevolution*, Frankfurt am Main 1975
Bregman, Rutger: *Im Grunde gut. Eine neue Geschichte der Menschheit*, Hamburg 2020
Bregman, Rutger: *Utopien für Realisten. Die Zeit ist reif für die 15-Stunden-Woche, offene Grenzen und das bedingungslose Grundeinkommen*, Reinbek bei Hamburg 2017
Buckley, Veronica: *Christina von Schweden. Das rastlose Leben einer europäischen Exzentrikerin*, Frankfurt am Main 2005
Castiglione, Baldesar: *Das Buch vom Hofmann*, München 1986
Charpin, Catherine: *Les arts incohérents (1882–1893)*, Paris 1990
Chenoweth, Erica, Mari J. Stephan: *Why Civil Resistance Works. The Strategic Logic of Nonviolent Conflict*, New York 2011
Chollet, Mona: *Hexen. Die unbesiegte Macht der Frauen*, Hamburg 2020
Chomsky, Noam: *Profit over People. Neoliberale und globale Weltordnung*, Hamburg, Wien 2001
Chungara, Domitila, Moema Viezzer (die offiziell als Autorin aufgeführt ist): *Wenn man mir erlaubt zu sprechen ... Zeugnis der Domitila, einer Frau aus den Minen Boliviens*, Göttingen 1996
Clark, Christopher: *Von Zeit und Macht. Herrschaft und Geschichtsbild vom Großen Kurfürsten bis zu den Nationalsozialisten*, München 2018
Cordery, Simon: *British Friendly Societies, 1750–1914*, Basingstoke (UK), New York 2003
Cordery, Simon: *Mother Jones. Raising Cain and Consciousness*, Albuquerque 2010
Cordsen, Knut: *Die Weltverbesserer. Wie viel Aktivismus verträgt unsere Gesellschaft?*, Berlin 2022
Dahm, Bernhard (Hg.): *Economy and Politics in the Philippines under Corazon Aquino*, Hamburg 1991

Dahm, Bernhard: *José Rizal. Der Nationalheld der Filipinos*, Göttingen, Zürich 1989

Davies, Margaret Llewelyn (Hg.): *So haben wir gelebt. Englische Arbeiterinnen erzählen*, Frankfurt am Main, Berlin, Wien 1983

Defoe, Daniel (in der Originalausgabe unter dem Namen Charles Johnson): *Umfassende Geschichte der Räubereien und Mordtaten der berüchtigten Piraten*, Frankfurt am Main 1982

Diamond, Jared: *Arm und Reich. Die Schicksale menschlicher Gesellschaften*, Frankfurt am Main 1999

Diamond, Jared: *Warum macht Sex Spaß? Die Evolution der menschlichen Sexualität*, München 1997

Dillinger, Johannes: *Hexen und Magie*, Frankfurt am Main, New York 2018

Dobson, William J.: *The Dictator's Learning Curve. Inside the Global Battle for Democracy*, New York 2012

Döhring, Helge: *Anarcho-Syndikalismus. Einführung in die Theorie und Geschichte einer internationalen sozialistischen Arbeiterbewegung*, Lich/Hessen 2017

Doormann, Lottemi: *»Ein Feuer brennt in mir«. Die Lebensgeschichte der Olympe de Gouges*, Weinheim, Basel 1993

Dowe, Christopher: *Matthias Erzberger. Ein Leben für die Demokratie*, Stuttgart 2011

Draper, Nicholas: *The Price of Emancipation. Slave-Ownership, Compensation and British Society at the End of Slavery*, Cambridge 2010

Drescher, Seymour: *Abolition. A History of Slavery and Antislavery*, Cambridge, New York, Melbourne, Madrid, Cape Town, Singapore, Sao Paulo, Delhi 2009

Dubiel, Helmut: *Populismus und Aufklärung*, Frankfurt am Main 1986

Eastman, Tamara J., Constance Bond: *The Pirate Trial of Anne Bonny and Mary Read*, Cambria Pines by the Sea, California 2000

Eggert, Marion, Jörg Plassen: *Kleine Geschichte Koreas*, München 2005

Eisenstein, Charles: *Die Renaissance der Menschheit. Über die große Krise unserer Zivilisation und die Geburt eines neuen Zeitalters*, Berlin, München 2012

Elias, Norbert: *Über den Prozeß der Zivilisation. Soziogenetische und psychogenetische Untersuchungen, erster Band: Wandlungen des Verhaltens in den weltlichen Oberschichten des Abendlandes*, Frankfurt am Main 1995

Eltchaninoff, Michel: *In Putins Kopf. Logik und Willkür eines Autokraten*, Stuttgart 2016

Engelhardt, Marc (Hg.): *Völlig utopisch. 17 Beispiele einer besseren Welt*, München 2014

Engels, Friedrich: *Die Lage der arbeitenden Klasse in England. Nach eigener*

Anschauung und authentischen Quellen von Friedrich Engels, Hannover 1965
Engels, Friedrich: *Der Ursprung der Familie, des Privateigentums und des Staats*, Berlin 1990
Equiano, Olaudah: *Merkwürdige Lebensgeschichte des Sklaven Olaudah Equiano, von ihm selbst veröffentlicht im Jahr 1789*, Frankfurt am Main 1990
Erasmus von Rotterdam: *Das Lob der Torheit*, Frankfurt am Main 1979
Evans, E. W.: *Mabon (William Abraham 1842–1922). A Study in Trade Union Leadership*, Cardiff 1959
Fanon, Frantz: *Die Verdammten dieser Erde*, Reinbek bei Hamburg 1976
Federici, Silvia: *Caliban und die Hexe. Frauen, der Körper und die ursprüngliche Akkumulation*, Wien 2012
Felber, Christian: *Gemeinwohl-Ökonomie*, Wien 2012
Findeisen, Jörg-Peter: *Christina von Schweden. Legende durch die Jahrhunderte*, Frankfurt am Main 1992
Firnhaber-Baker, Justine, Dirk Schoenars (Hg.): *The Routledge History Handbook of Medieval Revolt*, London, New York 2017
Fisher, Harry: *Comrades. Bericht eines US-Interbrigadisten im spanischen Bürgerkrieg*, Bonn 2001
Frenschkowski, Marco: *Die Hexen. Eine kulturgeschichtliche Analyse*, Wiesbaden 2012
Frie, Ewald: *Die Geschichte der Welt*, München 2017
Friedman, Milton: *Es gibt nichts umsonst. Warum in einer Volkswirtschaft jede Mark verdient werden muß*, München 1979
Friedman, Milton: *Kapitalismus und Freiheit*, Frankfurt am Main, Berlin, Wien 1984
Friedman, Milton und Rose: *Chancen, die ich meine. Ein persönliches Bekenntnis*, Berlin, Frankfurt am Main, Wien 1980
Friedman, Milton und Rose: *Die Tyrannei des Status Quo*, München 1985
Fritzsche, Julia: *Tiefrot und radikal bunt. Für eine neue linke Erzählung*, Hamburg 2019
Galbraith, John Kenneth: *Die Entmythologisierung der Wirtschaft. Grundvoraussetzungen ökonomischen Denkens*, Wien, Darmstadt 1988
Galbraith, John Kenneth: *Gesellschaft im Überfluss*, München, Zürich 1959
Garza, Alicia: *Die Kraft des Handelns. Wie wir Bewegungen für das 21. Jahrhundert bilden*, Stuttgart 2020
George, Amika: *Du kannst etwas verändern! Wie erfolgreicher, gewaltfreier Protest funktioniert*, München 2021
Gestrich, Andreas, Jens-Uwe Krause, Michael Mitterauer: *Geschichte der Familie*, Stuttgart 2003

Gilman, Charlotte Perkins: *Herland*, Reinbek bei Hamburg 1980
Göpel, Maja: *Unsere Welt neu denken. Eine Einladung*, Berlin 2020
Gonsalves, Peter: *Clothing for Liberation. A Communication Analysis of Gandhi's Swadeshi Revolution*, Los Angeles, London, New Delhi, Singapur, Washington 2010
Goodman, Amy: *Democracy Now! Twenty Years Covering the Movements Changing America*, New York 2016
Goodwyn, Lawrence: *The Populist Moment. A Short History of the Agrarian Revolt in America*, Oxford, London, New York 1978
Graeber, David, David Wengrow: *Anfänge. Eine neue Geschichte der Menschheit*, Stuttgart 2022
Graeber, David: *Piraten. Auf der Suche nach der wahren Freiheit*, Stuttgart 2022
Gramsci, Antonio: *Briefe aus dem Kerker*, Frankfurt am Main 1972
Green, John Richard: *A Short History of the English People*, Vol. 1, London 1894
Greenwald, Glenn: *With Liberty and Justice for Some. How the Law Is Used to Destroy Equality and Protect the Powerful*, New York 2011
Gurney, John: *Brave Community. The Digger Movement in the English Revolution*, Manchester, New York 2007
Haan, Yannick: *Enterbt uns doch endlich. Über vererbte Ungleichheit und das Erben als gesellschaftliche Zerreißprobe*, Berlin 2022
Hagengruber, Ruth (Hg.): *Klassische philosophische Texte von Frauen*, München 1998
Hahn, Thomas (Hg.): *Robin Hood in Popular Culture: Violence, Transgression, and Justice*, Cambridge 2000
Hall, Edith, Henry Stead: *A People's History of Classics. Class and Greco-Roman Antiquity in Britain and Ireland 1689 to 1939*, London, New York 2020
Harari, Yuval Noah: *Eine kurze Geschichte der Menschheit*, München 2015
Hayden, Tom: *Street Wars. Gangs and the Future of Violence*, New York, London 2004
Hegel, Georg Wilhelm Friedrich: *Vorlesungen über die Philosophie der Geschichte*, (Werke in zwanzig Bänden, Band 12) Frankfurt am Main 1980
Heiland, Helmut: *Maria Montessori*, Reinbek bei Hamburg 2003
Heller, Eva: *Wie Farben auf Gefühl und Verstand wirken. Farbpsychologie, Farbsymbolik, Lieblingsfarben, Farbgestaltung*, München 2000
Herrmann, Ulrike: *Das Ende des Kapitalismus. Warum Wachstum und Klimaschutz nicht vereinbar sind – und wie wir in Zukunft leben werden*, Köln 2022
Hill, Christopher: *The World Turned Upside Down. Radical Ideas during the English Revolution*, London 1972
Hirschman, Albert: *Leidenschaften und Interessen. Politische Begründungen des Kapitalismus vor seinem Sieg*, Frankfurt am Main 1980

Hobsbawm, Eric: *Die Banditen*, Frankfurt am Main 1972
Hobsbawm, Eric: *Das Zeitalter der Extreme. Weltgeschichte des 20. Jahrhunderts*, München 1999
Hochschild, Adam: *Sprengt die Ketten. Der entscheidende Kampf um die Abschaffung der Sklaverei*, Stuttgart 2007
Holt, J. C.: *Robin Hood*, New York 1982
Horkheimer, Max, Theodor W. Adorno: *Dialektik der Aufklärung*, Frankfurt am Main 1986
Hrouda, Barthel: *Mesopotamien. Die antiken Kulturen zwischen Euphrat und Tigris*, München 1997
Hutton, Ronald: *The Witch. A History of Fear, from Ancient Times to the Present*, New Haven, London 2017
Jackson, Maurice: *Let This Voice Be Heard. Anthony Benezet – Father of Atlantic Abolitionism*, Philadelphia 2009
Jesus, Carolina Maria de: *Tagebuch der Armut*, Leipzig 1966
Johnson, Samuel: *The Yale Edition of the Works of Samuel Johnson*, Vol. II: *The Idler and the Adventurer*, New Haven 1970
Johnston, Andrew James: *Robin Hood. Geschichte einer Legende*, München 2013
Jones, Mary Harris: *Die Autobiographie der Mother Jones*, hg. von Marianne Ihm, Köln 1979
Jones, Mary Harris: *Mother Jones Speaks: Collected Writings and Speeches*, hg. und erläutert von Philip S. Foner, New York 1983
Jones, Owen: *Chavs. The Demonization of the Working Class*, London, New York 2011
Jones, Owen: *The Establishment. And how they get away with it*, London 2015
Jupp, Peter: *The Governing of Britain, 1688–1848. The executive, Parliament and the people*, London, New York 2006
Justice, Steven: *Writing and Rebellion. England in 1381*, Berkeley, Los Angeles, London 1994
Kaiser, Susanne: *Backlash. Die neue Gewalt gegen Frauen*, Berlin 2023
Kant, Immanuel: *Über Pädagogik*, Bochum 1961
Kazin, Michael: *The Populist Persuasion. An American History*, o. O. 1995
Kehnel, Annette: *Wir konnten auch anders. Eine kurze Geschichte der Nachhaltigkeit*, München 2021
Kennedy, Geoff: *Diggers, Levellers, and Agrarian Capitalism. Radical Thought in Seventeenth Century England*, Lanham, Boulder, New York, Toronto, Plymouth 2008
Klein, Naomi: *Die Entscheidung. Kapitalismus vs. Klima*, Frankfurt am Main 2015
Knight, Stephen: *Robin Hood – A complete Study of the English Outlaw*, Oxford, Cambridge (Massachusetts) 1994

Knight, Stephen, Thomas Ohlgren: *Robin Hood and Other Outlaw Tales*, Kalamazoo (Michigan) 1997

Knödler, Benjamin, Christine Knödler: *Young Rebels. 25 Jugendliche, die die Welt verändern!*, München 2020

Kohlhammer, Siegfried: *Piraten. Vom Seeräuber zum Sozialrevolutionär*, Springe 2022

Kotowski, Elke-Vera (Hg.): *»Ich warf eine einsame Flaschenpost in das unermessliche Dunkel«. Theodor Lessing 1872–1933*, Hildesheim 2008

Krause, Johannes, Thomas Trappe: *Die Reise unserer Gene. Eine Geschichte über uns und unsere Vorfahren*, Berlin 2019

Kropotkin, Peter: *Gegenseitige Hilfe in der Tier- und Menschenwelt*, Frankfurt am Main, Berlin, Wien 1976

Kropotkin, Peter: *Landwirtschaft, Industrie und Handwerk oder Die Vereinigung von Industrie und Landwirtschaft, von geistiger und körperlicher Arbeit*, Berlin 1976

Krugman, Paul: *Nach Bush. Das Ende der Neokonservativen und die Stunde der Demokraten*, Frankfurt am Main, New York 2008

Laclau, Ernesto: *On Populist Reason*, London, New York 2005

Laertius, Diogenes: *Leben und Lehre der Philosophen*, Stuttgart 1998

Lafargue, Paul: *Geschlechterverhältnisse*, Berlin 1995

Lafargue, Paul: *Das Recht auf Faulheit*, Frankfurt am Main 2010

Langholm, Odd: *Economics in the Medieval Schools. Wealth, Exchange, Money and Usury According to the Paris Theological Tradition 1200–1350*, Leiden, New York, Köln 1992

Langland, William: *Piers Plowman*. An Alliterate Verse Translation by E. Talbot Donaldson, hg. von Elisabeth D. Kirk und Judith H. Anderson, New York, London 1990

Langland, William: *The Vision of Piers Plowman*. A Critical edition of the B-Text, hg. von A. V. C. Schmidt, London 1978

Layard, Richard: *Die glückliche Gesellschaft – Kurswechsel für Politik und Wirtschaft*, Frankfurt am Main, New York 2005

Laybourn, Keith: *A History of Trade Unionism c. 1770–1990*, Wolfeboro Falls (USA) 1992

Leitlinien des Auswärtigen Amtes – Feministische Außenpolitik gestalten, Berlin, Stand Februar 2023, https://www.auswaertiges-amt.de/blob/2585008/d444590d5a7741acc6e37a142959170e/ll-ffp-data.pdf

Lennert, Gernot: *Die Diggers – eine frühkommunistische Bewegung in der englischen Revolution*, Grafenau-Döffingen 1986

Lepsius, Susanne, Thomas Wetzstein (Hg.): *Als die Welt in die Akten kam. Prozeßschriftgut im europäischen Mittelalter*, Frankfurt am Main 2008

Lessing, Theodor: *Geschichte als Sinngebung des Sinnlosen*, München 1983

Lessmann, Robert: *Das neue Bolivien. Evo Morales und seine demokratische Revolution*, Zürich 2010
Lippmann, Walter: *Die öffentliche Meinung. Wie sie entsteht und manipuliert wird*, Frankfurt am Main 2018
Lorenz, Robert: *Gewerkschaftsdämmerung. Geschichte und Perspektiven deutscher Gewerkschaften*, Bielefeld 2014
Lüpke, Geseko von, Peter Erlenwein (Hg.): *Projekte der Hoffnung. Der Alternative Nobelpreis: Ausblicke auf eine andere Globalisierung*, München 2006
Machado, Decio, Raúl Zibechi: *Die Macht ergreifen, um die Welt zu ändern? Eine Bilanz der lateinamerikanischen Linksregierungen*, Berlin 2019
Manuel, Don Juan: *The Book of Count Lucanor and Patronio. A Translation of Don Juan Manuel's El Conde Luvanor*, New York, San Francisco, Bern, Baltimore, Frankfurt am Main, Berlin, Wien, Paris 1993
Marx, Karl: *Die Frühschriften*, Stuttgart 1971
Marx, Karl: *Das Kapital*, Stuttgart 1957
Mattern, Philipp (Hg.): *Mieterkämpfe. Vom Kaiserreich bis heute – Das Beispiel Berlin*, Berlin 2018
Mauss, Marcel: »Die Gabe. Form und Funktion des Austausches in archaischen Gesellschaften«, in: Ders.: *Soziologie und Anthropologie*, Band II, Frankfurt am Main, Berlin, Wien 1978, S. 9–144
Mayhew, Henry: *Die Armen von London*, Frankfurt am Main 1996
Mayr, Anna: *Die Elenden. Warum unsere Gesellschaft Arbeitslose verachtet und sie dennoch braucht*, Berlin 2020
McDonald, David, Eunice Njeri Sahle (Hg.): *The Legacies of Julius Nyerere. Influences on Development, Discourse and Practice in Afrika*, Trenton (USA), Asmara (Eritrea) 2002
McGonigal, Jane: *Bereit für die Zukunft. Das Unvorstellbare denken und kommende Krisen besser meistern*, München 2022
McNeill, J. R. und William H.: *The Human Web. A Bird's-Eye View of World History*, New York, London 2003
Meritt, Laura, Traude Buhrmann, Nadja Boris Schefzig (Hg): *Mehr als eine Liebe. Polyamouröse Beziehungen*, Berlin 2005
Milanovic, Branko: *Haben und Nicht-Haben. Eine kurze Geschichte der Ungleichheit*, Darmstadt 2017
Milanovic, Branko: *Die ungleiche Welt. Migration, das Eine Prozent und die Zukunft der Mittelschicht*, Berlin 2016
Mingay, G. E. (Hg.): *The Unquiet Countryside*, London 1989
Mode. 3000 Jahre Kostüme, Trends, Stile, Designer, London, New York, Melbourne, München, Delhi 2012 (kein Hg. genannt, Vorwort usw. von Adelheid Rasche)

Montreynaud, Florence: *Love. Ein Jahrhundert der Liebe und Leidenschaft*, Köln 1998
Moritz, Karl Philipp: *Beiträge zur Philosophie des Lebens*, Berlin 1781
Morus, Thomas: *Utopia*, Basel 1981
Mouffe, Chantal: *Agonistik. Die Welt politisch denken*, Bonn 2015
Müller, Jan-Werner: *Was ist Populismus? Ein Essay*, Frankfurt am Main 2016
Naím, Moisés: *The End of Power. From Boardrooms to Battlefields and Churches to States, Why Being in Charge Isn't What It Used to Be*, New York 2013
Neubauer, Luisa, Dagmar Reemtsma: *Gegen die Ohnmacht. Meine Großmutter, die Politik und ich*, Berlin 2022
Newton, Isaac: *Mathematische Grundlagen der Naturphilosophie*, Hamburg 1988
Nietzsche, Friedrich: *Vom Nutzen und Nachteil der Historie für das Leben*, Stuttgart 1982
Oakeshott, Robert: *The Case for Workers' Co-ops*, London 1978
Ohlgren, Thomas H. (Hg.): *Medieval Outlaws – Ten Tales in Modern English*, Stroud (UK) 1998
Olivi, Petrus Johannis: *Traktat über Verträge*, Hamburg 2021
Osterhammel, Jürgen: *Die Verwandlung der Welt. Eine Geschichte des 19. Jahrhunderts*, München 2009
Overhoff, Jürgen: *Vom Glück, lernen zu dürfen. Für eine zweckfreie Bildung*, Stuttgart 2009
Paine, Thomas: *Common Sense* (Original 1776) online: https://www.ushistory.org/paine/commonsense/
Pampuch, Thomas, Augustín Echalar: *Bolivien*, München 1998
Pepys, Samuel: *Tagebuch – aus dem London des 17. Jahrhunderts*, Stuttgart 1980
Pernoud, Régine: *Christine de Pizan. Das Leben einer außergewöhnlichen Frau und Schriftstellerin im Mittelalter*, München 1997
Pigou, A. C.: *The Economics of Welfare*, London 1924
Piketty, Thomas: *Kapital und Ideologie*, München 2020
Pizan, Christine de: *Die Stadt der Frauen*, Berlin 1987
Plank, Geoffrey: *John Woolman's Path to the Peaceable Kingdom. A Quaker in the British Empire*, Philadelphia 2012
Platon: *Politeia* (*Der Staat*), in: Ders.: *Sämtliche Werke*, Band 2, Reinbek bei Hamburg 2000
Polanyi, Karl: *The Great Transformation. Politische und ökonomische Ursprünge von Gesellschaften und Wirtschaftssystemen*, Frankfurt am Main 1978
Popovic, Srdja, Matthew Miller: *Protest! Wie man die Mächtigen das Fürchten lehrt*, Frankfurt am Main 2015

Posener, Alan: *Franklin Delano Roosevelt*, Reinbek bei Hamburg 1999
Precht, Richard David: *Jäger, Hirten, Kritiker. Eine Utopie für die digitale Gesellschaft*, München 2020
Priester, Karin: *Populismus. Historische und aktuelle Erscheinungsformen*, Frankfurt am Main 2007
Ramirez, Janina: *Femina. A New History of the Middle Ages, Through the Women Written Out of It*, London 2022
Rediker, Marcus: *The Fearless Benjamin Lay. The Quaker Dwarf Who Became the First Revolutionary Abolitionist*, Boston 2017
Reid, Robert H., Eileen Guerrero: *Corazon Aquino and the Brushfire Revolution*, Baton Rouge, London 1995
Reilly, Robin: *Josiah Wedgwood 1730–1795*, London 1992
Reser, Anna, Leila McNeill: *Frauen, die die Wissenschaften veränderten. Von der Antike bis zur Gegenwart*, Bern 2022
Reybrouck, David Van: *Für einen anderen Populismus. Ein Plädoyer*, Göttingen 2017
Reybrouck, David Van: *Gegen Wahlen. Warum Abstimmen nicht demokratisch ist*, Göttingen 2016
Rizal, José: *Noli me tangere*, Frankfurt am Main 1987
Rode, Christian: »Die Geburt des Kapitalismus aus dem Geist der franziskanischen Armutsbewegung. Der Kapitalbegriff bei Petrus Johannis Olivi«, in: Günther Mensching, Alia Mensching-Estakhr: *Geistige und körperliche Arbeit im Mittelalter. 5. Hannoveraner Symposion zur Philosophie des Mittelalters*, Würzburg 2016, S. 107–122
Rodney, Walter: *Afrika. Die Geschichte einer Unterentwicklung*, Berlin 1983
Roiphe, Katie: *Uncommon Arrangements. Seven Portraits of Married Life in London Literary Circles 1910–1939*, New York 2007
Rowley, Hazel: *Franklin and Eleanor. An Extraordinary Marriage*, New York 2010
Roy, Arundhati: *Die Politik der Macht*, München 2003
Ruppert, Wolfgang (Hg.): *Die Arbeiter. Lebensformen, Alltag und Kultur von der Frühindustrialisierung bis zum »Wirtschaftswunder«*, München 1986
Sahlins, Marshall: *Stone Age Economics*, Chicago, New York 1972
Salvatore, Nick: *Eugene V. Debs. Citizen and Socialist*, Urbana, Chicago 2007
Sandel, Michael J.: *Vom Ende des Gemeinwohls. Wie die Leistungsgesellschaft unsere Demokratien zerreißt*, Frankfurt am Main 2020
Sanders, Bernie (mit John Nichols): *Es ist okay, wütend auf den Kapitalismus zu sein*, Berlin 2023
Sarr, Felwine: *Afrotopia*, Berlin 2019
Schaik, Carel van, Kai Michel: *Das Tagebuch der Menschheit. Was die Bibel über unsere Evolution verrät*, Reinbek 2016

Schivelbusch, Wolfgang: *Entfernte Verwandtschaft. Faschismus, Nationalsozialismus, New Deal 1933–1939*, München 2005

Schlaffer, Hannelore: *Die intellektuelle Ehe. Der Plan vom Leben als Paar*, München 2011

Schnabel, Ulrich: *Zusammen. Wie wir mit Gemeinsinn globale Krisen bewältigen*, Berlin 2022

Schneider, Michael: *Kleine Geschichte der Gewerkschaften. Ihre Entwicklungen in Deutschland von den Anfängen bis heute*, Bonn 2000

Schopenhauer, Arthur: *Die Welt als Wille und Vorstellung*, (Original 1818) online: http://www.zeno.org/Philosophie/M/Schopenhauer,+Arthur/Die+Welt+als+Wille+und+Vorstellung/Erster+Band/%5BVorreden%5D

Schumacher, Ernst Friedrich: *Small is beautiful. Die Rückkehr zum menschlichen Maß*, München 2019

Scott, James C.: *Against the Grain. A Deep History of the Earliest States*, New Haven, London 2017

Sichtermann, Barbara: *Kurze Geschichte der Frauenemanzipation*, Berlin 2009

Sinha, Manisha: *The Slave's Cause. A History of Abolition*, New Haven, London 2016

Slahi, Ould Mohamedou: *Das Guantanamo-Tagebuch unzensiert*, Stuttgart 2015

Smith, Adam: *Lectures on Justice, Police, Revenue and Arms (1763), Part II: Of Police*, https://oll.libertyfund.org/titles/smith-lectures-on-justice-police-revenue-and-arms-1763

Smith, Adam: *Theorie der ethischen Gefühle*, Hamburg 2010

Smith, Adam: *Der Wohlstand der Nationen. Eine Untersuchung seiner Natur und seiner Ursachen*, München 1974

Smith, Jean Edward: *FDR*, New York 2007

Standen, V., R. A. Foley (Hg.): *Comparative Sociology. The Behavioral Ecology of Humans and Other Mammals*, Oxford, London, Edinburgh, Boston, Melbourne 1989

Steffens, Roger: *So Much Things to Say. The Oral History of Bob Marley*, New York, London 2017

Steidele, Angela: *In Männerkleidern. Das verwegene Leben der Catharina Margaretha Linck alias Anastasius Lagrantinus Rosenstengel, hingerichtet 1721*, Köln, Weimar, Wien 2004

Stoverock, Meike: *Female Choice. Vom Anfang und Ende der männlichen Zivilisation*, Berlin 2021

Tarbell, Ida M.: *The History of the Standard Oil Company*, New York 1925

Tarbell, Ida M.: *The History of the Standard Oil Company*, Volume Two, New York 1925

TeBrake, William H.: *A Plague of Insurrection. Popular Politics and Peasant Revolt in Flanders, 1323–1328*, Philadelphia 1993
Terkel, Studs: *Der »Gute Krieg«. Amerika im Zweiten Weltkrieg. Zeitzeugen sprechen*, München 1989
Thiel, Erika: *Geschichte des Kostüms. Die europäische Mode von den Anfängen bis zur Gegenwart*, Leipzig 2010
Thomä, Dieter: *Puer robustus. Eine Philosophie des Störenfrieds*, Berlin 2016
Thompson, Edward P.: *Die Entstehung der englischen Arbeiterklasse*, Frankfurt am Main 1987
Thoreau, Henry David: *Die Pflicht zum Ungehorsam gegen den Staat*, Frankfurt am Main 1967
Titmuss, Richard: *Essays on the Welfare State*, Bristol 2018
Treu, Martin: *Katharina von Bora*, Wittenberg 1996
Trojanow, Ilija (Hg.): *Anarchistische Welten*, Hamburg 2012
Usher, Shaun (Hg.): *Speeches of Note. Reden, die die Welt veränderten*, München 2019
Vallance, Edward: *A Radical History of Britain. Visionaries, Rebels and Revolutionaries – The Men and Women who Fought for Our Freedoms*, London 2009
Vasari, Giorgio: *Das Leben des Michelangelo*, Berlin 2009
Veblen, Thorstein: *Theorie der feinen Leute – eine ökonomische Untersuchung der Institutionen*, München 1981
Viezzer, Moema, siehe Chungara, Domitila
Voltaire: *Candide oder der Optimismus* (Original 1759, verschiedene Ausgaben)
Weeber, Karl-Wilhelm: *Diogenes. Die Gedanken und Taten des frechsten und ungewöhnlichsten aller griechischen Philosophen*, München 2001
Wehler, Hans-Ulrich: *Aus der Geschichte lernen? Essays*, München 1988
Wehler, Hans-Ulrich: *Deutsche Gesellschaftsgeschichte. 1914–1949*, München 2003
Weil, Simone: *Fabriktagebuch und andere Schriften zum Industriesystem*, Frankfurt am Main 1978
Welzer, Harald: *Alles könnte anders sein. Eine Gesellschaftsutopie für freie Menschen*, Frankfurt am Main 2019
Werner, Götz: *Ein Grund für die Zukunft: das Grundeinkommen, Interviews und Reaktionen*, Stuttgart 2006
Wilkinson, Richard, Kate Pickett: *Gleichheit ist Glück. Warum gerechte Gesellschaften für alle besser sind*, Berlin 2009
Winstanley, Gerrard (und andere): *Gleichheit im Reiche der Freiheit. Sozialphilosophische Pamphlete und Traktate*, Leipzig 1983

Wollstonecraft, Mary: *Eine Verteidigung der Rechte der Frau. Mit Bemerkungen zu politischen und moralischen Gegenständen*, Leipzig 1989

Wolter, Gundula: *Teufelshörner und Lustäpfel. Modekritik in Wort und Bild 1150–1620*, Marburg 2002

Woolman, John: *The Journal and Major Essays of John Woolman*, hg. von Phillips P. Moulton, New York 1971

Ziegler, Jean: *Der Hass auf den Westen. Wie sich die armen Völker gegen den wirtschaftlichen Weltkrieg wehren*, München 2008

Zinn, Howard: *Eine Geschichte des amerikanischen Volkes*, Berlin 2007

Zinsser, Judith P.: *La Dame d'Esprit. A Biography of the Marquise du Châtelet*, New York 2006

Zwecker, Loel: *Ein Schritt zurück in die Zukunft. Was wir aus der Geschichte lernen können*, München 2013

Zwecker, Loel: *Pietro Aretino. Der Machiavelli der Kunstkritik*, Bern, Wien 2018

ANMERKUNGEN

Die ausführlichen bibliographischen Angaben finden sich im Literaturverzeichnis. Zitate aus fremdsprachigen Publikationen habe ich ins Deutsche übersetzt.

Einleitung: Was tun ohne Macht? oder Die Hausfrau, die den Diktator stürzte

1 Marcus Rediker: »The ›Quaker Comet‹ Was One of the Biggest Abolitionists You've Never Heard of«, *Smithsonian Magazine*, September 2017, https://www.smithsonianmag.com/history/quaker-comet-greatest-abolitionist-never-heard-180964401/. Folgendes zu Lay auch Rediker (2017).

2 Ob man Pennsylvania oder Vermont im Jahr 1777 als ersten Staat ohne Sklaverei ansieht, hängt von inzwischen schwer nachvollziehbaren Details in Bezug auf die Vollständigkeit der Abschaffung ab und der Frage, ob Vermont damals als Staat gelten darf.

3 Die Franzosen experimentierten nach der Revolution von 1789 kurzzeitig mit einer progressiven Besteuerung, dann blieb aber alles beim Alten. Eliten wurden ausgetauscht, die Ungleichheit vergrößerte sich sogar noch. Piketty (2020), S. 152–156.

4 Wilkinson, Pickett (2009), Layard (2005).

5 In *Aus der Geschichte lernen? Essays* (1988) will Hans-Ulrich Wehler nicht, dass man das »Leben und Leiden der ›kleinen Leute‹ verklärt«, und sieht da eine Gefahr. Ebd. S. 15 f.

6 Als einer der Ersten rückte John Richard Green in *Short History of the English People* (1874) statt Königen und Adeligen explizit das »einfache Volk« in den Vordergrund. Ders. (1894), S. XXIV. Zwar schreibt Reinhart Koselleck, dass »die besseren Historien, die es gibt, im allgemeinen von den Besiegten und nicht von den Siegern stammen«. Dann nennt er als Beispiele aber Herodot, Thukydides und Marx. In: *Zeitschrift für Ideengeschichte*, Heft VI / 1, Frühjahr 2012, S. 5–16, 5 f., 9. Diese Auto-

ren waren politisch teils »Verlierer«, blieben jedoch »Sieger« im Sinn einer privilegierten Lebensführung.

7 Zum einen hätte es mich überfordert, die Literatur etwa über und aus China, Indonesien oder Kongo über einige Überblickswerke hinaus in angemessener Menge zu lesen. Zum anderen hatte Europa nun einmal, so sehr es schmerzt, in den vergangenen Jahrhunderten durch die Kolonisierung weltweit am meisten Einfluss. Apropos: Die Entkolonialisierung kann ich nur (in Teil I über den Abolitionismus) streifen. Sie ist zu umfassend und komplex, um sie hier zu behandeln.

8 Beispiele für den Versuch, wissenschaftliche Erkenntnisse so breitenwirksam zu präsentieren, dass sie zur Änderung des Verhaltens und der Politik etwa in Sachen Klimaschutz oder Ungleichheit beitragen, sind Naomi Kleins *Die Entscheidung. Kapitalismus vs. Klima* (2015), Maja Göpels *Unsere Welt neu denken. Eine Einladung* (2020), Ulrich Schnabels *Zusammen. Wie wir mit Gemeinsinn globale Krisen bewältigen* (2022) und Harald Welzers *Alles könnte anders sein. Eine Gesellschaftsutopie für freie Menschen* (2019). Letzterer will an diversen Punkten (»heterotopisch«) ansetzen für eine »modulare Revolution«, ein »Projekt aus vielen kleinen Transformationen, die im Idealfall zusammenwirken und konkrete Utopien bilden«. Ebd., S. 186. Klein sieht im Klimawandel eine »historische Chance«, er könne einen »Volks-Schock auslösen, einen Schlag von unten«, der in dem Bestreben, die Umweltkatastrophe abzuwenden, auch zu einem gerechteren Wirtschaftssystem führt. Klein (2015), S. 20.

9 Piketty (2020), S. 1204–1207, und Teil I dieses Buches sowie Haan (2022).

10 Inzwischen gibt es Handbücher mit Titeln wie *Protest! Wie man die Mächtigen das Fürchten lehrt* von Srdja Popovic (2015). Ein direktes Vorbild ist Saul Alinskys *Die Stunde der Radikalen. Ein praktischer Leitfaden für realistische Radikale* (1974). Am Anfang dieser Tradition steht Henry David Thoreaus *Die Pflicht zum zivilen Ungehorsam gegen den Staat* (1849), der auch grundlegende Fragen stellt, etwa ob eine Gesetzgebung vollkommen überzeugen oder es einen »wirklich freien Staat geben« kann. Ders. (1967), S. 93, 96. Eine Art Boom des Aktivismus zu Beginn des 21. Jahrhunderts hat auch bereits Kritik hervorgebracht wie Knut Cordsens *Die Weltverbesserer. Wie viel Aktivismus verträgt unsere Gesellschaft?* (2022). Darin geht es unter anderem um Selbstgerechtigkeit und Verstiegenheit bei Aktivisten. Insgesamt streife ich Denker wie Aristoteles und Hegel, wo es der Einordnung von Ansätzen einfacher Leute dient, und auch weniger bekannte wie Émilie du Châtelet oder Petrus Johannis Olivi; dazu kommen philosophisch erstaunlich progressive Texte von Aktivisten wie John Woolman oder Mary Harris

Jones. Auch Macht-Theorien unserer Zeit berücksichtige ich. Vgl. Moisés Naím: *The End of Power* (2013). Er erwähnt zwar Aktivisten und Whistleblower, die dank des Internets, der Mobilität und veränderter Mentalitäten mehr Macht hätten, wodurch sich eine »new kind of power – call it micropower« ergebe. Er betont aber vor allem, dass heute kleinere *Unternehmen* wie Start-ups mehr Einfluss im Verhältnis zu großen Konzernen gewinnen könnten. Er schreibt lobend: »Tycoons like John D Rockefeller and Andrew Carnegy teamed up with social reformers to endow universities and create free-standing institutes such as the Rockefeller Institute for Medical Research.« Ebd., S. 13 (»micropower«), 42 (Rockefeller). In *Von Zeit und Macht* (2018) beleuchtet Christopher Clark in großen historischen Zügen und mit Blick auf die vier Beispiele Kurfürst Friedrich Wilhelm, Friedrich II., Bismarck und die Nationalsozialisten, wie unterschiedlich sich Macht und auch nur die Wahrnehmung von Möglichkeiten der Machtentfaltung mit Blick auf Zeitlichkeit ausnehmen kann. Das gilt in Bezug auf die Vergangenheit (auch als Vorbild oder vermeintliches, falsches Idyll), die Zukunft (auch prophetisch bis wahnhaft oder, in unserer Zeit, wiederum eher als wenig gestaltbar erscheinend) oder Prozesse (große Würfe oder kleinere Schachzüge). Es wäre interessant, eine ähnlich umfassende, wenngleich abstrakte Betrachtung für einfache Leute und Initiativen von unten anzustellen, aber natürlich auch schwieriger durchzuführen. Am anderen Ende des Spektrums zielt Malcolm Gladwell in *David und Goliath. Die Kunst Übermächtige zu bezwingen* (2013) wiederum eher auf Tipps fürs Alltagsleben, auf das individuelle, persönliche Vorankommen.

11 Wenn man mit dem Begriff Kapitalismus arbeitet, empfiehlt es sich, ihn über die allgemeinste Definition, dass sich maßgebliche Produktionsmittel in privater Hand befinden, hinaus zu umreißen. Das tut etwa Ulrike Herrmann in ihrem Buch *Das Ende des Kapitalismus* (2022), auf das ich im Kapitel 17 eingehe. Für sie gehören Technik bzw. Industrialisierung zum Kapitalismus, was einleuchtet, aber nicht begriffsnotwendig ist.

1. Politische Ich-Botschaften, pazifistisches Kidnapping

1 Die Klimabewegung formuliert das 1,5-Grad-Ziel, wirbt für nachhaltigen Konsum, aber nicht explizit für eine deutliche Umverteilung, obwohl das indirekt positive Wirkungen auf den CO_2-Ausstoß haben könnte. Bei Occupy Wall Street konnte mit dem Motto »Wir sind die

99 Prozent« gleichwohl der Eindruck entstehen, als wäre der Rest der Privilegierten, die Nicht-Superreichen, nicht für Missstände verantwortlich. Auch fehlte ein klares Ziel, sodass das Ganze im Sand verlief. Bei der Gelbwestenbewegung waren die Forderungen punktuell (Lohnerhöhungen, weniger Abgaben) und teils vermischt mit Tendenzen der Abgrenzung gegenüber den am wenigsten Privilegierten.

2 In den USA müssen Häftlinge in einigen Staaten nicht oder kaum bezahlte Arbeit verrichten. Vgl. Michael Sainato: »›Slavery by any name is wrong‹: the push to end forced labor in prisons«, *The Guardian*, 27. September 2022. In chinesischen Gefängnissen werden unter grauenhaften Bedingungen auch Produkte für große Unternehmen der westlichen Welt gefertigt. Vgl. *Zwangsarbeit – SOS aus China*, Dokumentarfilm von Laetitia Moreau, Frankreich 2023.

3 Osterhammel (2009), S. 230 f.

4 McNeill (2003), S. 206, 170. Zu den 200 Millionen Toten: Sarr (2019), S. 53.

5 In seinem umfassenden Buch *Abolition* (2009) erwähnt Seymour Drescher die Leute, um die es hier im Folgenden erst einmal geht, nicht. Auch Adam Hochschild lässt in *Sprengt die Ketten* (2007) den Abolitionismus mit Thomas Clarkson beginnen, erwähnt Leute wie Anthony Benezet und John Woolman nicht, Benjamin Lay nur nebenbei. Ebd. S. 114.

6 Mitte des 17. Jahrhunderts gab es kleinere Initiativen gegen die Sklaverei. 1652 versuchte Roger Williams, Priester des Baptismus und Gründer der Kolonie Rhode Island, die Sklaverei zeitlich zu begrenzen; er setzte sich besonders für Indigene ein. Sinha (2016), S. 12 f.

7 Fox zitiert nach Jackson (2009), S. 35. Folgendes ebd., S. 36, 42.

8 Hill (1972), S. 225.

9 Lay zitiert nach Jackson (2009), S. 49. Folgendes ebd. S. 50 f., 109 f.

10 Vgl. Digitales Wörterbuch der deutschen Sprache: https://www.dwds.de/wb/Empathie.

11 In seinem Werk *Theorie der ethischen Gefühle* ordnete Adam Smith 1759 unter dem Begriff »Sympathie« ein Phänomen in seiner gesellschaftlichen Bedeutung ein, das in heutigen Worten der Empathie entspricht, darunter Erbarmen, Mitleid, Mitgefühl und Einbildungskraft. Smith (2010), S. 8, 10 f.

12 Vgl. etwa Wiebke Knoche: »Mitfühlender werden und entspannter leben«, Interview mit der Neurologin und Psychologin Prof. Tania Singer, 27. April 2022, Internetseite der Technikerkrankenkasse, https://www.tk.de/techniker/magazin/life-balance/stress-bewaeltigen/interview-tania-singer-mitgefuehl-empathie-2126522?tkcm=aaus.

13 Eva Baumann, Katrin Keller, Marcus Maurer, Thorsten Quandt, Wolfgang Schweiger: »Wie Medien genutzt werden und was sie bewirken«, in: *Informationen zur politischen Bildung*, Nr. 309, 2010, https://www.bpb.de/izpb/7543/wie-medien-genutzt-werden-und-was-sie-bewirken?p=all.

14 Vgl. Franklins Brief 5, 28. Mai 1722. https://www.ushistory.org/franklin/courant/silencedogood5.htm.

15 Marcus Rediker: »Benjamin Lay and the Surprising Origins of Revolutionary Abolitionism«, Vortrag am Swarthmore College, Pennsylvania, 3. Januar 2018, Transkript: https://www.swarthmore.edu/news-events/listen-marcus-rediker-benjamin-lay-and-surprising-origins-revolutionary-abolitionism.

16 Schnabel (2022), S. 179–182, 264 f.

17 Rediker (2017), S. 100–105. Allgemein gesagt, könnte es allerdings eher erstaunen, wie *selten* Diogenes als Anregung für Aktivistinnen und Aktivisten diente. Vgl. Hall und Stead (2020) mit nur einem Eintrag zu Diogenes. Ebd., S. 89–91.

18 Auch im Alltag eckte Diogenes angeblich des Öfteren an. Um die Theorie der Selbstgenügsamkeit, der *autarkeia* (oder Gelassenheit, wie man heute sagen würde), eingängig zu vermitteln, ließ er sich etwas einfallen. Er begab sich auf den Marktplatz, um öffentlich zu onanieren. Laertius (1998), S. 270, Weeber (2001), S. 97.

19 Zum Einfluss der Seemannstätigkeit und der Erzählungen Marcus Rediker: »Benjamin Lay and the Surprising Origins of Revolutionary Abolitionism«, Vortrag am Swarthmore College, Pennsylvania, 3. Januar 2018, Transkript: https://www.swarthmore.edu/news-events/listen-marcus-rediker-benjamin-lay-and-surprising-origins-revolutionary-abolitionism.

20 Lay zitiert nach Sinha (2016), S. 13.

21 Plank (2012), S. 99. Folgendes zu Woolman und Benezet ebd., S. 105–114, 187 f.

22 Piketty (2020), S. 1204–1207.

23 Woolman (1971), S. 200. Folgende Zitate ebd., S. 199–205.

24 Dass King auch anders konnte, zeigen kritische Reden wie »Beyond Vietnam«, gehalten vor einem viel kleineren Publikum in einer Kirche 1967, über die USA als »größten Lieferanten von Gewalt in unserer Welt heute« und die extreme Ungleichheit. https://www.americanrhetoric.com/speeches/mlkatimetobreaksilence.htm.

25 Plank (2012), S. 107. Folgendes ebd., S. 108–114.

2. Abolitionistische Unternehmen

1 Plank (2012), S. 78. Folgendes zu Woolman ebd., S. 78–83.

2 Wilkinson und Pickett (2009), S. 254 f. Folgendes ebd., S. 88.

3 Drescher (2009), S. 107, zu Benezet siehe Jackson (2009), S. 22.

4 Bei einem Experiment des Psychologen Robert Cialdini, wie man Menschen zum Energiesparen bringt, wurden bei Testpersonen vier verschiedene Strategien angewandt und in ihrer Wirkung verglichen: darüber informieren, 1. welche finanziellen Vorteile das Energiesparen hat; 2. wie wichtig es für die Umwelt ist; 3. wie relevant mit Blick auf die Verantwortung, die man gegenüber zukünftigen Generationen trägt; 4. der schlichte Hinweis, dass »die Mehrheit der Nachbarn« schon Energie spare. Am wirksamsten war Nr. 4. Vgl. Schnabel (2022), S. 175 f.

5 Vor Großbritannien hatten einige Nordstaaten in den USA die Sklaverei abgeschafft sowie Länder Lateinamerikas, Chile etwa, Bolivien, Mexiko, Honduras, Uruguay.

6 Drescher (2009), S. 210.

7 Sinha (2016), S. 126, Folgendes ebd.

8 Equiano (1990), S. 125, 68. Folgende Information ebd. S. 140, 202 (Details und Zitat zum Handel).

9 Benjamin legte den Schwerpunkt seiner Deutung des Kapitalismus als Religion auf die ewige Verschuldung und Schuld, die er mit sich bringt, aber auch auf eine Art Vermenschlichung und Internalisierung Gottes bei Marktteilnehmern. Sein Textfragment von 1921 online: https://www.theater-an-der-ruhr.de/de/profil/2361-diskurs?t=2166&21bb2c0935bbf7364499d7a3af8cd4a0.

10 Der Zuckerboykott von 1791 geht bis auf John Woolmans Verweigerung von Sklaverei-Produkten zurück. Manche Abolitionisten hatten Bedenken, dass ein »extremes« Vorgehen wie beim Boykott potenzielle konservative Sympathisanten abschrecken könnte. Drescher (2009), S. 221. Folgendes ebd., S. 222, 231, 216.

11 Drescher (2009), S. 231.

12 Nicholas Draper: *The Price of Emancipation. Slave-Ownership, Compensation and British Society at the End of Slavery*, Cambridge 2010, https://assets.cambridge.org/97805211/15254/frontmatter/9780521115254_frontmatter.pdf. Zur Umrechnung auf heutige Verhältnisse David Olusoga: »The Treasury's tweet shows slavery is still misunderstood«, *The Guardian*, 12. Februar 2018.

13 Hier und im Folgenden Phelps Brown: »The Underdevelopment of

Economics«, in: *The Economics Journal*, Vol. 82, No. 325, March 1972, S. 1–10, S. 1. https://www.jstor.org/stable/2230205. Und Brown zitiert nach Schumacher (2019), S. 228 f.

14 Hirschman (1980), S. 69–83.

15 Smith (1763).

16 Hier und im Folgenden Chris Hayes: »The New Abolitionism. Averting planetary disaster will mean forcing fossil fuel companies to give up at least $ 10 trillion in wealth«, *The Nation*, 22. April 2014. https://www.thenation.com/article/archive/new-abolitionism/.

17 Hayes (2014).

18 Reillly (1992), S. XI. Folgendes ebd. S. 286.

19 Interessanterweise beklagten sich weiße Mitglieder der Arbeiterklasse offenbar hier und da, dass mit der Wedgwood-Aktion viel Aufhebens um die Schwarzen gemacht werde und arme Weiße teils übergangen würden. Hall (2020), S. 396.

20 Inzwischen prangt am Eingang des Chef-Büros im Hauptsitz des Unternehmens immerhin »Every billionaire is a policy failure«. Jürgen Schmieder: »Patagonia: Zu gut, um wahr zu sein?«, *Süddeutsche Zeitung*, 17. April 2023.

21 Schon vor einigen Jahren kam der Starbury-Basketballschuh für rund 15 Dollar auf den Markt, ähnlich hip und ähnlich in der Qualität wie Nike-Modelle für 150 Dollar. Von der Starbury-Strategie hatten arme Arbeiterinnen und Arbeiter in Billiglohnländern nichts, sondern nur arme Konsumenten. Aber Starbury ist ein konkretes Beispiel für den Spielraum, den es bei der Preisgestaltung gibt.

3. Die Fünf-Jahrhundert-Handelsbilanz

1 Drescher (2009), S. 269–275, 372–376, 395, 402, 406, 416.

2 https://www.antislavery.org/. Erst nachdem die 1839 gegründete British and Foreign Anti-Slavery Society aktiv wurde, machten die Regierung und die East India Company Zugeständnisse. Doch gesetzlich gleichgesetzt mit der Sklaverei und damit verboten fand sich die Knechtschaft in Indien erst *Jahrzehnte* später. Drescher (2009), S. 269 f.

3 https://encyclopedia.thefreedictionary.com/Turner,+Nat. Vgl. auch Zinn (2007), S. 171 f.

4 Drescher (2009), S. 147 f. Laut Frie lieferte Saint-Domingue zeitweise sechzig Prozent des Kaffees für die westliche Welt. Ders. (2017), S. 271.

5 Zum Ablauf der Revolution in Haiti und zu den im Folgenden genannten Zahlen siehe Drescher (2009), S. 160–166.

6 Drescher (2009), S. 177.

7 Kim Willsher: »France urged to repay Haiti billions paid for its independence«, *The Guardian*, 15. August 2010. Zum BIP von Haiti https://data.worldbank.org/country/haiti.

8 Folgerichtig sollte der haitianische Präsident Jean-Bertrand Aristide Frankreich im Jahr 2003 auffordern, die »Entschädigung« zurückzuzahlen. Ohne Erfolg. Just ein Jahr später stürzten Rebellen, unterstützt durch die USA und wohl auch Frankreich, den Präsidenten. In den Neunzigerjahren wurde Aristide schon einmal durch einen US-gestützten Militärputsch abgesetzt und später von eben jenen USA *wieder eingesetzt* – um Flüchtlingsströme aus Haiti nach Nordamerika abzuwenden. Goodman (2016), S. 2.

9 Woolman (1971), Einleitung von Moulton, S. 14. Zu Russland Piketty (2020), S. 731 f.

10 Sinha (2016), S. 56 f.

11 In seinem einflussreichen Essay »Black Reconstruction« beschrieb der schwarze Soziologe und Bürgerrechtler W. E. B du Bois 1935, wie während des Bürgerkrieges rund 500 000 Sklaven im Süden streikten und die Wirtschaft der Sklavenhalterstaaten schwächten. Matthew Cunningham-Cook, Ryan Grim: »How to mark Juneteenth in the year 2020«, *The Intercept*, 19. Juni 2020, https://theintercept.com/2020/06/19/how-to-mark-juneteenth-in-the-year-2020/.

12 Beide Revolutionen dienten als Anstoß für weitere, die Französische stärker für die »bürgerlichen« von 1848 in Ländern Europas, indirekt sogar für die Russische von 1917. Die Wirkung war auch deshalb unterschiedlich, weil von den Revolutionen in Büchern und Medien jeweils andere Bilder gezeichnet wurden. In der Presse wurden bei der Haitianischen Revolution das Grauen und die Gewalt besonders einseitig dargestellt. So berichteten Zeitungen in Paris von französischen Babys, die die Sklaven den Müttern von der Brust gerissen und getötet hätten; Gräueltaten der Franzosen blieben unerwähnt. Drescher (2009), S. 174.

13 Frie (2017), S. 283, Drescher (2009), S. 169–180. Schon um 1800 ging es sogar in Parlamentsdebatten in London genau darüber hin und her, und im Grunde mit den gleichen Argumenten. Drescher (2009), S. 172, 168.

14 Fanon (1976), S. 75, 80. Folgendes ebd. S. 194–223.

15 Fanon (1976), S. 190.

16 Zum Thema der geraubten Sprache durch Sklaverei und Kolonialismus in Afrika und den Folgen vgl. etwa Ngugi wa Thiong'o: »The Politics of Self-Reliance«, in: McDonald und Sahle (2002), S. 1–13, vor allem S. 6–8.

17 Zum Einfluss von Fanon auf sein Engagement äußert sich Zikode in seinem Gespräch mit Tilo Jung bei *Jung & naiv*, Folge 667, 19. Oktober 2023, https://www.youtube.com/watch?v=7L8euiojkWQ.

18 Der Titel des englischen Originals, *How Europe Underdeveloped Africa*, klingt noch etwas prägnanter. Rodney, der sich politisch mit der sozialistischen Partei Working People's Alliance in seiner Heimat Guyana engagierte, wurde 1980 im Alter von 38 Jahren durch ein Bombenattentat getötet. Er bekam im Übrigen ein alternatives Denkmal: Er ist meines Wissens der einzige Historiker, der je durch einen Popsong geehrt wurde, in »Reggae Fi Radni« von Linton Kwesi Johnson. Vgl. auch Edmund Hardy: »Linton Kwesi Johnson's Dread Dialectics«, *Jacobin*, 12. November 2021, online https://www.jacobinmag.com/2021/12/linton-kwesi-johnson-dub-poetry-david-austin.

19 Vgl. zum Thema Wiedergutmachung Jason Hickel, https://www.jasonhickel.org/blog/2018/10/13/the-case-for-reparations.

20 https://blogs.worldbank.org/opendata/number-poor-people-continues-rise-sub-saharan-africa-despite-slow-decline-poverty-rate#:~:text=The%20latest%20estimates%20show%20that,the%20global%20extreme%20poor%20population. Es gibt bereits Diskussionen darüber, ob eine realistischere Definition von Armut nicht etwa bei 7,40 Dollar läge. Vgl. Jason Hickel: »Could you live on $ 1.90 a day? That's the international poverty line«, *The Guardian*, 1. November 2015.

21 Das ergibt sich aus 10 Dollar am Tag, mal 365 für das Jahr, mal 500 Millionen, die Anzahl der »offiziell« Armen.

22 Was das BGE in wohlhabenden Ländern betrifft, finde ich die Entscheidung schwierig. Einerseits wäre es die bessere Lösung als das momentane System mit dem Bürgergeld und einem Billiglohnsektor, in dem Menschen zu Arbeiten gezwungen werden, die sie nicht machen wollen. Andererseits wäre ich neugierig auf alternative Vorschläge für Mischungen. So sollte es eine leicht und ohne Sanktionen erhältliche Grundversorgung für jene geben, die es brauchen, zugleich Alternativen, die weniger als das BGE die Konsumseite der Wirtschaft fördern und bei denen nicht unbedingt wohlhabende Leute Geld bekommen, das man anderweitig sozial und kulturell produktiver einsetzen könnte. Bei der Debatte bleibt die globale Perspektive fast immer ausgeklammert. Insgesamt wurde und wird das BGE von Vertretern des Neoliberalismus kritisiert oder bejaht, in der Form der negativen Einkommenssteuer von Milton Friedman 1962 (streng genommen allerdings kein BGE). Vgl. dazu auch Werner (2006), S. 67 (Friedman), Precht (2020), S. 125–149, 253 f. Rutger Bregman plädiert für das BGE und sieht zwei ältere historische Vorläufer. Erstens die Idee von Richard Ni-

xon, jeder Familie ein Jahreseinkommen von 1600 Dollar, heute rund 10 000, zu geben (was natürlich zu wenig gewesen wäre); zweitens im Speenhamland-System in England ab 1795 (das allerdings nicht an alle Armen ging und nicht bedingungslos war, zudem extrem gering ausfiel). Ders. (2017), S. 81–92. Maurice Höfgen schlägt als Alternative zum BGE eine Jobgarantie vonseiten der öffentlichen Hand mit gemeinwohlförderlichen Tätigkeiten vor. Ders.: »Das BGE als blinde Utopie«, 3. August 2021, https://www.youtube.com/watch?v=jGHGWyaGLuY, und Maurice Höfgen: »Garantierter Job oder garantiertes Einkommen?«, *Jacobin*, 20. Oktober 2020, https://jacobin.de/artikel/jobgarantie-grundeinkommen-vollbeschaftigung-bge-arbeitslosigkeit/. Anna Mayr betont, dass das BGE sozusagen einem Trostpreis, einer Süßigkeit für alle ähnelt, und nicht zu einer wirklichen Umverteilung beiträgt und auch nicht zur Ausbildung einer politischen Identität bei Einzelnen oder zur Veränderung bei der Bewertung des Nichtstuns. Dies. (2020), S. 174–177.

23 Im Jahr 2022 betrugen die Ausgaben des öffentlichen Gesamthaushalts in Deutschland 1,875 Billionen Euro. https://www.destatis.de/DE/Themen/Staat/Oeffentliche-Finanzen/Ausgaben-Einnahmen/Tabellen/ausgaben.html.

24 https://www.givedirectly.org/about/.

25 Marc Engelhardt: »Sterntaler, namibisch«, in: Engelhardt (2014), S. 109–121, S. 113 (Geldautomat), 120 (IWF). Allerdings gab es auch absurde Entwicklungen, etwa dass, an sich natürlich wünschenswert, sanitäre Anlagen und eine Wasserversorgung eingerichtet wurden, für die Bewohner dann allerdings bezahlen mussten, weshalb sie nach Beendigung des Projekts oft Gefahr liefen, sich dafür zu verschulden. Simone Knapp: »Otjiverso verliert eine wichtige Stimme«, 11. Januar 2021, Kirchliche Arbeitsstelle Südliches Afrika, https://www.kasa.de/aktuell/detail/otjivero-verliert-eine-wichtige-stimme/.

26 Nyerere, nach der Unabhängigkeit Tansanias von Großbritannien von 1961 bis 1985 zunächst Premier, dann Präsident, wollte in seinem armen Land unabhängig vom Geld der Ex-Kolonialherren werden, konkret vom IWF mit seiner mit heutigen Worten neoliberalen Austeritätspolitik. Doch er machte den Fehler, eine dann ineffiziente Kollektivierung der Landwirtschaft und der Gemeinschaften, die eine aus afrikanischen Traditionen gewachsene Basis der Gesellschaft sein sollten, *von oben* zu verordnen. Er trieb sie unter Einschränkung von Freiheiten voran. Wenn Nyerere später dennoch einen guten Ruf genoss, liegt das daran, dass er freiwillig abdankte, nicht korrupt war und als Friedensvermittler tätig wurde. Auch förderte er in seinem Land zumindest

Suaheli als Nationalsprache, somit ein Gemeinschaftsgefühl; er bekämpfte den Analphabetismus, verbesserte die Gesundheitsversorgung und verringerte die Ungleichheit. Er führte Krieg gegen Uganda und setzte Idi Amin ab. Er arbeitete allerdings auch mit Maos China zusammen. Bjerk (2017), S. 59 (Ujamaa in afrikanischer Tradition verwurzelt), 60 f. (Förderung von Suaheli), 76 (Ujamaa gegen den Kapitalismus, aber auch gegen den »doktrinären Sozialismus«), 80 (China), 85–92 (brutale, ineffiziente Kollektivierung), 92 (Gesundheitsversorgung), 93 (Bildungserfolge), 118–121 (Streit mit IWF), 143, 147 (Reduzierung ethnischer Konflikte). Zu Nyerere und seinem Einfluss vgl. auch McDonald (2002).

27 Dass Afrika mehr und mehr auch breitenwirksam als Ort für Utopien und alternative Ausrichtungen steht, zeigt sich am Erfolg des Buches *Afrotopia* von Felwine Sarr (2019). Er umreißt, wenngleich in recht allgemeinen Worten, alternative Wege für den Kontinent, lobt Resilienz und Flexibilität der informellen Ökonomie, die »relationale Ökonomie« (mit den »Determinanten« zwischenmenschliche und gemeinschaftliche Beziehungen) und die Priorisierung symbolischer Güter. Ebd. S. 65 f., 70, 77, 84.

28 Welzer (2019), S. 214.

29 Das »Global Shield against Climate Risks«-Programm der G7, an dem sich Deutschland mit 170 Millionen Euro beteiligt, ist natürlich zu wenig. https://www.bmz.de/en/issues/climate-change-and-development/global-shield-against-climate-risks.

30 Herrmann (2022), S. 246.

31 Dennis Muilenburg, der damalige CEO von Boeing, sagte 2017: »Less than 20 percent of the world's population has ever taken a single flight, believe it or not.« Lizzy Gurdus: »Boeing CEO: Over 80% of the world has never taken a flight. We're leveraging that for growth«, 7. Dezember 2017, CNBC (Internetseite) https://www.cnbc.com/2017/12/07/boeing-ceo-80-percent-of-people-never-flown-for-us-that-means-growth.html.

32 https://www.weforum.org/agenda/2015/12/richest-10-percent-causing-climate-change/.

33 https://www.sueddeutsche.de/projekte/artikel/wirtschaft/energie-energiekrise-strom-gas-oel-e670572/.

4. Normalbürger, die für andere den eigenen Ruin riskieren

1 Drescher (2009), S. 304 f.

2 Sinha (2016), S. 533, grundsätzlich zur Railroad ebd., S. 383–390.

3 https://www.smithsonianmag.com/history/harriet-tubmans-hymnal-evokes-life-devoted-liberation-53824293/. Später erhielt Tubman auch zweifelhaftere Ehrungen. So bekam sie 1897 von der britischen Königin Victoria eine Silbermedaille, einen Geldbetrag, eine Urkunde und einen reich bestickten weißen Seidenschal. Zwar hatte Großbritannien die Sklaverei wie erwähnt schon 1834 abgeschafft, doch während man die US-Abolitionistin öffentlichkeitswirksam honorierte, wurden unter der Regentschaft der Monarchin in den Kolonien Asiaten und Afrikaner durch (inoffizielle) Sklavenarbeit ausgebeutet. https://www.harriettubmanhome.com/legacy, https://nmaahc.si.edu/object/nmaahc_2009.50.39.

4 Der Text des Fugitive Slave Act von 1850: https://avalon.law.yale.edu/19th_century/fugitive.asp.

5 Kinder von in der Unterground Railroad Engagierten durften nichts in der Schule erzählen; manche fragten ihre Mutter in der Küche, warum sie so viel Essen kochte, das dann auf rätselhafte Weise verschwand. Details zum Thema bietet der Dokumentarfilm *Dawn of Day: Stories from the Underground Railroad* von Earl Rusty und Richard Pitts speziell über Aktivitäten in Wabaunsee County in Kansas, produziert vom College of Education, Kansas State University. https://www.youtube.com/watch?v=L5c6cDCTJNY. Folgendes ebd.

6 Zu Aktionen und Motivationen siehe etwa das Interview mit Pia Klemp von Janis Beenen und Veronika Wulf: »Ich habe keinen festen Wohnsitz«, *Süddeutsche Zeitung*, 16. Mai 2019, https://www.sueddeutsche.de/wirtschaft/seenotrettung-pia-klemp-fluechtlinge-1.4449214.

7 Angesiedelt in Arizona, helfen Freiwillige von No More Deaths Emigrantinnen und Emigranten, die von Mexiko durch die Wüste in die USA laufen, indem sie Wasserkanister, Nahrung und Decken deponieren, lebensrettende Erste Hilfe leisten und Öffentlichkeitsarbeit machen. https://nomoredeaths.org/about-no-more-deaths. Scott Warren drohten zwanzig Jahre Haft, er wurde jedoch freigesprochen. *The Guardian*, 21. November 2019, https://www.theguardian.com/us-news/2019/nov/20/arizona-activist-migrants-trial-scott-warren.

8 Vgl. https://www.nps.gov/nr/travel/underground/oh1.htm und Susanna Ashton: »›A Genuine Article‹ Harriet Beecher Stowe and John

Andrew Jackson«, in: *Common Place* (Original 2013), http://commonplace.online/article/genuine-article/.

9 Sinha (2016), S. 440–444.

10 Daniel R. Rollaro: »Lincoln, Stowe, and the ›Little Woman/Great War‹ Story: The Making, and Breaking, of a Great American Anecdote«, in: *Journal of the Abraham Lincoln Association*, Volume 30, Issue 1, Winter 2009, S. 18–34, https://quod.lib.umich.edu/j/jala/2629860.0030.104/--lincoln-stowe-and-the-little-womangreat-war-story-the-%20making?rgn=main;view=fulltext.

11 Es geht um *Noli me tangere* (1887, dazu kam 1891 *Der Aufruhr*) des philippinischen Arztes und Autors José Rizal. Der Roman erzählt die Geschichte des jungen Philippiners Crisóstomo Ibarra, der in Zeiten spanischer Kolonialherrschaft u. a. eine Schule für unterprivilegierte Kinder gründen will und schließlich Kontakte zu Kämpfern für die philippinische Unabhängigkeit aufnimmt. Das Besondere an *Noli me tangere* sind eine für damalige Verhältnisse direkte Kritik an der Korruption der Kolonialherrschaft und Kirche und teils launige, teils dramatische, teils reportageartige Beschreibungen. Rizal (1987), S. 28, 29. Nach einer zwischenzeitlichen Verbannung wurde Rizal mit seinen Romanen zu einer Motivationsquelle für die Kämpfer der Revolution. Am 20. November 1896 befand ein Gericht ihn als »Hauptorganisator und treibende Kraft des philippinischen Aufstandes« für schuldig, am 30. Dezember wurde er hingerichtet. Später machte man ihn zum Nationalhelden. Manchen gilt er sogar insgesamt als Pionier des antikolonialistischen Engagements. Vgl. Liselotte Kolanoske: »Biographische Notiz«, in: Rizal (1987), S. 449–452, und Dahm (1989), S. 82, Folgendes ebd. S. 81, 45. 1956 erließ der Kongress der Philippinen den Republic Act No. 1425, genannt »Rizal Law«: Alle Schulen und Universitäten des Landes müssen Kurse über das Leben und Werk Rizals anbieten, insbesondere die zwei Romane. Eine bemerkenswerte Rezeptionsgeschichte für ein Werk, dessen Besitz nach Erscheinen strafbar war.

12 Diese Definition von *abolition* gibt etwa die Autorin Patrisse Cullors, Mitbegründerin von BLM, die Anfang 2022 zu dem Thema das Buch *An Abolitionist Handbook. 12 Steps to Changing Yourself and the World* herausgebracht hat. Vgl. das Interview mit Amy Goodman auf *Democracy Now!*, 31. Januar 2022, https://www.youtube.com/watch?v=k8CGzxzwv94.

13 So schildert Tom Hayden (2004), ein einflussreicher Anti-Vietnamkriegs-Aktivist, das Engagement von »street-wise peacemaker«, geläuterten Gang-Mitgliedern mit *street credibility*, geeignet als Vermittler bei Konflikten zwischen Gangs oder den Banden und der Polizei. Er zeigt aber auch, wie derartige Projekte von öffentlichen Stellen torpediert

wurden. Zu historisch verwurzelt ist, so seine Diagnose, die Prägung der Gesellschaft durch das Bild eines puritanisch strafenden Gottes. Im Gegenzug erinnert Hayden daran, dass Jesus ein geläuterter »homeboy« war. Hayden (2004), S. IX, S. 32–38, S. 356 f.

14 Luthando Mampintsha hat eine Elf-Stundenschicht, die um fünf Uhr morgens beginnt und für die er um zwei Uhr aufsteht. Luthando Mampintsha: »Die Angst ist immer da.« Ein Bericht des Bergmanns über seine Arbeit im tiefsten Bergwerk der Welt, der Mponeng-Goldmine in Südafrika, in: *Kulturaustausch. Zeitschrift für internationale Perspektiven*, 1/2022, S. 52 f.

5. Die gefährlichste Großmutter Amerikas

1 Jones (1983), S. 273 f.

2 Cordery (2010), S. 10. Die »gefährlichste Frau Amerikas«, das war dieselbe Bezeichnung, mit der Edgar Hoover, der erste Direktor des (heute so genannten) FBI, später die Anarchistin und Feministin Emma Goldman versah, die mit radikaleren Forderungen auftrat.

3 Zur Geschichte der Gewerkschaften Laybourn (1992) und Lorenz (2014), zu sinkenden Zahlen ebd., S. 7, 69.

4 Milton Friedman kritisierte in seinen Büchern nicht nur ganz konkret die Art der Sozialpolitik, auf die Gewerkschaften hinwirken, er versuchte auch, soziale Ungerechtigkeiten sozusagen philosophisch ethisch zu rechtfertigen. So fragt er rhetorisch, ob es denn gerechter sei, wenn ein Kind durch eine ererbte schöne Stimme, also die »Struktur der Gene«, zu Reichtum kommt als durch geerbtes Geld. Er ist gegen Umverteilung und progressive Besteuerung, da »aus zweimal Unrecht auch nicht Recht« werde. Friedman (1984), S. 211–213, 215, 221 f.

5 Die Einkommensungleichheit aufgrund eines Machtverlustes der Gewerkschaften gilt etwa für die Länder Australien, Deutschland, Großbritannien, Japan, Kanada, Schweden und USA. Wilkinson und Pickett (2009), S. 277.

6 Lorenz (2014), S. 239.

7 Auch zu Folgendem Cordery (2010), S. 3–5, 35 f., 43.

8 Jones (1983), S. 465 f., Folgendes ebd. S. 102.

9 Jones (1983), S. 101.

10 Dies und Folgendes Jones (1979), S. 56–58.

11 https://www.unicef.org/protection/child-labour.

12 Jones (1979), S. 60.

13 Dieses und folgende Zitate Jones (1983), S. 102.

14 Zu Jones und Rockefeller Jones (1983), S. 263–267, S. 462 f.

15 »Klimaaktivistin Neubauer lehnt Siemens-Posten ab«, *Süddeutsche Zeitung*, 12. Januar 2020.

16 »Siemens ist kein Saubermann: Greenwashing und Mitverantwortung für Menschenrechtsverletzungen«, Dachverband kritische Aktionäre, Hauptversammlung 2018, Pressemitteilung 30. Januar 2018, https://www.kritischeaktionaere.de/siemens/siemens-ist-kein-saubermann-greenwashing-und-mitverantwortung-fuer-menschenrechtsverletzungen/. Siehe »Wie ernst ist Siemens die Rettung des Klimas?«, *greenspotting*, 9. Februar 2012, https://greenspotting.de/wie-ernst-ist-siemens-die-rettung-des-klimas/.

17 Neubauer (2022), S. 182.

18 In ihrer Rede »Save Our Heroic Mexican Comrades!« (1909) erklärte Jones, dass Rockefellers Standard Oil Company und andere, »die stark an der Ausbeutung Mexikos interessiert sind, alle fürchten, dass sie an Einfluss verlieren könnten«, wenn die gewerkschaftlich geprägte Liberale Mexikanische Partei im Land gewinnen würde. Dies. (1983), S. 263–267, S. 462 f.

19 Rockefeller zitiert nach Galbraith (1959), S. 73.

20 Hobsbawm (1999), S. 22 f. Eine Ironie liegt darin, dass diese US-Propaganda teils auf ähnlich systematische Weise betrieben wurde wie am anderen Ende des Spektrums die kommunistische durch die UdSSR.

21 Bernays (2014), S. 53.

22 In Zeiten der McCarthy-Ära der 1950er-Jahre, der sogenannten Hexenjagden auf vermeintliche Kommunisten, sollte Bernays für die United Fruit Company und in Abstimmung mit der CIA ein »Informationsbüro« in Guatemala einrichten. Es reichte Fake News über eine vermeintliche kommunistische Bedrohung im Land an internationale Medien weiter. Miller: Nachwort, in: Bernays (2014), S. 137–155, S. 152.

23 In *Vom Nutzen und Nachteil der Historie für das Leben* schreibt Friedrich Nietzsche: »Man fahre nur fort, um diesen Schöpfungen vorzuarbeiten, die Geschichte vom Standpunkt der Massen zu schreiben und nach jenen Gesetzen in ihr zu suchen, die aus den Bedürfnissen dieser Massen abzuleiten sind, also nach den Bewegungsgesetzen der niedersten Lehm- und Tonschichten der Gesellschaft. Die Massen scheinen mir nur in dreierlei Hinsicht einen Blick zu verdienen: einmal als verschwimmende Kopien der großen Männer, auf schlechtem Papier und mit abgenutzten Platten hergestellt, sodann als Widerstand gegen die Großen, und endlich als Werkzeuge der Großen; im übrigen hole sie der Teufel und die Statistik!« Nietzsche (1982), S. 94 f. Er spricht von

»unklugen Volksmassen und Arbeiterschichten«, die den »höchsten Exemplaren« der Menschheit gegenüberstehen, einer Elite, die eine »Genialen-Republik« dominieren sollte. Ebd., S. 91–95.

24 Manche bezeichnen Lippmann auch als *den* am meisten gelesenen politischen Autor der USA im 20. Jahrhundert. Einführung von Walter Ötsch und Silja Gaupe: »Der vergessene Lippmann – Politik, Propaganda und Markt«, in: Lippmann (2018), S. 9–54, S. 9. Ähnlich wie Bernays, und durch ihn beeinflusst, wünschte sich Lippmann Fachleute, die als Elite eine gelenkte Demokratie organisieren. Denn die »Schwächen« derselben liegen, so Lippmann, darin, dass »die Masse der absoluten Analphabeten, der Schwachsinnigen, groben Neurotiker, Unterernährten und gehemmten Individuen« nur auf »das Triviale« und »platte Unterhaltung« aus sei und sich meist nur auf ihre »zufällige Erfahrung und ihre Vorurteile« verlasse. Lippmann (2018), S. 107, 310–313.

25 Bernays (2014), S. 27, 35. Folgende Zitate ebd., S. 98 f., 111 (Rockefeller).

26 Zur Bedeutung Bernays' Chomsky (2001), S. 67–70.

27 Die Muckraker schätzte Bernays passenderweise gar nicht. Miller: Nachwort in: Bernays (2014), S. 137–155, S. 151.

28 Tarbell verurteilt »Spekulation als Übel«, auch dass »Business wie Krieg« betrieben werde und schließt: »Seit 1872 hat die Organisation [Standard Oil] die politische Bühne immer nur betreten, um sich gegen Gesetzgebungen zu wenden, die dem Gemeinwohl dienen.« Tarbell, Volume One (1925), S. 32, und Tarbell, Volume Two (1925), S. 289 f., 292. Sie wünscht sich, dass die Korruption irgendwann so selbstverständlich geahndet wird, wie wenn ein Sportler im Wettkampf betrügt.

29 Cordery (2010), S. 1–3.

30 Weiter im Text von *Union Maid:* »She'd show her card to the National Guard / And this is what she'd say / You girls who want to be free / Just take a tip from me / Get you a man who's a union man / And join the Ladies Auxiliary
Married life ain't hard / When you've got a union card / And a union man has a happy life / When he's got a union wife«.

31 Sanders (2023), S. 225. »Als glühender Anhänger der Basisdemokratie«, so Sanders, »lehnte Debs Autoritarismus und Personenkult ab. ›Ich wäre nicht euer Mose, würde euch nicht ins gelobte Land führen, denn könnte ich euch dorthin führen, könnte jemand anderes euch von dort auch wegführen‹, sagte er. Ich teile diese Ansicht. Echte Veränderung kann nur von unten kommen, wenn sich Tausende, dann Hunderttausende und schließlich Millionen von Menschen zusammenschließen und bessere Bedingungen fordern. Echte Veränderung

kommt nie von oben.« Ebd. S. 226. Vgl. auch den Dokumentarfilm von Bernie Sanders von 1979 über Debs (https://www.youtube.com/watch?v=w82pFvUq308) und vierzig Jahre später das kurze Video »What we can learn from Eugene Debs« (https://www.youtube.com/watch?v=gFKwUMLe-Ow).

32 Salvatore (2007), S. 256–258, 204 (Haltung von Jones S. 256), folgendes Zitat von Debs, ebd., S. 179.

33 Eugen Debs' Zitat bzw. die Rede im Gericht von 1918, https://www.marxists.org/archive/debs/works/1918/court.htm.

34 Ein Beispiel für den Weg vom Unterprivilegierten über die Gewerkschaft zur institutionalisierten Macht ist Friedrich Wilhelm Fritzsche, der Kinderarbeiter war, 1865 Mitbegründer der ersten nationalen Gewerkschaft Allgemeiner Deutscher Cigarrenarbeiter-Verein, später sozialdemokratischer Reichstagsabgeordneter. Der wohl bekannteste deutsche Funktionär, Hans Böckler, brach die Schule ab, wurde Gold- und Silberschläger, DGB-Vorsitzender und Reichstagsabgeordneter.

35 Pamela Horn: »Labour organisations«, in: Mingay (1989), S. 99–110, S. 102. Earl Denbigh adelte Arch mit der Beschimpfung, er sei ein »Agitator, Apostel der Brandstifter« und Klassenkämpfer.

36 Hall und Stead (2020), S. 111.

37 Davies (1983), vor allem S. 113–124.

38 Dies zum Beispiel in der *The Gorgon*-Ausgabe Nr. 36 von 1819, Hall und Stead (2020), S. 278 f.

6. Freundliche Gesellschaften und einflussreiche Hausfrauenkomitees

1 Laybourn (1992), S. 13. Folgendes ebd. S. 12, 14 f.

2 Mingay (1989), S. 36–51, S. 36.

3 Zur Diskussion über KI mit explizitem Bezug auf Ludditen siehe etwa den Vortrag von Jürgen Geuter alias »tante«: »›KI‹ ist eine diffuse Menge von Narrativen«, *re:publica*, 5. Juni 2023, https://invidious.snopyta.org/watch?v=3LIvHF-IX9Y.

4 Zitiert nach Thompson, erster Band (1987), S. 316.

5 Teils hatten die Sparvereine konkrete Ziele, etwa die Auswanderung zu finanzieren. »Emigration, Migration, but not Strikes« lautete der Slogan der North Herefordshire and South Shropshire Agricultural Labourers' Improvement Society. Pamela Horn: »Labour organisations«, in: Mingay (1989), S. 99–110, S. 99–101.

6 Cordery (2003), S. 41, S. 177, 179.

7 So schreibt ein Beobachter Anfang des 19. Jahrhunderts über Friendly Societies: »Manchmal nannten sie sich ›Unterstützungskassen‹, manchmal ›Botanische Versammlung‹, ›Versammlungen zur Unterstützung der Familien von inhaftierten Reformern‹ oder ›von denen, die aus dem Land geflohen sind‹; aber ihr wirkliches Ziel, das nur die Eingeweihten kannten, war es, den nächtlichen Angriff auf Manchester durchzuführen.« Zitiert nach Thompson, zweiter Band (1987), S. 745. Ein Informant wird mit den Worten über eine solche Versammlung im März 1817 in einer nahegelegenen Kleinstadt wiedergegeben: »Der Mann aus Chadderton sagte, daß die meisten Leute bereits Waffen hätten. Er sagte, er glaube, sie würden ungefähr 70 Musketen zusammenbringen.« Ebd.

8 Fließend waren die Übergänge etwa bei der Friendly Society of Ironfounders (gegründet 1809), The Friendly and Benevolent Society of Vicemen and Turners (London 1818), der Steam Engine Maker's Society (Liverpool 1824) und der Friendly Union of Mechanics (Manchester 1826). Laybourn (1992), S. 14. Folgendes zu den Tolpuddle Martyrs ebd., S. 29.

9 Pavel Chalupnícek und Lukáš Dvorák: »Health Insurance before the Welfare State. The Destruction of Self-Help by State Intervention«, in: *The Independent Review*, v. 13, n. 3, Winter 2009, S. 367–387, S. 370 f., Cordery (2003), S. 40.

10 Cordery (2003), S. 85, Folgendes ebd., S. 175, 181, 172.

11 Dies und Folgendes zu Mabon bei Evans (1959), S. 13, 26, 42, 46.

12 Frithjof Bergmann spricht sogar von einer Stipendienvergabe auch »ganz einfach an Menschen, die demonstrieren könnten, dass sie die ihnen zugesprochene Summe« dazu verwenden, »Arbeit zu tun, die sie ernsthaft tun wollen«. Bergmann (2004), S. 143.

13 Dies und Folgendes Axel Weipert: »Krawall im Kiez. Wie es 1872 zu Unruhen in den Arbeitervierteln kam«, in: Mattern (2018), S. 9–25, insbesondere S. 16–22.

14 Nach dem Ersten Weltkrieg hatte sich die Wohnungsnot verschärft, wegen heimkehrender Soldaten, mehr Eheschließungen und Haushaltsgründungen und Geflüchteten. Dies und Folgendes Henning Holsten und Stefan Zollhauser: »›Erst das Essen – dann die Miete!‹ Arbeiterbewegung, Mietstreik und Wohnungsfrage in der Weimarer Republik«, in: Mattern (2018), S. 26–42, S. 28–31. Zu Folgendem bis zu den zitierten Forderungen ebd., S. 31–34.

15 Während die KPD kurioserweise eine geforderte Mietsenkung für Altbauten um moderate zehn, für Neubauten um zwanzig Prozent empfahl, weil ihr das durchsetzbar schien, entschieden sich die Betroffenen

selbst für 25 bis 40 Prozent. Simon Lengemann: »›Erst das Essen, dann die Miete!‹ Protest und Selbsthilfe in Berliner Arbeitervierteln während der Großen Depression 1931 bis 1933«, in: *JahrBuch für Forschungen zur Geschichte der Arbeiterbewegung*, September 2015/III (Bonn), S. 46–62, S. 54–57. Folgendes ebd., S. 54.

16 Henning Holsten und Stefan Zollhauser: »›Erst das Essen – dann die Miete!‹ Arbeiterbewegung, Mietstreik und Wohnungsfrage in der Weimarer Republik«, in: Mattern (2018), S. 26–42, S. 36–41.

17 Dies und Folgendes Simon Lengemann: »›Erst das Essen, dann die Miete!‹ Protest und Selbsthilfe in Berliner Arbeitervierteln während der Großen Depression 1931 bis 1933«, in: *JahrBuch für Forschungen zur Geschichte der Arbeiterbewegung*, September 2015/III (Bonn), S. 46–62, S. 49, S. 58 f. Die Zeitschrift *Grundeigentum*, Organ der Wohnungsbesitzer, beklagte, dass Hausfriedensbruch und das Aufbrechen eines amtlichen Siegels (um etwa Möbel zurückzubringen) nicht bestraft wurden. Ein Autor sah Straftatbestände im Rahmen des Widerstands, nannte den Streik an sich aber durch den Vereinigungsfreiheit garantierenden Verfassungsartikel 159 erlaubt.

18 Tom Wetzel: »1931. Barcelona mass rent strike«, 1989, https://theanarchistlibrary.org/library/tom-wetzel-1931-barcelona-mass-rent-strike.

19 Döhring (2017), S. 85.

20 Sarah Glynn: »For Better Housing and Against Fascism: The East End Rent Strikes of the Late 1930s«, *Historians' Watch*, 28. September 2021, https://www.historyworkshop.org.uk/for-better-housing/. Die Mieterhöhungen durch die Tories sollten manchen Autoren zufolge dazu dienen, dass im Gegenzug die Steuern für ihre Wählerschaft, wohlhabendere Eigentümer, gesenkt werden konnten. Dies und Folgendes Joe Rosenthal: »Rent Strikes in Britain and lessons for today«, *Challenge Magazine*, 17. Mai 2020, https://challenge-magazine.org/2020/05/17/rent-strikes-in-britain-and-lessons-for-today/.

21 »Was Legislative und Humanitarismus nicht schafften«, schließt der Artikel, »das nehmen Mieter – normale Werktätige – jetzt in ihre eigenen Hände. Es ist eine große Aufgabe, aber nach den Wundern, die bereits vollbracht wurden, scheint nichts mehr unmöglich.« »Enough of all this!«, *Picture Post*, 1. April 1939, PDFs des Artikels interessanterweise abrufbar auf der Seite einer »eviction company«. https://helpland.co.uk/rent-strike-1939.

22 Die Mitglieder der Stepney Tenants' Defence League (STDL) zahlten einen Penny Beitrag pro Woche, den Vorsitz hatten meist Frauen. Henry Srebrnik: »Class, ethnicity and gender intertwined: Jewish wo-

men and the East London rent strikes, 1935–1940«, in: *Women's History Review*, 4:3, 283–299, 1995, S. 287f.

23 Sarah Glynn: »For Better Housing and Against Fascism: The East End Rent Strikes of the Late 1930s«, *Historians' Watch*, 28. September 2021, https://www.historyworkshop.org.uk/for-better-housing/.

24 Mehrere gewerkschaftsnahe Gruppen organisierten einen Streik von Tausenden Mieterinnen und Mietern, denen die Zwangsräumung drohte. Joe Rosenthal: »Rent Strikes in Britain and lessons for today«, *Challenge Magazine*, 17. Mai 2020, https://challenge-magazine.org/2020/05/17/rent-strikes-in-britain-and-lessons-for-today/.

25 Oder es wurde nur punktuell und in überschaubaren, homogenen Zusammenhängen gestreikt wie 2020 in britischen Studentenwohnheimen wegen der Coronapandemie. https://www.theguardian.com/education/2020/nov/26/manchester-university-students-win-30-rent-cut-after-covid-protests.

26 Grundsätzlich biographisch zu Domitila Chungara (1996), S. 23–30 (Herkunft, Siglo XX, Unterkunft), 34 (Lebenserwartung), 59–61 (Vater), 65–69 (Schule), 49 (Gewerkschaftler).

27 Bei einem Massaker am 23. Juni 1967 tötete das Militär mindestens 87 Menschen, darunter Frauen und Kinder, nachdem sich Bergarbeiter »mit der Guerilla von Che Guevara, die sich in diesen Jahren in Bolivien zu formieren versuchte, solidarisch erklärten, ohne dass indessen irgendeine Verbindung mit ihr bestand«. Lessmann (2010), S. 92–94.

28 Dies und Folgendes Chungara (1996), S. 48 (Massaker Sechzigerjahre), 51f., 87–91 (Streik Ehefrauen).

29 Chungara (1996), S. 54f. Folgendes ebd., S. 97 (ab 1963 Mitarbeit), 103–107 (Dynamitgürtel), 118 (Generalsekretärin), 120 (Zeugin), 145 (Verhaftung), 171–177 (Geburt und Tod ihres Kindes im Gefängnis).

30 Zur Bedeutung des Buches siehe Juana Pérez Montero: »Frauen, die die Zukunft gestalten: Moema Viezzer«, Interview in *pressenza* 23. März 2021 (https://www.pressenza.com/de/2021/03/frauen-die-die-zukunft-gestalten-moema-viezzer/), und Pampuch und Echalar (1998), S. 9, 80. In dem Kontext scheint mir ein anderes Buch erwähnenswert, ein Dokument über das Leben in Armut, eine Quelle der »Geschichte von unten«: das *Tagebuch der Armut* von Carolina Maria de Jesus, einer schwarzen brasilianischen Favela-Bewohnerin. Auf teils literarische Art erzählt sie aus ihrem Leben als alleinerziehende Mutter in den Fünfzigerjahren, die vom Sammeln von Abfall lebt. Auffällig im Vergleich zu Domitila ist, dass es in der Favela keine gewerkschaftliche Organisation oder Ähnliches gibt. »Das einzige, was es in der Favela nicht gibt, ist Solidarität.« Jesus (1966), S. 22.

31 Chungara (1996), S. 13, 139 f. (Che).

32 Chungara (1996), S. 214. Folgendes ebd. S. 199–203 (General Torres, dann Banzer), 207, 213 (Erfolge, Demos, Streiks), S. 8 (Einleitung von Eduardo Galeano zum Sturz von Banzer). Vor allem enttäuscht von der Parteipolitik war Domitila, nachdem sich das anfänglich linksgerichtete Movimiento Nacionalista Revolucionario (MNR), das 1952 an die Macht gelangte, nach rechts entwickelte und sich in die Abhängigkeit von US-Geldern begab. Ebd., S. 83 f.

33 So schildert Robert Lessmann die Ereignisse: »Der Hungerstreik von fünf Bergarbeiterfrauen (darunter die legendäre Domitila Chungara) löste eine Lawine aus. Tausende schlossen sich an. Banzer rief schließlich im Jahr 1977 Neuwahlen aus. Nicht er kandidierte, sondern sein Innenminister Juan Pereda Asbún, der die Wahlen gewann, die aber wegen öffentlichen Wahlbetrugs annulliert wurden. Pereda akzeptierte die Annullierung nicht und putschte. Banzer verließ unter den Tränen der Regierung den Regierungspalast.« Lessmann (2010), S. 95 f.

34 Robert Reid gibt ein Gespräch mit Aquino von 1989 wieder, als sie in Boston mit ihrem Mann lebte: »Without the usual servants she had had in the Philippines [...] Cory had to do the marketing, cooking, and cleaning. ›That's really the first time I was actually a housewife‹, she told the author in 1989.« Reid und Guerrero (1995), S. 19. Insgesamt kritisieren die Autorin und der Autor, dass Aquino nicht genug mit der Zivilgesellschaft zusammenarbeitete und die Verhältnisse, von denen sie und ihre Familie selbst profitierten, nicht veränderte. Ebd. S. 110. Vgl. Dahm (1991) zu den wirtschaftlichen, aber auch kulturellen Faktoren, die Veränderungen in den Philippinen erschwerten und erschweren.

35 Domitila 2004, zitiert nach Niels Wiese: »Sie zwang Diktatoren in die Knie«, *ila Das Lateinamerika-Magazin*, 354, April 2012, S. 61, https://www.ila-web.de/ausgaben/354/sie-zwang-diktatoren-in-die-knie.

36 Lessmann (2010), S. 180 f.

37 Zu den Anfängen Morales' als Gewerkschaftler Lessmann (2010), S. 180 f. Jean Ziegler berichtet, dass er Morales fragte, »ob es ein Schlüsselerlebnis für sein politisches Engagement gab«. Er fährt fort: »Eines Tages hatte er als junger Mann in einem Dorf des Chapare den Streit eines ihm bekannten Kokapflanzers mit bolivianischen Offizieren und Agenten der DEA miterlebt. Vor den Augen seiner machtlosen Angehörigen und Nachbarn wurde der aymarische Bauer von den Soldaten mit Bajonettstichen gefoltert. Dann bei lebendigem Leib verbrannt. Nach diesem Mord schrieb sich Evo bei der lokalen Gewerkschaft der Cocaleros ein.« Ziegler (2008), S. 201 f.

38 Siehe dazu und zur Verfassung, in der Rechte festgeschrieben sind

wie jenes auf Nahrung, Bildung, Wohnung, unversehrte Umwelt und Zugang zu Wasser (die Versorgung darf nicht privatisiert werden), Lessmann (2010), S. 149–178.

39 Die politischen Ambitionen galten schon für die sozialistische Genossenschaftsbewegung von Robert Owen, der die Gründung der Grand National Consolidated Trade Union of Great Britain and Ireland (GNC) 1834 anregte. Es war der erste Versuch, eine landesweite Organisation zu lancieren, die politische Bildung vermitteln sollte und ein alternatives Tauschsystem mit *labor bazaars* und *labor tickets*, wie sie sich inzwischen, sei es in Tauschgemeinschaften und mit Komplementär- bzw. Regionalwährungen, mancherorts wieder etablieren. Döhring (2017), S. 29.

40 Sibylla Brodzinsky: »Coca-Cola boycott launched after killings at Colombian plants«, *The Guardian*, 24. Juli 2003. Mit einer Klage hatte die Gewerkschaft Sinaltrainal in den USA keinen Erfolg. Daraufhin wurde zum Boykott von Coca-Cola-Produkten aufgerufen, auch mit einer eigens gegründeten Internetseite »Killer Coke«. http://killercoke.org/#enter.

41 Was die Gesundheitsgefährdung, gesellschaftlichen »Kosten« und die Marketing-Macht von Herstellern betrifft, vgl. als Überblick Berit Uhlmann: »Selber schuld! Softdrinks, Tabak, Alkohol: Viele Produkte schädigen die Gesundheit massiv. Doch Hersteller schieben die Verantwortung geschickt zu den Käufern«, *Süddeutsche Zeitung*, 9. März 2023.

42 So wollte die anarchosyndikalistische IAA 1926 britische Bergarbeiter unterstützen und rief Landessektionen dazu auf, »jeden Transport von und nach England wie auch alle britischen Märkte zu boykottieren und sich bereitzuhalten, im geeigneten Augenblick einen allgemeinen internationalen Solidaritätsstreik für unsere Genossen zu proklamieren.« (Protokoll III. Kongress der IAA 1928). Länder wie Brasilien, Kuba, Chile und Italien sollten, weil dort Diktatoren herrschten, mit internationalen Boykotten, organisiert von Gewerkschaften, sanktioniert werden. Aber es war zu schwer zu organisieren, die IAA hatte zu wenig Einfluss. Döhring (2017), S. 87.

43 *Der Syndikalist*, die damals auflagenstarke Wochenzeitung der FAUD (Freie Arbeiter-Union Deutschlands), zitiert nach Döhring (2017), S. 79.

7. »I wanna live like common people« – das Potenzial des Pop

1 Evans (1959), S. 46.

2 Pamela Horn »Labour organisations«, in: Mingay (1989), S. 99–110,

102. Später als Arch etabliert war und offenbar weniger engagiert, wurde anderes gesungen: »Joseph Arch he stole a march, / Upon a spotted cow. / He scampered off to Parliament, / But where is Joseph now?« https://www.classicsandclass.info/product/181/.

3 Kein Wunder, dass The Specials, eine Popband, die Gesellschaftskritik auf direkte und zugleich poetische Weise transportiert (»Too much too young«, »Stupid Marriage«, »Do Nothing«, »Ghost Town«, »Stereotype«), den Song von Reynolds auf ihrem Cover-Album *Protest Songs* von 2021 hat.

4 John J. Miller: »Rockin' the right«, *National Review*, 5. Juni 2006, https://www.nationalreview.com/2006/06/rockin-right-john-j-miller/.

5 Die inzwischen klassische Kritik an der Kulturindustrie durch Theodor Adorno und Max Horkheimer hebt auf die angebliche Formelhaftigkeit populärer Musik (Jazz) und Kunst ab, Konsumorientierung und Effekthascherei, durch die das Individuelle, Unberechenbare, Rebellische der Kunst einem dressierten Massenpublikum vorenthalten oder ausgetrieben werde. Diese Art der Kritik scheint mir bei meinen Fragenstellungen allerdings nicht sehr hilfreich zu sein. Vgl. Adorno und Horkheimer (1986), darin vor allem das Kapitel »Kulturindustrie«, S. 128–176.

6 https://www.dw.com/en/u2-frontman-bono-named-in-paradise-papers-tax-evasion-leak/a-41259900.

7 Shakira, an sich für ihr soziales Engagement bekannt, fällt wohl leider mit Blick auf die Anklagen wegen möglicher Steuerhinterziehung als Galionsfigur für den Kampf für soziale Gerechtigkeit aus.

8 Dies und Folgendes (Zitat) nach Steffens (2017), S. 319, 318–322.

9 In *Landwirtschaft, Industrie und Handwerk oder Die Vereinigung von Industrie und Landwirtschaft, von geistiger und körperlicher Arbeit* bezieht sich Kropotkin auch auf historische Traditionen. »Neun Zehntel der Bevölkerung der Kornfrucht exportierenden Länder wie Rußland, die Hälfte der Bevölkerung in Ländern, die wie Frankreich von selbstgebauten Erzeugnissen leben, arbeiten auf dem Lande, – die meisten von ihnen wie die Sklaven des antiken Altertums.« Ders. (1976), S. 242.

10 Vgl. Döhring (2017), insbesondere S. 124–129. Folgendes zu Argentinien ebd., S. 9.

11 Dies und Folgendes Döhring (2017), S. 129–133.

12 Wie heroisch im Spanischen Bürgerkrieg einfache Leute aus aller Welt Widerstand gegen den Faschismus leisteten, darüber gibt *Comrades*, das autobiographische Buch des Amerikaners Harry Fisher, auf extrem rührende und erhellende Weise und im Sinn der »Geschichte von unten« Aufschluss. Der sozialistische Gewerkschaftler kämpfte in den Reihen der Abraham-Lincoln-Brigade. Fisher (2001).

13 https://www.fau.org/gewerkschaft.

14 Die Zahlen aus »Mondragon – Humanity at Work«, Annual Report 2022, https://www.mondragon-corporation.com/urtekotxostena/dist/docs/en/informe-anual-2022-en.pdf.

15 Dies und Folgendes zu Mondragon, soweit nicht anders angegeben, Nick Romeo: »How Mondragon Became the World's Largest Co-Op. In Spain, an industrial-sized conglomerate owned by its workers suggests an alternative future for capitalism«, *The New Yorker*, 27. August 2022, https://www.newyorker.com/business/currency/how-mondragon-became-the-worlds-largest-co-op.

16 In den USA belief sich das Verhältnis von CEO zu einfacher Arbeiterin oder einfachem Arbeiter im Jahr 2021 im Schnitt auf 398,8 zu 1. https://www.statista.com/statistics/261463/ceo-to-worker-compensation-ratio-of-top-firms-in-the-us/.

17 Wilkinson und Pickett (2009), S. 290.

18 Oakeshott (1978), S. 165. Der Autor erwähnt, dass Organisationen wie Mondragon sich anfänglich sogar gegen Widerstände aus den Reihen etablierter Gewerkschaften durchsetzen mussten. Ebd., S. 247.

19 Fabian Christ, Alexa Meyer: »Erfolge statt Krise – die spanische Genossenschaft Mondragón«, Deutsche Welle, 24. Januar 2012, https://www.dw.com/de/erfolg-trotz-krise-die-spanische-genossenschaft-mondrag%C3%B3n/av-6703525.

20 Rocker zitiert nach Döhring (2017), S. 71. Dabei ist es lustig, dass Marx selbst sich in *Das Elend der Philosophie* auf ähnliche Weise über Hegel und dessen Akrobatenkunststücke mokierte: »Da die unpersönliche Vernunft außer sich weder einen Boden hat, auf den sie sich stellen kann, noch ein Objekt, dem sie sich entgegenstellen kann, noch ein Subjekt, mit dem sie sich verbinden kann, sieht sie sich gezwungen, einen Purzelbaum zu schlagen und sich selbst zu ponieren, zu opponieren und zu komponieren – Position, Opposition, Komposition. Um griechisch zu sprechen, haben wir These, Antithese und Synthese. Für die, welche die Hegelsche Sprache nicht kennen, lassen wir die Weihungsformel folgen: Affirmation, Negation, Negation der Negation. Das nennt man reden.« Ebd. in: Marx (1971), S. 486–524, 493 f. Ähnlich kritisiert er Hegels Abstraktionen, die reaktionärer Politik wie der preußischen in die Hände spielten, in *Kritik der Hegelschen Rechtsphilosophie*. Ebd. in Marx (1971), S. 20–149, 57, 148.

8. »Denn die Frau ist von Natur gutmütig«

1 Studien zur tiefer gewordenen Stimme wurden durchgeführt in Deutschland, Australien und den USA. Die Stimmen der Männer sind gleich geblieben. Für eine Zusammenfassung siehe Solvejk Hoffmann: »Frauenstimmen werden tiefer – daran könnte es liegen«, *Geo*, 5. Oktober 2017, https://www.geo.de/wissen/17469-rtkl-forschung-frauenstimmen-werden-tiefer-daran-koennte-es-liegen, und David Robson: »The reasons why women's voices are deeper today«, BBC (Homepage), 13. Juni 2018, https://www.bbc.com/worklife/article/20180612-the-reasons-why-womens-voices-are-deeper-today.

2 Die britische Historikerin Mary Beard weist auf die Tradition hin, die vom antiken Rom, wo nur Männer das Recht auf öffentliche Reden hatten, herrührt: Dort »wird die Autorität der tieferen männlichen Stimme immer wieder betont, als Gegensatz zur weiblichen. Wie ein wissenschaftliches Traktat es explizit formulierte, war die tiefe Tonlage das Kennzeichen männlichen Mutes, während eine hohe Tonlage auf weibliche Feigheit hindeutete. Andere klassische Autoren behaupten beharrlich, dass der Ton und das Timbre der weiblichen Rede stets nicht nur die Stimme des männlichen Redners zu untergraben drohen, sondern auch die gesellschaftliche und politische Stabilität sowie die Gesundheit des gesamten Staates. Ein Redner und Intellektueller des 2. Jahrhunderts n. Chr. mit dem bezeichnenden Namen Dion Chrysostomos (wörtlich: Dion ›Goldmund‹) forderte sein Publikum auf, sich eine Situation vorzustellen, in der ›ein ganzes Volk von dem Missgeschick befallen (würde), daß alle Männer die Stimmen von Frauen bekämen und weder jung noch alt in seiner männlichen Tonlage sprechen könnte. Würde man das nicht für ein furchtbares Unglück halten, vielleicht sogar schlimmer als jede Pest, so daß man zum Gott schickte und die Gottheit mit vielen Gaben zu versöhnen suchte?‹« Beard (2018), S. 26, 28. Beard zeigt, dass derartige Wahrnehmungen bis heute nachwirken, weibliche Stimmen mit »Winseln« assoziiert werden (S. 34–36). Sie erklärt, dass Frauen im Rahmen »der ›androgynen‹ Strategie [...] Teile der männlichen Rhetorik bewusst nachahmen«. (S. 45) Sie erwähnt das Beispiel, dass Margaret Thatcher sich einem Training für eine tiefere Stimme unterzog.

3 Dies und Folgendes in *Leitlinien des Auswärtigen Amtes – Feministische Außenpolitik gestalten* (2023).

4 Für eine deutliche Kritik an der Feministischen Außenpolitik Sonja Zekri: »Feministische Außenpolitik: Feminismus und Geschwafel«,

Süddeutsche Zeitung, 11. März 2023, https://www.sueddeutsche.de/kultur/annalena-baerbock-feministische-aussenpolitik-1.5766677.

5 *Leitlinien des Auswärtigen Amtes – Feministische Außenpolitik gestalten* (2023), S. 6, 16, 22, 75 f.

6 Berühmt wurden durch ihren Einsatz – Ironie der Geschichte – allerdings vorwiegend Männer, darunter Mahatma Gandhi. Auch die Vertreter der Bürgerrechtsbewegung in den USA und inzwischen Aktivisten und Autoren von Handbüchern für gewaltlose Revolutionen bedienten sich der von Frauen erfundenen Mittel. Allerdings erwähnt etwa Srdja Popovic einige der Instrumente und auch Gandhi mehrfach, nicht aber die Frauenbewegung. Popovic (2015), S. 17.

7 Mit den alternativen Auszeichnungen schufen die Suffragetten ein Gegengewicht zu den sinnlosen Kriegsorden und unterstrichen deren Absurdität. »Suffragette's hunger strike medal found after 100 years«, BBC (Homepage), 30. Mai 2019, https://www.bbc.com/news/uk-england-derbyshire-48459860.

8 In den letzten Jahren sind umfassende kritische Publikationen zu einer über Jahrtausende gewachsenen »männlichen Zivilisation« erschienen und zu deren negativen Auswirkungen auf das Leben von Frauen samt Ideen, was sich wie verbessern ließe. Vgl. Meike Stoverock: *Female Choice* (2021): »Frauen scheinen also höhere Ansprüche an die äußere Erscheinung eines Mannes zu haben. [...] Gemessen daran, dass die androzentrische Zivilisation die Frau seit Jahrtausenden mit Schönheitsidealen drangsaliert, die mitunter sogar ihre Gesundheit beeinträchtigen, hätte man an dieser Stelle auch andere Muster vermuten können. Den strengen männlichen Blick, der jenen vermeintlichen Makel der Frau mit einer kaiserlichen Daumengeste straft. Tatsächlich aber ist der ganze Schönheitsdruck auf Frauen nur ein kultureller Trick zur Luststeigerung der Männer – im Zweifelsfall geben sie sich auch mit viel weniger zufrieden.« Dass Frauen generell wählerischer bei den Partnern sind, »das ist der Wesenskern der Female Choice«. Ebd., S. 227.

9 Die »Logik dahinter tat mir gut«, so Beard in ihrem Buch *Frauen & Macht*: »›Ihr Interviewer haltet mich wohl für einen ausgewiesenen Blaustrumpf? Dann zeig ich euch jetzt mal, dass ich *weiß*, was ihr denkt, *und* dass ich euch einen Schritt voraus bin.‹« Beard (2018), S. 78, 81.

10 Zum Anschlag auf das Velázquez-Gemälde und weitere auf Kunst Helen E. Scott: »›Their campaign of wanton attacks‹: Suffragette Iconoclasm in British Museums and Galleries during 1914«, *The Museum Review*, Volume 1, Number 1, 2016.

11 1978 verklagte Alice Schwarzer zusammen mit anderen Frauen den

Stern wegen sexistischer Darstellungen von Frauen. Im Mai 2013 verbrannte eine Femen-Aktivistin vor dem »Barbie-Dreamhouse« in Berlin eine der Puppen, um gegen das repressive Körperbild zu demonstrieren.

12 Beispiele zur Einführung des Frauenwahlrechts: Neuseeland 1893, Finnland 1906, Deutschland, Österreich, Polen 1918, USA 1920, Großbritannien 1928, Brasilien und Uruguay 1932, Frankreich 1944, Japan 1945, Italien 1946, Korea 1948, Bolivien 1952, Mexiko 1953, Paraguay 1961, Schweiz 1971, Jordanien 1974, Nigeria 1979.

13 Während die Suffragetten Gemälde aufschlitzten, beschmiert die Letzte Generation das *Glas* vor den Werken mit Farbe und Brei. Sie fordert ein Tempolimit und ein 9-Euro-Ticket.

14 Montreynaud (1998), S. 290 f. Bis 1977 konnten Männer in Deutschland die Stelle ihrer Ehefrau kündigen.

15 Das BGH-Urteil von 1966: https://openjur.de/u/270402.html.

16 Vgl. etwa Kaiser (2023).

17 Das Zölibat diente auch dazu, der Kirche Gewinn zu sichern, weil der Klerus sein Vermögen keinen Kindern vererbte. Rouche: »IV. Abendländisches Frühmittelalter«, in: Ariès und Duby (1999), S. 389–514, 447, 451, und Mitterauer in Gestrich, Krause, Mitterauer (2003), S. 160–363, 293 f.

18 Ramirez (2022), S. 299. Folgendes ebd. S. 311.

19 Nicht immer verlief die Flucht aus dem Kloster so erfolgreich wie bei Katharina von Bora, der nachmaligen Frau von Martin Luther. Sie floh im Alter von 24 in der Nacht auf den Ostersonntag 1523 aus dem Kloster Marienthron, versteckt auf dem Wagen eines mit Luther befreundeten Lebensmittelhändlers, der die Schwestern belieferte. Treu (1996), S. 7 f.

20 Kehnel (2021), S. 88, 223 (Geschäftsfrauen), 126 f. (Zünfte), 252 f. (Bruderschaften).

21 Dies und Folgendes Wehler (2003), S. 238. Zur Freizügigkeit bei Arbeiterinnen, der häufigeren *concubinage* (»wilde Ehe«), dem im Schnitt und im Vergleich zu Frauen des Bürgertums früheren Zeitpunkt des Sexes im Leben: Gestrich in: Gestrich, Krause, Mitterauer (2003), S. 364–652, 500, und Lipp: »Sexualität und Heirat«, in: Ruppert (1986), S. 186–197.

22 Veblen (1981), S. 71, 113 f.

23 Diamond (1997), S. 124, 12 f., 71. Zur weiterhin bestehenden lockeren Sexualmoral und Auflösbarkeit von Ehen etwa bei den Hadza in Tansania Michael Finkel: »Die Hadza«, *National Geographic* (Deutschland), Dezember 2009, S. 46–70, 58.

24 UNODC (United Nations Office on Drugs and Crime), Global Study on Homicide, 2013, S. 13, https://www.unodc.org/documents/gsh/pdfs/2014_GLOBAL_HOMICIDE_BOOK_web.pdf.

25 De Pizans Utopie erinnert im echten Leben ein wenig an die Beginen, die in religiösen Laiengemeinschaften lebten, sie ist aber freier, geistig offener. Kehnel (2021), S. 97–120.

26 Pernoud (1997), S. 88–109, und Zimmermann, Einleitung zu de Pizan (1987), S. 9–33, S. 16.

27 Laut dem Historiker Le Roy Ladurie sollte mit dem Hexenwesen die soziale Ordnung auf den Kopf gestellt und revolutioniert werden. Das gilt in der Forschung als problematische Deutung. Vgl. Dillinger (2018), S. 69–72. Marco Frenschkowski erklärt, dass die Theorie empirisch nicht haltbar sei, die Hexenverfolgung habe auf die »Vernichtung der weisen Frauen« gezielt, die ein Wissen über Verhütung und Abtreibung hatten und deshalb der Obrigkeit ein Dorn im Auge waren. Ders. (2012), S. 137–139. Vgl. auch Behringer (2015), S. 96 f., Chollet (2020).

28 Dies und Folgendes Hutton (2017), S. 180 f., Behringer (2015), S. 29 f., 35, 37 (Judenstereotyp), 41, 46, 55, 67, 74.

29 Sogar allgemein wurden Frauen in einer negativen Darstellung mit Juden verglichen. So schrieb der Franziskaner Alvaro Pelayo im 14. Jahrhundert, dass Frauen »unter einem demütigen Äußeren ein hochmütiges und unverbesserliches Wesen verbergen, worin sie wieder den Juden ähneln«. Zitiert nach Chollet (2020), S. 25.

30 Federici (2012), S. 13 f., 127.

31 Federici (2012), S. 127. »Vor allem habe ich die Hexenverfolgung des 16. und 17. Jahrhunderts in den Mittelpunkt meiner Analyse der ursprünglichen Akkumulation gestellt. Dabei vertrete ich die These, dass die Verfolgung der Hexen, sowohl in Europa als auch in der Neuen Welt, für die Entwicklung des Kapitalismus ebenso bedeutend war wie die Kolonisierung und die Enteignung der europäischen Bauern.« Ebd.

32 Gilman (1980), S. 72, 38 f.

9. Frauen in Männerkleidung

1 Christina von Schweden zitiert nach Buckley (2005), S. 99.

2 Buckley (2005), S. 322. Dass Christina alles andere als zimperlich war, zeigt sich u. a. an der Episode, wo sie anordnete, »einen übel Beleumdeten aus der Schar ihrer Agenten, Vanini zu töten«. Findeisen (1992), S. 260.

3 Buckley (2005), S. 112, Folgendes ebd. S. 88, 100 (Erziehung, Zitat dazu).

4 Wollstonecraft (1989), S. 140, 53. Später sollte George Sand, die offen in Männerkleidern auftrat, es robuster ausdrücken: »Wir ziehen unsere Töchter auf wie Unschuldslämmer und geben sie dann preis wie Stutenfüllen.« Zitiert nach Sichtermann (2009), S. 49.

5 Christina von Schweden zitiert nach Buckley (2005), S. 322 f. (Zitat, Sex, Bauer, Feld). Folgendes ebd., S. 136 f., 403, 475 (Finanzen), 476 (Theatergründung).

6 Immanuel Kant: »Was ist Aufklärung?«, Essay ursprünglich 1784 erschienen in den *Berlinischen Monatsschriften*.

7 Eastman, Bond (2000), S. 9, 20, 43, 54.

8 Ramirez (2022), S. 5–7. Zwar gibt es Hinweise darauf, dass Frauen im Mittelalter auch schon im Alltag Crossdressing betrieben; aber mangels genauerer Quellen bleiben die Beweggründe unklar, ob es etwa Transfrauen oder aber Sexarbeiterinnen mit einer speziellen Kundschaft waren. Ebd., S. 330 f.

9 Piratensatzung zitiert nach Kohlhammer (2022), S. 53.

10 Die Informationen zu Bonny, Read und Piraten allgemein, sofern nicht anders angegeben, Eastman, Bond (2000), S. 12–44.

11 Unter aktuelleren Publikationen stehen sich hier beispielhaft Kohlhammer (2022) und Graeber (2022) gegenüber. Letzterer schildert egalitäre Gemeinschaften aus der Welt der Piraten, vor allem auf Madagaskar. Dagegen kritisiert Kohlhammer die Romantisierung und Verharmlosung von Piraten als vermeintliche gute Sozialrebellen oder gar utopische demokratische Gemeinschaften. Er führt Beispiele für eine brutale Behandlung von Frauen an und erwähnt Bonny und Read. Allerdings einmal eher allgemein dahingehend, die Piratinnen würden in der Literatur »bemüht« als Beispiele für Frauen, »denen es auf abenteuerliche Weise gelang, Mitglieder der Besatzung eines Piratenschiffs zu werden«; und einmal mit folgender Formulierung: »1720 segelt Kapitän Rackam – zusammen mit den piratisch-feministischen Paradepferden Anne Bonny und Mary Read – durch die Windward Passage.« Ebd., S. 47, 69 f.

12 Vgl. Eastman, Bond (2000), S. 12–44, Graeber (2022), S. 29 f., 34, 39.

13 Kohlhammer (2022), S. 52 f.

14 Defoe (zugeschrieben), damals unter dem Namen Charles Johnson (1982), S. 182 f.

15 *Leitlinien des Auswärtigen Amtes – Feministische Außenpolitik gestalten* (2023), S. 13.

16 Der Botaniker hieß Philibert Commerson, das Schiff *L'Étoile*. »A Female Explorer Discovered on the High Seas«, Interview mit Glynis Ridley, Autorin von *The Discovery of Jeanne Baret* (New York, 2010), National Public Radio (NPR), 26. Dezember 2010, https://www.npr.org/2010/12/26/132265308/a-female-explorer-discovered-on-the-high-seas. Siehe zu Baret Irene Meichsner: »Die Weltumseglerin Jeanne Baret«, Deutschlandfunk, 22. März 2017, https://www.deutschlandfunk.de/aequatortaufe-vor-250-jahren-die-weltumseglerin-jeanne-baret-100.html.

17 Im Museum für Naturgeschichte in Paris finden sich 1735 von ihr und Commerson gesammelte Pflanzenproben. Reser und McNeill (2022), S. 65 f.

18 Rudolf Dekker und Lotte van de Pol schildern in *Frauen in Männerkleidern. Weibliche Transvestiten und ihre Geschichte* (1990) 120 historische Fälle vor allem aus den Niederlanden von Frauen, die als Männer verkleidet etwa zur See fuhren oder Soldatinnen waren. Vgl. Steidele (2004), S. 29.

19 Die Informationen zu Linck aus Steidele (2004).

20 Aussage im späteren Inquisitionsprozess, zitiert nach Steidele (2004), S. 49.

21 Sonst gab es die Todesstrafe noch für Sex mit Tieren, Leichen und dem Teufel. Zitate Steidele (2004), S. 98 f. Folgende Details ebd., S. 100 (Tiefe des Eindringens), 121 (Spermaverschwendung).

22 Die Sophienlehre geht auf den Mystiker Jakob Böhme zurück, und das Ganze war konkreter und sinnlicher, weniger abstrakt als etwa in Platons *Symposion*. Steidele (2004), S. 41. Vielleicht spielte Linck mit dem Namen Rosenstengel auch auf die Rosenkreuzer an, die Reformbewegung, die eine Öffnung des Glaubens und Lebens auf das Mystische, verschiedene Kulturkreise und die Wissenschaft wollte.

23 Zinsser (2006), S. 62. Auch dass Émilie du Châtelet von Paris aufs Land zog, um dort ein Leben »of study and amusement at a distant country château« zu führen, ordnet Zinsser als »unorthodox« ein. Ebd.

24 Voltaire zitiert nach Sichtermann (2009), S. 11, folgende Informationen zum Café Gradot ebd.

25 Du Châtelet schrieb ein paar Jahrzehnte, bevor Karl Philipp Moritz seine *Beiträge zur Philosophie des Lebens* (1781) veröffentlichte. Ähnlich wie bei ihr, aber etwas vorsichtiger und moralphilosophischer, geht es bei Moritz um die Abwägung zwischen unmittelbarem Vergnügen und wahrem Glück unter relativ praktischen Gesichtspunkten wie der Wahrnehmung von Gegenwart und Zukunft. Moritz (1781), S. 18: »Wenn du die Gegenwart recht genießen willst, so suche das Vorgefühl von der Zukunft etwas herauf oder herabzustimmen, bis zu dem Grad,

wo es mit dem Genuß des Gegenwärtigen harmonisch zusammen trift [sic].« Ebd. S. 22.

26 Émilie du Châtelet: »Über das Glück«, in: Hagengruber (1998), S. 120–131. 120 f. Folgendes ebd. S. 126–128.

27 Berndt (2020), S. 10 f., Folgendes ebd., S. 104–111. In ihrem Buch, auch eine Zusammenfassung des aktuellen Forschungsstandes, schildert die Wissenschaftsjournalistin Christina Berndt Beispiele, wie Wandlungen und Veränderungen gelingen. Ein herausragender Fall ist die Aktivistin Greta Thunberg. Sie wandelte sich von einer schüchternen, scheinbar introvertierten Person, die unter dem Asperger-Syndrom und zeitweise unter Depressionen litt, zu einer Anführerin, die mit fremden Menschen interagieren kann.

28 Émilie du Châtelet meint, Michel de Montaigne hätte mit seinen viel zitierten Ausführungen aus seinem Essay »Philosophieren heißt sterben lernen« einfach »schlecht gerechnet. Denn sicherlich ist es eine Dummheit, einen Teil der knapp bemessenen Zeit, die wir zu leben haben, mit diesem traurigen und demütigenden Gedanken zu vergiften, um einen einzigen Augenblick geduldiger zu ertragen, den die körperlichen Schmerzen immer sehr bitter machen, trotz all unserer Philosophie.« Dies. in Hagengruber (1998), S. 120–131, 128. Folgendes Zitat ebd., S. 123 f. Du Châtelets Statements wirken mutiger und progressiver als jene damals prominenter Autoren wie Samuel Johnson oder Immanuel Kant, die ebenfalls einen Praxisbezug für sich beanspruchten. Kant lobte Émilie du Châtelet immerhin. Ebd., S. 32–34, 32.

29 Für die Herbst-/Winterkollektion ließ sich das Modeunternehmen von der »freigeistigen Intellektuellen« Émilie du Châtelet inspirieren: »In der Vorstellung von Max Mara«, so der Kommentar auf der Internetseite des Labels, »verschmäht Émilie die einengenden Styles ihrer Zeit, hebt den Vorhang für die Zukunft und präsentiert die neue Garderobe für die Gegenwart. Entdecke üppige Brokate, voluminös drapierte Stoffe und romantische Federdesigns, die mit der für Émilie typischen Präzision gefertigt wurden. Ein kamelfarbener Parka, der sich beim Wenden in opulenten Damast verwandelt.« https://de.maxmara.com/editorial/runway-fall-winter.

30 Bis heute gilt Humor für friedliche Revolutionen aus der Zivilgesellschaft als wichtiges Mittel – um politische Gegner zu verspotten, deren Position zu schwächen und eigene Ängste zu bekämpfen. Vgl. Alinsky (1974), S. 63, und bei Popovic (2015) das Kapitel »Mit Lachen zum Sieg« in: Ders. (2015), S. 85–105.

31 Dies und Folgendes Doormann (1993), S. 29–31 (Herkunft usw.), 26,

41, 56 (Bildung), 134 (»mehr Mann als Frau«), 158–161 (Plakate und Aktionen).

32 Schwierige Startbedingungen gelten auch für die zweite feministische Ikone der Aufklärung, Mary Wollstonecraft. Anders als ihr Bruder wird sie, obwohl ihr Vater die Mittel hätte, als Kind schulisch nicht gefördert. Sie verschafft sich über Freundinnen Bücher, wird von einem Lehrer, dem Vater ihrer besten Freundin, gratis unterrichtet. Insgesamt muss sie sich als Autodidaktin durchschlagen. Sie gründet eine Schule für Mädchen. Für diese wünscht sie sich in *Thoughts on the Education of Daughters* (1787) eine »rationale« Erziehung. Overhoff (2009), S. 217–231.

33 Wie ein Nachhall der heute wenig oder unbekannten Frauen in Männerkleidung klingt auch de Beauvoirs Feststellung, nur der Beruf vermöge den Frauen »eine konkrete Freiheit zu garantieren«. Beauvoir (1960), S. 138.

34 Hrouda (1997), S. 69 f. Für einen historischen Überblick zur Ehe, ihre politischen, wirtschaftlichen, kulturellen Funktionen Zwecker (2013), darin das Kapitel »Die halbe Miete«, ebd., S. 25–95.

35 Engels (1990) unterzog die Ehe einer historischen Kritik und verglich sie zusammen mit Marx im *Kommunistischen Manifest* (1848) mit der »nichtoffiziellen Prostitution«, da die Frau dem Bourgeois lediglich ein »Produktionsinstrument« sei. Ebd., in: Marx (1971), S. 525–560, 544. Paul Lafargue, der Sozialist und *Ehemann* von Marx' Tochter Laura, bezeichnet in »Die Predigt der Kurtisane« (1887) diese auf satirische Weise als die »Menschwerdung Gottes«, weil sie allen die Liebe bringe. Demgegenüber bemitleidet er die Ehefrau, »die treue Gattin und gute Hausfrau, welche von den Männern von Welt ebenso eifrig gepriesen, wie allein zu Hause gelassen wird«. Ebd. in: Ders. (1995), S. 187–193.

36 Auf der Suche nach einem Konzept der Ehe, das Solidarität, Sicherheit, Freiheit und Unabhängigkeit verbinden sollte, plädierte die Autorin Vera Brittain (1893–1970) für eine »semi-detached marriage«, eine Balance zwischen Solidarität und Nähe und Bewegungsfreiheit und Unabhängigkeit. Roiphe (2007), S. 255–296. Simone de Beauvoir versuchte mit Jean-Paul Sartre eine offene Ehe ohne Trauschein zu führen, mit der Unterscheidung in ihre »amour nécessaire« und »amours contingents«, Affären etwa, die sie gemeinsam analysierten. Schlaffer (2011), S. 72–118.

37 Dies und Folgendes Gestrich: »Neuzeit«, in: Gestrich, Krause, Mitterauer (2003), S. 364–652, 384, Lipp: »Sexualität und Heirat«, in: Ruppert (1986), S. 186–197, 194. In Westeuropa sind im 19. Jahrhundert in einigen Schichten wenige Menschen verheiratet, bei Londoner Straßenhändlern manchen Quellen zufolge ein Zehntel der Paare. Mayhew (1996), S. 69. Im Jahr 1616 legte eine bayerische Polizeiverordnung fest, wer als nicht »ehefähig« galt: die Masse der Armen, die »Dienstboten, Tagelöhner und sonstigen unvermögenden Personen«, jene, »denen erfahrungsgemäß die sittliche und wirtschaftliche Kraft fehlt, eine Familie aus eigenen Mitteln zu gründen«. Zitiert nach Marianne Pieper und Robin Bauer: »Polyamory & Mono-Normativität. Ergebnisse einer empirischen Studie über nicht-monogame Lebensformen«, in: Meritt, Buhrmann, Schefzig (2005), S. 59–69, 59.

38 Für Abbildungen des Suffragetten-Schmucks http://www.antiquesjournal.com/Pages04/Monthly_pages/march09/jewelry.html. Inzwischen, hundert Jahre später, kann man sich online das Charity-Armband der UN kaufen, mit dem man Kunsthandwerkerinnen in Kenia unterstützt und Projekte gegen Gewalt an Frauen fördert. https://unwomen.de/charity-armband-gegen-gewalt-an-frauen/.

39 Im Wesentlichen hängt die größere Umweltfreundlichkeit bei Frauen mit deren geringerem Konsum von Treibstoff und Fleisch zusammen. Isabel Wetzel: »Männer leben klimafeindlicher als Frauen«, *Frankfurter Rundschau*, 21. Juli 2021.

10. Die erste Erklärung der Menschenrechte – von unten

1 Justice (1994), S. 1.

2 Vallance (2009), S. 52. Im Folgenden die Informationen zur Peasants' Revolt, sofern nicht anders angegeben, ebd.

3 Andrew Prescott: »›Great and Horrible Rumour‹. Shaping the English Revolt of 1381«, in: Firnhaber-Baker (2017), S. 76–103, 77.

4 Die Bezeichnung Peasants' Revolt etablierten nicht sozialistische Historiker – die die Bedeutung der Bauernrebellion natürlich betonten –, sondern John Richard Green in *Short History of the English People* von 1874, einer der ersten Darstellungen, in der ein Historiker statt Königen und Adeligen das »einfache Volk« beleuchtete. Ders. (1894), S. XXIV. Andrew Prescott: »›Great and Horrible Rumour‹. Shaping the English Revolt of 1381«, in: Firnhaber-Baker (2017), S. 76–103, 78.

5 John Ball im Original: »When Adam delved, and Eve span, who was then the gentleman? From the beginning all men by nature were created alike, and our bondage or servitude came in by the unjust oppression of naughty men.«

6 Dazu umfassend Wilkinson und Pickett (2009), zur kulturellen Ungleichheit und den Folgen vor allem S. 56 (höhere Kriminalität auch

durch das Gefühl des Ehrverlusts und der Minderwertigkeit, selbst noch durch entsprechende Werbung), 190–193 (»Bourdieu spricht von einer ›Ökonomie der Kulturgüter‹, und die Ungleichheit in diesem Bereich hat auf die Menschen eine fast ebenso starke Wirkung wie die Einkommensungleichheit.« S. 191).

7 Lutz Schulenburg: »Erfahrung. Das historische Feld«, in: Trojanow (2012), S. 119–132, 125. Was etwa die Bekanntheit des Anführers Wat Tyler anbelangt, so hatten die Herrschenden, die auch die Geschichtsschreibung dominierten, lange kein Interesse daran, ihn ins rechte Licht zu rücken. Aber hier und da wurde er zum Volkshelden, auch später, im 18. Jahrhundert, der Zeit der Revolutionen. Vgl. Basdeo (2018), S. 11 zur Aufwertung Tylers im 18. Jahrhundert.

8 Manche Historiker betonten die negativen Folgen der Peasants' Revolt für Unterprivilegierte: Danach habe die Obrigkeit aus Furcht vor erneutem Aufruhr eine härtere Gangart angeschlagen. Vallance (2009), S. 77, Andrew Prescott: »›Great and Horrible Rumour‹. Shaping the English Revolt of 1381«, in: Firnhaber-Baker (2017), S. 76–103, 80.

9 TeBrake (1993), S. 1–7, 52–54, 134–136.

10 Auch in China beim Aufstand der Roten Turbane wurde nicht an grundsätzlichen Hierarchien gerüttelt. Zwar zettelte den Umsturz ein Mann an, der aus einfachen Verhältnissen stammte, Zhu Yuangzhang. Aber das Ganze lief nur auf den *Austausch* der Elite hinaus, auf einen neuen Kaiser und eine neue Dynastie, jene der Ming. Sie war in vielem noch strenger als die vorherige. Für das Korea des 8. Jahrhunderts schreiben Eggert und Plassen (2005), was Hierarchien und Status betrifft: »Die beiden herausragenden Persönlichkeiten des koreanischen Buddhismus scheint ferner eine ungewöhnliche Zuwendung zum einfachen Volke verbunden zu haben: Als ihm der König Land und Sklaven schenken wollte, lehnte Uisang dem *Samguk yusa* zufolge mit dem Verweis darauf ab, daß der Lehre des Buddha nach Hoch und Niedrig ›gleich‹ seien. [...] Großmeister Wonhyo wiederum soll seine Tätigkeit als Exeget unterbrochen haben, um für eine Weile singend und tanzend die buddhistischen Lehren unter der Dorfbevölkerung zu verbreiten.« Ebd., S. 40. Das sind aber natürlich nur symbolische Handlungen. Im 13. Jahrhundert zettelten Sklaven immerhin Aufstände an. Ebd., S. 53. Im 14. Jahrhundert setzte König »Kongmin den buddhistischen Mönch Sin Ton (gestorben 1371) als Premierminister ein«. Er »schwächte den Hochadel insgesamt« und veranlasste eine Überprüfung der Rechtmäßigkeit von Land- und Sklavenbesitz, »wobei es sogar zu Sklavenbefreiungen kam«. Ebd., S. 63. Aber eine wirkliche strukturelle Veränderung wurde auch hier nicht angestrebt.

11 Insgesamt herrschte in der Geschichtsschreibung lange die Meinung vor, dass es mit der Sesshaftwerdung und den Hochkulturen bei aller Ungleichheit durch Getreideanbau, Arbeitsteilung und andere Innovationen für alle besser geworden sei. Doch dann förderten Historiker und Anthropologen für Jäger und Sammler Erstaunliches zu Tage. Etwa dass Erwachsene nur ungefähr zwei Stunden täglich arbeiteten. Sahlins (1972), S. 21, 34 f. Marshall Sahlins war mit seinem bahnbrechenden Buch *Stone Age Economics* 1972 einer der Ersten, die – auf durchaus differenzierte Weise – grundlegende Zweifel an den Vorteilen der Sesshaftwerdung und Hochkulturen äußerten. Solche Einschätzungen fanden sich relativiert, etwa durch Studien, die zeigten, dass manche Hadzas zu bestimmten Zeiten bis zu 7,5 Stunden arbeiten. K. Hawkes, J. F. O'Connell, N. G. Blurton Jones: »Hardworking Hadza grandmothers«, in: Standen (1989), S. 341–366, 350 f. Sahlins betont auch, dass mit Hochkulturen parallel zu »zivilisatorischen Errungenschaften« erst aufkam, was wir strukturelle und relative Armut nennen (also jene, die heute, da es grundsätzlich genug Nahrungsmittel für alle gibt, relevant ist). Ders. (1972), S. 37. Ein halbes Jahrhundert später ist in Publikationen für das Sesshaftwerden und die damit einhergehende landwirtschaftliche Revolution unter anderem wegen eines Verlusts an Gleichheit und Freiheit vom »größten Betrug der Geschichte« die Rede, etwa bei Harari (2015), oder vom »Sündenfall« bei Schaik und Michel (2016). Letzteren zufolge seien seit der Sesshaftwerdung »angeborene Gefühle, Reaktionen und Vorlieben«, die über Jahrtausende das Leben von Jägern und Sammlern gut reguliert hätten, in Konflikt geraten mit sozusagen äußerlichen Regeln und Zwängen der Sesshaftigkeit wie der Monogamie oder auch nur bestimmten Benimmregeln, die in größeren Gemeinschaften aufgestellt werden. Ebd., S. 36. Auch Diamond (1999) hatte bereits für manche Fälle und Kulturen auf diese Zusammenhänge hingewiesen. Ebd., S. 337–339. In manchen Untersuchungen heißt es, die Menschen seien in den Jahrmillionen bis zur Sesshaftwerdung oft gesünder ernährt und größer gewesen, hätten festere Knochen gehabt. Scott (2017), S. 10, 84, Krause und Trappe (2019), S. 99.

12 Graeber und Wengrow (2022).

13 Spartakus sollte eine Galionsfigur des Kommunismus werden und war es schon bei Aufklärungsdenkern wie Diderot und Voltaire, aber als Inspiration für Revolten oder Aktivismus spielte er keine besondere Rolle. Hall und Stead (2020), S. 395.

14 Scott (2017), S. 155. Manchen Historikern zufolge bildeten organisierte Staaten weltweit erst ab ca. 1600, historisch also relativ spät, die Mehr-

heit gegenüber anderen Kulturen wie Jägern und Sammlern oder Nomaden, die in einigem egalitärer waren und eine Konkurrenz für Hochkulturen. Ebd., S. 14, 253.

15 Scott (2017), S. 16, 233, 253–255. Folgendes ebd., S. 138.

16 Die Situation in Ägypten ist, da Geld als Währung keine Rolle spielte, sondern mit Getreidesäcken bezahlt wurde (und mit »shât«, einer Art Buchgeld), schwierig mit unseren Zeiten zu vergleichen. Besser funktioniert es mit dem alten Rom. Was dann den Vergleich mit den heutigen USA betrifft, war die Ungleichheit bei Einkommen und Vermögen ähnlich: John D. Rockefeller, der vermutlich reichste Mensch aller Zeiten, hatte wohl einen Tick mehr Geld als Marcus Crassus, Kaiser Augustus und Marcus Antonius Pallas; dafür besitzen US-Senatoren (die prinzipiell Millionäre sind) weniger als ihre Gegenstücke im alten Rom. Milanovic (2017), S. 63, 54, 62.

17 Die genauen Angaben für das Jahr 2019: 0,9 Prozent der Menschheit haben 43,9 Prozent, 56,6 Prozent der Menschen haben nur 1,8 Prozent. Vgl. https://de.statista.com/statistik/daten/studie/384680/umfrage/verteilung-des-reichtums-auf-der-welt/#statisticContainer und https://de.statista.com/infografik/19717/verteilung-des-weltweiten-vermoegens/. Ähnlich ungleich wird, nebenbei bemerkt, auch vererbt. Für Deutschland vgl. etwa Haan (2022), S. 37.

18 DIW (Deutsches Institut für Wirtschaftsforschung): »Ärmere Haushalte spenden anteilig am verfügbaren Einkommen mehr als einkommensstarke Haushalte«, Pressemitteilung 16. November 2022. https://www.diw.de/de/diw_01.c.859175.de/aermere_haushalte_spenden_anteilig_am_verfuegbaren_einkommen_mehr_als_einkommensstarke_haushalte.html#:~:text=Arme%20Haushalte%20sind%20relativ%20zum,gutes%20Drittel%20zum%20Spendenauf kommen%20bei. Da spielen natürlich Faktoren hinein wie jener, dass man, wenn man reich ist, mit größerer Wahrscheinlichkeit weiter entfernt von den Problemen Ärmerer ist. Aber zentral bleiben das uralte Prinzip Pyramide und jenes des Erbes.

19 McNeill (2003), S. 316.

20 Milanovic (2016), S. 228.

21 Dies und Folgendes Rawls (1975), S. 32, 313 (ausgleichende Ungerechtigkeit). Abgesehen von diesem sehr allgemein formulierten Grundsatz argumentiert er durchaus für hohe progressive (Erbschafts-)Steuern. Er schlägt die Gründung von Behörden vor wie einer »Verteilungsabteilung«, zuständig für die »Verteilungsgerechtigkeit mittels Besteuerung und Änderung des Besitzrechtes«, und einer »Umverteilungsabteilung« zur »Wahrung des Existenzminimums«. Ebd., S. 310–313.

22 Insofern wird Rawls bis heute auch von Politikern zitiert, die tendenziell weniger Umverteilung wollen. In der ZDF-Sendung von Markus Lanz vom 27. Oktober 2021, in der die Sozialarbeiterin Cansin Köktürk als Gast aus ihrem Alltag mit Blick auf die soziale Ungerechtigkeit in Deutschland erzählt und deutliche Kritik an neoliberaler Politik und der FDP übt, führt der FDP-Politiker Gerhart Baum just die erwähnte Aussage von John Rawls an (wobei er das allgemein formulierte Original noch einmal allgemeiner paraphrasiert). https://www.youtube.com/watch?v=hnxUIwghZlU.
23 Wilkinson und Pickett (2009).
24 Vallance (2009), S. 73 f.

11. Der Robinhoodismus – ein Humanismus für alle

1 Herrmann (2022).
2 In einer Umfrage unter britischen Kindern 1995, zu welcher Persönlichkeit sie am liebsten in die Vergangenheit reisen würden, gaben die meisten Robin Hood an (22 Prozent). Marcus A. J. Smith, Julian Wasserman: »In the Sheriff's Court: Robin Hood and American Jurisprudence, Or, Who Is This Robin Hood and Why Are All Those Lawyers Saying Such Nasty Things About Him?«, in: Hahn (2000), S. 225–238, S. 228.
3 Hier und im Folgenden beziehe ich mich auf die Fachliteratur zu Robin Hood. Vgl. Holt (1982), Knight (1994), Knight und Ohlgren (1997) sowie Johnston (2013).
4 »Wir sind Robinhoodsmänner – auf in den Krieg!« Zitiert nach Knight (1994), S. 108.
5 TeBrake (1993), S. 9.
6 *A Gest of Robyn Hode*, in: Ohlgren (1998), S. 216–238, Vers 56–60.
7 *A Gest of Robin Hood*, in: Knight und Ohlgren (1997), Vers 283.
8 Zum wichtigen Aspekt des guten Kapitalisten findet sich so gut wie nichts in der Fachliteratur. Selbst in dem Aufsatz in der Fachzeitschrift *Past & Present*, in dem es um *A Gest of Robyn Hood* und gesellschaftlich relevante Begriffe geht (und die alte Frage nach einem historischen Robin Hood, der einmal mehr nicht festzumachen ist), wird der Aspekt nicht thematisiert: Richard Almond, A. J. Pollard: »The Yoemanry of Robin Hood and Social Terminology in Fifteenth-Century England«, in: *Past & Present*, Nr. 170, Februar 2001, Oxford, S. 32–77.
9 Franziskaner kannten sich mit Fragen der Ökonomie deshalb gut aus, weil sie mobil waren, also Kenntnisse über verschiedene Währungen

brauchten. Auch dienten sie als Beichtväter von Kaufleuten und galten aufgrund ihres Armutsgelübdes weniger der Vorteilsnahme verdächtig, sodass sie teils die Funktion von Wirtschaftsprüfern oder Aufbewahrern von Deposita hatten. Rode (2016), S. 107–122, 109.

10 Kehnel (2021), S. 366–369.

11 Rode (2016), S. 107–122, 107.

12 Vgl. Giuseppe Franco »Die Wirtschaftsethik von Petrus Iohannis Olivi«, Einleitung in: Olivi (2021), S. IX–CX, LXVIf.

13 So »kann auch der Fleiß des Kaufmanns«, schreibt Olivi, »indem er Wert und Preis der Dinge besonders umsichtig prüft und den gerechten Preis bis ins kleinste Detail nachvollzieht, ihm zu Recht zum Gewinn verhelfen, und zwar vor allem deshalb, weil er damit, wenn die Bandbreite des gerechten Preises gewahrt bleibt, auch den anderen gewöhnlich nützt, und sei es auch nur darin, dass sie dadurch lernen, Preis und Wert der Dinge sorgfältiger zu beurteilen.« Olivi (2021), S. 45.

14 So schreibt Adam Smith in *Der Wohlstand der Nationen* 1776 über Unternehmer, Kaufleute und Fabrikanten, sie »sind immer daran interessiert, den Markt zu erweitern und den Wettbewerb einzuschränken«. Es handelt sich also um eine »Gruppe von Menschen, deren Interesse niemals dem öffentlichen Wohl genau entspricht und die in der Regel vielmehr daran interessiert sind, die Allgemeinheit zu täuschen, ja, sogar zu mißbrauchen«. Smith (1974), S. 212f.

15 Vgl. zur Gemeinwohl-Ökonomie https://germany.ecogood.org/ und Felber (2012).

16 Oder: »Folglich war der besagte Vorteil des wahrscheinlichen Gewinns gewissermaßen ursächlich und quasi wie ein Samen im besagten Kapital enthalten.« Olivi (2021), S. 119, 115. Folgendes ebd., S. 85 (Edelsteine), 27 (Scheffel Weizen), 63 (Naturrecht).

17 Olivi wurde auch deshalb nicht sehr bekannt, weil es nach seinem Tod verboten war, seine Schriften zu lesen und zu kopieren. Er gehörte zu den Spiritualen, der strengeren Fraktion der Franziskaner, vom Papst als Häretiker gebrandmarkt. So wurde sogar Olivis Grab zerstört, damit sich kein »Kult« um ihn bilden könne. Langholm (1992), S. 345f., 348.

18 Der Robinhoodismus ist auch radikaler als eine damals neue Einrichtung, der Monte di Pietà (»Berg der Barmherzigkeit«), entwickelt in England und Italien. Dabei gaben Wohlhabende Darlehen gegen ein Pfand, geringe Zinsen oder zinsfrei an Ärmere. Daraus ging die Monte dei Paschi di Siena hervor, eine der ältesten Banken der Welt.

19 Kehnel (2021), S. 77f., 126f. Folgendes ebd., S. 84–93 (Maury).

12. Die Renaissance der Unterprivilegierten

1 Im Kontext der Letzten Generation wird diskutiert, ob die Aktivisten wegen Nötigung zu verurteilen sind oder sich auf § 34 des StGB über den Rechtfertigenden Notstand berufen können, weil die Gefahr, mit der die Klimakatastrophe Leib und Leben der Menschen bedroht, abgewendet werden muss. Henry David Thoreau erzählt in *Die Pflicht zum zivilen Ungehorsam gegen den Staat* 1849, wie er sich weigert, Steuern an einen Staat zu zahlen, in dem es die Sklaverei gibt und der Krieg gegen Mexiko führt, und wie er dafür (für eine Nacht) ins Gefängnis geht. Thoreau (1967), S. 8, 20 f., 61 f.

2 Beispielhaft dazu Greenwald (2011).

3 Thomas Scharff: »Erfassen und Erschrecken. Funktionen des Prozeßschriftguts der kirchlichen Inquisition in Italien im 13. und 14. Jahrhundert«, in: Lepsius und Wetzstein (2008), S. 255–274, 269, 273.

4 Das Beispiel mit der Staatsanwältin erzählt der Journalist, Autor und Jurist Ronen Steinke in einem Interview mit Tilo Jung bei *Jung & naiv*, Folge 616, 2022. https://www.youtube.com/watch?v=eCUidr03-lA.

5 Aus der Tradition des Green Man speisten sich karnevalistische Figuren wie der May King und der Mock King, die die Bevölkerung bei Frühlingsfesten bis weit in die Neuzeit feierte, da sie Machtverhältnisse symbolisch auf den Kopf stellten. Mit ihnen wurde Robin Hood assoziiert. Lorraine Kochanske Stock: »Lords of the Wildwood: The Wild Man, the Green Man, and Robin Hood«, in: Hahn (2000), S. 239–249.

6 Der vollständige Vers lautet: »Dafür kenne ich gut die Reime über Robin Hood und Randolf Earl of Chester.« Langland (1978), S. 56. Der Earl of Chester, hier in einem Atemzug mit Robin genannt, war ein *historischer* Steuerrebell, was abermals darauf hindeutet, als wie real Robin wahrgenommen wurde. Zum Earl of Chester (1172–1232) Langland (1978), S. 318, Langland (1990), S. 52.

7 https://www.spiegel.de/karriere/studie-zur-wirtschaftselite-jeder-siebte-vorstand-aus-arbeiterklasse-a-1053963.html.

8 Castiglione (1986), S. 53.

9 Über Castiglione und sein *Buch vom Hofmann* macht sich Pietro Aretino (1492–1556) unter anderem mit seinem Stück *La Cortigiana* (die »Hofdame« oder die »Kurtisane«) lustig und mit *Ragionamenti* (*Die Gespräche des göttlichen Aretino* oder *Kurtisanengespräche*), in dem sich die gewerblichen Damen über Fragen des Lebens, der Moral und der Kunst austauschen wie die Hofmänner bei Castiglione, nur eben viel derber und ironischer, teils recht zotig. Zwecker (2018), S. 57 f., 170.

Aretino stieg im 16. Jahrhundert als Autor von Stücken, erotischen Sonetten und veröffentlichten Briefen selbst aus einfachen Verhältnissen zum prominenten Kunstkritiker und »Journalisten« auf. Er verfasste – teils doppeldeutige – Lobeshymnen auf Künstler, Fürsten und Päpste, ging bei ihnen ein und aus, wurde von ihnen reich entlohnt. Er schrieb auch den kunsthistorisch wohl ersten großen Verriss, nämlich zu Michelangelos *Jüngstem Gericht*. Und er gab Königen oder Kaisern mitunter ungebetenen Rat. Insgesamt hatte er Sympathien für Außenseiter und Underdogs und stellte die Korruption und Scheinheiligkeit der hohen Gesellschaft heraus, von der er zugleich profitierte. Insofern verkörpert er die dunklen, anrüchigen Seiten der Renaissance, nicht aber jene der Unterprivilegierten. Vgl. Zwecker (2018).

10 Ein aztekischer Augenzeuge in einem Nahuatl-Text, aufgezeichnet im *Codex Florentinus*, zitiert nach Ziegler (2008), S. 181.

11 Zum Beispiel Vasari (2009), S. 72.

12 Bicheno (2003), S. 74.

13 Zitiert nach Bicheno (2003), S. 67.

14 Auch deshalb wurde der Begriff Renaissance später, und wird er bis heute gern, politisch verwendet und von recht unterschiedlichen Seiten. Im Frankreich der Nachkriegszeit präsentierte sich die KPF, die in der Résistance sehr aktiv gewesen war, als »Parti de la Renaissance française«, Partei der nationalen Wiedergeburt. 2022 benannte der französische Präsident Emmanuel Macron seine Partei »La République en Marche« in »Renaissance« um. In Russland ist für die nationalistischen, reaktionären Ideen, von denen sich Wladimir Putin inspirieren lässt, von der »konservativen Renaissance« die Rede. Eltchaninoff (2016), S. 70 f.

13. Die Urform der Moderebellion

1 Bredekamp (1975), S. 311, 321.

2 Thiel (2010), S. 125. Folgendes Zitat Chronik des 14. Jahrhunderts (Mägde, kostbare Gewänder) ebd., S. 122.

3 *Mode. 3000 Jahre Kostüme, Trends, Stile, Designer* (2012), S. 44.

4 Gemäß einer englischen Verordnung von 1337 sind Kleider aus importierter Seide nur der königlichen Familie erlaubt. Wolter (2002), S. 44, das Folgende zu den Schleppen ebd., S. 83.

5 Wolter (2002), S. 7, 165.

6 Dies und Folgendes Thiel (2010), S. 122–136.

7 Heller (2000), S. 109–120. Förster und Jagdgehilfen trugen Grün, Adelige waren eher in anderen, leuchtenden Farben gekleidet. Richard

Almond, A. J. Pollard: »The Yeomanry of Robin Hood and Social Terminology in Fifteenth-Century England«, in: *Past & Present*, Nr. 170, Februar 2001, Oxford, S. 32–77, 62. Davon abgesehen stattet der Tuchhändler Robin Hood in *A Gest* sogar die Männer des Königs mit seinen grünen Textilien aus. Pfeil und Bogen waren die Waffe der Nichtadeligen.

8 »Les Arts Incohérents«, die Inkohärenten, schufen immerhin schon im 19. Jahrhundert Monochrome und Objektkunst und versahen berühmte Werke wie die *Venus von Milo* mit einem Schnurrbart. Die Gruppe, bestehend aus Pariser Illustratoren, Journalisten und Dichtern, bastelte, lange bevor der Begriff existierte, Objektkunst aus auf Bretter genagelten Socken und Monochrome (etwa in Schwarz mit dem kalauernden Titel *Schwarze, im Tunnel, nachts*). Charpin (1990). Also genau das, was Jahrzehnte später Marcel Duchamp mit der *Mona Lisa* machen sollte. Er war es dann auch, der das ältere Prinzip der kunstvollen Aufwertung des Banalen ausbuchstabierte, als er 1917 sein *Fountain* (ein Urinal) ausstellte.

9 Dies und Folgendes Brant (1964), S. 301 f. Er meint auch: »Von einer Mode die andre weicht, / Das zeigt, wie unser Sinn ist leicht / Und Wandelbar zu aller Schande, / Und wieviel Neuerung ist im Lande«. Ebd., S. 22 f.

10 Der Dhoti wurde zu Gandhis Markenzeichen. Auch wollte er sich über die Mode mit den Armen identifizieren: »Was soll ich machen, wenn Millionen anderer nackt herumlaufen müssen?«, schrieb Gandhi. »Ich will, dass die Leser anhand meiner Kleidung meine Seelenqual ermessen können.« Gonsalves (2010), S. 25, 63, 65, 97, 113 (Zitat).

11 Im 21. Jahrhundert machen Medienberichte über diverse Robin Hoods die Runde: etwa »Indiens Robin Hood«, ein bei den Armen beliebter Bandit, der 2004 von der Polizei getötet wurde; der »spanische Robin Hood«, ein Bürgermeister, der 2012 aus Protest gegen Einkommensungleichheit einen Supermarkt ausraubte und die Beute an Arme verteilte; sogar der deutsche »Robin Hood der linken Publizistik«, ein investigativer Journalist der *Süddeutschen Zeitung*. Vgl. dazu »Bush ist dumm und böse«, *Die Welt*, 21. April 2004, »Indiens Robin Hood getötet«, *Spiegel Online*, 19. Oktober 2004, Paul Day: »›Robin Hood‹, Spanish mayor becomes hero for robbing supermarkets«, Reuters, 15. August 2012. Als Mode-Robin-Hood wird Bas Timmer bezeichnet, der Schlafsack-Jacken, »Sheltersuits«, für Obdachlose entwirft und verteilt.

12 https://robinhood.store/#liste. Philipp Schnee: »Einkaufen gegen den Kapitalismus«, Deutschlandfunk, 20. April 2021, https://www.deutschlandfunkkultur.de/robin-hood-store-in-berlin-einkaufen-gegen-den-kapitalismus-100.html.

13 https://de.blog.ecosia.org/ecosia-finanzberichte-baumplanzbelege/. Zum Verantwortungseigentum https://stiftung-verantwortungseigentum.de/fileadmin/user_upload/sve_presskit_021020.pdf.

14 Wilkinson, Pickett (2009), S. 32.

15 Die Vereinnahmung der Robin-Hood-Figur beginnt in der Renaissance des 16. Jahrhunderts, wo er in zwei Stücken zum Earl of Huntingdon wird, einem zu Unrecht enterbten Adeligen (zuerst in *The Downfall of Robert Hood, Earle of Huntington*, 1598–99). Er kämpft für *sein* Recht.

16 Hobsbawm (1972) stellt Robin Hood in die Tradition der Sozialrebellen vor allem in Agrargesellschaften. Sie lehnen sich gegen Ungerechtigkeiten der Obrigkeit auf, streben aber keine Revolutionen an, sondern eher eine »Reformation« bzw. Rückkehr zur guten alten Ordnung. Ebd., S. 10, 22, 48.

17 Pigou (1924), S. 14, 22 (Geld, Zufriedenheit), 17 f. (Konsum, Umverteilung), 170 f. (Alkohol), 196 f. (soziale Wertschöpfung), 664 f. (Belohnung). Pigou meinte, gemeinwohlschädliche Produkte wie Alkohol oder Tabak gehörten höher besteuert, woraus später die Pigou-Steuer wurde. Ebd., S. 17 f.

18 Welzer (2019), S. 102.

19 Layard (2005), S. 65. So schreibt der Autor, Professor an der London School of Economics, auf größere historische Entwicklungen bezogen: »Seit Beginn der Befragungen im Jahr 1948 ist das Glücksempfinden der Menschen unverändert – und das trotz massiver Einkommenssteigerungen quer durch alle Teile der Bevölkerung.« Ebd., S. 43. Für detaillierte Unterschiede siehe S. 47 und 154 (größerer Zugewinn an Zufriedenheit durch finanzielle Verbesserung bei Ärmeren als bei Reichen). Vgl. auch das bereits erwähnte Buch von Wilkinson, Pickett (2009).

14. Wachstum nach unten

1 Zu den Diggers, sofern nicht anders angegeben, Hill (1972), vor allem Kapitel 7 »Levellers and True Levellers«, S. 86–120, und Kennedy (2008), besonders S. 123–131.

2 Der Name *True* Levellers bezog sich damals abgrenzend auf die Levellers, eine heterogene Strömung, die auch noch in Zeiten der Glorious Revolution 1688 eine Rolle spielen sollte, für mehr Demokratie und Gleichheit kämpfte, aber lange nicht so umfassend, konsequent und innovativ wie die True Levellers bzw. Diggers.

3 Lennert (1968), S. 36, Hill (1972), S. 90, Folgendes ebd., S. 119, beide folgenden Zitate, S. 106.

4 Zu den *enclosures* Kennedy (2008), S. 68–79, 106–133.

5 Für solche alltagsgeschichtlichen Details Gurney (2007).

6 Hill (1972), S. 103, Folgendes ebd. S. 104

7 Winstanly zitiert nach Kennedy (2008), S. 126.

8 Auf die Zeit der Diggers bezogen schreibt Karl Polanyi: »Solange die Heimarbeit ergänzt werden konnte durch die Erträge eines Kleingartens, eines kleines Stück Bodens oder der Weiderechte, solange war die Abhängigkeit des Arbeiters vom Lohneinkommen nicht absolut. Ein kleines Kartoffelfeld, einige Gänse oder eine Kuh oder auch nur ein Esel auf der Gemeindeweide war hier entscheidend, und die Familieneinkünfte fungierten als eine Art von Arbeitslosenversicherung. Die Rationalisierung der Landwirtschaft entwurzelte zwangsläufig den Heimarbeiter und untergrub seine soziale Sicherheit.« Polanyi (1978), S. 133.

9 Galbraith (1988), S. 59. Muns Buch wurde 1664 publiziert, aber er hatte schon vorher Einfluss.

10 Herrmann (2022), S. 178–180. Herrmann spricht sogar von möglicherweise zwei Millionen leerstehenden Wohnungen.

11 Winstanley zitiert nach Hill (1972), S. 106 (Hervorhebung im Zitat von mir).

12 In *Common Sense* (1776), einem der einflussreichsten aufklärerischen Werke, tippt Thomas Paine im Abschnitt »Of Monarchy and Hereditary Succession« das an, was ich als Prinzip Erbe bezeichnet habe: »Zum Übel der Monarchie haben wir jenes der Erbfolge hinzugefügt; wenn Ersteres eine Herabsetzung und Herabwürdigung unserer selbst ist, so bedeutet Letzteres eine Beleidigung und Belastung der Nachwelt. Denn da alle Menschen ursprünglich gleich sind, kann niemand durch Geburt das Recht haben, seiner eigenen Familie einen ewigen Vorteil anderen gegenüber zu verschaffen und fest einzurichten, und auch wenn jemand selbst vielleicht ein ordentliches Maß an Anerkennung vonseiten seiner Zeitgenossen verdient haben mag, können seine Nachkommen bei Weitem zu wenig dessen würdig und wert sein, sie zu erben.« Text abrufbar auf: https://www.ushistory.org/paine/commonsense/.

13 Bei Bob Marley heißt es in »Get Up, Stand Up« erstaunlich ähnlich: »Get up, stand up, stand up for your rights [...] don't give up the fight! [...] Preacher man, don't tell me / Heaven is under the earth / I know you don't know / What life is really worth / It's not all that glitters is gold / [...] We know when we understand / Almighty god is a living man / You can fool some people sometimes / But you can't fool all the people all the time«.

14 Das zu kritisieren, was wir heute Statussymbole nennen, war ein typi-

sches Thema von Utopisten der frühen Neuzeit. In *Utopia* schreibt Thomas Morus, dass in Utopia die alberne Lust auf Reichtum und Prunk überwunden ist. »So gehen sie [die Utopier] mit Gold und Silber, aus denen man das Geld macht, derart um, dass keiner diese Metalle höher schätzt, als ihr natürlicher Wert verdient; beide aber – das sieht jedermann – stehen weit unter dem Eisen, ohne daß die Menschen tatsächlich ebenso wenig zu leben vermöchten wie ohne Feuer und Wasser, während dem Gold und dem Silber von der Natur keine Dienstleistung zugewiesen ist, auf die wir nicht leicht verzichten könnten. Bloß die Torheit der Menschen hat ihrem seltenen Vorkommen einen Wert zuerkannt.« Morus (1981), S. 101–103, 106.

15 Coster zitiert nach Kennedy (2008), S. 126 f.

15. Stipendien, um Arme ins Parlament zu bringen

1 Hill (1972), S. 91, 21.

2 Chenoweth, Stephan (2011), S. 7. Ein Überblick mit aktuellen Beispielen bei Ana Otasevic: »Friedliche Faust. Internationale Blaupause für den Regimewechsel«, *Le Monde diplomatique*, Dezember 2019.

3 Hill (1972), S. 107.

4 Pepys (1980), S. 14 (Zitat), S. 8, 10, 37, 63 (Ernährung). Folgendes ebd., S. 17, 56 (langweilige Predigt), 114, 49 (Monarchen auch nur Menschen).

5 Pepys (1980). Ein Freund von Pepys, nur als »Mylord« bezeichnet, sagt: »Wer eine Frau schwängert und sie dann heiratet, dem geht es wie jemand, der in seinen Hut scheißt und ihn anschließend aufsetzt.« Ebd., S. 42, 51, 131, und Nachwort von Helmut Winter, S. 477, 481 (Verhältnis mit Angestellter).

6 Engels (1965), S. 300.

7 https://www.bundestag.de/resource/blob/273350/e521f1d217d7cd471e8ec50217d1502a/Kapitel_03_11_Berufsstruktur-pdf-data.pdf. Ein Artikel mit Zahlen und Graphiken zur Einkommensverteilung und Überrepräsentation von Akademikern (und Beamten): Armin Schäfer: »Die Akademikerrepublik. Kein Platz für Arbeiter und Geringgebildete im Bundestag?«, in: *MPIfG Jahrbuch 2015–2016*, Max-Planck-Institut für Gesellschaftsforschung 2015, S. 89–96. https://www.mpifg.de/forschung/forschung/themen/schaefer_akademikerrepublik.asp.

8 Kennedy (2008), S. 198.

9 Piketty (2020), S. 1204–1207.

10 Winstanley zitiert nach Kennedy (2008), S. 193.

16. Möglichkeitsfenster der Geschichte

1 Platons *Der Staat* (*Politeia*), vielleicht das früheste Beispiel für eine Utopie, war selbst für damalige Verhältnisse nicht sehr fortschrittlich. Darin findet sich zwar die »Forderung einer gleichen Erziehung in Gymnastik und Musik für Frauen« und die »Philosophenherrschaft« als Bedingung für den guten Staat. Doch die Demokratie wird abgelehnt, »Wehrmänner« sollen wie Hunde sein, freie Dichtung ist unerwünscht. Ebd. in: Ders. (2000), S. 211–537, 351, 377, 266f., 456–473, 512–520.

2 In *Utopia* äußert sich Morus bis in die Details zum Geschmack der Menschen: »Die Utopier verstehen es nämlich nicht, wie ein Mensch, der noch einen Stern oder auch die Sonne selbst anzusehen Gelegenheit hat, an dem stumpfen Schimmer eines kleinen Edelsteins Gefallen finden mag, oder wie einer so verrückt sein kann, sich wegen eines feiner gesponnenen Wollfadens vornehmer zu dünken, wenn doch diese Wolle vorher ein Schaf getragen hat, das dabei gar nichts anders war als ein echtes dummes Schaf.« Morus (1981), S. 106.

3 In *Das Prinzip Hoffnung* zum Thema »konkrete Utopien« geht Ernst Bloch nicht auf die Diggers als gelebte Utopie ein; Winstanley erwähnt er in einer abstrakt gehaltenen Bemerkung mit dem Hinweis, Robert Owen, der Miterfinder der Genossenschaftsidee, »organisierte seinen philanthropischen Kommunismus in Berührung mit Quäkern, über die er aber zu den Schriften Winstanleys vordrang, des Agrarkommunisten der englischen Revolution«. Bloch, Band I (1959), S. 648.

4 Von Hegels und Marx' Fehleinschätzungen zu übergreifenden positiven Entwicklungen muss man gar nicht reden. Aber man kann es sich auch bei konkreten soziologischen Betrachtungen vergegenwärtigen. So beschreibt Norbert Elias in *Über den Prozeß der Zivilisation*, wie sich der Mensch seit dem Mittelalter immer mehr Affektkontrolle, Höflichkeit, psychologisches Verständnis zulegte, wodurch sich die Gewalt in Gesellschaften reduzierte. (Ders. 1995) Das Buch erschien allerdings 1939, also genau, als der Zweite Weltkrieg dem Prozess der Zivilisation Hohn sprach, vor allem der Holocaust. Davon abgesehen ist die Lebenserwartung im 20. Jahrhundert allerdings drastisch gestiegen, die Lebensqualität in so vielen Bereichen auch, und Gewalt im Alltag hat deutlich abgenommen. Aber Rückschläge auch in Sachen Gewalt sind möglich, die dann sogar positive Entwicklungen relativieren oder zunichte machen könnten. Etwa die Klimakatastrophe mit noch mehr Hungertoten im globalen Süden, sowie ein Atomkrieg.

5 Wilkinson, Pickett (2009), Layard (2005).

6 Paragraph 323 c Strafgesetzbuch, Unterlassene Hilfeleistung; Behinderung von hilfeleistenden Personen: »(1) Wer bei Unglücksfällen oder gemeiner Gefahr oder Not nicht Hilfe leistet, obwohl dies erforderlich und ihm den Umständen nach zuzumuten, insbesondere ohne erhebliche eigene Gefahr und ohne Verletzung anderer wichtiger Pflichten möglich ist, wird mit Freiheitsstrafe bis zu einem Jahr oder mit Geldstrafe bestraft. (2) Ebenso wird bestraft, wer in diesen Situationen eine Person behindert, die einem Dritten Hilfe leistet oder leisten will.« https://www.gesetze-im-internet.de/stgb/__323c.html.

7 Winstanley zitiert nach Hill (1972), S. 86.

8 Schopenhauer (1818), Vorrede zur ersten Auflage, http://www.zeno.org/Philosophie/M/Schopenhauer,+Arthur/Die+Welt+als+Wille+und+Vorstellung/Erster+Band/%5BVorreden%5D.

9 McGonigal (2022), S. 105. McGonigal bezieht sich damit nach eigener Aussage auf das Dator'sche Gesetz, benannt nach »Jim Dator, einem der Väter des Zukunftsdenkens«. Ebd.

10 Zum Overton-Fenster https://www.mackinac.org/overtonwindow.

11 Jones (2015), S. 44 f., 294 f., 312.

12 In der Apple-Kampagne huldigte der Konzern explizit »Verrückten«, »Außenseitern« und »Rebellen«, die »die Welt voranbringen«. Dazu gab es Bilder von und Bezüge auf Einstein, Picasso und sogar Gandhi, was mit Blick auf die Produkte und die mitunter brutalen Bedingungen, unter denen sie hergestellt werden, etwas von einer Realsatire oder Groteske hatte.

13 Der Soziologe und Netzwerkanalytiker Mark Granovetter wiedergegeben durch Schnabel (2022), S. 182–185.

14 Bloch (1959), S. 648.

15 Immerhin ließ Lenin Winstanleys Namen auf einen Obelisken im Moskauer Alexandergarten gravieren, neben Marx und Engels, aber auch Leuten wie Thomas Morus und Charles Fourier.

16 Zur Inspiration von Guerilla-Gärtnerinnen und -Gärtnern und Anhängern des Freeganismus durch die Diggers siehe Daniel Johnson: »Winstanley's Ecology. The English Diggers Today«, in: *The Monthly Review*, 1. Dezember 2013, https://monthlyreview.org/2013/12/01/winstanleys-ecology/#fn1.

17 Winstanley zitiert nach Hill (1972), S. 111.

18 Die Förderung des »Freihandels«, die Verringerung von Handelsbeschränkungen und der Lenkung der Ex- und Importe durch den Staat brachten einigen zwar Reichtum, aber 1698 auch das Ende des Monopols auf den Sklavenhandel durch die Royal African Company. Durch

die Öffnung des Marktes wurden mehr Afrikanerinnen und Afrikaner verschleppt. Mit Blick auf die Diggers ist interessant, dass schon Karl Marx in *Das Kapital* die Glorious Revolution als Rückschritt sah, weil deren Protagonisten Ländereien zu »Spottpreisen« kaufen konnten, was es erleichterte, »den Grund und Boden in einen reinen Handelsartikel zu verwandeln, das Gebiet des agrikolen Großbetriebs auszudehnen, ihre Zufuhr vogelfreier Proletarier vom Lande zu vermehren usw.«. Marx (1957), S. 375.

19 Hill (1972), S. 11. Die Franzosen experimentierten nach der Revolution zwar in manchen Regionen kurzzeitig mit progressiver Besteuerung, dann blieb aber alles beim Alten: Die Eliten wurden lediglich ausgetauscht, und die Ungleichheit stieg bald sogar noch an. Piketty (2020), S. 152–156. Bei der Russischen Revolution von 1917 sollte das, was die rein materielle Seite betrifft, zwar etwas anders laufen. Aber dafür wurde der Zarismus bekanntlich durch eine der schlimmsten Diktaturen der Weltgeschichte ersetzt. Und mittelfristig pendelte sich sogar die materielle Ungleichheit wieder ein. Laut Piketty ging in der UdSSR nach 1917 der Anteil des obersten Einkommensperzentils auf rund 5 Prozent des Nationaleinkommens zurück, nachdem er zuvor bei 14 bis 20 Prozent gelegen hatte. Aber es gab eben für die Funktionäre und Privilegierten einen anderen Zugang zu Geschäften, Ferieneinrichtungen usw. Piketty (2020), S. 732 f. Ähnlich beschreibt Branko Milanovic, dass sich die materielle Ungleichheit in Ländern wie der UdSSR und DDR in Privilegien für Funktionäre niederschlug. Zwar war die Ungleichheit, wenn man nur das Einkommen betrachtet, deutlich geringer als in anderen Staaten; aber Funktionäre hatten Zugang zu Villen, Dienstwagen mit Chauffeur, Luxuswaren, Reisen und anderen Vergünstigungen. Milanovic (2017), S. 66–72.

20 Selbst *anderthalb Jahrhunderte* nach der Revolution von 1688, im Jahr 1832, als sich die Wählerschaft mit dem Reform Act ausweitete, sollte sie sich dennoch auf 18,4 Prozent belaufen und in Schottland auf 0,173 Prozent. (Das ergibt sich aus 4500 Menschen bei einer Bevölkerung von 2,6 Millionen.) Vgl. Barczewsky (2015), S. 20, 3, Jupp (2006), S. 235. Und selbst bei dieser moderaten Ausweitung hatten vor allem Tory-Abgeordnete Angst vor einer »Revolution«. Jones (2011), S. 41.

21 In Italien lag der Anteil der Wahlberechtigten im Jahr 1881 bei sechs Prozent. McNeill (2003), S. 229.

22 Luke Harding, Dan Sabbagh: »Boris Johnson and Evgeny Lebedev: a decade of politics, parties and peerages«, *The Guardian*, 21. Oktober 2020.

23 Das betrifft sogar die Selbstinszenierung, wobei es fast komisch ist, welche Art von Ähnlichkeiten es im Detail zwischen Musk und Ludwig XIV.

gibt. Letzterer empfing Untertanen, während er sein Geschäft verrichtete; Musk prahlt damit, die Hälfte seiner Tweets auf dem Klo zu verfassen. Martin Farrer: »Naming Elon Musk person of the year is Time's ›worst choice ever‹, say critics«, *The Guardian*, 14. Dezember 2021. https://www.theguardian.com/technology/2021/dec/14/elon-musk-time-person-of-the-year-worst-ever-choice-say-critics.

17. Gegen den Trägheitssatz der intellektuellen Eleganz

1 Teils verbindet sich diese Haltung mit jener, die auch mit dem psychologischen Begriff des sozialen (Abwärts-)Vergleichs umrissen wird. Demnach wollen sich manche Menschen mit Blick auf Unterprivilegierte abgrenzen und »besser fühlen«. Dafür werden die Armen sozusagen gebraucht, und es wird auch nicht so viel unternommen, um ihren Status zu verändern. Mit Alltagsbeispielen aus der heutigen Zeit beschreibt dieses Phänomen – und seine Absurdität – Anna Mayr in ihrem Buch *Die Elenden*, insbesondere im Kapitel »Keine echte Güte. Warum wir den Armen nicht wirklich helfen«. Dies. (2020), S. 84–111.

2 Winstanley (und andere): »Wofür das Banner der wahren Leveller weht«, in: Ders. (1983), S. 17–51, 19.

3 Bei Isaac Newton heißt es: »Die der Materie eingepflanzte Kraft ist die Fähigkeit Widerstand zu leisten, durch die jeder Körper von sich aus in seinem Zustand der Ruhe oder in dem der gleichförmig-geradlinigen Bewegung verharrt.« Newton (1988), S. 38.

4 Auf beherzte Weise sollte sich der Aufklärungsdenker Voltaire in *Candide* (1759) über Leibniz mokieren, auf den er im Roman mit der Figur des Lehrers Pangloss anspielt. Indem er seine Hauptfigur einiges an Leid erfahren lässt, zieht der Autor den Optimismus und letztlich Gott selbst in Zweifel. Was aus heutiger Sicht wichtiger ist: Voltaire zielte mit *Candide* darauf ab, dass Gelehrte gern abstrakte, ja, abgehobene Erklärungen für die gegebenen Verhältnisse lieferten, damit die realen Umstände vernachlässigten und teils sogar von den wahren Ungerechtigkeiten ablenkten.

5 Hegel: »Die Neger besitzen daher diese vollkommene Verachtung der Menschen [...] die Tyrannei gilt für kein Unrecht [...] Die Neger werden von den Europäern in die Sklaverei geführt und nach Amerika verkauft. Trotzdem ist ihr Los im eigenen Lande fast noch schlimmer.« Hegel (1980), S. 124 f.

6 Und weiter liest man bei Aristoteles, dem Mitbegründer der Ethik: »Beide, die Sklaven und die Haustiere, verhelfen uns zur Befriedigung

der notwendigen körperlichen Bedürfnisse. Nun liegt es auch in der Absicht der Natur, Freie und Sklaven körperlich verschieden zu bilden, die einen stark zur notwendigen alltäglichen Arbeit, die andern aufrecht und ungeeignet zu derartigen Tätigkeiten.« Aristoteles (1977), S. 290 f.

7 In der Studie über die öffentliche Meinung zum Vietnamkrieg liest man: »1968 plädierten 36 Prozent derer, die ihre Ausbildung nach der Grundschule beendet hatten, für einen Rückzug. Nur 17 Prozent, die eine weiterführende technische Ausbildung erhalten hatten, [...] und 28 Prozent der am besten ausgebildeten Gruppe.« William L. Lunch, Peter W. Sperlich: »American Public Opinion and the War in Vietnam«, in: *The Western Political Quarterly*, Vol. 32, No. 1 (März 1979), S. 21–44, 37–41, University of Utah im Auftrag der Western Political Science Association, https://www.jstor.org/stable/447561?seq=1. In einer anderen Erhebung von 1966 fällt die Sache noch deutlicher aus. Da sprachen sich von Leuten mit Mittelschulbildung 41 Prozent für einen sofortigen Abzug der US-Truppen aus Vietnam aus, aber nur 27 Prozent derer mit einer Hochschulbildung. Zinn (2007), S. 481. 1964, kurz vor Beginn des Krieges, wollten 33 Prozent der Amerikaner mit Mittelschulbildung Truppen nach Vietnam entsenden und 53 Prozent derer mit Uniabschluss. Erst in den Siebzigerjahren kam es zu einer Annäherung der Gruppen und Schichten in ihrer Meinung zum Krieg.

8 In diesem Sinn der problematischen Abstraktion gilt der Trägheitssatz im Übrigen auch für revolutionäre linke Denker wie Marx oder Lenin, die beide aus einem privilegierten Milieu kamen und vielleicht auch deshalb wenig Rücksicht darauf nahmen, welche furchtbaren konkreten Folgen gewaltsame Umstürze für Unterprivilegierte haben konnten. Etwas zugespitzt hat das die Sozialrevolutionärin, Philosophin und Fabrikarbeiterin Simone Weil formuliert: »Doch wenn ich daran denke, daß die großen bolschewistischen Führer eine freie Arbeiterklasse zu schaffen behaupteten und daß wahrscheinlich keiner von ihnen – Trotzki sicher nicht und Lenin, glaube ich, auch nicht – je den Fuß in eine Fabrik setzte und folglich nicht die leiseste Ahnung von den wirklichen Bedingungen hatte, die Knechtschaft oder Freiheit der Arbeiter bestimmen, dann erscheint mir die Politik als ein übler Witz.« Weil (1978), S. 25.

9 Caitlin Drummond, Baruch Fischhoff: »Individuals with greater science literacy and education have more polarized beliefs on controversal science topics«, Studie an der Carnegie Mellon University in Pittsburgh, Juli 2017, in *Proceedings of the National Academy of Sciences of the*

United States of America, 21. August 2017. https://www.pnas.org/content/early/2017/08/15/1704882114.

10 Yale-Studie wiedergegeben von Bregman (2017), S. 234f. Für einen aktuellen Überblick über entsprechende Studien siehe Sebastian Herrmann: »Pompöser Bullshit«, *Süddeutsche Zeitung*, 15. Oktober 2021.

11 Piketty (2020), S. 956f.

12 Gramsci (1972), S. 55, 76.

13 Garza (2020), S. 306–312.

14 Dies und Folgendes Fritzsche (2019), S. 59–83. Die Minenunternehmen vertreiben die Dorfgemeinschaften mit Baggern, teils gewaltsam mithilfe des kolumbianischen Militärs. In der Region La Guajira haben Sprengungen im Rahmen der Kohleförderungen durch den Staub zu Ernteausfällen und Haut- und Atemwegserkrankungen der Bevölkerung geführt. Immer wieder werden Bewohner, oft Indigene, des Landes beraubt, auf dem sie jagen oder etwas anbauen. Ebd., S. 63.

15 Correa zitiert nach Fritzsche (2019), S. 81.

16 Acosta (2015), S. 17f.

17 Machado und Zibechi (2019), S. 30, 33. Wie eine Ironie der Geschichte mutet es an, dass unter Correa in der Stadt Guayaquil mit siebzig Prozent Armen Hütten in Slums von der Polizei niedergebrannt wurden, und zwar unter der Parole des Buen Vivir, mit der Ansage, es würden neue Wohnungen gebaut. Die reichten aber nicht aus oder waren zu teuer und entsprachen nicht den Bedürfnissen der Bewohner, etwa nach Platz für Nutztiere. Ebd., S. 165f.

18 Dies und Folgendes Máxima Acuña de Chaupe: »Gold kann man nicht trinken. Wie Minen in den Anden das Wasser vergiften – und wie man dagegen kämpft«, protokolliert von Eva Tempelmann, *Kulturaustausch* 3/2022, S. 44f. Siehe auch Anna Lekas Miller: »Meet the Badass Grandma Standing Up to Big Mining«, *The Daily Beast*, 18. April 2016, https://www.thedailybeast.com/meet-the-badass-grandma-standing-up-to-big-mining.

19 Die Bandbreite reicht von der nachhaltigen, kooperativen »Barfuß-Ökonomie«, inspiriert durch Indigene in Lateinamerika, als Partnerinnen und Partner und als Korrektiv der »normalen« Ökonomie, bis hin zu Sozialunternehmen wie Sekem mit biologisch-dynamischer Landwirtschaft in der Wüste Ägyptens. Vgl. Lüpke, Erlenwein (2006), S. 75–85 (Interview Lüpke mit Manfred Max-Nef zu Grundlagen der Barfußökonomie), 140–151 (Text des Sekem-Gründers Ibrahim Abouleish über sein Unternehmen sowie ein Interview von Lüpke mit ihm).

20 So will Frithjof Bergmann im Rahmen seines Konzepts der »neuen

Arbeit« von dem historisch jungen Konstrukt der Lohnarbeit wegkommen, sei es in Mischformen, halb Lohnarbeit, halb frei oder eben ganz frei, wobei ihm das Ideal eines Selbstversorgers vorschwebt. Er setzt auf die »High-Tech-Eigen-Produktion«, mit der es möglich wird, »60 bis 80 Prozent von dem, was wir zum Leben brauchen, selbst herzustellen«, etwa mit einem »Linsenpresser« (für Kontaktlinsen), die auch billiger als heutige Produktionen sind, allgemeiner im »Direct manufacturing«. Bergmann (2004), S. 21 f., 257, 264.

21 Zu siebzehn außergewöhnlicheren »utopischen« Gemeinschaften von Brasilien bis China siehe Engelhardt (2014).

22 Mauss (1978), S. 9–144, 12, 64.

23 Vgl. dazu Adloff (2018), besonders S. 10 f., 75, Adloff, Leggewie (2014). Auf eine Geschenkökonomie zielen im 21. Jahrhundert manche Autoren ab, etwa Charles Eisenstein, mit teils kuriosen Argumenten: »Menschen, die in einer lokalen, verwandtschaftlichen Gesellschaft fest verwurzelt sind, zeigen weniger Anfälligkeit sowohl für eine Konsumhaltung als auch für den Faschismus, weil beide ihre Anziehungskraft aus dem Bedürfnis nach Selbst-Identität schöpfen.« Eisenstein (2012), S. 305.

24 Dies und Folgendes Herrmann (2022), S. 229–242.

25 Herrmann schreibt zur Situation in Großbritannien während des Zweiten Weltkriegs sogar, dass »die unteren Schichten besser versorgt als je zuvor« waren. Dies. (2022), S. 240 f. Titmuss (2018), darin das Kapitel »War and Social Policy«, ebd., S. 44–53, vor allem 50–53. Für die Zeit des Krieges in Großbritannien schildert Rutger Bregman, dass es in der Notsituation einen verstärkten Zusammenhalt gegeben habe, und zieht daraus allgemeinere Schlüsse für ebensolche Situationen. Ders. (2020), S. 13 f. Allerdings muss man das mit Vorsicht sehen, da eine zeitlich begrenzte Extremsituation vorlag und es zudem, wie erwähnt, eine gezielte Sozialpolitik gab. Abgesehen davon wird manches auch im Nachhinein verklärt.

26 Herrmann im Gespräch mit Thilo Jung in *Jung & naiv*, 4. November 2022, https://www.youtube.com/watch?v=x7p303bRpWw (ab 2:44).

27 Wilkinson, Pickett (2009), S. 303.

28 Ulrike Herrmann bringt das Beispiel, dass ein Bürger von Malawi im Durchschnitt 0,1 Tonnen CO_2 im Jahr verursacht, ein Deutscher 11,3 Tonnen. Dies. (2022), S. 85.

29 Geschrieben wurde »The World Turned Upside Down« von Leon Rosselson, benannt ist es nach einer obrigkeitskritischen Ballade, in dem Fall sogar kritisch gegenüber dem Parlament, von 1646. Darin wird beklagt, dass die ursprüngliche Idee des Weihnachtsfestes verlo-

ren gegangen sei und Arme nicht mehr auf Gastfreundschaft und Charity hoffen können.

18. Der ärmste Präsident der Welt

1 Für die Beschreibung und folgende Zitate *José Mujica, the Poorest President*, Dokumentarfilm mit Gespräch von David O'Shea, SBS Dateline, 24. September 2014, https://www.youtube.com/watch?v=YFSmaztcP4c.

2 Mujica trug grundsätzlich keine Krawatte und flog auch mal Economy. Peter Burghardt: »Pepe leitet das Projekt Cannabis«, *Süddeutsche Zeitung*, 12. Dezember 2013.

3 »Jose Mujica: The Global Interview«, BBC News, 26. April 2015, https://www.youtube.com/watch?v=qaL958TjC1I.

4 Nicolas Bourcier, Christine Legrand: »Uruguay's José Mujica: the ›humble‹ leader with grand ideas«, *The Guardian*, 27. Mai 2014.

5 Peter Burghardt: »Pepe leitet das Projekt Cannabis«, *Süddeutsche Zeitung*, 12. Dezember 2013.

6 Ähnliches scheint ein anderer Ex-Guerillakämpfer und Politiker im Sinn zu haben, Gustavo Petro, der erste linke Präsident Kolumbiens, der im Jahr 2023 für die Straffreiheit beim Konsum auch starker Drogen eintritt, um das tödliche globale Narco-Business in den Griff zu kriegen. Boris Herrmann, Georg Ismar: »Die Drogen-Verbotspolitik hat Lateinamerika in einen Schlachthof verwandelt«, Interview mit Gustavo Petro, *Süddeutsche Zeitung*, 25. Juni 2023.

7 Malena Castaldi: »Uruguay welcomes Guantanamo ex-inmates as ›free men‹«, Reuters, 8. Dezember 2014, https://www.reuters.com/article/uk-usa-guantanamo-minister-idUKKBN0JM23K20141208.

8 Mujica wollte die Steuern auf Landflächen ab 5000 und 10 000 Hektar erhöhen, was ihm die Kritik eintrug, internationale Investoren abzuschrecken. Giovanna Fleitas: »Uruguayan president defends plan to hike land tax«, Reuters, 9. Juni 2011, https://www.reuters.com/article/uruguay-land-tax-idUSN0913207220110609. Auch die Anzahl der Schultage wollte Mujica erhöhen, um die Bildung voranzubringen. »Mr Mujica takes on education reform«, *Economist Intelligence*, 11. März 2011, https://country.eiu.com/article.aspx?articleid=577902842&Country=Uruguay&topic=Politics&subtopic=R_4.

9 »Jose Mujica: The world according to the humblest of leaders«, Talk to Al Jazeera, 4. Juni 2022, https://www.youtube.com/watch?v=swXnMXw5e50.

10 Wilkinson, Pickett (2009), S. 88 f.

11 Platon (2000), S. 211–537, 377, 427.

12 Erzberger zitiert nach Dowe (2011), S. 137.

13 Immer wieder betonen Zeitzeugen, dass Roosevelt auch weniger Privilegierten zuhörte. Smith (2007), S. 217 f. Seine Zugänglichkeit galt schon, als FDR mit Ende zwanzig für einen Senatssitz Wahlkampf machte. Ebd., S. 65, 218. FDR hatte Berater unterschiedlicher politischer Couleur und sozialer Herkunft, Träumer, Idealisten, Kollektivisten, Sozialisten, Syndikalisten, Nationalisten und Technokraten. Posener (1999), S. 72–74, Smith (2007), S. 218. Rowley (2010) schreibt, dass Eleanor Roosevelt bei ihrer Val-Kill-Hütte verschiedene Leute zum Picknick einlud, von armen schwarzen Kindern bis zu führenden Politikern aus aller Welt. Ebd., S. IXf.

14 Vor FDR gab es, so sein Biograph, der Historiker Jean Edward Smith, in den USA keine Sozialversicherung, Arbeitslosenhilfe, Aktienmarktregulierung, staatlichen Garantien für Bankeinlagen, regulierten Löhne und Arbeitszeiten, Zuschüsse für Landwirte, umfassende Elektrifizierung abseits der Städte. Smith (2007), S. XIV. Folgendes ebd., S. XII.

15 Zur Kritik, der New Deal sei wegen all der staatlichen Eingriffe, Regulierungen und der Umverteilung marxistisch, Kazin (1995), S. 166 f. Besonders stark kritisierten den New Deal Neoliberale bzw. Monetaristen wie Ökonomienobelpreisträger Milton Friedman. Ders. (1979), S. 91, 100. Anfangs zur Linderung der Not und zur Vertrauensbildung gedacht, sei der New Deal, so Friedman, langfristig teuer gewesen und habe »die Bremsung der Eigeninitiative der Menschen verursacht«. Ders. (1980), S. 117–124, 108. Sogar von einem »Verlust an Freiheit« der Menschen und einer »subjektiven Täuschung« spricht er. Ders. (1985), S. 59, 65. Es gab den Vorwurf, Roosevelt habe sich faschistischer Strategien und Rhetorik bedient. Schivelbusch (2005), S. 82–94. Auch linke Historiker kritisierten den New Deal. Er habe nur kosmetische oder temporäre Hilfen für die Ärmsten umfasst und letztlich vor allem Konzernen geholfen, allgemeiner: das kapitalistische System vor einer wahren Revolution oder zumindest strukturellen Veränderungen bewahrt. Zinn (2007), S. 381–393.

16 Paul Krugman (2008), S. 14. Der Nobelpreisträger für Ökonomie plädiert für einen neuen New Deal. Ebd., S. 19–21.

17 »Ich sage, dass das Jahrhundert, das gerade für uns beginnt – das Jahrhundert, das nach diesem Krieg das Licht der Welt erblicken wird –, das Jahrhundert des einfachen Mannes sein kann und muss.« Wallace: »The Century of the Common Man«, Rede, gehalten am 8. Mai 1942 in

New York. https://www.americanrhetoric.com/speeches/henrywallacefreeworldassoc.htm.

18 Roosevelt: »Inaugural Address«, 4. März 1933. Online von Gerhard Peters, John T. Woolley, *The American Presidency Project*, http://www.presidency.ucsb.edu/ws/?pid=14473. Bei seiner zweiten Wahl 1936 prangert FDR an, dass »Wirtschaftsroyalisten« sich mit Banken und Konzernen »neue Dynastien« geschaffen haben, von politischer Freiheit reden, aber wirtschaftlich Sklaverei betreiben; ihre Macht müsse gebrochen werden. FDR: »Acceptance Speech for the Renomination for the Presidency, Philadelphia, Pa«, 27. Juni 1936, https://www.presidency.ucsb.edu/documents/acceptance-speech-for-the-renomination-for-the-presidency-philadelphia-pa.

19 Für den Schnelldurchlauf zur Theorie des Geldes: Asmuth (2016).

20 Mit Blick auf das Bild, das oft von Adam Smith verbreitet wurde, ist es kurios, wenn er einerseits die Schläue der Unternehmer hervorhebt, andererseits betont, dass sie oft den Wettbewerb umgehen wollen und so dem Gemeinwohlinteresse zuwider handelten. Ders. (1974), S. 212 f.

21 Dies und folgende Zitate: Asmuth (2016), S. 92 (Marx, Geld, Leveller), 100 (Marx, Verwechslung, verkehrte Welt), 124 (Simmel). Einen schönen Vergleich zieht Salomon Maimon 1791 zwischen »der Sprache als Mittel zum Gedankenkommerz« und »der Münze als Mittel zum eigentlich sogenannten Kommerz«. Ebd., S. 70.

22 Marx (1957), S. 66–70.

23 Dies und Folgendes Lafargue (2010), S. 33 (Christentum, Kapitalismus), 49 (Überproduktion), 54 (sinnlose), 57 (künstliche Bedürfnisse), 58 (geplante Obsoleszenz), 69 (drei Stunden am Tag arbeiten), 45 (Vermögen für Arbeiterinnen).

24 Wilkinson, Pickett (2009).

25 Layard (2005), S. 43, 47, 65, 154. Und auch schon die ältere Forschung: Pigou (1924), S. 14, 22, 664 f.

26 Manche betonen, dass die Einigung auf Geld als Zahlungsmittel zur Reduzierung von Gewalt beigetragen hat. Niklas Luhmann schreibt: »Weil der Erwerber zahlt, unterlassen andere einen gewaltsamen Zugriff auf das erworbene Gut. Geld wendet für den Bereich, den es ordnen kann, Gewalt ab.« In Asmuth (2016), S. 160.

27 Lord Acton (John Emerich Edward Dalberg): »Letter to Archbishop Mandell Creighton«, 5. April 1887, https://history.hanover.edu/courses/excerpts/165acton.html. Für Studien zur Korrumpierung durch Macht Teil VI dieses Buches.

28 Samuel Bendahan, Christian Zehnder, François P. Pralong, John An-

tonakis: »Leader corruption depends on power and testosterone«, *The Leadership Quarterly,* Volume 26, Issue 2, April 2015, S. 101–122.

29 Courtney Coughenour, James Abelar, Jennifer Pharr, Lung-Chang Chien, Ashok Singh: »Estimated car cost as a predictor of driver yielding behaviors for pedestrians«, *Journal of Transport & Health,* Volume 16, March 2020.

30 IPCC (Intergovernmental Panel of Climate Change): »1,5 °C globale Erwärmung«, Sonderbericht 2018, https://www.ipcc.ch/site/assets/uploads/2020/07/SR1.5-SPM_de_barrierefrei.pdf.

31 FDR zitiert nach Harry Belafonte: Rede beim Town Hall Meeting des Congressional Black Caucus, 22. September 2005. https://www.c-span.org/video/?189002-1/town-hall-meeting, Belafonte von Minute 56:45 bis 1:09:20, Zitat 1:02. Vgl. Mark Engler, Paul Engler: »The ›Make Me Do It‹ Myth. Politicians fear the disruptive power of a mobilized base, even when it helps them succeed«, *Dissent,* 26. Februar 2021, https://www.dissentmagazine.org/online_articles/the-make-me-do-it-myth.

19. Egalitäre Eliten

1 Vgl. zusammenfassend etwa Müller (2016). Manche Historikerinnen und Historiker definieren den Populismus inhaltlicher. Demnach stehe er in einer libertären Tradition, »in einem Dreieck von Anarchismus, Liberalismus und Konservativismus«, von Bauern, Gewerbetreibenden und Selbstständigen, misstrauisch gegenüber technokratischen Eliten und einer paternalistischen staatlichen Regulierung. Priester (2007), S. 9, 216 f.

2 Goodwyn (1978), S. VII. Folgendes ebd., S. XX f., XV.

3 Zum Einfluss des Populismus auf Roosevelt Kazin (1995), S. 4, 11, 115, 260 f., Hans-Jürgen Puhle: »Was ist Populismus?«, in: Dubiel (1986), S. 12–32, 18, Priester (2007), S. 91, 108, 111, 114, Müller (2016), S. 41.

4 Kazin (1995), S. 6 f.

5 Für einen »anderen Populismus« und eine weniger starke Dämonisierung desselben mit Blick darauf, dass es heute bestimmte Milieus, die sich als gesellschaftlich abgehängt sehen, für die Politik wiederzugewinnen gilt, vgl. Van Reybrouck (2017). Andere Autoren fragen mit Blick auf einen eventuell guten Populismus wiederum, ob es nicht ausreicht, »wenn eine wiederbelebte Sozialdemokratie sich ein neues und überzeugendes Programm für mehr Gleichheit auf die Fahnen schriebe«. Müller (2016), S. 122 f.

6 Mouffe (2015), S. 18 f., 24, 27 (agonistisch, leidenschaftlich vs. neolibe-

rale Hegemonie), 30 (Konkurrenten/Kontrahenten). Folgendes zu Bolivien (wie auch zu Ecuador, Argentinien und Brasilien) ebd., S. 120. Ernesto Laclau, Theoretiker des linken Populismus, der oft etwas unklar oder allgemein formuliert, schreibt: »The institutional system has to be (again, more or less) broken if the populist appeal is to be effective.« Ders. (2005), S. 177.

7 Wassili Archipow: »Presentation at the Conference on the Cuban Missile Crisis«, 14. Oktober 1997, Moskau, National Security Archive. Bericht des pensionierten Offiziers. https://nsarchive.gwu.edu/document/29078-document-1-vice-admiral-vasili-arkhipov.

8 Dieses Zitat des Kapitäns Valentin Savitsky und folgende Informationen bei Nicola Davis: »Soviet submarine officer who averted nuclear war honoured with prize«, *The Guardian*, 27. Oktober 2017.

9 Eine umfassende Darstellung der britischen Eliten, des »socialism for the rich«, und wie sie dem Land schaden, mit Beispielen der Korruption, Zahlen, aber auch einer Beschreibung entsprechender, teils historisch begründeter Mentalitäten und eines Anspruchsdenkens (getreu dem Werbeslogan »Because I'm worth it«): Jones (2015), S. 7, 6 (Zitate).

10 Bostridge (2008), S. 99. Bei Nightingale ist ein schönes Detail, dass sie nicht nur den Beruf der Krankenschwester und die Krankenpflege insgesamt konkret weiterentwickelte, sondern sich auch umfassende Gedanken über die geistige und seelische Verfassung der Patienten machte. Deshalb richtete sie zum Beispiel im Krimkrieg für verletzte Soldaten einen Leseraum ein. Titmuss (2018), S. 50.

11 Schwüre betrachteten die Quäkerinnen und Quäker als etwas Äußerliches, Aufgesetztes und somit Falsches. Warum? Weil die Ehrlichkeit, wenn man sie feierlich mit einem Eid betonen muss, zur Ausnahme wird. Es würde bedeuten, dass zwei Ebenen der Wahrhaftigkeit existierten, eine vor Gericht (oder beim Amtsschwur) und eine im Alltag, wo Ehrlichkeit mangels Strafandrohung nicht so wichtig wäre. Das entspräche einer verwerflichen Abhängigkeit der Wahrheitsliebe von (irdischen) Autoritäten, von Belohnung und Bestrafung.

12 *QuakerSpeak*: https://www.youtube.com/watch?v=ppjCv5g3ThE.

13 Inzwischen zählen die Quäker weltweit nur 350 000 Mitglieder (bei 2,4 Milliarden Christen), in Deutschland etwas über 300 (bei rund 45 Millionen Christen insgesamt). Adelige im herkömmlichen Verständnis gibt es in Deutschland rund achtzigtausend. *Die Welt*, 21.01.2015, https://www.welt.de/regionales/mecklenburg-vorpommern/article136600238/Nachfahren-alter-Adelsfamilien-pflegen-Erbe-im-Osten.html.

14 Zum Aktivismus und Aristokratismus schrieb Hiller 1916: »Der Akti-

vismus will keine Kratie des Demos, also der Masse und Mittelmäßigkeit, sondern eine Kratie des Geistes, also der Besten. Daß diese Besten höchst unidentisch sind mit dem, was heute als ›Adel‹ gebucht wird, gilt, lebt und regiert – ist eine Erkenntnis, die wir freilich mit sogenannt demokratischen Parteien teilen. [...] Sehr im Zentrum unseres Denkens [...] steht der Versuch, die anerkennungswürdigen, ewigen Grundideen des Liberalismus und des Sozialismus (nicht der Demokratie!) in eine organische Verbindung zu bringen mit jenem Aristokratismus, der uns vielleicht als stärkster Instinkt im Blute sitzt.« Zitiert nach Hermann-Peter Eberlein: »Kurt Hiller und die Demokratie«, in: *Das Blättchen. Zweiwochenschrift für Politik, Kunst und Wirtschaft*, 26. Jahrgang, Nummer 15, 17. Juli 2023, https://das-blaettchen.de/2023/07/kurt-hiller-und-die-demokratie-66335.html. Vgl. auch Cordsen (2022), S. 36.

15 Für eine vorsichtige Kritik am Konzept nicht unbedingt des sozialen Aufstiegs, aber zumindest des Leistungsprinzips vgl. Sandel (2022). Für eine beherztere siehe César Rendueles: »Warum ich denke, dass ... Chancengleichheit eine Falle ist«, *Kulturaustausch* 3/2022, S. 71: »Letztlich ist die meritokratische Chancengleichheit die moderne Formulierung eines sehr alten Systems zur Rechtfertigung von Eliteprivilegien.« Ebd.

16 Jo Freeman: »The Tyranny of Structurelessness«, S. 10, 5, https://www.jofreeman.com/joreen/tyranny.htm. Der Text wurde 1970 zuerst von einer Frauengruppe als Pamphlet gedruckt und erschien dann in verschiedenen Publikationen, unter anderem im *Berkeley Journal of Sociology*, gemacht von Studierenden mit dem Motto »The point, after all, is to change the world«.

17 Siehe zu den Bürgerräten Van Reybrouck (2016), S. 138 f.

18 Van Reybrouck (2016), S. 96. Folgendes ebd., S. 109.

19 https://www.scottbader.com/about-us/what-we-do/.

20 Schumacher (2019), S. 13, 162 (Produktion), 40 (Klima), 280 (Vergesellschaftung), 282 (gemischte Wirtschaft), 253 (Wirtschaftsreligion). Folgendes ebd., S. 282–289.

21 Ein anekdotisches Beispiel dafür, auf wie viel grundsätzliches Unverständnis die Einrichtung des Bürgerrats noch stößt, ist die WDR-Sendung »Hart aber fair«, 30. Januar 2023: »Letzte Abfahrt: Wie verändert die Klimakrise Alltag und Leben?« In der Runde schlägt eine Sprecherin der Letzten Generation, Aimée van Baalen, die Gründung eines Bürgerrats durch den Bundestag für Klimafragen vor, mit ausgelosten Mitgliedern, unterstützt durch Wissenschaftlerinnen und Wissenschaftler. Er sollte mit über Maßnahmen beraten und Vorschläge an die Politik machen. Die Anwesenden in der Runde, darunter zwei Bundes-

tagsabgeordnete, reagieren verständnislos bis kritisch, als wäre »die« Demokratie bedroht. Ähnliche Ablehnung auch in der Talkshow von Markus Lanz im ZDF, 20. Juli 2023. Dort versucht ein Vertreter der Letzten Generation, das Konzept des Gesellschaftsrats zu erklären, wird mehrmals von anderen Anwesenden, darunter Berufspolitiker, unterbrochen (mit Kommentaren wie »Quatsch!«), weshalb es rund 25 Minuten dauert, bis Menschen, die es nicht schon wissen, auch nur eine vage Ahnung von dem Konzept bekommen.

20. Maßvolle Revolutionäre

1 Dies und Folgendes über Colvin Phillip Hoose: »Claudette Colvin. The First to Keep Her Seat«, in: *Making Their Mark: Black Women Leaders, eJournal USA*, February 2012, US Department of State, Bureau of International Information Programs, Washington, S. 21–23, https://www.yumpu.com/en/document/read/7599693/making-their-mark-black-women-leaders-us-department-of-state.

2 Colvin zitiert nach Phillip Hoose: »Claudette Colvin. The First to Keep Her Seat«, in: *Making Their Mark: Black Women Leaders, eJournal USA*, February 2012, US Department of State, Bureau of International Information Programs, Washington, S. 21–23, 23, https://www.yumpu.com/en/document/read/7599693/making-their-mark-black-women-leaders-us-department-of-state.

3 Dass Colvin noch in dem Jahr, als Teenager, schwanger wurde, spielte, anders als oft geschildert, offenbar keine Rolle bzw. erst im Nachhinein; dann fühlten sich manche in der Bürgerrechtsbewegung in der Entscheidung bestätigt, die Jugendliche nicht als Protagonistin gewählt zu haben. https://rosaparksbiography.org/bio/claudette-colvin/#:~:text=Later%20in%20the%20summer%2C%20Colvin,which%20was%20not%20the%20case.

4 Archives of Maryland (Biographical Series): Irene Morgan Kirkaldy, https://msa.maryland.gov/megafile/msa/speccol/sc3500/sc3520/015200/015242/html/15242bio.html.

5 Colvin zitiert nach Phillip Hoose: »Claudette Colvin. The First to Keep Her Seat«, in: *Making Their Mark: Black Women Leaders, eJournal USA*, February 2012, US Department of State, Bureau of International Information Programs, Washington, S. 21–23, S. 21 f. https://www.yumpu.com/en/document/read/7599693/making-their-mark-black-women-leaders-us-department-of-state.

6 Die jungen Frauen, die »Wunderbaren« (Merveilleuses), und die »un-

glaublichen« Männer (Incroyables) trugen im 18. Jahrhundert extravagante Outfits: zwar gewissermaßen revolutionäre *pantalons* statt reaktionärer *culottes*, Kniebundhosen, aber doch aus (reaktionär) teuren Stoffen. Dazu aufwendige Frisuren, aber windschief. So ließen sie sich nicht einsortieren in die Kleider- und Modeordnungen des Ancien Regime und der ähnlich strengen der Revolutionsregierung. Damit provozierten sie allseits. In heutigen Worten dekonstruierten sie vermutlich Codes.

7 Die meisten Informationen zu den im Folgenden aufgezählten Jugendlichen aus Knödler (2020). In *The Dictator's Learning Curve. Inside the Global Battle for Democracy* (2012) widmet William J. Dobson der Jugend ein Kapitel, schildert aber eher allgemein, dass bei Revolutionen oder Demokratiebewegungen des 21. Jahrhunderts wie in Serbien, Georgien, der Ukraine und der arabischen Welt der Anteil der Jugendlichen besonders hoch war. Ebd., S. 149–151.

8 George (2021), S. 21.

9 Bundesverfassungsgericht: »Verfassungsbeschwerden gegen das Klimaschutzgesetz teilweise erfolgreich«, Pressemitteilung Nr. 31./2021, 29. April 2021 (Beschluss vom 24. März 2021), https://www.bundesverfassungsgericht.de/SharedDocs/Pressemitteilungen/DE/2021/bvg21-031.html.

10 So gaben bei der Bundestagswahl 2021 mit jeweils 23 Prozent die meisten Erstwählerinnen und -wähler ihre Stimme den Grünen – und der FDP, die sich gegen ein Tempolimit und eine Vermögenssteuer einsetzt. (https://de.statista.com/infografik/25855/zweitstimmanteile-unter-erstwaehlenden-bei-der-bundestagswahl-2021/) Christian Lindner sagte im März 2019 in einem Interview in der *Bild*: »Ich bin für Realitätssinn. Von Kindern und Jugendlichen kann man nicht erwarten, dass sie bereits alle globalen Zusammenhänge, das technisch Sinnvolle und das ökonomisch Machbare sehen. Das ist eine Sache für Profis.« *Bild am Sonntag*, 9. März 2019. Das war wenig sinnig mit Blick darauf, dass Jugendliche das Klima-Thema in die Öffentlichkeit brachten, was mit zur erwähnten Gerichtsentscheidung führte.

11 18. Shell Jugendstudie 2019, Zusammenfassung, S. 15, https://www.shell.de/about-us/initiatives/shell-youth-study/_jcr_content/root/main/containersection-0/simple/simple/call_to_action/links/item0.stream/1642665739154/4a002dff58a7a9540cb9e83ee0a37a0ed8a0fd55/shell-youth-study-summary-2019-de.pdf.

12 Ein Gespräch mit dem Journalisten Frank Sieren über China bei *Jung & naiv* am 20. März 2023, Folge 632, erzielte sogar mehr als zwei Millionen Clicks. https://www.youtube.com/watch?v=CHeDA7lL6dc.

13 Dies und Folgendes Adora Svitak: »Was Erwachsene von Kindern ler-

nen können«, TED-Vortrag, 13. Februar 2010, in Usher (2019), S. 240–243, S. 240.

14 Das heute bekannteste Beispiel für eine Pädagogin, die betont, dass man von Kindern lernen soll, dürfte Maria Montessori sein: »Aber auch das Kind ist ein Arbeiter und ein Erzeuger. [...] so hat es doch seine ganz eigene große, wichtige und schwere Aufgabe zu erfüllen: die Aufgabe, den Menschen zu bilden. [...] Das Kind ist der Erzeuger des Menschen [...] weil es sein Ziel, die Bildung des Menschen, nicht durch bloßes Ruhen und Nachdenken erreicht. Nein, seine Arbeit ist Aktivität.« Zitiert nach Heiland (2003), S. 92, vgl. auch S. 55 und 100 (Kind als Messias).

15 Die *Des-Kaisers-neue-Kleider*-Version des 14. Jahrhunderts ist in eine Rahmenhandlung eingebettet. Da erzählt ein gewisser Patronio, der Berater des Grafen Lucanor, seinem Herrn die Geschichte vom König und drei falschen Schneidern als Warnung vor Manipulation bzw. Leichtgläubigkeit. Manuel (1993), S. 153–157, Zitat S. 156.

16 Roy (2002), S. 141, folgendes Zitat ebd., S. 35.

Schluss: Gegen die Ökonomisierung, auch der Wahrnehmung

1 Theodor Lessing schrieb: »Nun aber wird Geschichte bekanntlich nur von Überlebenden geschrieben. Die Toten sind stumm. Und für den, der zuletzt übrig bleibt, ist eben alles, was vor ihm dagewesen ist, immer sinnvoll gewesen, insofern er es auf seine Existenzform bezieht und beziehen muß, d. h. sich selbst und sein Sinnsystem eben nur aus der gesamten Vorgeschichte seiner Art begreifen kann. Somit ist Geschichte die egozentrische Selbstbezüglichkeit des Geistes, der aus Geschichte herausgeboren, zuletzt Geschichte als Vorstufen seiner eigenen Gegenwart begreift und die notwendige Lebenskunst übt (die recht eigentlich hervorragendste Fähigkeit aller Geschichteschreiber und Geschichtemacher), unermeßliche Summen von Qualen anderer, unaufhörliche Untergänge anderer heroisch ertragen zu können. Wenn nur er und seine Ideale übrig bleiben, so vermeint er die Vorwelt als Stufe zu ihm hin geheiligt und begründet.« Insgesamt spricht Lessing von der Geschichte als »Rauschersatz«, als »notwendige Illusion«, mit der wir uns über das ansonsten niederschmetternde Leid, ja dessen Banalität, die uns zu ersticken droht, retten können. Lessing (1983), S. 63, 209, 211. Lessing gesteht der Geschichte am Schluss aber doch, in manchen Formen, eine kleine Macht zu: »Ihre Kraft ist eine der abbauenden Gewalt der Erkenntnis entgegengestemmte Gewalt der Liebe.« Ebd., S. 228.